食品药品监管法律制度汇编
2014年

国家食品药品监督管理总局法制司

中国医药科技出版社

内 容 提 要

本书是对国家食品药品监督管理总局2014年颁布的食品（保健食品）、药品、医疗器械、化妆品规范性文件进行的汇编。全书共六篇，分别为法规规章篇、食品（保健食品）篇、药品篇、医疗器械篇、化妆品篇、综合篇。本书具有全面性、系统性和权威性的特点，便于各级食品药品监管人员和广大从业人员熟悉和掌握新出台的法律、法规、规章及规范性文件，是从事食品药品工作人员必备的工具书。

图书在版编目（CIP）数据

食品药品监管法律制度汇编.2014年/国家食品药品监督管理总局法制司编.—北京：中国医药科技出版社，2015.10

ISBN 978-7-5067-7819-0

Ⅰ.①食… Ⅱ.①国… Ⅲ.①食品卫生法-汇编-中国 ②药品管理法-汇编-中国 Ⅳ.①D922.169

中国版本图书馆CIP数据核字（2015）第226377号

美术编辑 陈君杞
版式设计 郭小平

出版 中国医药科技出版社
地址 北京市海淀区文慧园北路甲22号
邮编 100082
电话 发行：010-62227427 邮购：010-62236938
网址 www.cmstp.com
规格 710×1000mm 1/16
印张 28 3/4
字数 489千字
版次 2015年10月第1版
印次 2015年10月第1次印刷
印刷 北京市密东印刷有限公司
经销 全国各地新华书店
书号 ISBN 978-7-5067-7819-0
定价 98.00元

说　明

法律、行政法规、规章和规范性文件是行政机关履行行政执法职能的重要依据，在政府管理中发挥着不可替代的作用。

制定规章，配合人大、政府法制部门起草法律、法规，对规范性文件清理与汇编，是食品药品监管立法工作的重要部分。国家食品药品监督管理总局组建后，高度重视食品药品各项法律制度的制定与完善，同时对近年来涉及多部门的规范性文件进行清理和汇编。从 2013 年起，每年将对本年度出台的法律、法规、规章与规范性文件汇编成册，以帮助各级食品药品监管人员和广大从业人员熟悉和掌握新出台的规范性文件，规范行政执法行为，提高执法能力和水平。

本次汇编收录了我局 2014 年涉及食品、药品、化妆品、医疗器械等法规、规章和规范性文件，共 109 件，同时附上 2014 年关于修订肠炎宁颗粒等药物说明书的规范性文件目录，方便大家在今后的工作中查阅。

国家食品药品监督管理总局法制司

二〇一五年八月

目　录

第一篇　法规规章篇

第二篇　食品（保健食品）篇

第三篇 药 品 篇

第四篇 医疗器械篇

第五篇　化妆品篇

第六篇　综　合　篇

第一篇　法规规章篇

中华人民共和国国务院令

第650号

《医疗器械监督管理条例》已经2014年2月12日国务院第39次常务会议修订通过，现将修订后的《医疗器械监督管理条例》公布，自2014年6月1日起施行。

总理　李克强
2014年3月7日

医疗器械监督管理条例

（2000年1月4日中华人民共和国国务院令第276号公布
2014年2月12日国务院第39次常务会议修订通过）

第一章　总　　则

第一条　为了保证医疗器械的安全、有效，保障人体健康和生命安全，制定本条例。

第二条　在中华人民共和国境内从事医疗器械的研制、生产、经营、使用活动及其监督管理，应当遵守本条例。

第三条　国务院食品药品监督管理部门负责全国医疗器械监督管理工作。国务院有关部门在各自的职责范围内负责与医疗器械有关的监督管理工作。

县级以上地方人民政府食品药品监督管理部门负责本行政区域的医疗器械监督管理工作。县级以上地方人民政府有关部门在各自的职责范围内负责与医疗器械有关的监督管理工作。

国务院食品药品监督管理部门应当配合国务院有关部门，贯彻实施国家医疗器械产业规划和政策。

第四条　国家对医疗器械按照风险程度实行分类管理。

第一类是风险程度低，实行常规管理可以保证其安全、有效的医疗器械。

第二类是具有中度风险，需要严格控制管理以保证其安全、有效的医疗器械。

第三类是具有较高风险，需要采取特别措施严格控制管理以保证其安全、有效的医疗器械。

评价医疗器械风险程度，应当考虑医疗器械的预期目的、结构特征、使用方法等因素。

国务院食品药品监督管理部门负责制定医疗器械的分类规则和分类目录，并根据医疗器械生产、经营、使用情况，及时对医疗器械的风险变化进行分析、评价，对分类目录进行调整。制定、调整分类目录，应当充分听取医疗器械生产经营企业以及使用单位、行业组织的意见，并参考国际医疗器械分类实践。医疗器械分类目录应当向社会公布。

第五条　医疗器械的研制应当遵循安全、有效和节约的原则。国家鼓励医疗器械的研究与创新，发挥市场机制的作用，促进医疗器械新技术的推广和应用，推动医疗器械产业的发展。

第六条　医疗器械产品应当符合医疗器械强制性国家标准；尚无强制性国家标准的，应当符合医疗器械强制性行业标准。

一次性使用的医疗器械目录由国务院食品药品监督管理部门会同国务院卫生计生主管部门制定、调整并公布。重复使用可以保证安全、有效的医疗器械，不列入一次性使用的医疗器械目录。对因设计、生产工艺、消毒灭菌技术等改进后重复使用可以保证安全、有效的医疗器械，应当调整出一次性使用的医疗器械目录。

第七条　医疗器械行业组织应当加强行业自律，推进诚信体系建设，督促企业依法开展生产经营活动，引导企业诚实守信。

第二章　医疗器械产品注册与备案

第八条　第一类医疗器械实行产品备案管理，第二类、第三类医疗器械实行产品注册管理。

第九条　第一类医疗器械产品备案和申请第二类、第三类医疗器械产品注册，应当提交下列资料：

（一）产品风险分析资料；

（二）产品技术要求；

（三）产品检验报告；

（四）临床评价资料；

（五）产品说明书及标签样稿；

（六）与产品研制、生产有关的质量管理体系文件；

（七）证明产品安全、有效所需的其他资料。

医疗器械注册申请人、备案人应当对所提交资料的真实性负责。

第十条 第一类医疗器械产品备案，由备案人向所在地设区的市级人民政府食品药品监督管理部门提交备案资料。其中，产品检验报告可以是备案人的自检报告；临床评价资料不包括临床试验报告，可以是通过文献、同类产品临床使用获得的数据证明该医疗器械安全、有效的资料。

向我国境内出口第一类医疗器械的境外生产企业，由其在我国境内设立的代表机构或者指定我国境内的企业法人作为代理人，向国务院食品药品监督管理部门提交备案资料和备案人所在国（地区）主管部门准许该医疗器械上市销售的证明文件。

备案资料载明的事项发生变化的，应当向原备案部门变更备案。

第十一条 申请第二类医疗器械产品注册，注册申请人应当向所在地省、自治区、直辖市人民政府食品药品监督管理部门提交注册申请资料。申请第三类医疗器械产品注册，注册申请人应当向国务院食品药品监督管理部门提交注册申请资料。

向我国境内出口第二类、第三类医疗器械的境外生产企业，应当由其在我国境内设立的代表机构或者指定我国境内的企业法人作为代理人，向国务院食品药品监督管理部门提交注册申请资料和注册申请人所在国（地区）主管部门准许该医疗器械上市销售的证明文件。

第二类、第三类医疗器械产品注册申请资料中的产品检验报告应当是医疗器械检验机构出具的检验报告；临床评价资料应当包括临床试验报告，但依照本条例第十七条的规定免于进行临床试验的医疗器械除外。

第十二条 受理注册申请的食品药品监督管理部门应当自受理之日起3个工作日内将注册申请资料转交技术审评机构。技术审评机构应当在完成技术审评后向食品药品监督管理部门提交审评意见。

第十三条 受理注册申请的食品药品监督管理部门应当自收到审评意见之日起20个工作日内作出决定。对符合安全、有效要求的，准予注册并发给医疗器械注册证；对不符合要求的，不予注册并书面说明理由。

国务院食品药品监督管理部门在组织对进口医疗器械的技术审评时认为有必要对质量管理体系进行核查的，应当组织质量管理体系检查技术机构开展质量管理体系核查。

第十四条 已注册的第二类、第三类医疗器械产品，其设计、原材料、生产工艺、适用范围、使用方法等发生实质性变化，有可能影响该医疗器械安全、有效的，注册人应当向原注册部门申请办理变更注册手续；发生非实质性变化，不影响该医疗器械安全、有效的，应当将变化情况向原注册部门备案。

第十五条 医疗器械注册证有效期为5年。有效期届满需要延续注册的，应当在有效期届满6个月前向原注册部门提出延续注册的申请。

除有本条第三款规定情形外，接到延续注册申请的食品药品监督管理部门应当在医疗器械注册证有效期届满前作出准予延续的决定。逾期未作决定的，视为准予延续。

有下列情形之一的，不予延续注册：

（一）注册人未在规定期限内提出延续注册申请的；

（二）医疗器械强制性标准已经修订，申请延续注册的医疗器械不能达到新要求的；

（三）对用于治疗罕见疾病以及应对突发公共卫生事件急需的医疗器械，未在规定期限内完成医疗器械注册证载明事项的。

第十六条　对新研制的尚未列入分类目录的医疗器械，申请人可以依照本条例有关第三类医疗器械产品注册的规定直接申请产品注册，也可以依据分类规则判断产品类别并向国务院食品药品监督管理部门申请类别确认后依照本条例的规定申请注册或者进行产品备案。

直接申请第三类医疗器械产品注册的，国务院食品药品监督管理部门应当按照风险程度确定类别，对准予注册的医疗器械及时纳入分类目录。申请类别确认的，国务院食品药品监督管理部门应当自受理申请之日起20个工作日内对该医疗器械的类别进行判定并告知申请人。

第十七条　第一类医疗器械产品备案，不需要进行临床试验。申请第二类、第三类医疗器械产品注册，应当进行临床试验；但是，有下列情形之一的，可以免于进行临床试验：

（一）工作机理明确、设计定型，生产工艺成熟，已上市的同品种医疗器械临床应用多年且无严重不良事件记录，不改变常规用途的；

（二）通过非临床评价能够证明该医疗器械安全、有效的；

（三）通过对同品种医疗器械临床试验或者临床使用获得的数据进行分析评价，能够证明该医疗器械安全、有效的。

免于进行临床试验的医疗器械目录由国务院食品药品监督管理部门制定、调整并公布。

第十八条　开展医疗器械临床试验，应当按照医疗器械临床试验质量管理规范的要求，在有资质的临床试验机构进行，并向临床试验提出者所在地省、自治区、直辖市人民政府食品药品监督管理部门备案。接受临床试验备案的食品药品监督管理部门应当将备案情况通报临床试验机构所在地的同级食品药品监督管理部门和卫生计生主管部门。

医疗器械临床试验机构资质认定条件和临床试验质量管理规范，由国务院食品药品监督管理部门会同国务院卫生计生主管部门制定并公布；医疗器械临床试验机构由国务院食品药品监督管理部门会同国务院卫生计生主管部门认定并公布。

第十九条 第三类医疗器械进行临床试验对人体具有较高风险的，应当经国务院食品药品监督管理部门批准。临床试验对人体具有较高风险的第三类医疗器械目录由国务院食品药品监督管理部门制定、调整并公布。

国务院食品药品监督管理部门审批临床试验，应当对拟承担医疗器械临床试验的机构的设备、专业人员等条件，该医疗器械的风险程度，临床试验实施方案，临床受益与风险对比分析报告等进行综合分析。准予开展临床试验的，应当通报临床试验提出者以及临床试验机构所在地省、自治区、直辖市人民政府食品药品监督管理部门和卫生计生主管部门。

第三章 医疗器械生产

第二十条 从事医疗器械生产活动，应当具备下列条件：

（一）有与生产的医疗器械相适应的生产场地、环境条件、生产设备以及专业技术人员；

（二）有对生产的医疗器械进行质量检验的机构或者专职检验人员以及检验设备；

（三）有保证医疗器械质量的管理制度；

（四）有与生产的医疗器械相适应的售后服务能力；

（五）产品研制、生产工艺文件规定的要求。

第二十一条 从事第一类医疗器械生产的，由生产企业向所在地设区的市级人民政府食品药品监督管理部门备案并提交其符合本条例第二十条规定条件的证明资料。

第二十二条 从事第二类、第三类医疗器械生产的，生产企业应当向所在地省、自治区、直辖市人民政府食品药品监督管理部门申请生产许可并提交其符合本条例第二十条规定条件的证明资料以及所生产医疗器械的注册证。

受理生产许可申请的食品药品监督管理部门应当自受理之日起 30 个工作日内对申请资料进行审核，按照国务院食品药品监督管理部门制定的医疗器械生产质量管理规范的要求进行核查。对符合规定条件的，准予许可并发给医疗器械生产许可证；对不符合规定条件的，不予许可并书面说明理由。

医疗器械生产许可证有效期为 5 年。有效期届满需要延续的，依照有关行政许可的法律规定办理延续手续。

第二十三条 医疗器械生产质量管理规范应当对医疗器械的设计开发、生产设备条件、原材料采购、生产过程控制、企业的机构设置和人员配备等影响医疗器械安全、有效的事项作出明确规定。

第二十四条　医疗器械生产企业应当按照医疗器械生产质量管理规范的要求，建立健全与所生产医疗器械相适应的质量管理体系并保证其有效运行；严格按照经注册或者备案的产品技术要求组织生产，保证出厂的医疗器械符合强制性标准以及经注册或者备案的产品技术要求。

医疗器械生产企业应当定期对质量管理体系的运行情况进行自查，并向所在地省、自治区、直辖市人民政府食品药品监督管理部门提交自查报告。

第二十五条　医疗器械生产企业的生产条件发生变化，不再符合医疗器械质量管理体系要求的，医疗器械生产企业应当立即采取整改措施；可能影响医疗器械安全、有效的，应当立即停止生产活动，并向所在地县级人民政府食品药品监督管理部门报告。

第二十六条　医疗器械应当使用通用名称。通用名称应当符合国务院食品药品监督管理部门制定的医疗器械命名规则。

第二十七条　医疗器械应当有说明书、标签。说明书、标签的内容应当与经注册或者备案的相关内容一致。

医疗器械的说明书、标签应当标明下列事项：

（一）通用名称、型号、规格；

（二）生产企业的名称和住所、生产地址及联系方式；

（三）产品技术要求的编号；

（四）生产日期和使用期限或者失效日期；

（五）产品性能、主要结构、适用范围；

（六）禁忌症、注意事项以及其他需要警示或者提示的内容；

（七）安装和使用说明或者图示；

（八）维护和保养方法，特殊储存条件、方法；

（九）产品技术要求规定应当标明的其他内容。

第二类、第三类医疗器械还应当标明医疗器械注册证编号和医疗器械注册人的名称、地址及联系方式。

由消费者个人自行使用的医疗器械还应当具有安全使用的特别说明。

第二十八条　委托生产医疗器械，由委托方对所委托生产的医疗器械质量负责。受托方应当是符合本条例规定、具备相应生产条件的医疗器械生产企业。委托方应当加强对受托方生产行为的管理，保证其按照法定要求进行生产。

具有高风险的植入性医疗器械不得委托生产，具体目录由国务院食品药品监督管理部门制定、调整并公布。

第四章　医疗器械经营与使用

第二十九条　从事医疗器械经营活动，应当有与经营规模和经营范围相适应的经营场所和贮存条件，以及与经营的医疗器械相适应的质量管理制度和质量管理机构或者人员。

第三十条　从事第二类医疗器械经营的，由经营企业向所在地设区的市级人民政府食品药品监督管理部门备案并提交其符合本条例第二十九条规定条件的证明资料。

第三十一条　从事第三类医疗器械经营的，经营企业应当向所在地设区的市级人民政府食品药品监督管理部门申请经营许可并提交其符合本条例第二十九条规定条件的证明资料。

受理经营许可申请的食品药品监督管理部门应当自受理之日起 30 个工作日内进行审查，必要时组织核查。对符合规定条件的，准予许可并发给医疗器械经营许可证；对不符合规定条件的，不予许可并书面说明理由。

医疗器械经营许可证有效期为 5 年。有效期届满需要延续的，依照有关行政许可的法律规定办理延续手续。

第三十二条　医疗器械经营企业、使用单位购进医疗器械，应当查验供货者的资质和医疗器械的合格证明文件，建立进货查验记录制度。从事第二类、第三类医疗器械批发业务以及第三类医疗器械零售业务的经营企业，还应当建立销售记录制度。

记录事项包括：

（一）医疗器械的名称、型号、规格、数量；

（二）医疗器械的生产批号、有效期、销售日期；

（三）生产企业的名称；

（四）供货者或者购货者的名称、地址及联系方式；

（五）相关许可证明文件编号等。

进货查验记录和销售记录应当真实，并按照国务院食品药品监督管理部门规定的期限予以保存。国家鼓励采用先进技术手段进行记录。

第三十三条　运输、贮存医疗器械，应当符合医疗器械说明书和标签标示的要求；对温度、湿度等环境条件有特殊要求的，应当采取相应措施，保证医疗器械的安全、有效。

第三十四条　医疗器械使用单位应当有与在用医疗器械品种、数量相适应的贮存场所和条件。

医疗器械使用单位应当加强对工作人员的技术培训，按照产品说明书、技术操作规范等要求使用医疗器械。

第三十五条　医疗器械使用单位对重复使用的医疗器械，应当按照国务院卫生计生主管部门制定的消毒和管理的规定进行处理。

一次性使用的医疗器械不得重复使用，对使用过的应当按照国家有关规定销毁并记录。

第三十六条　医疗器械使用单位对需要定期检查、检验、校准、保养、维护的医疗器械，应当按照产品说明书的要求进行检查、检验、校准、保养、维护并予以记录，及时进行分析、评估，确保医疗器械处于良好状态，保障使用质量；对使用期限长的大型医疗器械，应当逐台建立使用档案，记录其使用、维护、转让、实际使用时间等事项。记录保存期限不得少于医疗器械规定使用期限终止后5年。

第三十七条　医疗器械使用单位应当妥善保存购入第三类医疗器械的原始资料，并确保信息具有可追溯性。

使用大型医疗器械以及植入和介入类医疗器械的，应当将医疗器械的名称、关键性技术参数等信息以及与使用质量安全密切相关的必要信息记载到病历等相关记录中。

第三十八条　发现使用的医疗器械存在安全隐患的，医疗器械使用单位应当立即停止使用，并通知生产企业或者其他负责产品质量的机构进行检修；经检修仍不能达到使用安全标准的医疗器械，不得继续使用。

第三十九条　食品药品监督管理部门和卫生计生主管部门依据各自职责，分别对使用环节的医疗器械质量和医疗器械使用行为进行监督管理。

第四十条　医疗器械经营企业、使用单位不得经营、使用未依法注册、无合格证明文件以及过期、失效、淘汰的医疗器械。

第四十一条　医疗器械使用单位之间转让在用医疗器械，转让方应当确保所转让的医疗器械安全、有效，不得转让过期、失效、淘汰以及检验不合格的医疗器械。

第四十二条　进口的医疗器械应当是依照本条例第二章的规定已注册或者已备案的医疗器械。

进口的医疗器械应当有中文说明书、中文标签。说明书、标签应当符合本条例规定以及相关强制性标准的要求，并在说明书中载明医疗器械的原产地以及代理人的名称、地址、联系方式。没有中文说明书、中文标签或者说明书、标签不符合本条规定的，不得进口。

第四十三条　出入境检验检疫机构依法对进口的医疗器械实施检验；检验不合格的，不得进口。

国务院食品药品监督管理部门应当及时向国家出入境检验检疫部门通报进口医疗器械的注册和备案情况。进口口岸所在地出入境检验检疫机构应当及时向所在地设区的市级人民政府食品药品监督管理部门通报进口医疗器械的通关情况。

第四十四条 出口医疗器械的企业应当保证其出口的医疗器械符合进口国（地区）的要求。

第四十五条 医疗器械广告应当真实合法，不得含有虚假、夸大、误导性的内容。

医疗器械广告应当经医疗器械生产企业或者进口医疗器械代理人所在地省、自治区、直辖市人民政府食品药品监督管理部门审查批准，并取得医疗器械广告批准文件。广告发布者发布医疗器械广告，应当事先核查广告的批准文件及其真实性；不得发布未取得批准文件、批准文件的真实性未经核实或者广告内容与批准文件不一致的医疗器械广告。省、自治区、直辖市人民政府食品药品监督管理部门应当公布并及时更新已经批准的医疗器械广告目录以及批准的广告内容。

省级以上人民政府食品药品监督管理部门责令暂停生产、销售、进口和使用的医疗器械，在暂停期间不得发布涉及该医疗器械的广告。

医疗器械广告的审查办法由国务院食品药品监督管理部门会同国务院工商行政管理部门制定。

第五章 不良事件的处理与医疗器械的召回

第四十六条 国家建立医疗器械不良事件监测制度，对医疗器械不良事件及时进行收集、分析、评价、控制。

第四十七条 医疗器械生产经营企业、使用单位应当对所生产经营或者使用的医疗器械开展不良事件监测；发现医疗器械不良事件或者可疑不良事件，应当按照国务院食品药品监督管理部门的规定，向医疗器械不良事件监测技术机构报告。

任何单位和个人发现医疗器械不良事件或者可疑不良事件，有权向食品药品监督管理部门或者医疗器械不良事件监测技术机构报告。

第四十八条 国务院食品药品监督管理部门应当加强医疗器械不良事件监测信息网络建设。

医疗器械不良事件监测技术机构应当加强医疗器械不良事件信息监测，主动收集不良事件信息；发现不良事件或者接到不良事件报告的，应当及时进行核实、调查、分析，对不良事件进行评估，并向食品药品监督管理部门和卫生计生主管部门提出处理建议。

医疗器械不良事件监测技术机构应当公布联系方式，方便医疗器械生产经营企业、使用单位等报告医疗器械不良事件。

第四十九条　食品药品监督管理部门应当根据医疗器械不良事件评估结果及时采取发布警示信息以及责令暂停生产、销售、进口和使用等控制措施。

省级以上人民政府食品药品监督管理部门应当会同同级卫生计生主管部门和相关部门组织对引起突发、群发的严重伤害或者死亡的医疗器械不良事件及时进行调查和处理，并组织对同类医疗器械加强监测。

第五十条　医疗器械生产经营企业、使用单位应当对医疗器械不良事件监测技术机构、食品药品监督管理部门开展的医疗器械不良事件调查予以配合。

第五十一条　有下列情形之一的，省级以上人民政府食品药品监督管理部门应当对已注册的医疗器械组织开展再评价：

（一）根据科学研究的发展，对医疗器械的安全、有效有认识上的改变的；

（二）医疗器械不良事件监测、评估结果表明医疗器械可能存在缺陷的；

（三）国务院食品药品监督管理部门规定的其他需要进行再评价的情形。

再评价结果表明已注册的医疗器械不能保证安全、有效的，由原发证部门注销医疗器械注册证，并向社会公布。被注销医疗器械注册证的医疗器械不得生产、进口、经营、使用。

第五十二条　医疗器械生产企业发现其生产的医疗器械不符合强制性标准、经注册或者备案的产品技术要求或者存在其他缺陷的，应当立即停止生产，通知相关生产经营企业、使用单位和消费者停止经营和使用，召回已经上市销售的医疗器械，采取补救、销毁等措施，记录相关情况，发布相关信息，并将医疗器械召回和处理情况向食品药品监督管理部门和卫生计生主管部门报告。

医疗器械经营企业发现其经营的医疗器械存在前款规定情形的，应当立即停止经营，通知相关生产经营企业、使用单位、消费者，并记录停止经营和通知情况。医疗器械生产企业认为属于依照前款规定需要召回的医疗器械，应当立即召回。

医疗器械生产经营企业未依照本条规定实施召回或者停止经营的，食品药品监督管理部门可以责令其召回或者停止经营。

第六章　监督检查

第五十三条　食品药品监督管理部门应当对医疗器械的注册、备案、生产、经营、使用活动加强监督检查，并对下列事项进行重点监督检查：

（一）医疗器械生产企业是否按照经注册或者备案的产品技术要求组织生产；

（二）医疗器械生产企业的质量管理体系是否保持有效运行；

（三）医疗器械生产经营企业的生产经营条件是否持续符合法定要求。

第五十四条 食品药品监督管理部门在监督检查中有下列职权：

（一）进入现场实施检查、抽取样品；

（二）查阅、复制、查封、扣押有关合同、票据、账簿以及其他有关资料；

（三）查封、扣押不符合法定要求的医疗器械，违法使用的零配件、原材料以及用于违法生产医疗器械的工具、设备；

（四）查封违反本条例规定从事医疗器械生产经营活动的场所。

食品药品监督管理部门进行监督检查，应当出示执法证件，保守被检查单位的商业秘密。

有关单位和个人应当对食品药品监督管理部门的监督检查予以配合，不得隐瞒有关情况。

第五十五条 对人体造成伤害或者有证据证明可能危害人体健康的医疗器械，食品药品监督管理部门可以采取暂停生产、进口、经营、使用的紧急控制措施。

第五十六条 食品药品监督管理部门应当加强对医疗器械生产经营企业和使用单位生产、经营、使用的医疗器械的抽查检验。抽查检验不得收取检验费和其他任何费用，所需费用纳入本级政府预算。

省级以上人民政府食品药品监督管理部门应当根据抽查检验结论及时发布医疗器械质量公告。

第五十七条 医疗器械检验机构资质认定工作按照国家有关规定实行统一管理。经国务院认证认可监督管理部门会同国务院食品药品监督管理部门认定的检验机构，方可对医疗器械实施检验。

食品药品监督管理部门在执法工作中需要对医疗器械进行检验的，应当委托有资质的医疗器械检验机构进行，并支付相关费用。

当事人对检验结论有异议的，可以自收到检验结论之日起7个工作日内选择有资质的医疗器械检验机构进行复检。承担复检工作的医疗器械检验机构应当在国务院食品药品监督管理部门规定的时间内作出复检结论。复检结论为最终检验结论。

第五十八条 对可能存在有害物质或者擅自改变医疗器械设计、原材料和生产工艺并存在安全隐患的医疗器械，按照医疗器械国家标准、行业标准规定的检验项目和检验方法无法检验的，医疗器械检验机构可以补充检验项目和检验方法进行检验；使用补充检验项目、检验方法得出的检验结论，经国务院食品药品监督管理部门批准，可以作为食品药品监督管理部门认定医疗器械质量的依据。

第五十九条 设区的市级和县级人民政府食品药品监督管理部门应当加强对医疗器械广告的监督检查；发现未经批准、篡改经批准的广告内容的医疗器械广告，应当向所在地省、自治区、直辖市人民政府食品药品监督管理部门报告，由其向社会公告。

工商行政管理部门应当依照有关广告管理的法律、行政法规的规定，对医疗器械广告进行监督检查，查处违法行为。食品药品监督管理部门发现医疗器械广告违法发布行为，应当提出处理建议并按照有关程序移交所在地同级工商行政管理部门。

第六十条　国务院食品药品监督管理部门建立统一的医疗器械监督管理信息平台。食品药品监督管理部门应当通过信息平台依法及时公布医疗器械许可、备案、抽查检验、违法行为查处情况等日常监督管理信息。但是，不得泄露当事人的商业秘密。

食品药品监督管理部门对医疗器械注册人和备案人、生产经营企业、使用单位建立信用档案，对有不良信用记录的增加监督检查频次。

第六十一条　食品药品监督管理等部门应当公布本单位的联系方式，接受咨询、投诉、举报。食品药品监督管理等部门接到与医疗器械监督管理有关的咨询，应当及时答复；接到投诉、举报，应当及时核实、处理、答复。对咨询、投诉、举报情况及其答复、核实、处理情况，应当予以记录、保存。

有关医疗器械研制、生产、经营、使用行为的举报经调查属实的，食品药品监督管理等部门对举报人应当给予奖励。

第六十二条　国务院食品药品监督管理部门制定、调整、修改本条例规定的目录以及与医疗器械监督管理有关的规范，应当公开征求意见；采取听证会、论证会等形式，听取专家、医疗器械生产经营企业和使用单位、消费者以及相关组织等方面的意见。

第七章　法律责任

第六十三条　有下列情形之一的，由县级以上人民政府食品药品监督管理部门没收违法所得、违法生产经营的医疗器械和用于违法生产经营的工具、设备、原材料等物品；违法生产经营的医疗器械货值金额不足 1 万元的，并处 5 万元以上 10 万元以下罚款；货值金额 1 万元以上的，并处货值金额 10 倍以上 20 倍以下罚款；情节严重的，5 年内不受理相关责任人及企业提出的医疗器械许可申请：

（一）生产、经营未取得医疗器械注册证的第二类、第三类医疗器械的；

（二）未经许可从事第二类、第三类医疗器械生产活动的；

（三）未经许可从事第三类医疗器械经营活动的。

有前款第一项情形、情节严重的，由原发证部门吊销医疗器械生产许可证或者医疗器械经营许可证。

第六十四条 提供虚假资料或者采取其他欺骗手段取得医疗器械注册证、医疗器械生产许可证、医疗器械经营许可证、广告批准文件等许可证件的，由原发证部门撤销已经取得的许可证件，并处5万元以上10万元以下罚款，5年内不受理相关责任人及企业提出的医疗器械许可申请。

伪造、变造、买卖、出租、出借相关医疗器械许可证件的，由原发证部门予以收缴或者吊销，没收违法所得；违法所得不足1万元的，处1万元以上3万元以下罚款；违法所得1万元以上的，处违法所得3倍以上5倍以下罚款；构成违反治安管理行为的，由公安机关依法予以治安管理处罚。

第六十五条 未依照本条例规定备案的，由县级以上人民政府食品药品监督管理部门责令限期改正；逾期不改正的，向社会公告未备案单位和产品名称，可以处1万元以下罚款。

备案时提供虚假资料的，由县级以上人民政府食品药品监督管理部门向社会公告备案单位和产品名称；情节严重的，直接责任人员5年内不得从事医疗器械生产经营活动。

第六十六条 有下列情形之一的，由县级以上人民政府食品药品监督管理部门责令改正，没收违法生产、经营或者使用的医疗器械；违法生产、经营或者使用的医疗器械货值金额不足1万元的，并处2万元以上5万元以下罚款；货值金额1万元以上的，并处货值金额5倍以上10倍以下罚款；情节严重的，责令停产停业，直至由原发证部门吊销医疗器械注册证、医疗器械生产许可证、医疗器械经营许可证：

（一）生产、经营、使用不符合强制性标准或者不符合经注册或者备案的产品技术要求的医疗器械的；

（二）医疗器械生产企业未按照经注册或者备案的产品技术要求组织生产，或者未依照本条例规定建立质量管理体系并保持有效运行的；

（三）经营、使用无合格证明文件、过期、失效、淘汰的医疗器械，或者使用未依法注册的医疗器械的；

（四）食品药品监督管理部门责令其依照本条例规定实施召回或者停止经营后，仍拒不召回或者停止经营医疗器械的；

（五）委托不具备本条例规定条件的企业生产医疗器械，或者未对受托方的生产行为进行管理的。

第六十七条 有下列情形之一的，由县级以上人民政府食品药品监督管理部门责令改正，处1万元以上3万元以下罚款；情节严重的，责令停产停业，直至由原发证部门吊销医疗器械生产许可证、医疗器械经营许可证：

（一）医疗器械生产企业的生产条件发生变化、不再符合医疗器械质量管理体系要求，未依照本条例规定整改、停止生产、报告的；

（二）生产、经营说明书、标签不符合本条例规定的医疗器械的；

（三）未按照医疗器械说明书和标签标示要求运输、贮存医疗器械的；

（四）转让过期、失效、淘汰或者检验不合格的在用医疗器械的。

第六十八条 有下列情形之一的，由县级以上人民政府食品药品监督管理部门和卫生计生主管部门依据各自职责责令改正，给予警告；拒不改正的，处5000元以上2万元以下罚款；情节严重的，责令停产停业，直至由原发证部门吊销医疗器械生产许可证、医疗器械经营许可证：

（一）医疗器械生产企业未按照要求提交质量管理体系自查报告的；

（二）医疗器械经营企业、使用单位未依照本条例规定建立并执行医疗器械进货查验记录制度的；

（三）从事第二类、第三类医疗器械批发业务以及第三类医疗器械零售业务的经营企业未依照本条例规定建立并执行销售记录制度的；

（四）对重复使用的医疗器械，医疗器械使用单位未按照消毒和管理的规定进行处理的；

（五）医疗器械使用单位重复使用一次性使用的医疗器械，或者未按照规定销毁使用过的一次性使用的医疗器械的；

（六）对需要定期检查、检验、校准、保养、维护的医疗器械，医疗器械使用单位未按照产品说明书要求检查、检验、校准、保养、维护并予以记录，及时进行分析、评估，确保医疗器械处于良好状态的；

（七）医疗器械使用单位未妥善保存购入第三类医疗器械的原始资料，或者未按照规定将大型医疗器械以及植入和介入类医疗器械的信息记载到病历等相关记录中的；

（八）医疗器械使用单位发现使用的医疗器械存在安全隐患未立即停止使用、通知检修，或者继续使用经检修仍不能达到使用安全标准的医疗器械的；

（九）医疗器械生产经营企业、使用单位未依照本条例规定开展医疗器械不良事件监测，未按照要求报告不良事件，或者对医疗器械不良事件监测技术机构、食品药品监督管理部门开展的不良事件调查不予配合的。

第六十九条 违反本条例规定开展医疗器械临床试验的，由县级以上人民政府食品药品监督管理部门责令改正或者立即停止临床试验，可以处5万元以下罚款；造成严重后果的，依法对直接负责的主管人员和其他直接责任人员给予降级、撤职或者开除的处分；有医疗器械临床试验机构资质的，由授予其资质的主管部门撤销医疗器械临床试验机构资质，5年内不受理其资质认定申请。

医疗器械临床试验机构出具虚假报告的，由授予其资质的主管部门撤销医疗器械临床试验机构资质，10 年内不受理其资质认定申请；由县级以上人民政府食品药品监督管理部门处 5 万元以上 10 万元以下罚款；有违法所得的，没收违法所得；对直接负责的主管人员和其他直接责任人员，依法给予撤职或者开除的处分。

第七十条 医疗器械检验机构出具虚假检验报告的，由授予其资质的主管部门撤销检验资质，10 年内不受理其资质认定申请；处 5 万元以上 10 万元以下罚款；有违法所得的，没收违法所得；对直接负责的主管人员和其他直接责任人员，依法给予撤职或者开除的处分；受到开除处分的，自处分决定作出之日起 10 年内不得从事医疗器械检验工作。

第七十一条 违反本条例规定，发布未取得批准文件的医疗器械广告，未事先核实批准文件的真实性即发布医疗器械广告，或者发布广告内容与批准文件不一致的医疗器械广告的，由工商行政管理部门依照有关广告管理的法律、行政法规的规定给予处罚。

篡改经批准的医疗器械广告内容的，由原发证部门撤销该医疗器械的广告批准文件，2 年内不受理其广告审批申请。

发布虚假医疗器械广告的，由省级以上人民政府食品药品监督管理部门决定暂停销售该医疗器械，并向社会公布；仍然销售该医疗器械的，由县级以上人民政府食品药品监督管理部门没收违法销售的医疗器械，并处 2 万元以上 5 万元以下罚款。

第七十二条 医疗器械技术审评机构、医疗器械不良事件监测技术机构未依照本条例规定履行职责，致使审评、监测工作出现重大失误的，由县级以上人民政府食品药品监督管理部门责令改正，通报批评，给予警告；造成严重后果的，对直接负责的主管人员和其他直接责任人员，依法给予降级、撤职或者开除的处分。

第七十三条 食品药品监督管理部门及其工作人员应当严格依照本条例规定的处罚种类和幅度，根据违法行为的性质和具体情节行使行政处罚权，具体办法由国务院食品药品监督管理部门制定。

第七十四条 违反本条例规定，县级以上人民政府食品药品监督管理部门或者其他有关部门不履行医疗器械监督管理职责或者滥用职权、玩忽职守、徇私舞弊的，由监察机关或者任免机关对直接负责的主管人员和其他直接责任人员依法给予警告、记过或者记大过的处分；造成严重后果的，给予降级、撤职或者开除的处分。

第七十五条 违反本条例规定，构成犯罪的，依法追究刑事责任；造成人身、财产或者其他损害的，依法承担赔偿责任。

第八章　附　　则

第七十六条　本条例下列用语的含义：

医疗器械，是指直接或者间接用于人体的仪器、设备、器具、体外诊断试剂及校准物、材料以及其他类似或者相关的物品，包括所需要的计算机软件；其效用主要通过物理等方式获得，不是通过药理学、免疫学或者代谢的方式获得，或者虽然有这些方式参与但是只起辅助作用；其目的是：

（一）疾病的诊断、预防、监护、治疗或者缓解；

（二）损伤的诊断、监护、治疗、缓解或者功能补偿；

（三）生理结构或者生理过程的检验、替代、调节或者支持；

（四）生命的支持或者维持；

（五）妊娠控制；

（六）通过对来自人体的样本进行检查，为医疗或者诊断目的提供信息。

医疗器械使用单位，是指使用医疗器械为他人提供医疗等技术服务的机构，包括取得医疗机构执业许可证的医疗机构，取得计划生育技术服务机构执业许可证的计划生育技术服务机构，以及依法不需要取得医疗机构执业许可证的血站、单采血浆站、康复辅助器具适配机构等。

第七十七条　医疗器械产品注册可以收取费用。具体收费项目、标准分别由国务院财政、价格主管部门按照国家有关规定制定。

第七十八条　非营利的避孕医疗器械管理办法以及医疗卫生机构为应对突发公共卫生事件而研制的医疗器械的管理办法，由国务院食品药品监督管理部门会同国务院卫生计生主管部门制定。

中医医疗器械的管理办法，由国务院食品药品监督管理部门会同国务院中医药管理部门依据本条例的规定制定；康复辅助器具类医疗器械的范围及其管理办法，由国务院食品药品监督管理部门会同国务院民政部门依据本条例的规定制定。

第七十九条　军队医疗器械使用的监督管理，由军队卫生主管部门依据本条例和军队有关规定组织实施。

第八十条　本条例自 2014 年 6 月 1 日起施行。

国家食品药品监督管理总局令

第 3 号

《食品药品行政处罚程序规定》已于 2014 年 3 月 14 日经国家食品药品监督管理总局局务会议审议通过，现予公布，自 2014 年 6 月 1 日起施行。

局　长　张　勇

2014 年 4 月 28 日

食品药品行政处罚程序规定

第一章　总　则

第一条　为规范食品药品监督管理部门行使行政处罚权，保护公民、法人和其他组织的合法权益，根据《中华人民共和国行政处罚法》（以下简称行政处罚法）、《中华人民共和国行政强制法》（以下简称行政强制法）、《中华人民共和国食品安全法》、《中华人民共和国药品管理法》等有关法律法规，制定本规定。

第二条　食品药品监督管理部门对违反食品、保健食品、药品、化妆品、医疗器械管理法律、法规、规章的单位或者个人实施行政处罚，应当遵照本规定。

第三条　食品药品监督管理部门实施行政处罚，遵循公开、公平、公正的原则，做到事实清楚、证据确凿、程序合法、法律法规规章适用准确适当、执法文书使用规范。

第四条　公民、法人或者其他组织对食品药品监督管理部门给予的行政处罚，享有陈述、申辩权；对行政处罚不服的，有权依法申请行政复议或者提起行政诉讼。

第五条　食品药品监督管理部门建立行政处罚监督制度。

上级食品药品监督管理部门对下级食品药品监督管理部门实施的行政处罚进行监督。上级食品药品监督管理部门对下级食品药品监督管理部门作出的违法或者不适当的行政处罚决定，责令其限期改正；逾期不改正的，依法予以变更或者撤销。

第二章　管　辖

第六条　行政处罚由违法行为发生地的食品药品监督管理部门管辖。

第七条　县（区）、市（地、州）食品药品监督管理部门依职权管辖本行政区域内的食品药品行政处罚案件。

省、自治区、直辖市食品药品监督管理部门依职权管辖本行政区域内重大、复杂的食品药品行政处罚案件。

国家食品药品监督管理总局依职权管辖应当由自己实施行政处罚的案件及全国范围内发生的重大、复杂的食品药品行政处罚案件。

省、自治区、直辖市食品药品监督管理部门可以依据法律法规和规章，结合本地区实际，规定本行政区域内级别管辖的具体分工。

第八条　县级以上食品药品监督管理部门可以在法定权限内委托符合行政处罚法第十九条规定条件的组织实施行政处罚。

受委托的组织应当在委托范围内，以委托部门的名义作出具体行政行为。委托部门应当对受委托组织的行政处罚行为及其相关的行政执法行为进行指导和监督，并对该行为的后果承担法律责任。

第九条　县级食品药品监督管理部门在乡镇或者区域设置的食品药品监督管理派出机构，依照法律法规和规章的规定，行使行政处罚权。

第十条　对当事人的同一违法行为，两个以上食品药品监督管理部门均有管辖权的，由先行立案的食品药品监督管理部门管辖。对管辖权有争议的，应当协商解决；协商不成的，报请共同的上一级食品药品监督管理部门指定管辖。

第十一条　上级食品药品监督管理部门认为必要时可以直接查处下级食品药品监督管理部门管辖的案件，也可以将自己管辖的案件移交下级食品药品监督管理部门查处。

下级食品药品监督管理部门对本部门管辖的案件由于特殊原因不能行使管辖权的，可以报请上级食品药品监督管理部门管辖或者指定管辖。

第十二条　上级食品药品监督管理部门接到管辖争议或者报请指定管辖请示后，应当在10个工作日内作出指定管辖的决定，并书面通知下级部门。

第十三条　食品药品监督管理部门发现案件不属于本部门管辖的，应当及时移送有管辖权的食品药品监督管理部门或者相关行政管理部门处理。

受移送的食品药品监督管理部门应当将案件查处结果及时函告移送案件的食品药品监督管理部门；认为移送不当的，应当报请共同的上一级食品药品监督管理部门指定管辖，不得再次移送。

第十四条　食品药品监督管理部门在查处案件时，发现违法行为涉嫌犯罪的，应当按照《行政执法机关移送涉嫌犯罪案件的规定》的要求，及时移送同级公安机关。

公安机关决定立案的，食品药品监督管理部门应当自接到公安机关立案通知书之日起3日内将涉案物品以及与案件有关的其他材料移交公安机关，并办结交接手续；对涉案的查封扣押物品，还应当填写查封扣押物品移交通知书，并书面告知当事人。

第十五条 食品药品监督管理部门办理行政处罚案件需要其他地区食品药品监督管理部门协助调查、取证的，应当出具协助调查函。协助部门一般应当在接到协助调查函之日起15个工作日内完成相关工作；需要延期完成的，应当及时告知提出协查请求的部门。

第十六条 依法应当吊销食品药品行政许可证或者撤销批准证明文件的，由原发证或者批准的食品药品监督管理部门决定。

食品药品监督管理部门查处违法案件，对依法应当吊销许可证或者撤销批准证明文件的，在其权限内依法实施行政处罚的同时，应当将取得的证据及相关材料报送原发证、批准的食品药品监督管理部门，由原发证、批准的部门依法作出是否吊销许可证或者撤销批准证明文件的行政处罚决定。需由国家食品药品监督管理总局撤销批准证明文件的，由省、自治区、直辖市食品药品监督管理部门报国家食品药品监督管理总局决定。

原发证、批准的部门依法作出吊销许可证和撤销批准证明文件的行政处罚决定，依照本规定进行。

第三章 立 案

第十七条 食品药品监督管理部门应当对下列事项及时调查处理：

（一）在监督检查及抽验中发现案件线索的；

（二）公民、法人或者其他组织投诉、举报的；

（三）上级机关交办或者下级机关报请查处的；

（四）有关部门移送或者经由其他方式、途径披露的。

符合立案条件的，应当在7个工作日内立案。

第十八条 立案应当符合下列条件：

（一）有明确的违法嫌疑人；

（二）有违法事实；

（三）属于食品药品监督管理行政处罚的范围；

（四）属于本部门管辖。

符合立案条件的，应当报分管负责人批准立案，并确定2名以上执法人员为案件承办人。

第十九条 办案人员有下列情形之一的，应当自行回避；当事人也有权申请其回避：

（一）是本案的当事人或者当事人的近亲属；

（二）与本案有直接利害关系；

（三）与本案当事人有其他关系，可能影响案件公正处理的。

办案人员的回避由食品药品监督管理部门分管负责人决定，负责人的回避由部门其他负责人集体研究决定。

回避决定作出前，被申请回避人员不得擅自停止对案件的调查处理。

第四章　调查取证

第二十条　食品药品监督管理部门进行案件调查时，执法人员不得少于2人，并应当出示执法证件。

首次向案件当事人收集、调取证据的，应当告知其有申请办案人员回避的权利。

被调查人或者有关人员应当如实回答询问并协助、配合调查，及时提供依法应当保存的票据、凭证、记录等相关材料，不得阻挠、干扰案件的调查。

办案过程中涉及国家秘密、商业秘密和个人隐私的，执法人员应当保守秘密。

第二十一条　执法人员进行现场调查时，应当制作笔录。笔录应当注明执法人员身份、证件名称、证件编号及调查目的。执法人员应当在笔录上签字。

笔录经核对无误后，被调查人应当在笔录上逐页签字或者按指纹，并在笔录上注明对笔录真实性的意见。笔录修改处，应当由被调查人签字或者按指纹。

第二十二条　办案人员应当依法收集与案件有关的证据。证据包括书证、物证、视听资料、证人证言、当事人陈述、检验报告、鉴定意见、调查笔录、电子数据、现场检查笔录等。

立案前调查或者检查过程中依法取得的证据，可以作为认定事实的依据。

第二十三条　调取的证据应当是原件、原物。调取原件、原物确有困难的，可以由提交证据的单位或者个人在复制品上签字或者加盖公章，并注明“此件由×××提供，经核对与原件（物）相同”的字样或者文字说明。

第二十四条　在中华人民共和国领域外形成的证据，应当说明来源，经所在国公证机关证明，并经中华人民共和国驻该国使领馆认证，或者履行中华人民共和国与证据所在国订立的有关条约中规定的证明手续。

境外证据所包含的语言、文字应当提供经具有翻译资质的机构翻译的或者其他翻译准确的中文译文。

在中华人民共和国香港特别行政区、澳门特别行政区和台湾地区形成的证据，应当按照有关规定办理证明手续。

第二十五条 在证据可能灭失或者以后难以取得的情况下，经分管负责人批准，可以先行登记保存，并向当事人出具先行登记保存物品通知书。先行登记保存期间，当事人或者有关人员不得损毁、销毁或者转移证据。

第二十六条 食品药品监督管理部门对先行登记保存的证据，应当在7日内作出以下处理决定：

（一）需要采取证据保全措施的，采取记录、复制、拍照、录像等证据保全措施后予以返还；

（二）需要检验、检测、检疫、鉴定的，送交检验、检测、检疫、鉴定；

（三）依法应当予以没收的，作出行政处罚决定，没收违法物品；

（四）需要查封、扣押的，依法采取查封、扣押措施；

（五）违法事实不成立，或者违法事实成立但依法不应当予以查封、扣押或者没收的，解除先行登记保存措施。

逾期未作出处理决定的，应当解除先行登记保存。

第二十七条 食品药品监督管理部门在案件调查时，经分管负责人批准可以依法采取查封、扣押等行政强制措施，执法人员应当向当事人出具查封、扣押决定书。

情况紧急，需要当场采取查封、扣押措施的，执法人员应当在查封扣押后24小时内向分管负责人报告，并补办批准手续。分管负责人认为不应当采取行政强制措施的，应当立即解除。

第二十八条 食品药品监督管理部门实施先行登记保存或者查封、扣押时，应当通知当事人到场，并在现场检查笔录中对采取的相关措施情况予以记载。

对查封、扣押的场所、设施或者财物，应当使用盖有本部门公章的封条就地或者异地封存，当事人不得擅自启封。

对先行登记保存或者查封、扣押的物品应当开列物品清单，由执法人员、当事人或者有关人员签字或者加盖公章。

第二十九条 查封、扣押的场所、设施或者财物应当妥善保管，不得使用、损毁或者擅自转移、处置。

对容易腐烂、变质的物品，法律法规规定可以直接先行处理的，或者当事人同意先行处理的，经食品药品监督管理部门分管负责人批准，在采取相关措施留存证据后可以先行处理。

第三十条 查封、扣押的期限不得超过30日；情况复杂的，经食品药品监督管理部门分管负责人批准，可以延长，但延长的期限不得超过30日。

作出延长查封、扣押期限决定后应当及时填写查封扣押延期通知书，书面告知当事人，并说明理由。

对物品需要进行检验、检测、检疫或者鉴定的，应当填写检验（检测、检疫、鉴定）告知书。查封、扣押的期间不包括检验、检测、检疫或者鉴定的期间。

符合行政强制法第二十八条规定的，应当解除查封、扣押。

第三十一条　执法人员在调查取证过程中，要求当事人在笔录或者其他材料上签名、盖章或者以其他方式确认，当事人拒绝到场，拒绝签名、盖章或者以其他方式确认，或者无法找到当事人的，应当由两名执法人员在笔录或者其他材料上注明原因，并邀请有关人员作为见证人签字或者盖章，也可以采取录音、录像等方式记录。

第三十二条　执法人员调查违法事实，需要抽取样品检验的，应当按照有关规定抽取样品。检验机构应当在规定时限内及时进行检验。

第三十三条　案件调查终结后，案件承办人应当撰写调查终结报告，简易程序除外。调查终结报告内容包括：当事人基本情况、案由、违法事实及证据、调查经过等；拟给予行政处罚的，还应当包括所适用的依据及处罚建议。

第三十四条　食品药品监督管理部门进行案件调查时，对已有证据证明有违法行为的，应当出具责令改正通知书，责令当事人改正或者限期改正违法行为。

第五章　处罚决定

第一节　一般程序

第三十五条　承办人提交案件调查终结报告后，食品药品监督管理部门应当组织 3 名以上有关人员对违法行为的事实、性质、情节、社会危害程度、办案程序、处罚意见等进行合议。

合议应当根据认定的事实，提出予以处罚、补充证据、重新调查、撤销案件或者其他处理意见。

第三十六条　食品药品监督管理部门在作出处罚决定前应当填写行政处罚事先告知书，告知当事人违法事实、处罚的理由和依据，以及当事人依法享有的陈述、申辩权。

食品药品监督管理部门应当充分听取当事人的陈述和申辩。当事人提出的事实、理由或者证据经复核成立的，应当采纳。

食品药品监督管理部门不得因当事人申辩而加重处罚。

第三十七条　食品药品监督管理部门在作出责令停产停业、吊销许可证、撤销批准证明文件、较大数额罚款、没收较大数额财物等行政处罚决定前，应当告知当事人有要求举行听证的权利。当事人要求听证的，应当按照法定程序组织听证。

较大数额罚款的标准，按照地方性法规、地方政府规章等有关规范性文件的规定执行。

第三十八条 拟作出的行政处罚决定应当报食品药品监督管理部门负责人审查。食品药品监督管理部门负责人根据不同情况，分别作出如下决定：

（一）确有应受行政处罚的违法行为的，根据情节轻重及具体情况，作出行政处罚决定；

（二）违法行为轻微，依法可以不予行政处罚的，不予行政处罚；

（三）违法事实不能成立的，不得给予行政处罚；

（四）违法行为已构成犯罪的，移送公安机关。

第三十九条 对情节复杂或者重大违法行为给予较重的行政处罚，应当由食品药品监督管理部门负责人集体讨论决定。集体讨论决定的过程应当有书面记录。

重大、复杂案件标准由各省、自治区、直辖市食品药品监督管理部门根据实际确定。

第四十条 食品药品监督管理部门作出行政处罚决定，应当制作行政处罚决定书。行政处罚决定书应当载明下列事项：

（一）当事人的姓名或者名称、地址；

（二）违反法律、法规或者规章的事实和证据；

（三）行政处罚的种类和依据；

（四）行政处罚的履行方式和期限；

（五）不服行政处罚决定，申请行政复议或者提起行政诉讼的途径和期限；

（六）作出行政处罚决定的食品药品监督管理部门名称和作出决定的日期。

行政处罚决定中涉及没收食品药品或者其他有关物品的，还应当附没收物品凭证。

行政处罚决定书应当盖有作出行政处罚决定的食品药品监督管理部门的公章。

第四十一条 除依法应当予以销毁的物品外，食品药品监督管理部门对依法没收的非法财物，经分管负责人批准，依照行政处罚法第五十三条规定予以处理。处理的物品应当核实品种、数量，并填写清单。

第二节 简易程序

第四十二条 违法事实确凿并有法定依据，对公民处以50元以下、对法人或者其他组织处以1000元以下罚款或者警告的行政处罚的，可以当场作出行政处罚决定。

第四十三条 执法人员当场作出行政处罚决定的，应当向当事人出示执法证件，填写预定格式、编有号码并加盖食品药品监督管理部门公章的当场行政处罚决定书。

当场行政处罚决定书应当当场交付当事人，当事人签字或者盖章签收。

第四十四条 执法人员当场作出的行政处罚决定，应当在7个工作日以内报所属部门备案。

第六章 送 达

第四十五条 行政处罚决定书应当在宣告后当场交付当事人；当事人不在场的，应当在7日内依照本章规定，将行政处罚决定书送达当事人。

行政处罚决定书由承办人直接送交当事人签收。受送达人是公民的，本人不在时，交其同住成年家属签收；受送达人是法人的，应当由其法定代表人签收；受送达人是其他组织的，由其主要负责人签收。受送达人有代理人的，可以送交其代理人签收。

受送达人应当在送达回执上注明收到日期并签字或者盖章。签收日期即为送达日期。

第四十六条 受送达人或者其同住成年家属拒收行政处罚决定书的，送达人可以邀请有关基层组织或者所在单位人员到场并说明情况，在送达回执上注明拒收事由和日期，由送达人、见证人签字或者盖章，将行政处罚决定书留在受送达人的住所，即视为送达。

第四十七条 直接送达有困难的，可以委托就近的食品药品监督管理部门代为送达或者邮寄送达。邮寄送达的，回执注明的收件日期即为送达日期。

国家食品药品监督管理总局作出的撤销食品药品批准证明文件的行政处罚，交由当事人所在地的省、自治区、直辖市食品药品监督管理部门送达。

第四十八条 受送达人下落不明，或者依据本章规定的其他方式无法送达的，公告送达。自发出公告之日起60日即视为送达。

公告送达，可以在受送达人原住所地张贴公告，也可以在报纸、电视等刊登公告。

公告送达，应当在案卷中载明公告送达的原因和经过。

第七章 执行与结案

第四十九条 行政处罚决定书送达后，当事人应当在处罚决定的期限内予以履行。

当事人确有经济困难，可以提出延期或者分期缴纳罚款的申请，并提交书面材料。经案件承办人员审核，确定延期或者分期缴纳罚款的期限和金额，报分管负责人批准后执行。

第五十条 当事人对行政处罚决定不服，申请行政复议或者提起行政诉讼的，行政处罚不停止执行，但行政复议或者行政诉讼期间决定或者裁定停止执行的除外。

第五十一条 作出罚款和没收违法所得决定的食品药品监督管理部门应当与收缴罚没款的机构分离。除按规定当场收缴的罚款外，执法人员不得自行收缴罚没款。

第五十二条 依据本规定当场作出行政处罚决定，有下列情形之一的，执法人员可以当场收缴罚款：

（一）依法给予20元以下罚款的；

（二）不当场收缴事后难以执行的。

第五十三条 在边远、水上、交通不便地区，食品药品监督管理部门及其执法人员依照本规定作出处罚决定后，当事人向指定的银行缴纳罚款确有困难的，经当事人提出，执法人员可以当场收缴罚款。

第五十四条 食品药品监督管理部门及其执法人员当场收缴罚款的，应当向当事人出具省、自治区、直辖市财政部门统一制发的罚款收据。

执法人员当场收缴的罚款，应当自收缴罚款之日起2日内交至食品药品监督管理部门；食品药品监督管理部门应当在2日内将罚款缴付指定的银行。

第五十五条 当事人在法定期限内不申请行政复议或者提起行政诉讼，又不履行行政处罚决定的，食品药品监督管理部门应当向人民法院申请强制执行。

食品药品监督管理部门申请人民法院强制执行前应当填写履行行政处罚决定催告书，书面催告当事人履行义务，并告知履行义务的期限和方式、依法享有的陈述和申辩权，涉及加处罚款的，应当有明确的金额和给付方式。

加处罚款的总数额不得超过原罚款数额。

当事人进行陈述、申辩的，食品药品监督管理部门应当对当事人提出的事实、理由和证据进行记录、复核，并制作陈述申辩笔录、陈述申辩复核意见书。当事人提出的事实、理由或者证据成立的，食品药品监督管理部门应当采纳。

履行行政处罚决定催告书送达10个工作日后，当事人仍未履行处罚决定的，食品药品监督管理部门可以申请人民法院强制执行，并填写行政处罚强制执行申请书。

第五十六条 行政处罚决定履行或者执行后，办案人应当填写行政处罚结案报告，将有关案件材料进行整理装订，归档保存。

第八章　附　则

第五十七条　本规定中的期限以时、日计算，开始的时和日不计算在内。期限届满的最后一日是节假日的，以节假日后的第一日为届满的日期。法律、法规另有规定的除外。

第五十八条　本规定中的“以上”、“以下”、“以内”，均包括本数。

第五十九条　各省、自治区、直辖市食品药品监督管理部门可以根据本行政区域实际制定本规定的实施细则。

第六十条　国家食品药品监督管理总局负责制定行政处罚所适用的文书格式范本。各省、自治区、直辖市食品药品监督管理部门可以参照文书格式范本，制定本行政区域行政处罚所适用的文书格式并自行印制。

第六十一条　本规定自2014年6月1日起施行。2003年4月28日公布的《药品监督行政处罚程序规定》（原国家食品药品监督管理局令第1号）同时废止。

国家食品药品监督管理总局令

第4号

《医疗器械注册管理办法》已于2014年6月27日经国家食品药品监督管理总局局务会议审议通过，现予公布，自2014年10月1日起施行。

局　长　张　勇
2014年7月30日

医疗器械注册管理办法

第一章　总　　则

第一条　为规范医疗器械的注册与备案管理，保证医疗器械的安全、有效，根据《医疗器械监督管理条例》，制定本办法。

第二条　在中华人民共和国境内销售、使用的医疗器械，应当按照本办法的规定申请注册或者办理备案。

第三条　医疗器械注册是食品药品监督管理部门根据医疗器械注册申请人的申请，依照法定程序，对其拟上市医疗器械的安全性、有效性研究及其结果进行系统评价，以决定是否同意其申请的过程。

医疗器械备案是医疗器械备案人向食品药品监督管理部门提交备案资料，食品药品监督管理部门对提交的备案资料存档备查。

第四条 医疗器械注册与备案应当遵循公开、公平、公正的原则。

第五条 第一类医疗器械实行备案管理。第二类、第三类医疗器械实行注册管理。

境内第一类医疗器械备案，备案人向设区的市级食品药品监督管理部门提交备案资料。

境内第二类医疗器械由省、自治区、直辖市食品药品监督管理部门审查，批准后发给医疗器械注册证。

境内第三类医疗器械由国家食品药品监督管理总局审查，批准后发给医疗器械注册证。

进口第一类医疗器械备案，备案人向国家食品药品监督管理总局提交备案资料。

进口第二类、第三类医疗器械由国家食品药品监督管理总局审查，批准后发给医疗器械注册证。

香港、澳门、台湾地区医疗器械的注册、备案，参照进口医疗器械办理。

第六条 医疗器械注册人、备案人以自己名义把产品推向市场，对产品负法律责任。

第七条 食品药品监督管理部门依法及时公布医疗器械注册、备案相关信息。申请人可以查询审批进度和结果，公众可以查阅审批结果。

第八条 国家鼓励医疗器械的研究与创新，对创新医疗器械实行特别审批，促进医疗器械新技术的推广与应用，推动医疗器械产业的发展。

第二章 基本要求

第九条 医疗器械注册申请人和备案人应当建立与产品研制、生产有关的质量管理体系，并保持有效运行。

按照创新医疗器械特别审批程序审批的境内医疗器械申请注册时，样品委托其他企业生产的，应当委托具有相应生产范围的医疗器械生产企业；不属于按照创新医疗器械特别审批程序审批的境内医疗器械申请注册时，样品不得委托其他企业生产。

第十条 办理医疗器械注册或者备案事务的人员应当具有相应的专业知识，熟悉医疗器械注册或者备案管理的法律、法规、规章和技术要求。

第十一条 申请人或者备案人申请注册或者办理备案，应当遵循医疗器械安全有效基本要求，保证研制过程规范，所有数据真实、完整和可溯源。

第十二条　申请注册或者办理备案的资料应当使用中文。根据外文资料翻译的，应当同时提供原文。引用未公开发表的文献资料时，应当提供资料所有者许可使用的证明文件。

申请人、备案人对资料的真实性负责。

第十三条　申请注册或者办理备案的进口医疗器械，应当在申请人或者备案人注册地或者生产地址所在国家（地区）已获准上市销售。

申请人或者备案人注册地或者生产地址所在国家（地区）未将该产品作为医疗器械管理的，申请人或者备案人需提供相关证明文件，包括注册地或者生产地址所在国家（地区）准许该产品上市销售的证明文件。

第十四条　境外申请人或者备案人应当通过其在中国境内设立的代表机构或者指定中国境内的企业法人作为代理人，配合境外申请人或者备案人开展相关工作。

代理人除办理医疗器械注册或者备案事宜外，还应当承担以下责任：

（一）与相应食品药品监督管理部门、境外申请人或者备案人的联络；

（二）向申请人或者备案人如实、准确传达相关的法规和技术要求；

（三）收集上市后医疗器械不良事件信息并反馈境外注册人或者备案人，同时向相应的食品药品监督管理部门报告；

（四）协调医疗器械上市后的产品召回工作，并向相应的食品药品监督管理部门报告；

（五）其他涉及产品质量和售后服务的连带责任。

第三章　产品技术要求和注册检验

第十五条　申请人或者备案人应当编制拟注册或者备案医疗器械的产品技术要求。第一类医疗器械的产品技术要求由备案人办理备案时提交食品药品监督管理部门。第二类、第三类医疗器械的产品技术要求由食品药品监督管理部门在批准注册时予以核准。

产品技术要求主要包括医疗器械成品的性能指标和检验方法，其中性能指标是指可进行客观判定的成品的功能性、安全性指标以及与质量控制相关的其他指标。

在中国上市的医疗器械应当符合经注册核准或者备案的产品技术要求。

第十六条　申请第二类、第三类医疗器械注册，应当进行注册检验。医疗器械检验机构应当依据产品技术要求对相关产品进行注册检验。

注册检验样品的生产应当符合医疗器械质量管理体系的相关要求，注册检验合格的方可进行临床试验或者申请注册。

办理第一类医疗器械备案的，备案人可以提交产品自检报告。

第十七条 申请注册检验，申请人应当向检验机构提供注册检验所需要的有关技术资料、注册检验用样品及产品技术要求。

第十八条 医疗器械检验机构应当具有医疗器械检验资质、在其承检范围内进行检验，并对申请人提交的产品技术要求进行预评价。预评价意见随注册检验报告一同出具给申请人。

尚未列入医疗器械检验机构承检范围的医疗器械，由相应的注册审批部门指定有能力的检验机构进行检验。

第十九条 同一注册单元内所检验的产品应当能够代表本注册单元内其他产品的安全性和有效性。

第四章 临床评价

第二十条 医疗器械临床评价是指申请人或者备案人通过临床文献资料、临床经验数据、临床试验等信息对产品是否满足使用要求或者适用范围进行确认的过程。

第二十一条 临床评价资料是指申请人或者备案人进行临床评价所形成的文件。

需要进行临床试验的，提交的临床评价资料应当包括临床试验方案和临床试验报告。

第二十二条 办理第一类医疗器械备案，不需进行临床试验。申请第二类、第三类医疗器械注册，应当进行临床试验。

有下列情形之一的，可以免于进行临床试验：

（一）工作机理明确、设计定型，生产工艺成熟，已上市的同品种医疗器械临床应用多年且无严重不良事件记录，不改变常规用途的；

（二）通过非临床评价能够证明该医疗器械安全、有效的；

（三）通过对同品种医疗器械临床试验或者临床使用获得的数据进行分析评价，能够证明该医疗器械安全、有效的。

免于进行临床试验的医疗器械目录由国家食品药品监督管理总局制定、调整并公布。未列入免于进行临床试验的医疗器械目录的产品，通过对同品种医疗器械临床试验或者临床使用获得的数据进行分析评价，能够证明该医疗器械安全、有效的，申请人可以在申报注册时予以说明，并提交相关证明资料。

第二十三条 开展医疗器械临床试验，应当按照医疗器械临床试验质量管理规范的要求，在取得资质的临床试验机构内进行。临床试验样品的生产应当符合医疗器械质量管理体系的相关要求。

第二十四条　第三类医疗器械进行临床试验对人体具有较高风险的，应当经国家食品药品监督管理总局批准。需进行临床试验审批的第三类医疗器械目录由国家食品药品监督管理总局制定、调整并公布。

第二十五条　临床试验审批是指国家食品药品监督管理总局根据申请人的申请，对拟开展临床试验的医疗器械的风险程度、临床试验方案、临床受益与风险对比分析报告等进行综合分析，以决定是否同意开展临床试验的过程。

第二十六条　需进行医疗器械临床试验审批的，申请人应当按照相关要求向国家食品药品监督管理总局报送申报资料。

第二十七条　国家食品药品监督管理总局受理医疗器械临床试验审批申请后，应当自受理申请之日起 3 个工作日内将申报资料转交医疗器械技术审评机构。

技术审评机构应当在 40 个工作日内完成技术审评。国家食品药品监督管理总局应当在技术审评结束后 20 个工作日内作出决定。准予开展临床试验的，发给医疗器械临床试验批件；不予批准的，应当书面说明理由。

第二十八条　技术审评过程中需要申请人补正资料的，技术审评机构应当一次告知需要补正的全部内容。申请人应当在 1 年内按照补正通知的要求一次提供补充资料。技术审评机构应当自收到补充资料之日起 40 个工作日内完成技术审评。申请人补充资料的时间不计算在审评时限内。

申请人逾期未提交补充资料的，由技术审评机构终止技术审评，提出不予批准的建议，国家食品药品监督管理总局核准后作出不予批准的决定。

第二十九条　有下列情形之一的，国家食品药品监督管理总局应当撤销已获得的医疗器械临床试验批准文件：

（一）临床试验申报资料虚假的；

（二）已有最新研究证实原批准的临床试验伦理性和科学性存在问题的；

（三）其他应当撤销的情形。

第三十条　医疗器械临床试验应当在批准后 3 年内实施；逾期未实施的，原批准文件自行废止，仍需进行临床试验的，应当重新申请。

第五章　产品注册

第三十一条　申请医疗器械注册，申请人应当按照相关要求向食品药品监督管理部门报送申报资料。

第三十二条　食品药品监督管理部门收到申请后对申报资料进行形式审查，并根据下列情况分别作出处理：

（一）申请事项属于本部门职权范围，申报资料齐全、符合形式审查要求的，予以受理；

（二）申报资料存在可以当场更正的错误的，应当允许申请人当场更正；

（三）申报资料不齐全或者不符合形式审查要求的，应当在5个工作日内一次告知申请人需要补正的全部内容，逾期不告知的，自收到申报资料之日起即为受理；

（四）申请事项不属于本部门职权范围的，应当即时告知申请人不予受理。

食品药品监督管理部门受理或者不予受理医疗器械注册申请，应当出具加盖本部门专用印章并注明日期的受理或者不予受理的通知书。

第三十三条 受理注册申请的食品药品监督管理部门应当自受理之日起3个工作日内将申报资料转交技术审评机构。

技术审评机构应当在60个工作日内完成第二类医疗器械注册的技术审评工作，在90个工作日内完成第三类医疗器械注册的技术审评工作。

需要外聘专家审评、药械组合产品需与药品审评机构联合审评的，所需时间不计算在内，技术审评机构应当将所需时间书面告知申请人。

第三十四条 食品药品监督管理部门在组织产品技术审评时可以调阅原始研究资料，并组织对申请人进行与产品研制、生产有关的质量管理体系核查。

境内第二类、第三类医疗器械注册质量管理体系核查，由省、自治区、直辖市食品药品监督管理部门开展，其中境内第三类医疗器械注册质量管理体系核查，由国家食品药品监督管理总局技术审评机构通知相应省、自治区、直辖市食品药品监督管理部门开展核查，必要时参与核查。省、自治区、直辖市食品药品监督管理部门应当在30个工作日内根据相关要求完成体系核查。

国家食品药品监督管理总局技术审评机构在对进口第二类、第三类医疗器械开展技术审评时，认为有必要进行质量管理体系核查的，通知国家食品药品监督管理总局质量管理体系检查技术机构根据相关要求开展核查，必要时技术审评机构参与核查。

质量管理体系核查的时间不计算在审评时限内。

第三十五条 技术审评过程中需要申请人补正资料的，技术审评机构应当一次告知需要补正的全部内容。申请人应当在1年内按照补正通知的要求一次提供补充资料；技术审评机构应当自收到补充资料之日起60个工作日内完成技术审评。申请人补充资料的时间不计算在审评时限内。

申请人对补正资料通知内容有异议的，可以向相应的技术审评机构提出书面意见，说明理由并提供相应的技术支持资料。

申请人逾期未提交补充资料的，由技术审评机构终止技术审评，提出不予注册的建议，由食品药品监督管理部门核准后作出不予注册的决定。

第三十六条 受理注册申请的食品药品监督管理部门应当在技术审评结束后

20 个工作日内作出决定。对符合安全、有效要求的，准予注册，自作出审批决定之日起 10 个工作日内发给医疗器械注册证，经过核准的产品技术要求以附件形式发给申请人。对不予注册的，应当书面说明理由，并同时告知申请人享有申请复审和依法申请行政复议或者提起行政诉讼的权利。

医疗器械注册证有效期为 5 年。

第三十七条　医疗器械注册事项包括许可事项和登记事项。许可事项包括产品名称、型号、规格、结构及组成、适用范围、产品技术要求、进口医疗器械的生产地址等；登记事项包括注册人名称和住所、代理人名称和住所、境内医疗器械的生产地址等。

第三十八条　对用于治疗罕见疾病以及应对突发公共卫生事件急需的医疗器械，食品药品监督管理部门可以在批准该医疗器械注册时要求申请人在产品上市后进一步完成相关工作，并将要求载明于医疗器械注册证中。

第三十九条　对于已受理的注册申请，有下列情形之一的，食品药品监督管理部门作出不予注册的决定，并告知申请人：

（一）申请人对拟上市销售医疗器械的安全性、有效性进行的研究及其结果无法证明产品安全、有效的；

（二）注册申报资料虚假的；

（三）注册申报资料内容混乱、矛盾的；

（四）注册申报资料的内容与申报项目明显不符的；

（五）不予注册的其他情形。

第四十条　对于已受理的注册申请，申请人可以在行政许可决定作出前，向受理该申请的食品药品监督管理部门申请撤回注册申请及相关资料，并说明理由。

第四十一条　对于已受理的注册申请，有证据表明注册申报资料可能虚假的，食品药品监督管理部门可以中止审批。经核实后，根据核实结论继续审查或者作出不予注册的决定。

第四十二条　申请人对食品药品监督管理部门作出的不予注册决定有异议的，可以自收到不予注册决定通知之日起 20 个工作日内，向作出审批决定的食品药品监督管理部门提出复审申请。复审申请的内容仅限于原申请事项和原申报资料。

第四十三条　食品药品监督管理部门应当自受理复审申请之日起 30 个工作日内作出复审决定，并书面通知申请人。维持原决定的，食品药品监督管理部门不再受理申请人再次提出的复审申请。

第四十四条　申请人对食品药品监督管理部门作出的不予注册的决定有异议，且已申请行政复议或者提起行政诉讼的，食品药品监督管理部门不受理其复审申请。

第四十五条 医疗器械注册证遗失的，注册人应当立即在原发证机关指定的媒体上登载遗失声明。自登载遗失声明之日起满1个月后，向原发证机关申请补发，原发证机关在20个工作日内予以补发。

第四十六条 医疗器械注册申请直接涉及申请人与他人之间重大利益关系的，食品药品监督管理部门应当告知申请人、利害关系人可以依照法律、法规以及国家食品药品监督管理总局的其他规定享有申请听证的权利；对医疗器械注册申请进行审查时，食品药品监督管理部门认为属于涉及公共利益的重大许可事项，应当向社会公告，并举行听证。

第四十七条 对新研制的尚未列入分类目录的医疗器械，申请人可以直接申请第三类医疗器械产品注册，也可以依据分类规则判断产品类别并向国家食品药品监督管理总局申请类别确认后，申请产品注册或者办理产品备案。

直接申请第三类医疗器械注册的，国家食品药品监督管理总局按照风险程度确定类别。境内医疗器械确定为第二类的，国家食品药品监督管理总局将申报资料转申请人所在地省、自治区、直辖市食品药品监督管理部门审评审批；境内医疗器械确定为第一类的，国家食品药品监督管理总局将申报资料转申请人所在地设区的市级食品药品监督管理部门备案。

第四十八条 注册申请审查过程中及批准后发生专利权纠纷的，应当按照有关法律、法规的规定处理。

第六章 注册变更

第四十九条 已注册的第二类、第三类医疗器械，医疗器械注册证及其附件载明的内容发生变化，注册人应当向原注册部门申请注册变更，并按照相关要求提交申报资料。

产品名称、型号、规格、结构及组成、适用范围、产品技术要求、进口医疗器械生产地址等发生变化的，注册人应当向原注册部门申请许可事项变更。

注册人名称和住所、代理人名称和住所发生变化的，注册人应当向原注册部门申请登记事项变更；境内医疗器械生产地址变更的，注册人应当在相应的生产许可变更后办理注册登记事项变更。

第五十条 登记事项变更资料符合要求的，食品药品监督管理部门应当在10个工作日内发给医疗器械注册变更文件。登记事项变更资料不齐全或者不符合形式审查要求的，食品药品监督管理部门应当一次告知需要补正的全部内容。

第五十一条 对于许可事项变更，技术审评机构应当重点针对变化部分进行审评，对变化后产品是否安全、有效作出评价。

受理许可事项变更申请的食品药品监督管理部门应当按照本办法第五章规定的时限组织技术审评。

第五十二条　医疗器械注册变更文件与原医疗器械注册证合并使用，其有效期与该注册证相同。取得注册变更文件后，注册人应当根据变更内容自行修改产品技术要求、说明书和标签。

第五十三条　许可事项变更申请的受理与审批程序，本章未作规定的，适用本办法第五章的相关规定。

第七章　延续注册

第五十四条　医疗器械注册证有效期届满需要延续注册的，注册人应当在医疗器械注册证有效期届满 6 个月前，向食品药品监督管理部门申请延续注册，并按照相关要求提交申报资料。

除有本办法第五十五条规定情形外，接到延续注册申请的食品药品监督管理部门应当在医疗器械注册证有效期届满前作出准予延续的决定。逾期未作决定的，视为准予延续。

第五十五条　有下列情形之一的，不予延续注册：

（一）注册人未在规定期限内提出延续注册申请的；

（二）医疗器械强制性标准已经修订，该医疗器械不能达到新要求的；

（三）对用于治疗罕见疾病以及应对突发公共卫生事件急需的医疗器械，批准注册部门在批准上市时提出要求，注册人未在规定期限内完成医疗器械注册证载明事项的。

第五十六条　医疗器械延续注册申请的受理与审批程序，本章未作规定的，适用本办法第五章的相关规定。

第八章　产品备案

第五十七条　第一类医疗器械生产前，应当办理产品备案。

第五十八条　办理医疗器械备案，备案人应当按照《医疗器械监督管理条例》第九条的规定提交备案资料。

备案资料符合要求的，食品药品监督管理部门应当当场备案；备案资料不齐全或者不符合规定形式的，应当一次告知需要补正的全部内容，由备案人补正后备案。

对备案的医疗器械，食品药品监督管理部门应当按照相关要求的格式制作备案凭证，并将备案信息表中登载的信息在其网站上予以公布。

第五十九条　已备案的医疗器械，备案信息表中登载内容及备案的产品技术要求发生变化的，备案人应当提交变化情况的说明及相关证明文件，向原备案部门提出变更备案信息。备案资料符合形式要求的，食品药品监督管理部门应当将变更情况登载于变更信息中，将备案资料存档。

第六十条 已备案的医疗器械管理类别调整的，备案人应当主动向食品药品监督管理部门提出取消原备案；管理类别调整为第二类或者第三类医疗器械的，按照本办法规定申请注册。

第九章 监督管理

第六十一条 国家食品药品监督管理总局负责全国医疗器械注册与备案的监督管理工作，对地方食品药品监督管理部门医疗器械注册与备案工作进行监督和指导。

第六十二条 省、自治区、直辖市食品药品监督管理部门负责本行政区域的医疗器械注册与备案的监督管理工作，组织开展监督检查，并将有关情况及时报送国家食品药品监督管理总局。

第六十三条 省、自治区、直辖市食品药品监督管理部门按照属地管理原则，对进口医疗器械代理人注册与备案相关工作实施日常监督管理。

第六十四条 设区的市级食品药品监督管理部门应当定期对备案工作开展检查，并及时向省、自治区、直辖市食品药品监督管理部门报送相关信息。

第六十五条 已注册的医疗器械有法律、法规规定应当注销的情形，或者注册证有效期未满但注册人主动提出注销的，食品药品监督管理部门应当依法注销，并向社会公布。

第六十六条 已注册的医疗器械，其管理类别由高类别调整为低类别的，在有效期内的医疗器械注册证继续有效。如需延续的，注册人应当在医疗器械注册证有效期届满6个月前，按照改变后的类别向食品药品监督管理部门申请延续注册或者办理备案。

医疗器械管理类别由低类别调整为高类别的，注册人应当依照本办法第五章的规定，按照改变后的类别向食品药品监督管理部门申请注册。国家食品药品监督管理总局在管理类别调整通知中应当对完成调整的时限作出规定。

第六十七条 省、自治区、直辖市食品药品监督管理部门违反本办法规定实施医疗器械注册的，由国家食品药品监督管理总局责令限期改正；逾期不改正的，国家食品药品监督管理总局可以直接公告撤销该医疗器械注册证。

第六十八条 食品药品监督管理部门、相关技术机构及其工作人员，对申请人或者备案人提交的试验数据和技术秘密负有保密义务。

第十章　法律责任

第六十九条　提供虚假资料或者采取其他欺骗手段取得医疗器械注册证的，按照《医疗器械监督管理条例》第六十四条第一款的规定予以处罚。

备案时提供虚假资料的，按照《医疗器械监督管理条例》第六十五条第二款的规定予以处罚。

第七十条　伪造、变造、买卖、出租、出借医疗器械注册证的，按照《医疗器械监督管理条例》第六十四条第二款的规定予以处罚。

第七十一条　违反本办法规定，未依法办理第一类医疗器械变更备案或者第二类、第三类医疗器械注册登记事项变更的，按照《医疗器械监督管理条例》有关未备案的情形予以处罚。

第七十二条　违反本办法规定，未依法办理医疗器械注册许可事项变更的，按照《医疗器械监督管理条例》有关未取得医疗器械注册证的情形予以处罚。

第七十三条　申请人未按照《医疗器械监督管理条例》和本办法规定开展临床试验的，由县级以上食品药品监督管理部门责令改正，可以处 3 万元以下罚款；情节严重的，应当立即停止临床试验，已取得临床试验批准文件的，予以注销。

第十一章　附　则

第七十四条　医疗器械注册或者备案单元原则上以产品的技术原理、结构组成、性能指标和适用范围为划分依据。

第七十五条　医疗器械注册证中“结构及组成”栏内所载明的组合部件，以更换耗材、售后服务、维修等为目的，用于原注册产品的，可以单独销售。

第七十六条　医疗器械注册证格式由国家食品药品监督管理总局统一制定。

注册证编号的编排方式为：

×1 械注×2××××3×4××5××××6。其中：

×1 为注册审批部门所在地的简称：

境内第三类医疗器械、进口第二类、第三类医疗器械为“国”字；

境内第二类医疗器械为注册审批部门所在地省、自治区、直辖市简称；

×2 为注册形式：

“准”字适用于境内医疗器械；

“进”字适用于进口医疗器械；

“许”字适用于香港、澳门、台湾地区的医疗器械；

××××3 为首次注册年份；

×4 为产品管理类别；

××5 为产品分类编码；

××××6 为首次注册流水号。

延续注册的，××××3 和××××6 数字不变。产品管理类别调整的，应当重新编号。

第七十七条 第一类医疗器械备案凭证编号的编排方式为：

×1 械备××××2××××3 号。

其中：

×1 为备案部门所在地的简称：

进口第一类医疗器械为“国”字；

境内第一类医疗器械为备案部门所在地省、自治区、直辖市简称加所在地设区的市级行政区域的简称（无相应设区的市级行政区域时，仅为省、自治区、直辖市的简称）；

××××2 为备案年份；

××××3 为备案流水号。

第七十八条 按医疗器械管理的体外诊断试剂的注册与备案适用《体外诊断试剂注册管理办法》。

第七十九条 医疗器械应急审批程序和创新医疗器械特别审批程序由国家食品药品监督管理总局另行制定。

第八十条 根据工作需要，国家食品药品监督管理总局可以委托省、自治区、直辖市食品药品监督管理部门或者技术机构、相关社会组织承担医疗器械注册有关的具体工作。

第八十一条 医疗器械产品注册收费项目、收费标准按照国务院财政、价格主管部门的有关规定执行。

第八十二条 本办法自 2014 年 10 月 1 日起施行。2004 年 8 月 9 日公布的《医疗器械注册管理办法》（原国家食品药品监督管理局令第 16 号）同时废止。

国家食品药品监督管理总局令

第 5 号

《体外诊断试剂注册管理办法》已于 2014 年 6 月 27 日经国家食品药品监督管理总局局务会议审议通过，现予公布，自 2014 年 10 月 1 日起施行。

局 长 张 勇

2014 年 7 月 30 日

体外诊断试剂注册管理办法

第一章　总　则

第一条　为规范体外诊断试剂的注册与备案管理，保证体外诊断试剂的安全、有效，根据《医疗器械监督管理条例》，制定本办法。

第二条　在中华人民共和国境内销售、使用的体外诊断试剂，应当按照本办法的规定申请注册或者办理备案。

第三条　本办法所称体外诊断试剂，是指按医疗器械管理的体外诊断试剂，包括在疾病的预测、预防、诊断、治疗监测、预后观察和健康状态评价的过程中，用于人体样本体外检测的试剂、试剂盒、校准品、质控品等产品。可以单独使用，也可以与仪器、器具、设备或者系统组合使用。

按照药品管理的用于血源筛查的体外诊断试剂和采用放射性核素标记的体外诊断试剂，不属于本办法管理范围。

第四条　体外诊断试剂注册是食品药品监督管理部门根据注册申请人的申请，依照法定程序，对其拟上市体外诊断试剂的安全性、有效性研究及其结果进行系统评价，以决定是否同意其申请的过程。

体外诊断试剂备案是备案人向食品药品监督管理部门提交备案资料，食品药品监督管理部门对提交的备案资料存档备查。

第五条　体外诊断试剂注册与备案应当遵循公开、公平、公正的原则。

第六条　第一类体外诊断试剂实行备案管理，第二类、第三类体外诊断试剂实行注册管理。

境内第一类体外诊断试剂备案，备案人向设区的市级食品药品监督管理部门提交备案资料。

境内第二类体外诊断试剂由省、自治区、直辖市食品药品监督管理部门审查，批准后发给医疗器械注册证。

境内第三类体外诊断试剂由国家食品药品监督管理总局审查，批准后发给医疗器械注册证。

进口第一类体外诊断试剂备案，备案人向国家食品药品监督管理总局提交备案资料。

进口第二类、第三类体外诊断试剂由国家食品药品监督管理总局审查，批准后发给医疗器械注册证。

香港、澳门、台湾地区体外诊断试剂的注册、备案，参照进口体外诊断试剂办理。

第七条 体外诊断试剂注册人、备案人以自己名义把产品推向市场，对产品负法律责任。

第八条 食品药品监督管理部门依法及时公布体外诊断试剂注册、备案相关信息。申请人可以查询审批进度和结果，公众可以查阅审批结果。

第九条 国家鼓励体外诊断试剂的研究与创新，对创新体外诊断试剂实行特别审批，促进体外诊断试剂新技术的推广与应用，推动医疗器械产业的发展。

第二章 基本要求

第十条 体外诊断试剂注册申请人和备案人应当建立与产品研制、生产有关的质量管理体系，并保持有效运行。

按照创新医疗器械特别审批程序审批的境内体外诊断试剂申请注册时，样品委托其他企业生产的，应当委托具有相应生产范围的医疗器械生产企业；不属于按照创新医疗器械特别审批程序审批的境内体外诊断试剂申请注册时，样品不得委托其他企业生产。

第十一条 办理体外诊断试剂注册或者备案事务的人员应当具有相应的专业知识，熟悉医疗器械注册或者备案管理的法律、法规、规章和技术要求。

第十二条 体外诊断试剂产品研制包括：主要原材料的选择、制备，产品生产工艺的确定，产品技术要求的拟订，产品稳定性研究，阳性判断值或者参考区间确定，产品分析性能评估，临床评价等相关工作。

申请人或者备案人可以参考相关技术指导原则进行产品研制，也可以采用不同的实验方法或者技术手段，但应当说明其合理性。

第十三条 申请人或者备案人申请注册或者办理备案，应当遵循体外诊断试剂安全有效的各项要求，保证研制过程规范，所有数据真实、完整和可溯源。

第十四条 申请注册或者办理备案的资料应当使用中文。根据外文资料翻译的，应当同时提供原文。引用未公开发表的文献资料时，应当提供资料所有者许可使用的证明文件。

申请人、备案人对资料的真实性负责。

第十五条 申请注册或者办理备案的进口体外诊断试剂，应当在申请人或者备案人注册地或者生产地址所在国家（地区）已获准上市销售。

申请人或者备案人注册地或者生产地址所在国家（地区）未将该产品作为医疗器械管理的，申请人或者备案人需提供相关证明文件，包括注册地或者生产地址所在国家（地区）准许该产品上市销售的证明文件。

第十六条 境外申请人或者备案人应当通过其在中国境内设立的代表机构或者指定中国境内的企业法人作为代理人，配合境外申请人或者备案人开展相关工作。

代理人除办理体外诊断试剂注册或者备案事宜外，还应当承担以下责任：

（一）与相应食品药品监督管理部门、境外申请人或者备案人的联络；

（二）向申请人或者备案人如实、准确传达相关的法规和技术要求；

（三）收集上市后体外诊断试剂不良事件信息并反馈境外注册人或者备案人，同时向相应的食品药品监督管理部门报告；

（四）协调体外诊断试剂上市后的产品召回工作，并向相应的食品药品监督管理部门报告；

（五）其他涉及产品质量和售后服务的连带责任。

第三章　产品的分类与命名

第十七条　根据产品风险程度由低到高，体外诊断试剂分为第一类、第二类、第三类产品。

（一）第一类产品

1. 微生物培养基（不用于微生物鉴别和药敏试验）；

2. 样本处理用产品，如溶血剂、稀释液、染色液等。

（二）第二类产品

除已明确为第一类、第三类的产品，其他为第二类产品，主要包括：

1. 用于蛋白质检测的试剂；

2. 用于糖类检测的试剂；

3. 用于激素检测的试剂；

4. 用于酶类检测的试剂；

5. 用于酯类检测的试剂；

6. 用于维生素检测的试剂；

7. 用于无机离子检测的试剂；

8. 用于药物及药物代谢物检测的试剂；

9. 用于自身抗体检测的试剂；

10. 用于微生物鉴别或者药敏试验的试剂；

11. 用于其他生理、生化或者免疫功能指标检测的试剂。

（三）第三类产品

1. 与致病性病原体抗原、抗体以及核酸等检测相关的试剂；

2. 与血型、组织配型相关的试剂；

3. 与人类基因检测相关的试剂；

4. 与遗传性疾病相关的试剂；

5. 与麻醉药品、精神药品、医疗用毒性药品检测相关的试剂；

6. 与治疗药物作用靶点检测相关的试剂；

7. 与肿瘤标志物检测相关的试剂；

8. 与变态反应（过敏原）相关的试剂。

第十八条 第十七条所列的第二类产品如用于肿瘤的诊断、辅助诊断、治疗过程的监测，或者用于遗传性疾病的诊断、辅助诊断等，按第三类产品注册管理。用于药物及药物代谢物检测的试剂，如该药物属于麻醉药品、精神药品或者医疗用毒性药品范围的，按第三类产品注册管理。

第十九条 校准品、质控品可以与配合使用的体外诊断试剂合并申请注册，也可以单独申请注册。

与第一类体外诊断试剂配合使用的校准品、质控品，按第二类产品进行注册；与第二类、第三类体外诊断试剂配合使用的校准品、质控品单独申请注册时，按与试剂相同的类别进行注册；多项校准品、质控品，按其中的高类别进行注册。

第二十条 国家食品药品监督管理总局负责体外诊断试剂产品分类目录的制定和调整。

对新研制的尚未列入体外诊断试剂分类目录的体外诊断试剂，申请人可以直接申请第三类体外诊断试剂产品注册，也可以依据分类规则判断产品类别向国家食品药品监督管理总局申请类别确认后，申请产品注册或者办理产品备案。

直接申请第三类体外诊断试剂注册的，国家食品药品监督管理总局按照风险程度确定类别。境内体外诊断试剂确定为第二类的，国家食品药品监督管理总局将申报资料转申请人所在地省、自治区、直辖市食品药品监督管理部门审评审批；境内体外诊断试剂确定为第一类的，国家食品药品监督管理总局将申报资料转申请人所在地设区的市级食品药品监督管理部门备案。

第二十一条 体外诊断试剂的命名应当遵循以下原则：

体外诊断试剂的产品名称一般可以由三部分组成。第一部分：被测物质的名称；第二部分：用途，如诊断血清、测定试剂盒、质控品等；第三部分：方法或者原理，如酶联免疫吸附法、胶体金法等，本部分应当在括号中列出。

如果被测物组分较多或者有其他特殊情况，可以采用与产品相关的适应症名称或者其他替代名称。

第一类产品和校准品、质控品，依据其预期用途进行命名。

第四章 产品技术要求和注册检验

第二十二条 申请人或者备案人应当在原材料质量和生产工艺稳定的前提下，根据产品研制、临床评价等结果，依据国家标准、行业标准及有关文献资料，拟订产品技术要求。

产品技术要求主要包括体外诊断试剂成品的性能指标和检验方法，其中性能指标是指可进行客观判定的成品的功能性、安全性指标以及与质量控制相关的其他指标。

第三类体外诊断试剂的产品技术要求中应当以附录形式明确主要原材料、生产工艺及半成品要求。

第一类体外诊断试剂的产品技术要求由备案人办理备案时提交食品药品监督管理部门。第二类、第三类体外诊断试剂的产品技术要求由食品药品监督管理部门在批准注册时予以核准。

在中国上市的体外诊断试剂应当符合经注册核准或者备案的产品技术要求。

第二十三条　申请第二类、第三类体外诊断试剂注册，应当进行注册检验；第三类产品应当进行连续3个生产批次样品的注册检验。医疗器械检验机构应当依据产品技术要求对相关产品进行检验。

注册检验样品的生产应当符合医疗器械质量管理体系的相关要求，注册检验合格的方可进行临床试验或者申请注册。

办理第一类体外诊断试剂备案的，备案人可以提交产品自检报告。

第二十四条　申请注册检验，申请人应当向检验机构提供注册检验所需要的有关技术资料、注册检验用样品、产品技术要求及标准品或者参考品。

境内申请人的注册检验用样品由食品药品监督管理部门抽取。

第二十五条　有国家标准品、参考品的产品应当使用国家标准品、参考品进行注册检验。中国食品药品检定研究院负责组织国家标准品、参考品的制备和标定工作。

第二十六条　医疗器械检验机构应当具有医疗器械检验资质、在其承检范围内进行检验，并对申请人提交的产品技术要求进行预评价。预评价意见随注册检验报告一同出具给申请人。

尚未列入医疗器械检验机构承检范围的产品，由相应的注册审批部门指定有能力的检验机构进行检验。

第二十七条　同一注册申请包括不同包装规格时，可以只进行一种包装规格产品的注册检验。

第五章　临床评价

第二十八条　体外诊断试剂临床评价是指申请人或者备案人通过临床文献资料、临床经验数据、临床试验等信息对产品是否满足使用要求或者预期用途进行确认的过程。

第二十九条 临床评价资料是指申请人或者备案人进行临床评价所形成的文件。

体外诊断试剂临床试验（包括与已上市产品进行的比较研究试验）是指在相应的临床环境中，对体外诊断试剂的临床性能进行的系统性研究。

无需进行临床试验的体外诊断试剂，申请人或者备案人应当通过对涵盖预期用途及干扰因素的临床样本的评估、综合文献资料等非临床试验的方式对体外诊断试剂的临床性能进行评价。申请人或者备案人应当保证评价所用的临床样本具有可追溯性。

第三十条 办理第一类体外诊断试剂备案，不需进行临床试验。申请第二类、第三类体外诊断试剂注册，应当进行临床试验。

有下列情形之一的，可以免于进行临床试验：

（一）反应原理明确、设计定型、生产工艺成熟，已上市的同品种体外诊断试剂临床应用多年且无严重不良事件记录，不改变常规用途，申请人能够提供与已上市产品等效性评价数据的；

（二）通过对涵盖预期用途及干扰因素的临床样本的评价能够证明该体外诊断试剂安全、有效的。

免于进行临床试验的体外诊断试剂目录由国家食品药品监督管理总局制定、调整并公布。

第三十一条 同一注册申请包括不同包装规格时，可以只采用一种包装规格的样品进行临床评价。

第三十二条 第三类产品申请人应当选定不少于3家（含3家）、第二类产品申请人应当选定不少于2家（含2家）取得资质的临床试验机构，按照有关规定开展临床试验。临床试验样品的生产应当符合医疗器械质量管理体系的相关要求。

第三十三条 申请人应当与临床试验机构签订临床试验合同，参考相关技术指导原则制定并完善临床试验方案，免费提供临床试验用样品，并承担临床试验费用。

第三十四条 临床试验病例数应当根据临床试验目的、统计学要求，并参照相关技术指导原则确定。临床试验技术指导原则另行发布。

用于罕见疾病以及应对突发公共卫生事件急需的体外诊断试剂，要求减少临床试验病例数或者免做临床试验的，申请人应当在提交注册申报资料的同时，提出减免临床试验的申请，并详细说明理由。食品药品监督管理部门技术审评机构对注册申报资料进行全面的技术审评后予以确定，需要补充临床试验的，以补正资料的方式通知申请人。

第三十五条　申请进口体外诊断试剂注册，需要提供境外的临床评价资料。申请人应当按照临床评价的要求，同时考虑不同国家或者地区的流行病学背景、不同病种的特性、不同种属人群所适用的阳性判断值或者参考区间等因素，在中国境内进行具有针对性的临床评价。

第三十六条　临床试验机构完成临床试验后，应当分别出具临床试验报告。申请人或者临床试验牵头单位根据相关技术指导原则，对临床试验结果进行汇总，完成临床试验总结报告。

第三十七条　由消费者个人自行使用的体外诊断试剂，在临床试验时，应当包含无医学背景的消费者对产品说明书认知能力的评价。

第三十八条　申请人发现临床试验机构违反有关规定或者未执行临床试验方案的，应当督促其改正；情节严重的，可以要求暂停或者终止临床试验，并向临床试验机构所在地省、自治区、直辖市食品药品监督管理部门和国家食品药品监督管理总局报告。

第三十九条　参加临床试验的机构及人员，对申请人违反有关规定或者要求改变试验数据、结论的，应当向申请人所在地省、自治区、直辖市食品药品监督管理部门和国家食品药品监督管理总局报告。

第四十条　开展体外诊断试剂临床试验，应当向申请人所在地省、自治区、直辖市食品药品监督管理部门备案。接受备案的食品药品监督管理部门应当将备案情况通报临床试验机构所在地的同级食品药品监督管理部门和卫生计生主管部门。

国家食品药品监督管理总局和省、自治区、直辖市食品药品监督管理部门根据需要对临床试验的实施情况进行监督检查。

第六章　产品注册

第四十一条　申请体外诊断试剂注册，申请人应当按照相关要求向食品药品监督管理部门报送申报资料。

第四十二条　食品药品监督管理部门收到申请后对申报资料进行形式审查，并根据下列情况分别作出处理：

（一）申请事项属于本部门职权范围，申报资料齐全、符合形式审查要求的，予以受理；

（二）申报资料存在可以当场更正的错误的，应当允许申请人当场更正；

（三）申报资料不齐全或者不符合形式审查要求的，应当在5个工作日内一次告知申请人需要补正的全部内容，逾期不告知的，自收到申报资料之日起即为受理；

（四）申请事项不属于本部门职权范围的，应当即时告知申请人不予受理。

食品药品监督管理部门受理或者不予受理体外诊断试剂注册申请，应当出具加盖本部门专用印章并注明日期的受理或者不予受理的通知书。

第四十三条 受理注册申请的食品药品监督管理部门应当自受理之日起3个工作日内将申报资料转交技术审评机构。

技术审评机构应当在60个工作日内完成第二类体外诊断试剂注册的技术审评工作，在90个工作日内完成第三类体外诊断试剂注册的技术审评工作。

需要外聘专家审评的，所需时间不计算在内，技术审评机构应当将所需时间书面告知申请人。

第四十四条 食品药品监督管理部门在组织产品技术审评时可以调阅原始研究资料，并组织对申请人进行与产品研制、生产有关的质量管理体系核查。

境内第二类、第三类医疗器械注册质量管理体系核查，由省、自治区、直辖市食品药品监督管理部门开展，其中境内第三类医疗器械注册质量管理体系核查，由国家食品药品监督管理总局技术审评机构通知相应省、自治区、直辖市食品药品监督管理部门开展核查，必要时参与核查。省、自治区、直辖市食品药品监督管理部门应当在30个工作日内根据相关要求完成体系核查。

国家食品药品监督管理总局技术审评机构在对进口第二类、第三类体外诊断试剂开展技术审评时，认为有必要进行质量管理体系核查的，通知国家食品药品监督管理总局质量管理体系检查技术机构根据相关要求开展核查，必要时技术审评机构参与核查。

质量管理体系核查的时间不计算在审评时限内。

第四十五条 技术审评过程中需要申请人补正资料的，技术审评机构应当一次告知需要补正的全部内容。申请人应当在1年内按照补正通知的要求一次提供补充资料；技术审评机构应当自收到补充资料之日起60个工作日内完成技术审评。申请人补充资料的时间不计算在审评时限内。

申请人对补正资料通知内容有异议的，可以向相应的技术审评机构提出书面意见，说明理由并提供相应的技术支持资料。

申请人逾期未提交补充资料的，由技术审评机构终止技术审评，提出不予注册的建议，由食品药品监督管理部门核准后作出不予注册的决定。

第四十六条 受理注册申请的食品药品监督管理部门应当在技术审评结束后20个工作日内作出决定。对符合安全、有效要求的，准予注册，自作出审批决定之日起10个工作日内发给医疗器械注册证，经过核准的产品技术要求和产品说明书以附件形式发给申请人。对不予注册的，应当书面说明理由，并同时告知申请人享有申请复审和依法申请行政复议或者提起行政诉讼的权利。

医疗器械注册证有效期为5年。

第四十七条　体外诊断试剂注册事项包括许可事项和登记事项。许可事项包括产品名称、包装规格、主要组成成分、预期用途、产品技术要求、产品说明书、产品有效期、进口体外诊断试剂的生产地址等；登记事项包括注册人名称和住所、代理人名称和住所、境内体外诊断试剂的生产地址等。

第四十八条　对用于罕见疾病以及应对突发公共卫生事件急需的体外诊断试剂，食品药品监督管理部门可以在批准该体外诊断试剂注册时要求申请人在产品上市后进一步完成相关工作，并将要求载明于医疗器械注册证中。

第四十九条　对于已受理的注册申请，有下列情形之一的，食品药品监督管理部门作出不予注册的决定，并告知申请人：

（一）申请人对拟上市销售体外诊断试剂的安全性、有效性进行的研究及其结果无法证明产品安全、有效的；

（二）注册申报资料虚假的；

（三）注册申报资料内容混乱、矛盾的；

（四）注册申报资料的内容与申报项目明显不符的；

（五）不予注册的其他情形。

第五十条　对于已受理的注册申请，申请人可以在行政许可决定作出前，向受理该申请的食品药品监督管理部门申请撤回注册申请及相关资料，并说明理由。

第五十一条　对于已受理的注册申请，有证据表明注册申报资料可能虚假的，食品药品监督管理部门可以中止审批。经核实后，根据核实结论继续审查或者作出不予注册的决定。

第五十二条　申请人对食品药品监督管理部门作出的不予注册决定有异议的，可以自收到不予注册决定通知之日起20个工作日内，向作出审批决定的食品药品监督管理部门提出复审申请。复审申请的内容仅限于原申请事项和原申报资料。

食品药品监督管理部门应当自受理复审申请之日起30个工作日内作出复审决定，并书面通知申请人。维持原决定的，食品药品监督管理部门不再受理申请人再次提出的复审申请。

第五十三条　申请人对食品药品监督管理部门作出的不予注册的决定有异议，且已申请行政复议或者提起行政诉讼的，食品药品监督管理部门不受理其复审申请。

第五十四条 医疗器械注册证遗失的，注册人应当立即在原发证机关指定的媒体上登载遗失声明。自登载遗失声明之日起满1个月后，向原发证机关申请补发，原发证机关在20个工作日内予以补发。

第五十五条 体外诊断试剂上市后，其产品技术要求和说明书应当与食品药品监督管理部门核准的内容一致。注册人或者备案人应当对上市后产品的安全性和有效性进行跟踪，必要时及时提出产品技术要求、说明书的变更申请。

第五十六条 体外诊断试剂注册申请直接涉及申请人与他人之间重大利益关系的，食品药品监督管理部门应当告知申请人、利害关系人依照法律、法规以及国家食品药品监督管理总局的有关规定享有申请听证的权利；对体外诊断试剂注册申请进行审查时，食品药品监督管理部门认为属于涉及公共利益的重大许可事项，应当向社会公告，并举行听证。

第五十七条 注册申请审查过程中及批准后发生专利权纠纷的，应当按照有关法律、法规的规定处理。

第七章　注册变更

第五十八条 已注册的第二类、第三类体外诊断试剂，医疗器械注册证及其附件载明的内容发生变化，注册人应当向原注册部门申请注册变更，并按照相关要求提交申报资料。

注册人名称和住所、代理人名称和住所发生变化的，注册人应当向原注册部门申请登记事项变更；境内体外诊断试剂生产地址变更的，注册人应当在相应的生产许可变更后办理注册登记事项变更。

注册证及附件载明内容发生以下变化的，申请人应当向原注册部门申请许可事项变更：

（一）抗原、抗体等主要材料供应商变更的；

（二）检测条件、阳性判断值或者参考区间变更的；

（三）注册产品技术要求中所设定的项目、指标、试验方法变更的；

（四）包装规格、适用机型变更的；

（五）产品储存条件或者产品有效期变更的；

（六）增加预期用途，如增加临床适应症、增加临床测定用样本类型的；

（七）进口体外诊断试剂生产地址变更的；

（八）可能影响产品安全性、有效性的其他变更。

第五十九条 下列情形不属于本章规定的变更申请事项，应当按照注册申请办理：

（一）产品基本反应原理改变；

（二）产品阳性判断值或者参考区间改变，并具有新的临床诊断意义；

（三）其他影响产品性能的重大改变。

第六十条　登记事项变更资料符合要求的，食品药品监督管理部门应当在10个工作日内发给医疗器械注册变更文件。登记事项变更资料不齐全或者不符合形式审查要求的，食品药品监督管理部门应当一次告知需要补正的全部内容。

第六十一条　对于许可事项变更，技术审评机构应当重点针对变化部分及其对产品性能的影响进行审评，对变化后产品是否安全、有效作出评价。

受理许可事项变更申请的食品药品监督管理部门应当按照本办法第六章规定的时限组织技术审评。

第六十二条　医疗器械注册变更文件与原医疗器械注册证合并使用，其有效期与该注册证相同。取得注册变更文件后，注册人应当根据变更内容自行修改产品技术要求、说明书和标签。

第六十三条　许可事项变更申请的受理与审批程序，本章未作规定的，适用本办法第六章的相关规定。

第八章　延续注册

第六十四条　医疗器械注册证有效期届满需要延续注册的，注册人应当在医疗器械注册证有效期届满6个月前，向食品药品监督管理部门申请延续注册，并按照相关要求提交申报资料。

除有本办法第六十五条规定情形外，接到延续注册申请的食品药品监督管理部门应当在医疗器械注册证有效期届满前作出准予延续的决定。逾期未作决定的，视为准予延续。

第六十五条　有下列情形之一的，不予延续注册：

（一）注册人未在规定期限内提出延续注册申请的；

（二）体外诊断试剂强制性标准已经修订或者有新的国家标准品、参考品，该体外诊断试剂不能达到新要求的；

（三）对用于罕见疾病以及应对突发公共卫生事件急需的体外诊断试剂，批准注册部门在批准上市时提出要求，注册人未在规定期限内完成医疗器械注册证载明事项的。

第六十六条　体外诊断试剂延续注册申请的受理与审批程序，本章未作规定的，适用本办法第六章的相关规定。

第九章 产品备案

第六十七条 第一类体外诊断试剂生产前，应当办理产品备案。

第六十八条 办理体外诊断试剂备案，备案人应当按照《医疗器械监督管理条例》第九条的规定提交备案资料。

备案资料符合要求的，食品药品监督管理部门应当当场备案；备案资料不齐全或者不符合规定形式的，应当一次告知需要补正的全部内容，由备案人补正后备案。

对备案的体外诊断试剂，食品药品监督管理部门应当按照相关要求的格式制作备案凭证，并将备案信息表中登载的信息在其网站上予以公布。

第六十九条 已备案的体外诊断试剂，备案信息表中登载内容及备案的产品技术要求发生变化的，备案人应当提交变化情况的说明及相关证明文件，向原备案部门提出变更备案信息。备案资料符合形式要求的，食品药品监督管理部门应当将变更情况登载于变更信息中，将备案资料存档。

第七十条 已备案的体外诊断试剂管理类别调整的，备案人应当主动向食品药品监督管理部门提出取消原备案；管理类别调整为第二类或者第三类体外诊断试剂的，按照本办法规定申请注册。

第十章 监督管理

第七十一条 国家食品药品监督管理总局负责全国体外诊断试剂注册与备案的监督管理工作，对地方食品药品监督管理部门体外诊断试剂注册与备案工作进行监督和指导。

第七十二条 省、自治区、直辖市食品药品监督管理部门负责本行政区域的体外诊断试剂注册与备案的监督管理工作，组织开展监督检查，并将有关情况及时报送国家食品药品监督管理总局。

第七十三条 省、自治区、直辖市食品药品监督管理部门按照属地管理原则，对进口体外诊断试剂代理人注册与备案相关工作实施日常监督管理。

第七十四条 设区的市级食品药品监督管理部门应当定期对备案工作开展检查，并及时向省、自治区、直辖市食品药品监督管理部门报送相关信息。

第七十五条 已注册的体外诊断试剂有法律、法规规定应当注销的情形，或者注册证有效期未满但注册人主动提出注销的，食品药品监督管理部门应当依法注销，并向社会公布。

第七十六条 已注册的体外诊断试剂，其管理类别由高类别调整为低类别的，在有效期内的医疗器械注册证继续有效。如需延续的，注册人应当在医疗器械注册证有效期届满6个月前，按照改变后的类别向食品药品监督管理部门申请延续注册或者办理备案。

体外诊断试剂管理类别由低类别调整为高类别的，注册人应当依照本办法第六章的规定，按照改变后的类别向食品药品监督管理部门申请注册。国家食品药品监督管理总局在管理类别调整通知中应当对完成调整的时限作出规定。

第七十七条　省、自治区、直辖市食品药品监督管理部门违反本办法规定实施体外诊断试剂注册的，由国家食品药品监督管理总局责令限期改正；逾期不改正的，国家食品药品监督管理总局可以直接公告撤销该医疗器械注册证。

第七十八条　食品药品监督管理部门、相关技术机构及其工作人员，对申请人或者备案人提交的试验数据和技术秘密负有保密义务。

第十一章　法律责任

第七十九条　提供虚假资料或者采取其他欺骗手段取得医疗器械注册证的，按照《医疗器械监督管理条例》第六十四条第一款的规定予以处罚。

备案时提供虚假资料的，按照《医疗器械监督管理条例》第六十五条第二款的规定予以处罚。

第八十条　伪造、变造、买卖、出租、出借医疗器械注册证的，按照《医疗器械监督管理条例》第六十四条第二款的规定予以处罚。

第八十一条　违反本办法规定，未依法办理第一类体外诊断试剂变更备案或者第二类、第三类体外诊断试剂注册登记事项变更的，按照《医疗器械监督管理条例》有关未备案的情形予以处罚。

第八十二条　违反本办法规定，未依法办理体外诊断试剂注册许可事项变更的，按照《医疗器械监督管理条例》有关未取得医疗器械注册证的情形予以处罚。

第八十三条　申请人未按照《医疗器械监督管理条例》和本办法规定开展临床试验的，由县级以上食品药品监督管理部门责令改正，可以处3万元以下罚款；情节严重的，应当立即停止临床试验。

第十二章　附　则

第八十四条　体外诊断试剂的注册或者备案单元应为单一试剂或者单一试剂盒，一个注册或者备案单元可以包括不同的包装规格。

第八十五条　医疗器械注册证格式由国家食品药品监督管理总局统一制定。

注册证编号的编排方式为：

×1 械注×2××××3×4××5××××6。其中：

×1 为注册审批部门所在地的简称：

境内第三类体外诊断试剂、进口第二类、第三类体外诊断试剂为“国”字；

境内第二类体外诊断试剂为注册审批部门所在地省、自治区、直辖市简称；

×2 为注册形式：

“准”字适用于境内体外诊断试剂；

“进”字适用于进口体外诊断试剂；

“许”字适用于香港、澳门、台湾地区的体外诊断试剂；

××××3 为首次注册年份；

×4 为产品管理类别；

××5 为产品分类编码；

××××6 为首次注册流水号。

延续注册的，××××3 和××××6 数字不变。产品管理类别调整的，应当重新编号。

第八十六条 第一类体外诊断试剂备案凭证编号的编排方式为：

×1 械备××××2××××3 号。

其中：

×1 为备案部门所在地的简称：

进口第一类体外诊断试剂为“国”字；

境内第一类体外诊断试剂为备案部门所在地省、自治区、直辖市简称加所在地设区的市级行政区域的简称（无相应设区的市级行政区域时，仅为省、自治区、直辖市的简称）；

××××2 为备案年份；

××××3 为备案流水号。

第八十七条 体外诊断试剂的应急审批和创新特别审批按照国家食品药品监督管理总局制定的医疗器械应急审批程序和创新医疗器械特别审批程序执行。

第八十八条 根据工作需要，国家食品药品监督管理总局可以委托省、自治区、直辖市食品药品监督管理部门或者技术机构、相关社会组织承担体外诊断试剂注册有关的具体工作。

第八十九条 体外诊断试剂注册收费项目、收费标准按照国务院财政、价格主管部门的有关规定执行。

第九十条 本办法自 2014 年 10 月 1 日起施行。

国家食品药品监督管理总局令

第6号

《医疗器械说明书和标签管理规定》已于2014年6月27日经国家食品药品监督管理总局局务会议审议通过，现予公布，自2014年10月1日起施行。

局　长　张　勇

2014年7月30日

医疗器械说明书和标签管理规定

第一条　为规范医疗器械说明书和标签，保证医疗器械使用的安全，根据《医疗器械监督管理条例》，制定本规定。

第二条　凡在中华人民共和国境内销售、使用的医疗器械，应当按照本规定要求附有说明书和标签。

第三条　医疗器械说明书是指由医疗器械注册人或者备案人制作，随产品提供给用户，涵盖该产品安全有效的基本信息，用以指导正确安装、调试、操作、使用、维护、保养的技术文件。

医疗器械标签是指在医疗器械或者其包装上附有的用于识别产品特征和标明安全警示等信息的文字说明及图形、符号。

第四条　医疗器械说明书和标签的内容应当科学、真实、完整、准确，并与产品特性相一致。

医疗器械说明书和标签的内容应当与经注册或者备案的相关内容一致。

医疗器械标签的内容应当与说明书有关内容相符合。

第五条　医疗器械说明书和标签对疾病名称、专业名词、诊断治疗过程和结果的表述，应当采用国家统一发布或者规范的专用词汇，度量衡单位应当符合国家相关标准的规定。

第六条　医疗器械说明书和标签中使用的符号或者识别颜色应当符合国家相关标准的规定；无相关标准规定的，该符号及识别颜色应当在说明书中描述。

第七条　医疗器械最小销售单元应当附有说明书。

医疗器械的使用者应当按照说明书使用医疗器械。

第八条　医疗器械的产品名称应当使用通用名称，通用名称应当符合国家食品药品监督管理总局制定的医疗器械命名规则。第二类、第三类医疗器械的产品名称应当与医疗器械注册证中的产品名称一致。

产品名称应当清晰地标明在说明书和标签的显著位置。

第九条 医疗器械说明书和标签文字内容应当使用中文，中文的使用应当符合国家通用的语言文字规范。医疗器械说明书和标签可以附加其他文种，但应当以中文表述为准。

医疗器械说明书和标签中的文字、符号、表格、数字、图形等应当准确、清晰、规范。

第十条 医疗器械说明书一般应当包括以下内容：

（一）产品名称、型号、规格；

（二）注册人或者备案人的名称、住所、联系方式及售后服务单位，进口医疗器械还应当载明代理人的名称、住所及联系方式；

（三）生产企业的名称、住所、生产地址、联系方式及生产许可证编号或者生产备案凭证编号，委托生产的还应当标注受托企业的名称、住所、生产地址、生产许可证编号或者生产备案凭证编号；

（四）医疗器械注册证编号或者备案凭证编号；

（五）产品技术要求的编号；

（六）产品性能、主要结构组成或者成分、适用范围；

（七）禁忌症、注意事项、警示以及提示的内容；

（八）安装和使用说明或者图示，由消费者个人自行使用的医疗器械还应当具有安全使用的特别说明；

（九）产品维护和保养方法，特殊储存、运输条件、方法；

（十）生产日期，使用期限或者失效日期；

（十一）配件清单，包括配件、附属品、损耗品更换周期以及更换方法的说明等；

（十二）医疗器械标签所用的图形、符号、缩写等内容的解释；

（十三）说明书的编制或者修订日期；

（十四）其他应当标注的内容。

第十一条 医疗器械说明书中有关注意事项、警示以及提示性内容主要包括：

（一）产品使用的对象；

（二）潜在的安全危害及使用限制；

（三）产品在正确使用过程中出现意外时，对操作者、使用者的保护措施以及应当采取的应急和纠正措施；

（四）必要的监测、评估、控制手段；

（五）一次性使用产品应当注明“一次性使用”字样或者符号，已灭菌产品应当注明灭菌方式以及灭菌包装损坏后的处理方法，使用前需要消毒或者灭菌的应当说明消毒或者灭菌的方法；

（六）产品需要同其他医疗器械一起安装或者联合使用时，应当注明联合使用器械的要求、使用方法、注意事项；

（七）在使用过程中，与其他产品可能产生的相互干扰及其可能出现的危害；

（八）产品使用中可能带来的不良事件或者产品成分中含有的可能引起副作用的成分或者辅料；

（九）医疗器械废弃处理时应当注意的事项，产品使用后需要处理的，应当注明相应的处理方法；

（十）根据产品特性，应当提示操作者、使用者注意的其他事项。

第十二条　重复使用的医疗器械应当在说明书中明确重复使用的处理过程，包括清洁、消毒、包装及灭菌的方法和重复使用的次数或者其他限制。

第十三条　医疗器械标签一般应当包括以下内容：

（一）产品名称、型号、规格；

（二）注册人或者备案人的名称、住所、联系方式，进口医疗器械还应当载明代理人的名称、住所及联系方式；

（三）医疗器械注册证编号或者备案凭证编号；

（四）生产企业的名称、住所、生产地址、联系方式及生产许可证编号或者生产备案凭证编号，委托生产的还应当标注受托企业的名称、住所、生产地址、生产许可证编号或者生产备案凭证编号；

（五）生产日期，使用期限或者失效日期；

（六）电源连接条件、输入功率；

（七）根据产品特性应当标注的图形、符号以及其他相关内容；

（八）必要的警示、注意事项；

（九）特殊储存、操作条件或者说明；

（十）使用中对环境有破坏或者负面影响的医疗器械，其标签应当包含警示标志或者中文警示说明；

（十一）带放射或者辐射的医疗器械，其标签应当包含警示标志或者中文警示说明。

医疗器械标签因位置或者大小受限而无法全部标明上述内容的，至少应当标注产品名称、型号、规格、生产日期和使用期限或者失效日期，并在标签中明确“其他内容详见说明书”。

第十四条 医疗器械说明书和标签不得有下列内容：

（一）含有“疗效最佳”、“保证治愈”、“包治”、“根治”、“即刻见效”、“完全无毒副作用”等表示功效的断言或者保证的；

（二）含有“最高技术”、“最科学”、“最先进”、“最佳”等绝对化语言和表示的；

（三）说明治愈率或者有效率的；

（四）与其他企业产品的功效和安全性相比较的；

（五）含有“保险公司保险”、“无效退款”等承诺性语言的；

（六）利用任何单位或者个人的名义、形象作证明或者推荐的；

（七）含有误导性说明，使人感到已经患某种疾病，或者使人误解不使用该医疗器械会患某种疾病或者加重病情的表述，以及其他虚假、夸大、误导性的内容；

（八）法律、法规规定禁止的其他内容。

第十五条 医疗器械说明书应当由注册申请人或者备案人在医疗器械注册或者备案时，提交食品药品监督管理部门审查或者备案，提交的说明书内容应当与其他注册或者备案资料相符合。

第十六条 经食品药品监督管理部门注册审查的医疗器械说明书的内容不得擅自更改。

已注册的医疗器械发生注册变更的，申请人应当在取得变更文件后，依据变更文件自行修改说明书和标签。

说明书的其他内容发生变化的，应当向医疗器械注册的审批部门书面告知，并提交说明书更改情况对比说明等相关文件。审批部门自收到书面告知之日起20个工作日内未发出不予同意通知件的，说明书更改生效。

第十七条 已备案的医疗器械，备案信息表中登载内容、备案产品技术要求以及说明书其他内容发生变化的，备案人自行修改说明书和标签的相关内容。

第十八条 说明书和标签不符合本规定要求的，由县级以上食品药品监督管理部门按照《医疗器械监督管理条例》第六十七条的规定予以处罚。

第十九条 本规定自2014年10月1日起施行。2004年7月8日公布的《医疗器械说明书、标签和包装标识管理规定》（原国家食品药品监督管理局令第10号）同时废止。

国家食品药品监督管理总局令

第7号

《医疗器械生产监督管理办法》已于2014年6月27日经国家食品药品监督管理总局局务会议审议通过，现予公布，自2014年10月1日起施行。

局 长 张 勇
2014年7月30日

医疗器械生产监督管理办法

第一章 总 则

第一条 为加强医疗器械生产监督管理，规范医疗器械生产行为，保证医疗器械安全、有效，根据《医疗器械监督管理条例》，制定本办法。

第二条 在中华人民共和国境内从事医疗器械生产活动及其监督管理，应当遵守本办法。

第三条 国家食品药品监督管理总局负责全国医疗器械生产监督管理工作。县级以上食品药品监督管理部门负责本行政区域的医疗器械生产监督管理工作。

上级食品药品监督管理部门负责指导和监督下级食品药品监督管理部门开展医疗器械生产监督管理工作。

第四条 国家食品药品监督管理总局制定医疗器械生产质量管理规范并监督实施。

第五条 食品药品监督管理部门依法及时公布医疗器械生产许可和备案相关信息。申请人可以查询审批进度和审批结果；公众可以查阅审批结果。

第六条 医疗器械生产企业应当对生产的医疗器械质量负责。委托生产的，委托方对所委托生产的医疗器械质量负责。

第二章 生产许可与备案管理

第七条 从事医疗器械生产，应当具备以下条件：

（一）有与生产的医疗器械相适应的生产场地、环境条件、生产设备以及专业技术人员；

（二）有对生产的医疗器械进行质量检验的机构或者专职检验人员以及检验设备；

（三）有保证医疗器械质量的管理制度；

（四）有与生产的医疗器械相适应的售后服务能力；

（五）符合产品研制、生产工艺文件规定的要求。

第八条 开办第二类、第三类医疗器械生产企业的，应当向所在地省、自治区、直辖市食品药品监督管理部门申请生产许可，并提交以下资料：

（一）营业执照、组织机构代码证复印件；

（二）申请企业持有的所生产医疗器械的注册证及产品技术要求复印件；

（三）法定代表人、企业负责人身份证明复印件；

（四）生产、质量和技术负责人的身份、学历、职称证明复印件；

（五）生产管理、质量检验岗位从业人员学历、职称一览表；

（六）生产场地的证明文件，有特殊生产环境要求的还应当提交设施、环境的证明文件复印件；

（七）主要生产设备和检验设备目录；

（八）质量手册和程序文件；

（九）工艺流程图；

（十）经办人授权证明；

（十一）其他证明资料。

第九条 省、自治区、直辖市食品药品监督管理部门收到申请后，应当根据下列情况分别作出处理：

（一）申请事项属于其职权范围，申请资料齐全、符合法定形式的，应当受理申请；

（二）申请资料不齐全或者不符合法定形式的，应当当场或者在5个工作日内一次告知申请人需要补正的全部内容，逾期不告知的，自收到申请资料之日起即为受理；

（三）申请资料存在可以当场更正的错误的，应当允许申请人当场更正；

（四）申请事项不属于本部门职权范围的，应当即时作出不予受理的决定，并告知申请人向有关行政部门申请。

省、自治区、直辖市食品药品监督管理部门受理或者不予受理医疗器械生产许可申请的，应当出具受理或者不予受理的通知书。

第十条 省、自治区、直辖市食品药品监督管理部门应当自受理之日起30个工作日内对申请资料进行审核，并按照医疗器械生产质量管理规范的要求开展现场核查。现场核查应当根据情况，避免重复核查。需要整改的，整改时间不计入审核时限。

符合规定条件的，依法作出准予许可的书面决定，并于10个工作日内发给

《医疗器械生产许可证》；不符合规定条件的，作出不予许可的书面决定，并说明理由。

第十一条　开办第一类医疗器械生产企业的，应当向所在地设区的市级食品药品监督管理部门办理第一类医疗器械生产备案，提交备案企业持有的所生产医疗器械的备案凭证复印件和本办法第八条规定的资料（第二项除外）。

食品药品监督管理部门应当当场对企业提交资料的完整性进行核对，符合规定条件的予以备案，发给第一类医疗器械生产备案凭证。

第十二条　医疗器械生产许可申请直接涉及申请人与他人之间重大利益关系的，食品药品监督管理部门应当告知申请人、利害关系人依照法律、法规以及国家食品药品监督管理总局的有关规定享有申请听证的权利；在对医疗器械生产许可进行审查时，食品药品监督管理部门认为涉及公共利益的重大许可事项，应当向社会公告，并举行听证。

第十三条　《医疗器械生产许可证》有效期为5年，载明许可证编号、企业名称、法定代表人、企业负责人、住所、生产地址、生产范围、发证部门、发证日期和有效期限等事项。

《医疗器械生产许可证》附医疗器械生产产品登记表，载明生产产品名称、注册号等信息。

第十四条　增加生产产品的，医疗器械生产企业应当向原发证部门提交本办法第八条规定中涉及变更内容的有关资料。

申请增加生产的产品不属于原生产范围的，原发证部门应当依照本办法第十条的规定进行审核并开展现场核查，符合规定条件的，变更《医疗器械生产许可证》载明的生产范围，并在医疗器械生产产品登记表中登载产品信息。

申请增加生产的产品属于原生产范围，并且与原许可生产产品的生产工艺和生产条件等要求相似的，原发证部门应当对申报资料进行审核，符合规定条件的，在医疗器械生产产品登记表中登载产品信息；与原许可生产产品的生产工艺和生产条件要求有实质性不同的，应当依照本办法第十条的规定进行审核并开展现场核查，符合规定条件的，在医疗器械生产产品登记表中登载产品信息。

第十五条　生产地址非文字性变更的，应当向原发证部门申请医疗器械生产许可变更，并提交本办法第八条规定中涉及变更内容的有关资料。原发证部门应当依照本办法第十条的规定审核并开展现场核查，于30个工作日内作出准予变更或者不予变更的决定。医疗器械生产企业跨省、自治区、直辖市设立生产场地的，应当单独申请医疗器械生产许可。

第十六条　企业名称、法定代表人、企业负责人、住所变更或者生产地址文字性变更的，医疗器械生产企业应当在变更后30个工作日内，向原发证部门办理《医疗器械生产许可证》变更登记，并提交相关部门的证明资料。原发证部门应当及时办理变更。对变更资料不齐全或者不符合形式审查规定的，应当一次告知需要补正的全部内容。

第十七条 《医疗器械生产许可证》有效期届满延续的，医疗器械生产企业应当自有效期届满6个月前，向原发证部门提出《医疗器械生产许可证》延续申请。

原发证部门应当依照本办法第十条的规定对延续申请进行审查，必要时开展现场核查，在《医疗器械生产许可证》有效期届满前作出是否准予延续的决定。符合规定条件的，准予延续。不符合规定条件的，责令限期整改；整改后仍不符合规定条件的，不予延续，并书面说明理由。逾期未作出决定的，视为准予延续。

第十八条 因分立、合并而存续的医疗器械生产企业，应当依照本办法规定申请变更许可；因企业分立、合并而解散的医疗器械生产企业，应当申请注销《医疗器械生产许可证》；因企业分立、合并而新设立的医疗器械生产企业应当申请办理《医疗器械生产许可证》。

第十九条 《医疗器械生产许可证》遗失的，医疗器械生产企业应当立即在原发证部门指定的媒体上登载遗失声明。自登载遗失声明之日起满1个月后，向原发证部门申请补发。原发证部门及时补发《医疗器械生产许可证》。

第二十条 变更、补发的《医疗器械生产许可证》编号和有效期限不变。延续的《医疗器械生产许可证》编号不变。

第二十一条 第一类医疗器械生产备案凭证内容发生变化的，应当变更备案。

备案凭证遗失的，医疗器械生产企业应当及时向原备案部门办理补发手续。

第二十二条 医疗器械生产企业因违法生产被食品药品监督管理部门立案调查但尚未结案的，或者收到行政处罚决定但尚未履行的，食品药品监督管理部门应当中止许可，直至案件处理完毕。

第二十三条 医疗器械生产企业有法律、法规规定应当注销的情形，或者有效期未满但企业主动提出注销的，省、自治区、直辖市食品药品监督管理部门应当依法注销其《医疗器械生产许可证》，并在网站上予以公布。

第二十四条 省、自治区、直辖市食品药品监督管理部门应当建立《医疗器械生产许可证》核发、延续、变更、补发、撤销和注销等许可档案。

设区的市级食品药品监督管理部门应当建立第一类医疗器械生产备案信息档案。

第二十五条 任何单位或者个人不得伪造、变造、买卖、出租、出借《医疗器械生产许可证》和医疗器械生产备案凭证。

第三章　委托生产管理

第二十六条　医疗器械委托生产的委托方应当是委托生产医疗器械的境内注册人或者备案人。其中，委托生产不属于按照创新医疗器械特别审批程序审批的境内医疗器械的，委托方应当取得委托生产医疗器械的生产许可或者办理第一类医疗器械生产备案。

医疗器械委托生产的受托方应当是取得受托生产医疗器械相应生产范围的生产许可或者办理第一类医疗器械生产备案的境内生产企业。受托方对受托生产医疗器械的质量负相应责任。

第二十七条　委托方应当向受托方提供委托生产医疗器械的质量管理体系文件和经注册或者备案的产品技术要求，对受托方的生产条件、技术水平和质量管理能力进行评估，确认受托方具有受托生产的条件和能力，并对生产过程和质量控制进行指导和监督。

第二十八条　受托方应当按照医疗器械生产质量管理规范、强制性标准、产品技术要求和委托生产合同组织生产，并保存所有受托生产文件和记录。

第二十九条　委托方和受托方应当签署委托生产合同，明确双方的权利、义务和责任。

第三十条　委托生产第二类、第三类医疗器械的，委托方应当向所在地省、自治区、直辖市食品药品监督管理部门办理委托生产备案；委托生产第一类医疗器械的，委托方应当向所在地设区的市级食品药品监督管理部门办理委托生产备案。符合规定条件的，食品药品监督管理部门应当发给医疗器械委托生产备案凭证。

备案时应当提交以下资料：

（一）委托生产医疗器械的注册证或者备案凭证复印件；

（二）委托方和受托方企业营业执照和组织机构代码证复印件；

（三）受托方的《医疗器械生产许可证》或者第一类医疗器械生产备案凭证复印件；

（四）委托生产合同复印件；

（五）经办人授权证明。

委托生产不属于按照创新医疗器械特别审批程序审批的境内医疗器械的，还应当提交委托方的《医疗器械生产许可证》或者第一类医疗器械生产备案凭证复印件；属于按照创新医疗器械特别审批程序审批的境内医疗器械的，应当提交创新医疗器械特别审批证明资料。

第三十一条 受托生产第二类、第三类医疗器械的，受托方应当依照本办法第十四条的规定办理相关手续，在医疗器械生产产品登记表中登载受托生产产品信息。

受托生产第一类医疗器械的，受托方应当依照本办法第二十一条的规定，向原备案部门办理第一类医疗器械生产备案变更。

第三十二条 受托方办理增加受托生产产品信息或者第一类医疗器械生产备案变更时，除提交符合本办法规定的资料外，还应当提交以下资料：

（一）委托方和受托方营业执照、组织机构代码证复印件；

（二）受托方《医疗器械生产许可证》或者第一类医疗器械生产备案凭证复印件；

（三）委托方医疗器械委托生产备案凭证复印件；

（四）委托生产合同复印件；

（五）委托生产医疗器械拟采用的说明书和标签样稿；

（六）委托方对受托方质量管理体系的认可声明；

（七）委托方关于委托生产医疗器械质量、销售及售后服务责任的自我保证声明。

受托生产不属于按照创新医疗器械特别审批程序审批的境内医疗器械的，还应当提交委托方的《医疗器械生产许可证》或者第一类医疗器械生产备案凭证复印件；属于按照创新医疗器械特别审批程序审批的境内医疗器械的，应当提交创新医疗器械特别审批证明资料。

第三十三条 受托方《医疗器械生产许可证》生产产品登记表和第一类医疗器械生产备案凭证中的受托生产产品应当注明“受托生产”字样和受托生产期限。

第三十四条 委托生产医疗器械的说明书、标签除应当符合有关规定外，还应当标明受托方的企业名称、住所、生产地址、生产许可证编号或者生产备案凭证编号。

第三十五条 委托生产终止时，委托方和受托方应当向所在地省、自治区、直辖市或者设区的市级食品药品监督管理部门及时报告。

第三十六条 委托方在同一时期只能将同一医疗器械产品委托一家医疗器械生产企业（绝对控股企业除外）进行生产。

第三十七条 具有高风险的植入性医疗器械不得委托生产，具体目录由国家食品药品监督管理总局制定、调整并公布。

第四章 生产质量管理

第三十八条 医疗器械生产企业应当按照医疗器械生产质量管理规范的要求，建立质量管理体系并保持有效运行。

第三十九条 医疗器械生产企业应当开展医疗器械法律、法规、规章、标准等知识培训，并建立培训档案。

生产岗位操作人员应当具有相应的理论知识和实际操作技能。

第四十条 医疗器械生产企业应当按照经注册或者备案的产品技术要求组织生产，保证出厂的医疗器械符合强制性标准以及经注册或者备案的产品技术要求。出厂的医疗器械应当经检验合格并附有合格证明文件。

第四十一条 医疗器械生产企业应当定期按照医疗器械生产质量管理规范的要求对质量管理体系运行情况进行全面自查，并于每年年底前向所在地省、自治区、直辖市或者设区的市级食品药品监督管理部门提交年度自查报告。

第四十二条 医疗器械生产企业的生产条件发生变化，不再符合医疗器械质量管理体系要求的，医疗器械生产企业应当立即采取整改措施；可能影响医疗器械安全、有效的，应当立即停止生产活动，并向所在地县级食品药品监督管理部门报告。

第四十三条 医疗器械产品连续停产一年以上且无同类产品在产的，重新生产时，医疗器械生产企业应当提前书面报告所在地省、自治区、直辖市或者设区的市级食品药品监督管理部门，经核查符合要求后方可恢复生产。

第四十四条 医疗器械生产企业不具备原生产许可条件或者与备案信息不符，且无法取得联系的，经原发证或者备案部门公示后，依法注销其《医疗器械生产许可证》或者在第一类医疗器械生产备案信息中予以标注，并向社会公告。

第四十五条 医疗器械生产企业应当在经许可或者备案的生产场地进行生产，对生产设备、工艺装备和检验仪器等设施设备进行维护，保证其正常运行。

第四十六条 医疗器械生产企业应当加强采购管理，建立供应商审核制度，对供应商进行评价，确保采购产品符合法定要求。

第四十七条 医疗器械生产企业应当对原材料采购、生产、检验等过程进行记录。记录应当真实、准确、完整，并符合可追溯的要求。

第四十八条 国家鼓励医疗器械生产企业采用先进技术手段，建立信息化管理系统。

第四十九条 医疗器械生产企业生产的医疗器械发生重大质量事故的，应当在24小时内报告所在地省、自治区、直辖市食品药品监督管理部门，省、自治区、直辖市食品药品监督管理部门应当立即报告国家食品药品监督管理总局。

第五章 监督管理

第五十条 食品药品监督管理部门依照风险管理原则，对医疗器械生产实施分类分级管理。

第五十一条 省、自治区、直辖市食品药品监督管理部门应当编制本行政区域的医疗器械生产企业监督检查计划，确定医疗器械监管的重点、检查频次和覆盖率，并监督实施。

第五十二条 医疗器械生产监督检查应当检查医疗器械生产企业执行法律、法规、规章、规范、标准等要求的情况，重点检查《医疗器械监督管理条例》第五十三条规定的事项。

第五十三条 食品药品监督管理部门组织监督检查，应当制定检查方案，明确检查标准，如实记录现场检查情况，将检查结果书面告知被检查企业。需要整改的，应当明确整改内容及整改期限，并实施跟踪检查。

第五十四条 食品药品监督管理部门应当加强对医疗器械的抽查检验。

省级以上食品药品监督管理部门应当根据抽查检验结论及时发布医疗器械质量公告。

第五十五条 对投诉举报或者其他信息显示以及日常监督检查发现可能存在产品安全隐患的医疗器械生产企业，或者有不良行为记录的医疗器械生产企业，食品药品监督管理部门可以实施飞行检查。

第五十六条 有下列情形之一的，食品药品监督管理部门可以对医疗器械生产企业的法定代表人或者企业负责人进行责任约谈：

（一）生产存在严重安全隐患的；

（二）生产产品因质量问题被多次举报投诉或者媒体曝光的；

（三）信用等级评定为不良信用企业的；

（四）食品药品监督管理部门认为有必要开展责任约谈的其他情形。

第五十七条 地方各级食品药品监督管理部门应当建立本行政区域医疗器械生产企业的监管档案。监管档案应当包括医疗器械生产企业产品注册和备案、生产许可和备案、委托生产、监督检查、抽查检验、不良事件监测、产品召回、不良行为记录和投诉举报等信息。

第五十八条 国家食品药品监督管理总局建立统一的医疗器械生产监督管理信息平台，地方各级食品药品监督管理部门应当加强信息化建设，保证信息衔接。

第五十九条 地方各级食品药品监督管理部门应当根据医疗器械生产企业监督管理的有关记录，对医疗器械生产企业进行信用评价，建立信用档案。对有不良信用记录的企业，应当增加检查频次。

对列入“黑名单”的企业，按照国家食品药品监督管理总局的相关规定执行。

第六十条　个人和组织发现医疗器械生产企业进行违法生产的活动，有权向食品药品监督管理部门举报，食品药品监督管理部门应当及时核实、处理。经查证属实的，应当按照有关规定给予奖励。

第六章　法律责任

第六十一条　有下列情形之一的，按照《医疗器械监督管理条例》第六十三条的规定处罚：

（一）生产未取得医疗器械注册证的第二类、第三类医疗器械的；

（二）未经许可从事第二类、第三类医疗器械生产活动的；

（三）生产超出生产范围或者与医疗器械生产产品登记表载明生产产品不一致的第二类、第三类医疗器械的；

（四）在未经许可的生产场地生产第二类、第三类医疗器械的；

（五）第二类、第三类医疗器械委托生产终止后，受托方继续生产受托产品的。

第六十二条　《医疗器械生产许可证》有效期届满后，未依法办理延续，仍继续从事医疗器械生产的，按照《医疗器械监督管理条例》第六十三条的规定予以处罚。

第六十三条　提供虚假资料或者采取其他欺骗手段取得《医疗器械生产许可证》的，按照《医疗器械监督管理条例》第六十四条第一款的规定处罚。

第六十四条　从事第一类医疗器械生产活动未按规定向食品药品监督管理部门备案的，按照《医疗器械监督管理条例》第六十五条第一款的规定处罚；备案时提供虚假资料的，按照《医疗器械监督管理条例》第六十五条第二款的规定处罚。

第六十五条　伪造、变造、买卖、出租、出借《医疗器械生产许可证》的，按照《医疗器械监督管理条例》第六十四条第二款的规定处罚。

伪造、变造、买卖、出租、出借医疗器械生产备案凭证的，由县级以上食品药品监督管理部门责令改正，处 1 万元以下罚款。

第六十六条　有下列情形之一的，按照《医疗器械监督管理条例》第六十六条的规定处罚：

（一）生产不符合强制性标准或者不符合经注册或者备案的产品技术要求的医疗器械的；

（二）医疗器械生产企业未按照经注册、备案的产品技术要求组织生产，或者未依照本办法规定建立质量管理体系并保持有效运行的；

（三）委托不具备本办法规定条件的企业生产医疗器械或者未对受托方的生产行为进行管理的。

第六十七条 医疗器械生产企业的生产条件发生变化、不再符合医疗器械质量管理体系要求，未依照本办法规定整改、停止生产、报告的，按照《医疗器械监督管理条例》第六十七条的规定处罚。

第六十八条 医疗器械生产企业未按规定向省、自治区、直辖市或者设区的市级食品药品监督管理部门提交本企业质量管理体系运行情况自查报告的，按照《医疗器械监督管理条例》第六十八条的规定处罚。

第六十九条 有下列情形之一的，由县级以上食品药品监督管理部门给予警告，责令限期改正，可以并处3万元以下罚款：

（一）出厂医疗器械未按照规定进行检验的；

（二）出厂医疗器械未按照规定附有合格证明文件的；

（三）未按照本办法第十六条规定办理《医疗器械生产许可证》变更登记的；

（四）未按照规定办理委托生产备案手续的；

（五）医疗器械产品连续停产一年以上且无同类产品在产，未经所在地省、自治区、直辖市或者设区的市级食品药品监督管理部门核查符合要求即恢复生产的；

（六）向监督检查的食品药品监督管理部门隐瞒有关情况、提供虚假资料或者拒绝提供反映其活动的真实资料的。

有前款所列情形，情节严重或者造成危害后果，属于违反《医疗器械监督管理条例》相关规定的，依照《医疗器械监督管理条例》的规定处罚。

第七章 附 则

第七十条 生产出口医疗器械的，应当保证其生产的医疗器械符合进口国（地区）的要求，并将产品相关信息向所在地设区的市级食品药品监督管理部门备案。

生产企业接受境外企业委托生产在境外上市销售的医疗器械的，应当取得医疗器械质量管理体系第三方认证或者同类产品境内生产许可或者备案。

第七十一条 《医疗器械生产许可证》和第一类医疗器械生产备案凭证的格式由国家食品药品监督管理总局统一制定。

《医疗器械生产许可证》由省、自治区、直辖市食品药品监督管理部门印制。

《医疗器械生产许可证》编号的编排方式为：X食药监械生产许XXXXXXXX号。其中：

第一位X代表许可部门所在地省、自治区、直辖市的简称；第二到五位X代表4位数许可年份；

第六到九位X代表4位数许可流水号。

第一类医疗器械生产备案凭证备案编号的编排方式为：XX食药监械生产备XXXXXXXX号。其中：

第一位X代表备案部门所在地省、自治区、直辖市的简称；

第二位X代表备案部门所在地设区的市级行政区域的简称；

第三到六位X代表4位数备案年份；

第七到十位X代表4位数备案流水号。

第七十二条　本办法自2014年10月1日起施行。2004年7月20日公布的《医疗器械生产监督管理办法》（原国家食品药品监督管理局令第12号）同时废止。

国家食品药品监督管理总局令

第8号

《医疗器械经营监督管理办法》已于2014年6月27日经国家食品药品监督管理总局局务会议审议通过，现予公布，自2014年10月1日起施行。

局　长　张　勇
2014年7月30日

医疗器械经营监督管理办法

第一章　总　　则

第一条　为加强医疗器械经营监督管理，规范医疗器械经营行为，保证医疗器械安全、有效，根据《医疗器械监督管理条例》，制定本办法。

第二条　在中华人民共和国境内从事医疗器械经营活动及其监督管理，应当遵守本办法。

第三条　国家食品药品监督管理总局负责全国医疗器械经营监督管理工作。县级以上食品药品监督管理部门负责本行政区域的医疗器械经营监督管理工作。

上级食品药品监督管理部门负责指导和监督下级食品药品监督管理部门开展医疗器械经营监督管理工作。

第四条 按照医疗器械风险程度，医疗器械经营实施分类管理。

经营第一类医疗器械不需许可和备案，经营第二类医疗器械实行备案管理，经营第三类医疗器械实行许可管理。

第五条 国家食品药品监督管理总局制定医疗器械经营质量管理规范并监督实施。

第六条 食品药品监督管理部门依法及时公布医疗器械经营许可和备案信息。申请人可以查询审批进度和审批结果，公众可以查阅审批结果。

第二章 经营许可与备案管理

第七条 从事医疗器械经营，应当具备以下条件：

（一）具有与经营范围和经营规模相适应的质量管理机构或者质量管理人员，质量管理人员应当具有国家认可的相关专业学历或者职称；

（二）具有与经营范围和经营规模相适应的经营、贮存场所；

（三）具有与经营范围和经营规模相适应的贮存条件，全部委托其他医疗器械经营企业贮存的可以不设立库房；

（四）具有与经营的医疗器械相适应的质量管理制度；

（五）具备与经营的医疗器械相适应的专业指导、技术培训和售后服务的能力，或者约定由相关机构提供技术支持。

从事第三类医疗器械经营的企业还应当具有符合医疗器械经营质量管理要求的计算机信息管理系统，保证经营的产品可追溯。鼓励从事第一类、第二类医疗器械经营的企业建立符合医疗器械经营质量管理要求的计算机信息管理系统。

第八条 从事第三类医疗器械经营的，经营企业应当向所在地设区的市级食品药品监督管理部门提出申请，并提交以下资料：

（一）营业执照和组织机构代码证复印件；

（二）法定代表人、企业负责人、质量负责人的身份证明、学历或者职称证明复印件；

（三）组织机构与部门设置说明；

（四）经营范围、经营方式说明；

（五）经营场所、库房地址的地理位置图、平面图、房屋产权证明文件或者租赁协议（附房屋产权证明文件）复印件；

（六）经营设施、设备目录；

（七）经营质量管理制度、工作程序等文件目录；

（八）计算机信息管理系统基本情况介绍和功能说明；

（九）经办人授权证明；

（十）其他证明材料。

第九条　对于申请人提出的第三类医疗器械经营许可申请，设区的市级食品药品监督管理部门应当根据下列情况分别作出处理：

（一）申请事项属于其职权范围，申请资料齐全、符合法定形式的，应当受理申请；

（二）申请资料不齐全或者不符合法定形式的，应当当场或者在5个工作日内一次告知申请人需要补正的全部内容，逾期不告知的，自收到申请资料之日起即为受理；

（三）申请资料存在可以当场更正的错误的，应当允许申请人当场更正；

（四）申请事项不属于本部门职权范围的，应当即时作出不予受理的决定，并告知申请人向有关行政部门申请。

设区的市级食品药品监督管理部门受理或者不予受理医疗器械经营许可申请的，应当出具受理或者不予受理的通知书。

第十条　设区的市级食品药品监督管理部门应当自受理之日起30个工作日内对申请资料进行审核，并按照医疗器械经营质量管理规范的要求开展现场核查。需要整改的，整改时间不计入审核时限。

符合规定条件的，依法作出准予许可的书面决定，并于10个工作日内发给《医疗器械经营许可证》；不符合规定条件的，作出不予许可的书面决定，并说明理由。

第十一条　医疗器械经营许可申请直接涉及申请人与他人之间重大利益关系的，食品药品监督管理部门应当告知申请人、利害关系人依照法律、法规以及国家食品药品监督管理总局的有关规定享有申请听证的权利；在对医疗器械经营许可进行审查时，食品药品监督管理部门认为涉及公共利益的重大许可事项，应当向社会公告，并举行听证。

第十二条　从事第二类医疗器械经营的，经营企业应当向所在地设区的市级食品药品监督管理部门备案，填写第二类医疗器械经营备案表，并提交本办法第八条规定的资料（第八项除外）。

第十三条　食品药品监督管理部门应当当场对企业提交资料的完整性进行核对，符合规定的予以备案，发给第二类医疗器械经营备案凭证。

第十四条　设区的市级食品药品监督管理部门应当在医疗器械经营企业备案之日起3个月内，按照医疗器械经营质量管理规范的要求对第二类医疗器械经营企业开展现场核查。

第十五条 《医疗器械经营许可证》有效期为5年，载明许可证编号、企业名称、法定代表人、企业负责人、住所、经营场所、经营方式、经营范围、库房地址、发证部门、发证日期和有效期限等事项。

医疗器械经营备案凭证应当载明编号、企业名称、法定代表人、企业负责人、住所、经营场所、经营方式、经营范围、库房地址、备案部门、备案日期等事项。

第十六条 《医疗器械经营许可证》事项的变更分为许可事项变更和登记事项变更。

许可事项变更包括经营场所、经营方式、经营范围、库房地址的变更。

登记事项变更是指上述事项以外其他事项的变更。

第十七条 许可事项变更的，应当向原发证部门提出《医疗器械经营许可证》变更申请，并提交本办法第八条规定中涉及变更内容的有关资料。

跨行政区域设置库房的，应当向库房所在地设区的市级食品药品监督管理部门办理备案。

原发证部门应当自收到变更申请之日起15个工作日内进行审核，并作出准予变更或者不予变更的决定；需要按照医疗器械经营质量管理规范的要求开展现场核查的，自收到变更申请之日起30个工作日内作出准予变更或者不予变更的决定。不予变更的，应当书面说明理由并告知申请人。变更后的《医疗器械经营许可证》编号和有效期限不变。

第十八条 新设立独立经营场所的，应当单独申请医疗器械经营许可或者备案。

第十九条 登记事项变更的，医疗器械经营企业应当及时向设区的市级食品药品监督管理部门办理变更手续。

第二十条 因分立、合并而存续的医疗器械经营企业，应当依照本办法规定申请变更许可；因企业分立、合并而解散的，应当申请注销《医疗器械经营许可证》；因企业分立、合并而新设立的，应当申请办理《医疗器械经营许可证》。

第二十一条 医疗器械注册人、备案人或者生产企业在其住所或者生产地址销售医疗器械，不需办理经营许可或者备案；在其他场所贮存并现货销售医疗器械的，应当按照规定办理经营许可或者备案。

第二十二条 《医疗器械经营许可证》有效期届满需要延续的，医疗器械经营企业应当在有效期届满6个月前，向原发证部门提出《医疗器械经营许可证》延续申请。

原发证部门应当按照本办法第十条的规定对延续申请进行审核，必要时开展现场核查，在《医疗器械经营许可证》有效期届满前作出是否准予延续的决定。

符合规定条件的，准予延续，延续后的《医疗器械经营许可证》编号不变。不符合规定条件的，责令限期整改；整改后仍不符合规定条件的，不予延续，并书面说明理由。逾期未作出决定的，视为准予延续。

第二十三条　医疗器械经营备案凭证中企业名称、法定代表人、企业负责人、住所、经营场所、经营方式、经营范围、库房地址等备案事项发生变化的，应当及时变更备案。

第二十四条　《医疗器械经营许可证》遗失的，医疗器械经营企业应当立即在原发证部门指定的媒体上登载遗失声明。自登载遗失声明之日起满 1 个月后，向原发证部门申请补发。原发证部门及时补发《医疗器械经营许可证》。

补发的《医疗器械经营许可证》编号和有效期限与原证一致。

第二十五条　医疗器械经营备案凭证遗失的，医疗器械经营企业应当及时向原备案部门办理补发手续。

第二十六条　医疗器械经营企业因违法经营被食品药品监督管理部门立案调查但尚未结案的，或者收到行政处罚决定但尚未履行的，设区的市级食品药品监督管理部门应当中止许可，直至案件处理完毕。

第二十七条　医疗器械经营企业有法律、法规规定应当注销的情形，或者有效期未满但企业主动提出注销的，设区的市级食品药品监督管理部门应当依法注销其《医疗器械经营许可证》，并在网站上予以公布。

第二十八条　设区的市级食品药品监督管理部门应当建立《医疗器械经营许可证》核发、延续、变更、补发、撤销、注销等许可档案和医疗器械经营备案信息档案。

第二十九条　任何单位以及个人不得伪造、变造、买卖、出租、出借《医疗器械经营许可证》和医疗器械经营备案凭证。

第三章　经营质量管理

第三十条　医疗器械经营企业应当按照医疗器械经营质量管理规范要求，建立覆盖质量管理全过程的经营管理制度，并做好相关记录，保证经营条件和经营行为持续符合要求。

第三十一条　医疗器械经营企业对其办事机构或者销售人员以本企业名义从事的医疗器械购销行为承担法律责任。医疗器械经营企业销售人员销售医疗器械，应当提供加盖本企业公章的授权书。授权书应当载明授权销售的品种、地域、期限，注明销售人员的身份证号码。

第三十二条　医疗器械经营企业应当建立并执行进货查验记录制度。从事第二类、第三类医疗器械批发业务以及第三类医疗器械零售业务的经营企业应当建立销售记录制度。进货查验记录和销售记录信息应当真实、准确、完整。

从事医疗器械批发业务的企业，其购进、贮存、销售等记录应当符合可追溯要求。

进货查验记录和销售记录应当保存至医疗器械有效期后 2 年；无有效期的，不得少于 5 年。植入类医疗器械进货查验记录和销售记录应当永久保存。

鼓励其他医疗器械经营企业建立销售记录制度。

第三十三条 医疗器械经营企业应当从具有资质的生产企业或者经营企业购进医疗器械。

医疗器械经营企业应当与供货者约定质量责任和售后服务责任，保证医疗器械售后的安全使用。

与供货者或者相应机构约定由其负责产品安装、维修、技术培训服务的医疗器械经营企业，可以不设从事技术培训和售后服务的部门，但应当有相应的管理人员。

第三十四条 医疗器械经营企业应当采取有效措施，确保医疗器械运输、贮存过程符合医疗器械说明书或者标签标示要求，并做好相应记录，保证医疗器械质量安全。

说明书和标签标示要求低温、冷藏的，应当按照有关规定，使用低温、冷藏设施设备运输和贮存。

第三十五条 医疗器械经营企业委托其他单位运输医疗器械的，应当对承运方运输医疗器械的质量保障能力进行考核评估，明确运输过程中的质量责任，确保运输过程中的质量安全。

第三十六条 医疗器械经营企业为其他医疗器械生产经营企业提供贮存、配送服务的，应当与委托方签订书面协议，明确双方权利义务，并具有与产品贮存配送条件和规模相适应的设备设施，具备与委托方开展实时电子数据交换和实现产品经营全过程可追溯的计算机信息管理平台和技术手段。

第三十七条 从事医疗器械批发业务的经营企业应当销售给具有资质的经营企业或者使用单位。

第三十八条 医疗器械经营企业应当配备专职或者兼职人员负责售后管理，对客户投诉的质量问题应当查明原因，采取有效措施及时处理和反馈，并做好记录，必要时应当通知供货者及医疗器械生产企业。

第三十九条 医疗器械经营企业不具备原经营许可条件或者与备案信息不符且无法取得联系的，经原发证或者备案部门公示后，依法注销其《医疗器械经营许可证》或者在第二类医疗器械经营备案信息中予以标注，并向社会公告。

第四十条 第三类医疗器械经营企业应当建立质量管理自查制度，并按照医疗器械经营质量管理规范要求进行全项目自查，于每年年底前向所在地设区的市级食品药品监督管理部门提交年度自查报告。

第四十一条 第三类医疗器械经营企业自行停业一年以上，重新经营时，应当提前书面报告所在地设区的市级食品药品监督管理部门，经核查符合要求后方可恢复经营。

第四十二条 医疗器械经营企业不得经营未经注册或者备案、无合格证明文件以及过期、失效、淘汰的医疗器械。

第四十三条 医疗器械经营企业经营的医疗器械发生重大质量事故的，应当在24小时内报告所在地省、自治区、直辖市食品药品监督管理部门，省、自治区、直辖市食品药品监督管理部门应当立即报告国家食品药品监督管理总局。

第四章 监督管理

第四十四条 食品药品监督管理部门应当定期或者不定期对医疗器械经营企业符合经营质量管理规范要求的情况进行监督检查，督促企业规范经营活动。对第三类医疗器械经营企业按照医疗器械经营质量管理规范要求进行全项目自查的年度自查报告，应当进行审查，必要时开展现场核查。

第四十五条 省、自治区、直辖市食品药品监督管理部门应当编制本行政区域的医疗器械经营企业监督检查计划，并监督实施。设区的市级食品药品监督管理部门应当制定本行政区域的医疗器械经营企业的监管重点、检查频次和覆盖率，并组织实施。

第四十六条 食品药品监督管理部门组织监督检查，应当制定检查方案，明确检查标准，如实记录现场检查情况，将检查结果书面告知被检查企业。需要整改的，应当明确整改内容以及整改期限，并实施跟踪检查。

第四十七条 食品药品监督管理部门应当加强对医疗器械的抽查检验。

省级以上食品药品监督管理部门应当根据抽查检验结论及时发布医疗器械质量公告。

第四十八条 有下列情形之一的，食品药品监督管理部门应当加强现场检查：

（一）上一年度监督检查中存在严重问题的；

（二）因违反有关法律、法规受到行政处罚的；

（三）新开办的第三类医疗器械经营企业；

（四）食品药品监督管理部门认为需要进行现场检查的其他情形。

第四十九条 食品药品监督管理部门应当建立医疗器械经营日常监督管理制度，加强对医疗器械经营企业的日常监督检查。

第五十条 对投诉举报或者其他信息显示以及日常监督检查发现可能存在产品安全隐患的医疗器械经营企业，或者有不良行为记录的医疗器械经营企业，食品药品监督管理部门可以实施飞行检查。

第五十一条 有下列情形之一的，食品药品监督管理部门可以对医疗器械经营企业的法定代表人或者企业负责人进行责任约谈：

（一）经营存在严重安全隐患的；

（二）经营产品因质量问题被多次举报投诉或者媒体曝光的；

（三）信用等级评定为不良信用企业的；

（四）食品药品监督管理部门认为有必要开展责任约谈的其他情形。

第五十二条 食品药品监督管理部门应当建立医疗器械经营企业监管档案，记录许可和备案信息、日常监督检查结果、违法行为查处等情况，并对有不良信用记录的医疗器械经营企业实施重点监管。

国家食品药品监督管理总局
海　关　总　署
国　家　体　育　总　局

第 9 号

《蛋白同化制剂和肽类激素进出口管理办法》已于 2014 年 6 月 27 日经国家食品药品监督管理总局局务会议审议通过，并经海关总署、国家体育总局同意，现予公布，自 2014 年 12 月 1 日起施行。

食品药品监管总局　局　长　张　勇

海关总署　署　长　于广洲

国家体育总局　局　长　刘　鹏

2014 年 9 月 28 日

蛋白同化制剂和肽类激素进出口管理办法

第一条 为规范蛋白同化制剂、肽类激素的进出口管理，根据《中华人民共和国药品管理法》、《中华人民共和国海关法》、《反兴奋剂条例》等法律、行政法规，制定本办法。

第二条 国家对蛋白同化制剂、肽类激素实行进出口准许证管理。

第三条 进口蛋白同化制剂、肽类激素，进口单位应当向所在地省、自治区、直辖市食品药品监督管理部门提出申请。

第四条　进口供医疗使用的蛋白同化制剂、肽类激素，进口单位应当报送以下资料：

（一）药品进口申请表。

（二）购货合同或者订单复印件。

（三）《进口药品注册证》（或者《医药产品注册证》）（正本或者副本）复印件。

（四）进口单位的《药品经营许可证》、《企业法人营业执照》、《进出口企业资格证书》（或者《对外贸易经营者备案登记表》）、《组织代码证书》复印件；药品生产企业进口本企业所需原料药和制剂中间体（包括境内分包装用制剂），应当报送《药品生产许可证》、《企业法人营业执照》、《组织代码证书》复印件。

（五）《进口药品注册证》（或者《医药产品注册证》）持有者如委托其他公司代理出口其药品的，需提供委托出口函。

上述各类复印件应当加盖进口单位公章。

第五条　因教学、科研需要而进口蛋白同化制剂、肽类激素的，进口单位应当报送以下资料：

（一）药品进口申请表；

（二）购货合同或者订单复印件；

（三）国内使用单位合法资质的证明文件、药品使用数量的测算依据以及使用单位出具的合法使用和管理该药品保证函；

（四）相应科研项目的批准文件或者相应主管部门的批准文件；

（五）接受使用单位委托代理进口的，还需提供委托代理协议复印件和进口单位的《企业法人营业执照》、《进出口企业资格证书》（或者《对外贸易经营者备案登记表》）、《组织代码证书》复印件。

上述各类复印件应当加盖进口单位公章。

第六条　境内企业因接受境外企业委托生产而需要进口蛋白同化制剂、肽类激素的，报送本办法第五条第一款第（一）项、第（三）项、第（五）项规定的资料。

上述各类复印件应当加盖进口单位公章。

第七条　省、自治区、直辖市食品药品监督管理部门收到进口申请及有关资料后，应当于15个工作日内作出是否同意进口的决定；对同意进口的，发给药品《进口准许证》；对不同意进口的，应当书面说明理由。

第八条　进口蛋白同化制剂、肽类激素必须经由国务院批准的允许药品进口的口岸进口。进口单位持省、自治区、直辖市食品药品监督管理部门核发的药品

《进口准许证》向海关办理报关手续。进口蛋白同化制剂、肽类激素无需办理《进口药品通关单》。

第九条 进口供医疗使用的蛋白同化制剂、肽类激素（包括首次在中国销售的），进口单位应当于进口手续完成后，及时填写《进口药品报验单》，持《进口药品注册证》（或者《医药产品注册证》）原件（正本或者副本）、药品《进口准许证》原件，向进口口岸食品药品监督管理部门报送下列资料一式两份，申请办理《进口药品口岸检验通知书》：

（一）《进口药品注册证》（或者《医药产品注册证》）（正本或者副本）和药品《进口准许证》复印件；

（二）进口单位的《药品生产许可证》或者《药品经营许可证》复印件，《企业法人营业执照》复印件；

（三）原产地证明复印件；

（四）购货合同复印件；

（五）装箱单、提运单和货运发票复印件；

（六）出厂检验报告书复印件；

（七）药品说明书及包装、标签的式样（原料药和制剂中间体除外）。

上述各类复印件应当加盖进口单位公章。

第十条 口岸食品药品监督管理部门接到《进口药品报验单》及相关资料，审查无误后，将《进口药品注册证》（或者《医药产品注册证》）（正本或者副本）原件、药品《进口准许证》原件交还进口单位，并应当于当日向负责检验的口岸药品检验所发出《进口药品口岸检验通知书》，附本办法第九条规定的资料1份。

口岸药品检验所接到《进口药品口岸检验通知书》后，应当在2个工作日内与进口单位联系，到存货地点进行抽样，抽样完成后，应当在药品《进口准许证》原件第一联背面注明“已抽样”字样，并加盖抽样单位的公章。

第十一条 因教学、科研需要而进口的蛋白同化制剂、肽类激素以及境内企业接受境外企业委托生产而需要进口的蛋白同化制剂、肽类激素，予以免检。对免检的进口蛋白同化制剂、肽类激素，其收货人不免除持进口准许证向海关办理手续的义务。

第十二条 有下列情形之一的，口岸食品药品监督管理部门应当及时将有关情况通告发证机关：

（一）口岸食品药品监督管理部门根据《药品进口管理办法》第十七条规定，不予发放《进口药品口岸检验通知书》的；

（二）口岸药品检验所根据《药品进口管理办法》第二十五条规定，不予抽样的。

口岸食品药品监督管理部门对具有当前款情形并已进口的全部药品，应当采取查封、扣押的行政强制措施，并于查封、扣押之日起7日内作出责令复运出境决定，通知进口单位按照本办法规定的蛋白同化制剂、肽类激素出口程序办理药品《出口准许证》，将进口药品全部退回原出口国。

进口单位收到责令复运出境决定之日起10日内不答复或者未明确表示复运出境的，已查封、扣押的药品由口岸食品药品监督管理部门监督销毁。

第十三条　进口的蛋白同化制剂、肽类激素经口岸药品检验所检验不符合标准规定的，进口单位应当在收到《进口药品检验报告书》后2日内，将全部进口药品流通、使用的详细情况，报告所在地口岸食品药品监督管理部门。

口岸食品药品监督管理部门收到《进口药品检验报告书》后，应当及时采取对全部药品予以查封、扣押的行政强制措施，并在7日内作出是否立案的决定。

进口单位未在规定时间内提出复验或者经复验仍不符合标准规定的，口岸食品药品监督管理部门应当作出责令复运出境决定，通知进口单位按照本办法规定的蛋白同化制剂、肽类激素出口程序办理药品《出口准许证》，将进口药品全部退回原出口国。进口单位收到责令复运出境决定之日起10日内不答复或者未明确表示复运出境的，由口岸食品药品监督管理部门监督销毁。

经复验符合标准规定的，口岸食品药品监督管理部门应当解除查封、扣押的行政强制措施。

口岸食品药品监督管理部门应当将按照本条第二款、第三款、第四款规定处理的情况及时通告发证机关，同时通告各省、自治区、直辖市食品药品监督管理部门和其他口岸食品药品监督管理部门。

第十四条　国内药品生产企业、经营企业以及医疗机构采购进口蛋白同化制剂、肽类激素时，供货单位应当提供《进口药品注册证》（或者《医药产品注册证》）复印件、药品《进口准许证》复印件和《进口药品检验报告书》复印件，并在上述各类复印件上加盖供货单位公章。

第十五条　出口蛋白同化制剂、肽类激素，出口单位应当向所在地省、自治区、直辖市食品药品监督管理部门提出申请，报送下列资料：

（一）药品出口申请表。

（二）进口国家或者地区的药品管理机构提供的进口准许证正本（或者复印件及公证文本）。

如进口国家或者地区对蛋白同化制剂、肽类激素进口尚未实行许可证管理制度，需提供进口国家的药品管理机构提供的该类药品进口无需核发进口准许证的证明文件（正本）以及以下文件之一：

1. 进口国家或者地区的药品管理机构提供的同意进口该药品的证明文件正本（或者复印件及公证文本）；

2. 进口单位合法资质的证明文件和该药品用途合法的证明文件正本（或者复印件及公证文本）。

（三）购货合同或者订单复印件（自营产品出口的生产企业除外）。

（四）外销合同或者订单复印件。

（五）出口药品如为国内药品生产企业经批准生产的品种，须提供该药品生产企业的《药品生产许可证》、《企业法人营业执照》及药品的批准证明文件复印件。

出口药物如为境内企业接受境外企业委托生产的品种，须提供与境外委托企业签订的委托生产合同。委托生产合同应当明确规定双方的权利和义务、法律责任等，产品质量由委托方负责。

（六）出口企业的《企业法人营业执照》、《进出口企业资格证书》（或者《对外贸易经营者备案登记表》）、《组织代码证书》复印件。

上述各类复印件应当加盖出口单位公章。

第十六条 按照本办法第十二条、第十三条规定复运出境的，申请药品《出口准许证》时，应当提供下列资料：

（一）出口国原出口单位申请退货的证明材料；

（二）药品《进口准许证》。

第十七条 省、自治区、直辖市食品药品监督管理部门收到出口申请及有关资料后，应当于15个工作日内作出是否同意出口的决定；对同意出口的，发给药品《出口准许证》；对不同意出口的，应当书面说明理由。

对根据本办法第十六条规定申请办理药品《出口准许证》的，发证机关应当在药品《出口准许证》上注明“原货退回”字样。

第十八条 出口单位持省、自治区、直辖市食品药品监督管理部门核发的药品《出口准许证》向海关办理报关手续。

第十九条 进出口单位在办理报关手续时，应当多提交一联报关单，并向海关申请签退该联报关单。海关凭药品《进口准许证》、《出口准许证》在该联报关单上加盖“验讫章”后退进出口单位。

进出口完成后1个月内，进出口单位应当将药品《进口准许证》、《出口准许证》的第一联、海关签章的报关单退回发证机关。

取得药品进出口准许证后未进行相关进出口贸易的，进出口单位应当于准许证有效期满后1个月内将原准许证退回发证机关。

第二十条 药品《进口准许证》有效期1年。药品《出口准许证》有效期不超过 3 个月（有效期时限不跨年度）。

药品《进口准许证》、《出口准许证》实行“一证一关”，只能在有效期内一次性使用，证面内容不得更改。因故延期进出口的，可以持原进出口准许证办理一次延期换证手续。

第二十一条　药品《进口准许证》、《出口准许证》如有遗失，进出口单位应当立即向原发证机关书面报告挂失。原发证机关收到挂失报告后，通知口岸海关。原发证机关经核实无不良后果的，予以重新补发。

第二十二条　药品《进口准许证》、《出口准许证》由国家食品药品监督管理总局统一印制。

第二十三条　以加工贸易方式进出口蛋白同化制剂、肽类激素的，海关凭药品《进口准许证》、《出口准许证》办理验放手续并实施监管。确因特殊情况无法出口的，移交货物所在地食品药品监督管理部门按规定处理，海关凭有关证明材料办理核销手续。

第二十四条　海关特殊监管区域和保税监管场所与境外进出及海关特殊监管区域、保税监管场所之间进出的蛋白同化制剂、肽类激素，免予办理药品《进口准许证》、《出口准许证》，由海关实施监管。

从海关特殊监管区域和保税监管场所进入境内区外的蛋白同化制剂、肽类激素，应当办理药品《进口准许证》。

从境内区外进入海关特殊监管区域和保税监管场所的蛋白同化制剂、肽类激素，应当办理药品《出口准许证》。

第二十五条　个人因医疗需要携带或者邮寄进出境自用合理数量范围内的蛋白同化制剂、肽类激素的，海关按照卫生计生部门有关处方的管理规定凭医疗机构处方予以验放。

第二十六条　除本办法另有规定外，供医疗使用的蛋白同化制剂、肽类激素的进口、口岸检验、监督管理等方面，参照《药品进口管理办法》有关药品进口的规定执行。

第二十七条　本办法所称进口供医疗使用的蛋白同化制剂、肽类激素，是指进口的蛋白同化制剂、肽类激素拟用于生产制剂或者拟在中国境内上市销售。

进口单位：是指依照本办法取得的药品《进口准许证》上载明的进口单位。

出口单位：是指依照本办法取得的药品《出口准许证》上载明的出口单位。

第二十八条　本办法自 2014 年 12 月 1 日起施行。2006 年 7 月 28 日公布的《蛋白同化制剂、肽类激素进出口管理办法（暂行）》（原国家食品药品监督管理局、海关总署、国家体育总局令第 25 号）同时废止。

国家食品药品监督管理总局令

第 10 号

《食品药品监督管理统计管理办法》已于 2014 年 9 月 29 日经国家食品药品监督管理总局局务会议审议通过，现予公布，自 2015 年 2 月 1 日起施行。

局 长 张 勇

2014 年 12 月 19 日

食品药品监督管理统计管理办法

第一章 总 则

第一条 为科学、有效地组织实施食品药品监督管理统计工作，规范统计活动，保障统计资料的真实性、准确性、完整性和及时性，充分发挥统计在食品药品监督管理工作中的重要作用，根据《中华人民共和国统计法》、《中华人民共和国食品安全法》、《中华人民共和国药品管理法》等有关法律法规，制定本办法。

第二条 本办法适用于各级食品药品监督管理部门及其相关直属单位组织实施的统计活动。

第三条 食品药品监督管理统计的基本任务是对食品（含食品添加剂）、保健食品、药品、化妆品、医疗器械等监督管理工作的基本情况进行统计调查、统计分析，提供统计信息和咨询，实行统计监督。

第四条 食品药品监督管理统计工作实行统一管理、分级负责。

国家食品药品监督管理总局负责全国食品药品监督管理统计工作的监督管理和组织协调。

地方各级食品药品监督管理部门负责本行政区域的食品药品监督管理统计工作。

第五条 各级食品药品监督管理部门应当加强对统计工作的组织领导，健全机构，充实人员，保障工作经费，完善技术装备，确保统计机构和人员有效履行统计职责。

第六条 各级食品药品监督管理部门应当将统计信息化建设纳入信息化建设总体规划，充分应用信息化技术开展统计工作，推进统计信息搜集、处理、传输、共享、存储技术和统计数据库体系的现代化，提高统计工作质量和效率。

国家食品药品监督管理总局加强对统计信息化建设的指导和规范。

第七条　食品药品监督管理统计报表填报单位应当依照有关法律、法规、规章和本办法的规定如实填报，不得拒报、迟报、虚报、瞒报，不得伪造、篡改统计资料。

第八条　各级食品药品监督管理部门的统计机构和统计人员对在食品药品监督管理统计工作中知悉的国家秘密、商业秘密和个人信息应当予以保密。

第二章　统计机构和统计人员

第九条　各级食品药品监督管理部门应当明确承担统计职能的机构，设置统计岗位，配备统计人员，并指定统计工作负责人。

第十条　国家食品药品监督管理总局统计机构履行以下职责：

（一）健全统计工作制度，对全国食品药品监督管理统计工作进行管理、指导和监督；

（二）健全全国食品药品监督管理统计指标体系，组织制定全国食品药品监督管理综合性统计调查计划和统计调查方案等，根据工作需要下达统计任务；

（三）编制、公布全国食品药品监督管理统计年报等统计资料；

（四）管理、协调本局各司局及直属单位的专业统计工作，审核本局内设机构及直属单位拟定的专业统计调查方案；

（五）贯彻执行统计法律法规，实施国家统计标准和补充性的食品药品监督管理统计标准；

（六）采集、汇总、管理全国食品药品监督管理统计资料，开展统计分析和统计预测，实行统计监督，提供统计信息和咨询；

（七）指导省、自治区、直辖市食品药品监督管理统计信息系统的建设；

（八）组织国家和省、自治区、直辖市食品药品监督管理部门统计人员的业务培训，并对省、自治区、直辖市食品药品监督管理部门组织开展的统计业务培训给予必要指导。

第十一条　地方各级食品药品监督管理部门的统计机构承担本部门统计职能：

（一）组织和管理本行政区域食品药品监督管理统计工作，执行全国食品药品监督管理统计工作制度；

（二）健全本行政区域食品药品监督管理统计工作制度和统计指标体系，制发本行政区域食品药品监督管理综合性统计调查计划和统计调查方案，管理、指导统计调查工作，监督检查统计工作制度的实施；

（三）编制、公布本行政区域食品药品监督管理统计资料；

（四）管理、协调本部门内设机构及直属单位的专业统计工作，审核本部门内设机构及直属单位拟定的专业统计调查方案；

（五）贯彻执行统计法律法规，实施国家统计标准和补充性的食品药品监督管理统计标准；

（六）采集、汇总、管理本行政区域食品药品监督管理统计资料，开展统计分析和统计预测，实行统计监督，提供统计信息和咨询；

（七）组织本行政区域食品药品监督管理统计信息系统的建设和使用；

（八）组织开展本行政区域食品药品监督管理统计人员的业务培训。

第十二条　各级食品药品监督管理部门应当加强对统计人员的业务培训和职业道德教育，提高统计人员的能力和素质。

各级食品药品监督管理部门应当优先从具备统计专业知识的人员中选调和补充统计人员，统计人员上岗前必须参加岗前培训。

第十三条　统计人员应当坚持实事求是，恪守职业道德，对其负责搜集、审核、录入的统计资料与统计调查对象报送的统计资料的一致性负责。

统计人员进行统计调查时，有权就与统计有关的问题询问有关人员，要求其如实提供有关情况、资料并改正不真实、不准确的资料。

第三章　统计调查管理

第十四条　国家食品药品监督管理总局统计机构制定全国食品药品监督管理相关统计调查的指标涵义、计算方法、分类目录、统计编码以及其他方面的统计标准。

第十五条　各级食品药品监督管理部门应当依法有计划地组织开展食品药品监督管理统计调查。

国家食品药品监督管理总局负责统一制定全国食品药品监督管理统计调查项目，报国家统计局备案或者审批。

地方各级食品药品监督管理部门负责统一制定本行政区域食品药品监督管理统计调查项目，报同级人民政府统计机构审批或者备案。

第十六条　各级食品药品监督管理部门的内设机构及直属单位根据工作需要申请立项的统计调查项目，应当有充分的理由、明确的目的和资料使用范围，与本部门的职能相一致，且与本部门统计机构的统计调查分工明确，相互协调，不得交叉重复。

各级食品药品监督管理部门的内设机构及其直属单位开展统计调查（包括一次性调查、经常性调查、普查等），应当自行制定统计调查方案，报本部门统计机构审核同意后，由该内设机构或者直属单位组织实施。调查完成后，相关统计数据和报告应当及时向本部门统计机构备案。

第四章　统计资料的收集、管理和公布

第十七条　地方各级食品药品监督管理部门负责在本行政区域内依法执行食品药品监督管理统计报表制度。提交上一级食品药品监督管理部门统计机构的统计数据应当严格按照统计报表制度要求逐级生成、填报、审核，并经本单位负责人审定。上一级食品药品监督管理部门统计机构应当对下一级食品药品监督管理部门或者单位提交的统计数据进行审查，确认无误后方可使用；对审查发现的异常数据，应当逐级核实确认。

第十八条　食品药品监督管理统计资料实行分级管理。全国食品药品监督管理统计资料由国家食品药品监督管理总局统计机构统一管理，地方各级食品药品监督管理部门的统计资料由本部门统计机构统一管理。

第十九条　各级食品药品监督管理部门应当按照国家有关规定设置原始记录、统计台账，建立健全统计资料的审核、签署、交接、归档等管理制度。统计资料的审核签署人员应当对其审核、签署的统计资料的真实性、准确性负责。

第二十条　各级食品药品监督管理部门应当按照国家有关规定建立统计资料的保存、管理制度，建立健全统计信息共享机制，强化统计数据整合、数据交换与信息共享。

第二十一条　国家食品药品监督管理总局负责审定、公布和出版全国食品药品监督管理统计资料。

省、自治区、直辖市食品药品监督管理部门负责审定、公布和出版本行政区域食品药品监督管理统计资料。

第二十二条　各级食品药品监督管理部门统计调查取得的统计资料，应当依据法律法规及时公开，供社会公众查询。

第五章　监督检查与法律责任

第二十三条　国家食品药品监督管理总局对本局各司局、直属单位及省、自治区、直辖市食品药品监督管理部门统计工作进行监督检查与年度考核。年度考核工作具体办法由国家食品药品监督管理总局统计机构另行制定。

省、自治区、直辖市食品药品监督管理部门对本行政区域食品药品监督管理统计工作进行监督检查与年度考核。

第二十四条　县级以上食品药品监督管理部门及其直属单位的负责人有下列行为之一的，依照《中华人民共和国统计法》第三十七条规定予以处理：

（一）自行修改统计资料、编造虚假统计数据的；

（二）要求统计机构、统计人员或者其他机构、人员伪造、篡改统计资料的；

（三）对依法履行职责或者拒绝、抵制统计违法行为的统计人员打击报复的；

（四）对本部门、本单位发生的严重统计违法行为失察的。

第二十五条 县级以上食品药品监督管理部门及其直属单位有下列行为之一的，对直接负责的主管人员和其他直接责任人员，依照《中华人民共和国统计法》第三十九条规定予以处理：

（一）违法公布统计资料的；

（二）泄露统计调查对象的商业秘密、个人信息或者提供、泄露在统计调查中获得的能够识别或者推断单个统计调查对象身份的资料的；

（三）违反国家有关规定，造成统计资料毁损、灭失的。

第二十六条 县级以上食品药品监督管理部门及其直属单位有下列行为之一的，对直接负责的主管人员和其他直接责任人员，依照《中华人民共和国统计法》第四十一条规定予以处理：

（一）拒绝提供统计资料或者经催报后仍未按时提供统计资料的；

（二）提供不真实或者不完整的统计资料的；

（三）拒绝答复或者不如实答复统计检查查询书的；

（四）拒绝、阻碍统计调查、统计检查的；

（五）转移、隐匿、篡改、毁弃或者拒绝提供原始记录和凭证、统计台账、统计调查表及其他相关证明和资料的。

第六章 附 则

第二十七条 本办法由国家食品药品监督管理总局负责解释。

第二十八条 本办法自2015年2月1日起施行。2001年3月21日公布的《药品监督管理统计管理办法（试行）》同时废止。

国家食品药品监督管理总局令

第11号

《食品安全抽样检验管理办法》已经国家食品药品监督管理总局局务会议审议通过，现予公布，自2015年2月1日起施行。

局 长 张 勇

2014年12月31日

食品安全抽样检验管理办法

第一章　总　则

第一条　为规范食品安全抽样检验工作，加强食品安全监督管理，保障公众身体健康和生命安全，根据《中华人民共和国食品安全法》等法律法规，制定本办法。

第二条　食品药品监督管理部门组织实施食品安全监督抽检和风险监测的抽样检验工作，适用本办法。

第三条　国家食品药品监督管理总局负责组织开展全国性食品安全抽样检验工作，指导地方食品药品监督管理部门组织实施食品安全抽样检验工作。

县级以上地方食品药品监督管理部门负责组织本级食品安全抽样检验工作，并按照规定实施上级食品药品监督管理部门组织的食品安全抽样检验工作。

第四条　食品生产经营者应当承担食品安全第一责任人的义务，依法配合食品药品监督管理部门组织实施的食品安全抽样检验工作。

第五条　国家食品药品监督管理总局建立食品安全抽样检验数据库，定期研究分析食品安全抽样检验数据，完善并督促落实相关监督管理制度。

县级以上地方食品药品监督管理部门应当加强信息技术建设，按照相关要求及时报送食品安全抽样检验数据。

第六条　食品药品监督管理部门应当按照公开、公平、公正的原则，以发现和查处食品安全问题为导向，依法组织开展食品安全抽样检验工作。

第七条　食品药品监督管理部门应当与承担食品安全抽样检验任务的技术机构（以下简称承检机构）签订委托协议，明确双方权利和义务。

第八条　食品药品监督管理部门可以对承检机构进行监督评价，发现存在检验能力缺陷或者有重大检验质量问题的，应当及时采取有关措施进行处理。

第九条　国家食品药品监督管理总局负责组织制定食品安全抽样检验指导规范。

食品检验机构应当依照食品安全抽样检验指导规范开展食品安全抽样检验工作。

第二章　计　划

第十条　食品药品监督管理部门应当按照科学性、代表性的要求，制定覆盖食品生产经营活动全过程的食品安全抽样检验计划，实现监督抽检与风险监测的有效衔接。

第十一条 国家食品药品监督管理总局根据食品安全监管工作的需要，制定全国性食品安全抽样检验年度计划。

县级以上地方食品药品监督管理部门应当根据上级食品药品监督管理部门制定的抽样检验年度工作计划并结合实际情况，制定本行政区域的食品安全年度抽样检验工作方案，报上一级食品药品监督管理部门备案。

食品药品监督管理部门在日常监督管理工作中可以根据工作需要不定期开展食品安全抽样检验工作。

第十二条 食品安全抽样检验工作计划应当包括下列内容：

（一）抽样检验的食品品种；

（二）抽样环节、抽样方法、抽样数量等抽样工作要求；

（三）检验项目、检验方法、判定依据等检验工作要求；

（四）检验结果的汇总分析及报送方式和时限；

（五）法律、法规、规章规定的其他要求。

第十三条 下列食品应当作为食品安全抽样检验工作计划的重点：

（一）风险程度高以及污染水平呈上升趋势的食品；

（二）流通范围广、消费量大、消费者投诉举报多的食品；

（三）风险监测、监督检查、专项整治、案件稽查、事故调查、应急处置等工作表明存在较大隐患的食品；

（四）专供婴幼儿、孕妇、老年人等特定人群食用的主辅食品；

（五）学校和托幼机构食堂以及旅游景区餐饮服务单位、中央厨房、集体用餐配送单位经营的食品；

（六）有关部门公布的可能违法添加非食用物质的食品；

（七）已在境外造成健康危害并有证据表明可能在国内产生危害的食品；

（八）其他应当作为抽样检验工作重点的食品。

第三章 抽 样

第十四条 食品药品监督管理部门可以自行抽样或者委托具有法定资质的食品检验机构承担食品安全抽样工作。

第十五条 食品检验机构应当建立食品抽样管理制度，明确岗位职责、抽样流程和工作纪律，加强对抽样人员的培训和指导，保证抽样工作质量。

食品安全抽样人员应当熟悉食品安全法律、法规、规章和标准等的相关规定。

第十六条 食品安全监督抽检和风险监测抽取样品应当支付费用。

第十七条 食品安全监督抽检的抽样人员在执行抽样任务时应当出示监督抽

检通知书、委托书等文件及有效身份证明文件，并不得少于2人。

案件稽查、事故调查中的食品安全抽样活动，应当由食品安全行政执法人员进行或者陪同。

承担食品安全监督抽检抽样任务的机构和人员不得提前通知被抽样的食品生产经营者。

第十八条 食品安全监督抽检的抽样人员应当核对被抽样食品生产经营者的营业执照、许可证等资质证明文件。

食品安全监督抽检的抽样人员可以从食品生产者的成品库待销产品中或者从食品经营者仓库和用于经营的食品中随机抽取样品，不得由食品生产经营者自行提供样品。

食品安全监督抽检的抽样数量原则上应当满足检验和复检的要求。

第十九条 风险监测、案件稽查、事故调查、应急处置中的抽样，不受抽样数量、抽样地点、被抽样单位是否具备合法资质等限制。

第二十条 食品安全监督抽检中的样品分为检验样品和复检备份样品。

食品安全监督抽检中的样品应当现场封样。复检备份样品应当单独封样，交由承检机构保存。抽样人员应当采取有效的防拆封措施，并由抽样人员、被抽样食品生产经营者签字或者盖章确认。

食品安全监督抽检的抽样人员可以通过拍照、录像、留存购物票据等方式保存证据。

第二十一条 食品安全监督抽检的抽样人员应当使用规范的抽样文书，详细记录抽样信息。记录保存期限不得少于2年。

食品安全监督抽检的抽样人员应当书面告知被抽样食品生产经营者依法享有的权利和应当承担的义务。

被抽样食品生产经营者应当在食品安全抽样文书上签字或者盖章，不得拒绝或者阻挠食品安全抽样工作。

第二十二条 食品安全监督抽检的样品、抽样文书及相关资料应当由抽样人员携带或者寄送至承检机构，不得由被抽样食品生产经营者自行送样和寄送文书。

对有特殊贮存和运输要求的样品，抽样人员应当采取相应措施，保证样品贮存、运输过程符合国家相关规定和包装标示的要求，不发生影响检验结论的变化。

第二十三条 抽样人员发现食品生产经营者存在违法行为、生产经营的食品及原料没有合法来源或者无正当理由拒绝接受食品安全抽样的，应当报告有管辖权的食品药品监督管理部门进行处理。

第四章 检 验

第二十四条 食品安全监督抽检应当采用食品安全标准等规定的检验项目和检验方法。

风险监测、案件稽查、事故调查、应急处置等工作中可以采用非食品安全标准等规定的检验项目和检验方法，分析查找食品安全问题的原因。采用非食品安全标准检验方法，应当遵循技术手段先进的原则，并取得国家或者省级食品药品监督管理部门同意。

第二十五条 承检机构接收食品安全监督抽检的样品时，应当查验、记录样品的外观、状态、封条有无破损以及其他可能对检验结论产生影响的情况，并确认样品与抽样文书的记录相符，对检验样品和复检备份样品分别加贴相应标识后，按照相关要求入库存放。

对抽样不规范的样品，承检机构应当拒绝接收并书面说明理由，及时向组织或者实施食品安全监督抽检的食品药品监督管理部门报告。

第二十六条 承检机构应当对检验工作负责，按照食品检验技术要求开展检验工作，如实、准确、完整、及时地填写检验原始记录，保证检验工作的科学、独立、客观和规范。

承检机构应当自收到样品之日起20个工作日内出具检验报告。食品药品监督管理部门与承检机构另有约定的，从其约定。

未经组织监督抽检和风险监测的食品药品监督管理部门同意，承检机构不得分包或者转包检验任务。

第二十七条 食品安全监督抽检的检验结论合格的，承检机构应当自检验结论作出之日起3个月内妥善保存复检备份样品。复检备份样品剩余保质期不足3个月的，应当保存至保质期结束。

检验结论不合格的，承检机构应当自检验结论作出之日起6个月内妥善保存复检备份样品。复检备份样品剩余保质期不足6个月的，应当保存至保质期结束。

第二十八条 食品安全监督抽检的检验结论合格的，承检机构应当在检验结论作出后10个工作日内将检验结论报送组织或者委托实施监督抽检的食品药品监督管理部门。

食品安全监督抽检的检验结论不合格的，承检机构应当在检验结论作出后2个工作日内报告组织或者委托实施监督抽检的食品药品监督管理部门。

第二十九条 国家食品药品监督管理总局组织的食品安全监督抽检的检验结论不合格的，承检机构除按照相关要求报告外，还应当及时通报抽检地省级食品药品监督管理部门以及标称的食品生产者住所地的省级食品药品监督管理部门。

第三十条　地方食品药品监督管理部门对本辖区食品生产经营者组织或者实施监督抽检的，应当在收到不合格检验报告后及时通知被抽检的食品生产经营者。

县、市食品药品监督管理部门在经营环节组织监督抽检的，标称的食品生产者不在县、市食品药品监督管理部门管辖区域的，但在同一省级食品药品监督管理部门管辖区域的，按照抽检地省级食品药品监督管理部门规定的程序和时限通报。

县、市食品药品监督管理部门在经营环节组织监督抽检的，标称的食品生产者在其他省级食品药品监督管理部门管辖区域的，应当按照抽检地省级食品药品监督管理部门规定的程序和时限报告抽检地省级食品药品监督管理部门。

第三十一条　地方食品药品监督管理部门组织或者实施监督抽检的检验结论不合格的，抽检地与标称的食品生产者住所地不在同一省级行政区域的，抽检地的省级食品药品监督管理部门应当在收到不合格检验结论后及时通报标称的食品生产者住所地省级食品药品监督管理部门。

第三十二条　抽检地省级食品药品监督管理部门和标称的食品生产者住所地省级食品药品监督管理部门收到不合格检验结论后，应当按照规定及时通知相关食品生产经营者。

第三十三条　食品安全监督抽检的抽样检验结论表明不合格食品可能对身体健康和生命安全造成严重危害的，食品药品监督管理部门和承检机构应当按照规定立即报告或者通报。

县级以上地方食品药品监督管理部门组织的监督抽检，检验结论表明不合格食品含有违法添加的非食用物质，或者存在致病性微生物、农药残留、兽药残留、重金属以及其他危害人体健康的物质严重超出标准限量等情形的，应当逐级报告至国家食品药品监督管理总局。

案件稽查、事故调查、应急处置中的检验结论的通报和报告，不受本办法规定时限的限制。

第三十四条　被抽检的食品生产经营者和标称的食品生产者可以自收到食品安全监督抽检不合格检验结论之日起 5 个工作日内，依照法律规定提出书面复检申请，并说明理由。

复检机构与复检申请人存在日常检验业务委托等利害关系的，不得接受复检申请。

第三十五条　复检机构应当在同意复检申请之日起 3 个工作日内按照样品保存条件从初检机构调取样品。

复检机构应当在收到备份样品之日起10个工作日内作出复检结论。食品药品监督管理部门与复检机构另有约定的，从其约定。

复检申请人应当在复检机构同意复检申请之日起3个工作日内向组织开展监督抽检的食品药品监督管理部门和初检机构提交复检机构名称、资质证明文件、联系人及联系方式、复检申请书、复检机构同意复检申请决定书等材料。

第三十六条 复检申请人原则上应当自提出复检申请之日起20个工作日内向组织或者委托实施监督抽检的食品药品监督管理部门提交复检报告。逾期不提交的，视为认可初检结论。食品药品监督管理部门与复检申请人、复检机构另有约定的，从其约定。

第三十七条 有下列情形之一的，复检机构不得予以复检：

（一）检验结论显示微生物指标超标的；

（二）复检备份样品超过保质期的；

（三）逾期提出复检申请的；

（四）其他原因导致备份样品无法实现复检目的的。

第三十八条 标称的食品生产者对抽样产品真实性有异议的，应当自收到不合格检验结论通知之日起5个工作日内，向组织或者实施食品安全监督抽检的食品药品监督管理部门提出书面异议审核申请，并提交相关证明材料。逾期未提出异议的或者未提供有效证明材料的，视为认可抽样产品的真实性。

食品生产者对证明材料的真实性负责，不得提供虚假的证明材料。

第五章 处 理

第三十九条 食品生产经营者收到监督抽检不合格检验结论后，应当立即采取封存库存问题食品，暂停生产、销售和使用问题食品，召回问题食品等措施控制食品安全风险，排查问题发生的原因并进行整改，及时向住所地食品药品监督管理部门报告相关处理情况。

食品生产经营者不按规定及时履行前款规定义务的，食品药品监督管理部门应当责令其履行。

食品生产经营者在申请复检期间和真实性异议审核期间，不得停止上述义务的履行。

第四十条 地方食品药品监督管理部门收到监督抽检不合格检验结论后，应当及时对不合格食品及其生产经营者进行调查处理，督促食品生产经营者履行法定义务，并将相关情况记入食品生产经营者食品安全信用档案。必要时，上级食品药品监督管理部门可以直接组织调查处理。

第四十一条 国家和省级食品药品监督管理部门应当汇总分析食品安全监督

抽检结果，并定期或者不定期组织对外公布。

对可能产生重大影响的食品安全监督抽检信息，县、市食品药品监督管理部门发布信息前应当向省级食品药品监督管理部门报告。

任何单位和个人不得擅自发布食品药品监督管理部门组织的食品安全监督抽检信息。

第四十二条　食品药品监督管理部门公布食品安全监督抽检不合格信息，包括被抽检食品名称、规格、生产日期或批号、不合格项目，被抽检食品标称的生产者名称、商标、地址，经营者名称、地址等内容。

第四十三条　食品安全风险监测结果发现食品可能存在安全隐患的，国家和省级食品药品监督管理部门可以组织相关领域专家进行分析评价。分析评价结论表明相关食品存在安全隐患的，食品药品监督管理部门可以根据工作需要告知相关食品生产经营者采取控制措施。

食品生产经营者接到食品安全风险隐患告知书后，应当立即采取封存库存问题食品，暂停生产、销售和使用问题食品，召回问题食品等措施控制食品安全风险，排查问题发生的原因并进行整改，及时向住所地食品药品监督管理部门报告相关处理情况。

食品生产经营者不按规定及时履行前款规定的义务的，食品药品监督管理部门应当责令其履行。

第四十四条　食品安全风险监测结果公布依照有关法律法规的规定执行。

第六章　法律责任

第四十五条　食品生产经营者违反本办法第二十一条的规定，拒绝在食品安全监督抽检抽样文书上签字或者盖章的，由食品药品监督管理部门根据情节依法单处或者并处警告、3万元以下罚款。

第四十六条　食品生产经营者违反本办法第三十八条的规定，提供虚假证明材料的，由食品药品监督管理部门根据情节依法单处或者并处警告、3万元以下罚款。

第四十七条　食品生产经营者违反本办法第三十九条和第四十三条的规定，食品药品监督管理部门责令采取的封存库存问题食品，暂停生产、销售和使用问题食品，召回问题食品等措施，食品生产经营者拒绝履行或者拖延履行的，由食品药品监督管理部门根据情节依法单处或者并处警告、3万元以下罚款。

第四十八条　检验机构有下列情形之一的，食品药品监督管理部门可以向社会公布，并在五年内不得委托其承担抽样检验任务：

（一）非法更换样品、伪造检验数据或者出具虚假检验报告的；

（二）利用抽样检验工作之便牟取不正当利益的；

（三）违反规定事先通知被抽检食品生产经营者的；

（四）擅自发布食品安全抽样检验信息的；

（五）未按照规定的时限和程序报告不合格检验结论的；

（六）有其他违法行为的。

复检机构有本条第一款第一项、第二项、第四项所列情形之一的，食品药品监督管理部门可以商请有关部门将其从复检机构名录中删除。

食品检验机构及检验人员非法更换样品、伪造检验数据或者出具虚假检验报告的，检验结论无效。

第四十九条 县级以上地方食品药品监督管理部门未按照规定报告或通报不合格检验结论，造成不良后果的，依照《中华人民共和国食品安全法》的有关规定，对直接负责的主管人员和其他直接责任人员给予相应的行政处分。

第七章 附 则

第五十条 食用农产品进入食品生产经营环节的抽样检验以及保质期短的食品、节令性食品的抽样检验，参照本办法执行。

第五十一条 本办法所称食品安全监督抽检是指食品药品监督管理部门在日常监督检查、专项整治、案件稽查、事故调查、应急处置等工作中依法对食品（含食品添加剂、保健食品）组织的抽样、检验、复检、处理等活动。

本办法所称食品安全风险监测是指食品药品监督管理部门系统和持续地收集食品中有害因素的监测数据及相关信息，并进行分析处理的活动。

第五十二条 省、自治区、直辖市食品药品监督管理部门可以结合本地实际情况，根据本办法的规定制定实施细则。

第五十三条 本办法自 2015 年 2 月 1 日起施行。

第二篇　食品（保健食品）篇

国务院食品安全办 食品药品监管总局 工商总局关于严厉打击生产经营假冒伪劣食品违法行为进一步加强农村食品市场监管工作的通知

食安办〔2014〕7号

各省、自治区、直辖市食品（食品药品）安全委员会办公室、食品药品监督管理局、工商行政管理局，新疆生产建设兵团食品安全办、食品药品监督管理局：

为切实保障农村地区食品消费安全，针对农村食品市场存在的突出问题和食品安全风险隐患，按照标本兼治、先行治标、重在治本的总体要求，加强农村食品市场日常监管，实施综合治理，严厉打击生产经营假冒伪劣食品行为，夯实农村食品市场监管基础，构建长效监管机制。现就有关要求通知如下：

一、针对农村食品市场突出问题，组织开展专项整治执法行动

各地要结合本地实际，自2014年4月开始，根据当地食品药品监管机构改革情况，按照在机构改革期间工作不断、力度不减的要求，针对农村食品市场存在的假冒和仿冒知名品牌、滥用食品添加剂、销售过期食品，以及制售无生产厂家、无生产日期、无保质期、无食品生产许可、无食品标签的“五无”食品等突出问题，以城乡结合部、校园及其周边、旅游景区、自然村，以及其他问题易发、多发区域为重点区域，以批发市场、集贸市场、农村庙会和集市、农村中小食品生产企业和小作坊、食杂店、小餐饮为重点场所，以群众日常大宗消费食品、儿童食品，以及当地民俗特色食品等为重点品种，集中执法力量、集中时间组织食品药品监管、工商行政管理等相关监管部门开展专项整治执法行动，打好保障农村食品安全“攻坚战”，有效净化农村食品市场环境。

（一）集中开展食品生产经营主体清理规范行动。对生产经营条件不符合食品安全标准和相关要求，或在许可核准地址以外的场所生产、加工、储存、销售食品的生产经营者，依法规范一批、清理一批、查处一批，重点取缔无证无照生产经营食品的“黑窝点”。

（二）集中开展食品经营者进货查验和查验记录落实情况整治行动。对拒不落实食品进货查验和查验记录制度，或购入和销售无合法来源或无质量合格证明文件食品的经营者，要责令停业整改并依法从重从严查处，直至吊销食品流通许可证。

（三）集中开展打击农村食品市场侵权仿冒违法行为整治行动。各地工商行政管理部门要会同食品药品监管等部门集中组织开展专项整治行动，严厉打击侵

犯他人注册商标专用权，擅自使用知名食品特有的名称、包装、装潢，擅自使用与知名食品近似的名称、包装、装潢，销售侵权、仿冒食品，以及印制食品假商标等违法行为。

（四）集中开展打击农村生产经营劣质食品违法整治行动。整治期间，各地食品药品监管部门要结合计划性食品安全监督抽检和风险监测工作，重点加大对肉及肉制品、乳制品、米面等粮食制品、豆制品、糖果、饮料、调味品，以及当地民俗、特色食品，特别是主要面向儿童的食品的食品安全监督抽检和风险监测工作力度，对发现的不符合食品安全标准和要求的食品及其生产经营者，要强化食品安全监管部门跨地区、跨部门的协同协作，深查细究，做到查明原因、分清责任、重点打击、源头治理。同时，要加大对食品生产经营者的执法监督检查工作力度，重点打击超范围、超限量使用食品添加剂和违法添加非食用物质的“两超一非”违法行为，以及使用劣质原料生产或加工制作食品、经营腐败变质或超过保质期的食品等违法行为。

（五）严厉打击违法犯罪行为。各地相关监管部门要本着依法、及时、从严、从重的原则，加大对整治中发现的食品违法案件查办力度，对其中的大要案件要挂牌督办、限期办结，决不能轻易忽视任何一条违法线索、放过任何一款不安全食品、纵容任何一种违法行为。同时，要加强行政执法和刑事司法的有效衔接，对涉嫌食品犯罪的线索，相关监管部门要依法及时移交公安机关，协调公安机关迅速组织力量调查处理。对重大、复杂案件提前介入，实施挂牌督办。

（六）巩固整治成果。各地、各监管部门要结合整治行动，以媒体报道和群众投诉举报或反映为线索，深入排查食品安全风险隐患和突出问题，掌握当地农村地区食品问题多发、易发的重点区域、重点业态、重点场所、重点单位和重点问题，并建立重点整治台账。对发现的问题食品，及时查清进货渠道和生产源头，依法严厉查处。对目前能够解决的问题要立即着手解决，决不能放任、纵容。对长期性、复杂性问题，要在总结整治经验和做法的基础上，探索建立有针对性的长效整治和监管机制，保持高压态势，打好食品安全整治“持久战”。

二、着力规范农村食品生产经营行为，加大农村食品日常监管力度

各地要突出农村食品市场的重点区域、重点业态、重点场所、重点单位、重点问题，突出监管重点，加强农村食品市场日常监管，规范农村食品生产经营行为。

（一）进一步强化对农村食品生产行为的日常监管。一是严格食品企业生产许可管理。各地食品药品监管部门要依法严格审查食品企业生产许可条件，对不具备与生产品种、数量相适应的设施设备等生产条件的，一律不得予以许可。二是严格对食品生产企业的监督管理。各地食品药品监管部门要加大对食品生产企

业的现场监督检查工作力度，着重检查食品生产企业原辅料进货把关，生产过程，食品添加剂的储存、使用、管理，食品标签标识管理，以及出厂检验和记录等制度落实情况，督促食品生产企业依法组织生产、落实质量安全主体责任。三是强化农村食品生产加工小作坊生产经营活动的监管。各地要结合当地实际，强化组织领导，明确部门监督管理责任，对农村食品生产加工小作坊要摸清底数、予以登记，纳入监管；同时，督促食品生产加工小作坊改善生产条件，鼓励集中生产，引导其规范发展。

（二）进一步强化对农村食品经营行为的日常监管。一是严把农村食品市场经营主体准入关。各地食品药品监管、工商行政管理等部门要全面核查清理农村食品经营的主体资格，及时查处无证无照经营食品违法行为。二是严格监督食品经营者履行法定责任和义务。各地食品药品监管部门要监督食品经营者认真落实进货查验和查验记录制度，严把进货关、销售关和退市关，确保食品可追溯；同时，要监督食品经营者自律自查自清，切实做到不进、不存、不销假冒、仿冒、劣质、过期变质等问题食品。

（三）强化对农村餐饮服务的日常监管。一是要严格餐饮服务许可管理。各地食品药品监管部门要严格许可审核，确保农村地区餐饮服务单位满足餐饮食品基本条件和要求。二是要规范餐饮服务行为。各地食品药品监管部门要加大监督检查力度，严格规范餐饮服务单位加工操作行为，严禁使用非食用物质加工制作食品；严格规范餐饮服务单位非自产食品销售行为，严禁销售假冒、仿冒、劣质酒水、饮料等食品。三是要强化量化分级管理。各地食品药品监管部门要加大农村地区餐饮服务单位量化分级动态管理力度，提高动态等级评定的覆盖面。

（四）强化对农村地区高风险、重点食品的监督抽检和风险监测。各地食品药品监管部门要结合当地实际，针对农村食品市场的特点和存在的突出质量安全问题，以与农村地区群众日常生活消费关系密切、监督检查中发现问题较多、消费者投诉举报较为集中、社会反映突出的食品为重点品种，有针对性地组织开展食品安全监督抽检和风险监测工作，加大对农村地区或面向农村地区生产的食品的监督抽检和风险监测力度，强化对农村地区高风险、重点食品的监督抽检和风险监测，并依法及时处置和查处监督抽检和风险监测中发现的问题食品，增强发现问题的靶向性，提高解决问题的及时性，严防问题食品再次流入市场。

三、立足社会共治，打牢农村食品安全监管基础

（一）强化基层政府和组织的作用。各地要进一步明确农村地区乡镇等基层政府、村委会、居委会等基层组织和基层食品安全协管员队伍的工作职责，建立相应的工作保障机制，充分发挥基层政府、各监管部门基层组织、公安派出所，以及食品安全协管员队伍的作用，强化对农村集镇、乡村举办的食品交易会、大

集、庙会食品摊点监管，将乡村流动食品商贩纳入监管范围，多方发现食品违法犯罪线索，延伸监管触角、完善健全食品安全监管网络。

（二）强化食品安全宣传教育。各地要将农村地区食品安全知识宣传教育作为国民教育项目抓紧、抓好。要结合农村食品消费特点，充分利用新闻媒体、互联网、乡村农民图书室、广播站、文化站、乡村中小学等渠道，通过发布食品安全风险提示、公布典型案例、印发食品安全宣传册或挂画等方式，普及食品安全法律法规、假冒伪劣食品鉴别、消费维权等方面的知识，倡导安全、理性、科学消费观念，引导农村消费者综合考虑食品价格、质量、安全等因素，理性消费，引导广大农村消费者积极参与食品安全工作，鼓励其成为食品安全的志愿监督员、信息员，自觉抵制、举报假冒伪劣食品，不断打压假冒伪劣食品在农村的生存空间。

（三）强化社会监督。各地要加大有奖举报工作机制推进力度，提高全社会举报食品违法犯罪行为的积极性，并充分发挥“12331”、“12315”等投诉举报热线作用，进一步畅通投诉举报渠道，对消费者投诉要及时回应，依法处理，对有关农村食品安全的举报线索，要及时核查，做到件件有结果，事事有回音。各地食品安全办和各监管部门要加强与新闻媒体的合作，充分发挥舆论监督作用，对媒体报道反映的相关信息，要积极回应。对查处的制售假冒伪劣食品典型案例，要适时曝光，有效震慑违法犯罪分子。

（四）强化部门协作配合。各地食品安全办要加强组织协调，食品药品监管部门要加强与教育行政、农业行政、商务、工商行政管理、旅游等部门的协作配合，进一步加强对“农家乐”、旅游景区餐饮服务单位、学校食堂和食品配送企业，以及农村集体聚餐活动的监管，引导和鼓励正规品牌食品生产企业进农村、占市场，推进建立健全农村食品统一配送网络，加大农村食品统一配送的覆盖面，努力形成县、乡、村“三位一体”的食品流通网络，疏堵结合、扶优治劣。

（五）强化农村基层食品安全监管执法能力建设。各地在食品药品监管体制改革过程中，要进一步强化基层、夯实基础建设，依据食品安全监管需要，结合地方实际情况，充实壮大基层执法队伍，强化基层执法力量，强化基层监管干部食品安全监管业务知识培训，将执法装备、设备和经费保障向基层倾斜，为提高农村基层监管执法提供坚实的组织保障、人员保障和物质保障，加强基础保障建设，切实提升监管执法能力和水平。特别是要加大对偏远农村、山区食品安全监管基层基础建设的政策、经费、培训等方面支持力度。

四、加强组织领导和督查检查，确保工作落实到位

（一）加强组织领导，落实监管责任。各地要在加快推进市县食品药品监管体制改革中，尽快建立健全乡镇食品安全监管机制，明确乡镇食品安全工作责

任，着力构建基层政府统筹管理、属地负责、部门履职、联防联控的农村食品安全工作机制。食品药品机构改革尚未完成的地方，各相关食品安全监管部门要继续履行好食品安全监管职责。机构改革已经到位的地方，相关监管部门要依法履行好食品市场监管职责。各地食品安全办要认真分析研究农村市场存在的突出问题，细化监管任务，明确监管责任，强化部门间、地区间的协调协作，追根溯源，综合治理，增强监管合力。

（二）加强督促检查，落实工作措施。为确保工作成效，各地和各有关部门要深入基层、深入食品生产经营单位，采取飞行检查等方式，加强督促检查，一级抓一级，层层抓落实，确保各项工作落到实处，取得实效。对责任不落实、监管不作为、情况不报告、问题不解决的单位和工作人员，要严肃追究责任。

各地食品安全办要于2014年6月30日前和11月30日前，分别将2014年上半年和全年本省（区、市）农村食品市场监管工作情况数据统计表和书面总结向国务院食品安全办报告。要重点总结农村食品市场整治和监管措施、做法和经验、典型案例，分析主要问题，提出构建长效监管机制的意见建议。各省（区、市）食品药品监管局、工商行政管理局也要同时分别向食品药品监管总局和工商总局报告情况。

国务院食品安全委员会办公室
国家食品药品监督管理总局
国家工商行政管理总局
2014年3月13日

国务院食品安全办　食品药品监管总局工商总局关于开展农村食品市场“四打击四规范”专项整治行动的通知

食安办〔2014〕14号

各省、自治区、直辖市食品（食品药品）安全办、食品药品监管局、工商行政管理局，新疆生产建设兵团食品安全办、食品药品监管局：

今年以来，各地各有关部门根据《国务院办公厅关于印发2014年食品安全重点工作安排的通知》（国办发〔2014〕20号）和国务院食品安全办、食品药品监管总局、工商总局《关于严厉打击生产经营假冒伪劣食品违法行为进一步加强农村食品市场监管工作的通知》（食安办〔2014〕7号）要求，加大农村食品市场专项整治力度，着力规范农村食品市场秩序，取得了一定的成效。但是，也有部分地区对农村食品市场整治工作重视不够、落实力度不大，存在地区之间工作进展不平衡等问题。为进一步巩固前期工作成果、全面推动农村食品市场整治工作取得新突破，国务院食品安全办、食品药品监管总局、工商总局决定自2014年9月1日起，在全国范围内集中开展为期3个月的农村食品市场“四打击四规范”专项整治行动。现就有关工作通知如下：

一、工作目标

通过开展“四打击四规范”专项整治行动，严厉打击农村食品市场各类违法违规行为，严厉查办一批食品违法案件，曝光一批典型案例，树立一批先进示范单位，发动和引导全社会积极参与农村食品安全综合治理，推动农村食品安全监管长效机制建设，切实解决和消除当前农村食品市场存在的突出问题和风险隐患，着力规范农村食品市场秩序，夯实农村地区食品安全监管基础，提升农村食品安全水平。

二、工作内容

各地各有关部门要结合本地实际，加大风险隐患排查，着重加大对食品加工小作坊和主要辐射农村地区的食品批发市场等农村食品源头治理力度，并突出重点区域、重点品种、重点业态和重点案件线索，集中力量开展“四打击四规范”专项整治行动，着力解决人民群众反映强烈的农村食品市场突出问题。

（一）严厉打击无证无照行为，规范食品生产经营者的主体资格。要以清理规范食品生产经营主体为抓手，切实摸清行政区域内食品生产经营者的基本情况，做到底数清、情况明。依法依职责强化对农村食品生产、流通经营、餐饮服务等方面的日常监管，严厉打击无证无照生产经营行为，着力规范农村食品生产经营者的主体资格。在抓好日常监管工作的基础上，通过市场检查、发动群众监督等方式，及时发现、严厉查处行政区域内的无证无照食品生产经营行为，取缔一批违法“黑工厂”、“黑窝点”和不符合卫生规范、生产制售假冒伪劣食品的“黑作坊”，严惩一批食品违法犯罪分子，涉嫌犯罪的及时移送公安机关。

（二）严厉打击销售、使用无合法来源食品和原料的违法行为，规范食品生产经营者的采购活动。要针对农村食品生产经营者索证索票意识不强、进货查验责任不落实、查验记录不规范和记录不全等突出问题，重点针对食品小作坊、小超市、农家乐、小餐饮、小摊贩，并将农村地区食品流动摊贩或向农村食品生产经营者供货的游商纳入食品安全监管范围，开展有针对性的专项治理行动，严厉打击非法批发、采购、零售和使用无合法来源的食品或原料行为。对从合法渠道采购但不按规定落实进货查验和查验记录制度、未索证索票或票证不全的，责令限期整改；对从非正规渠道采购食品或食品原料的食品生产经营主体要依法从严从快查处，涉及其他地区或监管部门的，要依法及时通报或移送有管辖权限的监管部门。要通过宣传培训、现场观摩、示范店创建等形式，加强对食品生产经营者的教育，落实生产经营者对食品和食品原料的把关责任和义务，规范生产经营者的采购活动。

（三）严厉打击生产经营侵权仿冒和“五无”食品违法行为，规范食品包装标签标识管理。要落实属地监管责任，针对农村食品市场存在的假冒和仿冒知名品牌，制售无生产厂家、无生产日期、无保质期、无食品生产许可、无食品标签的“五无”食品等突出问题，以城乡结合部、校园及其周边、旅游景区、自然村，以及其他问题易发、多发区域为重点区域，以批发市场、集贸市场、农村庙会和集市、农村中小食品生产企业和小作坊、食杂店、小餐饮为重点场所，以群众日常大宗消费食品、儿童食品，以及民俗特色食品等为重点品种，加大食品监督抽检和对产品包装、标签、说明书的检查力度，将食品标签标识管理作为日常监管的重要内容，深入排查风险隐患，坚决查处农村食品市场生产经营侵权仿冒和“五无”食品违法行为，情节严重的要坚决吊销相关许可证照，严肃清除一批违法食品生产经营者。

（四）严厉打击生产经营“两超一非”等劣质食品行为，规范食品生产经营过程。加大对农村地区或面向农村地区生产的食品以及高风险、重点食品的监督抽检和风险监测，严厉打击超范围、超限量使用食品添加剂和非法添加非食用物质违法行为，严厉查处销售超过保质期、腐败变质食品，或以超过保质期、腐败变质原料生产加工食品等违法行为，依法及时查处和处置监督抽检和风险监测中发现的问题食品，严防问题食品再次流入市场。要结合《食品药品监管总局办公厅关于切实加强夏秋季食品经营领域食品安全监管做好食物中毒防控工作的通知》（食药监办食监二〔2014〕94 号）等文件要求，切实加强对小作坊、农村集贸市场、农家乐、集体用餐、学校食堂、农村食品配送车等重点业态、场所和对象的监督检查，通过市场整治和示范引领，逐步建立符合本地实际的食品生产、经营管理规范。

各地各有关部门务必要坚持重典治乱、标本兼治的原则，通过严打重惩、打出声威、形成震慑、营造氛围，进一步提升农村地区的食品安全意识、法律责任意识、诚信自律意识和理性维权意识，着力巩固农村食品市场整治成果。不断加大监督检查力度，建立健全长效监管制度和监管机制，充分调动社会各方积极性，发挥好社会共治作用。严格规范食品生产经营者的主体资格、采购活动，以及食品包装标签标识和食品生产经营过程，努力实现农村食品市场食品生产经营主体资格合法、生产经营行为合规、生产经营过程可控的目标要求，构建安全有序的农村食品市场环境。

三、工作安排

专项整治行动从2014年8月下旬开始至2014年12月中旬结束，分三个阶段组织实施：

（一）部署动员阶段（8月下旬）

各级食品安全办会同相关部门要制定符合当地实际情况的专项整治工作方案，以召开新闻发布会形式向社会发布启动专项整治的信息，督促食品生产经营者加强自查，规范生产经营行为。要通过新闻媒体、乡镇文化站、学校等平台以海报、板报、广播等多种形式进行广泛宣传，营造良好的社会氛围。

（二）整治规范阶段（9月–11月）

各地组织力量对农村小作坊、小餐饮、食杂店、小超市、区域性食品批发市场、乡镇集贸市场等重点场所进行集中监督检查，并结合当地实际情况明确检查重点。对于食品生产环节，突出重点品种、高风险食品品种生产加工主体；对于食品流通和餐饮服务环节，突出经营高风险和重点食品以及问题多发的经营主体，开展全覆盖检查。切实加大监督检查和案件查办力度，涉嫌犯罪的坚决移送公安机关，严禁以罚代刑。

各地要及时汇总上报有关工作进展情况。从9月1日起至11月30日止，每周五中午12：00前，各地食品安全办向“四打击四规范”专项整治行动领导小组办公室报送一次工作信息。第一次上报工作信息时，同时报一名整治工作联系人及联系电话。10月10日之前上报一次中期工作汇报，汇报内容为前期组织开展农村食品市场整治和日常监管的主要措施、取得的成果和好的经验、查处的典型案例等，并分析存在的主要问题和不足。

（三）总结提高阶段（12月份）

12月10日前，各地要结合本通知和国务院食安办〔2014〕7号文件要求，对开展农村食品市场专项整治工作进行认真总结并上报国务院食品安全办（含2个通知的统计表），内容主要包括今年以来组织开展农村食品市场整治和日常监管的主要措施、取得的成果和好的经验、查处的典型案例等，并分析存在的主要问题和不足，提出相关的意见和建议。国务院食品安全办将在12月中旬对2014年度全国农村食品市场整治工作进行总结，并予通报。

四、工作要求

（一）提高认识，加强领导。国务院食品安全办、工商总局、食品药品监管总局已成立农村食品市场“四打击四规范”专项整治行动领导小组办公室，加强对整治工作的组织、领导和协调。各级食品安全办要充分发挥组织协调作用，会同相关部门结合当地农村食品市场存在的特点和突出问题，制定有针对性的工作方案，细化部门工作任务，明确监管责任，提出整治措施和目标任务，协调并督促相关部门组织开展联合执法行动，提升监管合力。食品药品监管部门要集中开展食品生产经营许可证清理规范、经营者进货查验和查验记录落实情况整治以及生产经营劣质食品等违法行为整治，加强农村食品安全日常监管，规范农村食品生产经营行为。工商行政管理部门要集中力量规范农村食品市场经营秩序，组织开展农村食品市场久治不愈的“傍名牌”、“山寨食品”等侵权仿冒及虚假违法广告行为专项治理行动。

（二）认真组织，务求实效。各地食品安全办和各相关部门在专项整治行动中，要加大监督检查力度，及时纠正、规范和处理违法违规行为，对发现的风险隐患和不规范行为，责令整改并落实整改率达到100%；对发现的违法行为，打击和查处率达到100%；要加强行政执法和刑事司法的有效衔接，对涉嫌食品犯罪的线索或案件，依法向公安机关移送率达到100%。对大要案件要一案一报、挂牌督办、限期办结。对发现涉及其他地区的问题食品，要及时通报相关地区监管部门彻底追查。

（三）强化督查，落实责任。各地食品安全办和各相关部门要深入基层、深入食品生产经营单位，采取飞行检查等方式，加强督促检查，一级抓一级，层层抓落实，确保各项工作落到实处。对于妨碍监管执法的生产经营者，要依法严厉查处。对责任不落实、监管不作为、情况不报告、问题不解决的单位和工作人员，要严肃追究责任。国务院食品安全办适时组织对部分省市开展督查和暗访，并于行动结束后进行认真总结，有关情况作为年底对各地考核的重要依据。

（四）加强宣传，营造氛围。各地要加强宣传教育，大力营造舆论氛围。在开展整治工作期间，各省、市级食品安全办至少召开2次、县级食品安全办至少召开1次新闻发布会，及时公布专项行动部署、成效。要着重宣传专项整治行动成果，曝光典型案例，营造整治行动的强大声势，震慑违法犯罪分子，引导全社会积极参与农村食品市场综合治理，强化社会共治。

附件：农村食品市场“四打击四规范”专项整治工作情况统计表（略）

国务院食品安全委员会办公室
国家食品药品监督管理总局
国家工商行政管理总局
2014年8月26日

农业部 食品药品监管总局关于加强食用农产品质量安全监督管理工作的意见

农质发〔2014〕14号

为深入贯彻中央农村工作会议精神，认真落实《国务院机构改革和职能转变方案》、《国务院关于地方改革完善食品药品监督管理体制的指导意见》（国发〔2013〕18号）和《国务院办公厅关于加强农产品质量安全监管工作的通知》（国办发〔2013〕106号）要求，现就加强食用农产品质量安全监督管理工作衔接，强化食用农产品质量安全全程监管，提出以下意见。

一、严格落实食用农产品监管职责。食用农产品是指来源于农业活动的初级产品，即在农业活动中获得的、供人食用的植物、动物、微生物及其产品。“农业活动”既包括传统的种植、养殖、采摘、捕捞等农业活动，也包括设施农业、生物工程等现代农业活动。“植物、动物、微生物及其产品”是指在农业活动中直接获得的以及经过分拣、去皮、剥壳、粉碎、清洗、切割、冷冻、打蜡、分级、包装等加工，但未改变其基本自然性状和化学性质的产品。食用农产品质量安全监管体制调整后，《农产品质量安全法》规定的食用农产品进入批发、零售市场或生产加工企业后的质量安全监管职责由食品药品监管部门依法履行，农业行政主管部门不再履行食用农产品进入市场后的相应质量安全监管职责。现行的食用农产品质量安全分段监管，不包括农业生产技术、动植物疫病防控和转基因生物安全监督管理。农业部门根据监管工作需要，可进入批发、零售市场开展食用农产品质量安全风险评估和风险监测工作。

农业、食品药品监管部门要严格执行《食品安全法》《农产品质量安全法》等相关法律法规和各级政府及编制委员会确定的部门监管职责分工，认真履行法定的监管职责。农业部门要切实履行好食用农产品从种植养殖到进入批发、零售市场或生产加工企业前的监管职责；食品药品监管部门要切实履行好食用农产品进入批发、零售市场或生产加工企业后的监管职责，不断提升对食用农产品质量安全的保障水平。省级农业、食品药品监管部门要联合推动市县两级政府抓紧落实食用农产品质量安全属地管理责任，将食用农产品质量安全监管纳入县、乡政府绩效考核范围，建立相应的考核规范和评价机制。每年要组织开展一次食用农产品质量安全监管工作联合督查，切实推动监管责任落实。

二、加快构建食用农产品全程监管制度。各地农业、食品药品监管部门要在地方政府统一领导下，共同研究解决食用农产品质量安全监管中职能交叉和监管空白问题，进一步厘清监管职责，细化任务分工，消除监管空白，形成监管合力。对于现行法律法规和规章制度尚未完全明确的监管职责和监管事项，要在统筹协调的基础上，提请地方政府因地制宜明确监管部门，出台相应的监管措施，避免出现监管漏洞和盲区。农业部门要依法抓紧完善并落实农业投入品监管、产地环境管理、种植养殖过程控制、包装标识、食用动物及其产品检验检疫等制度规范；食品药品监管部门要研究制定食用农产品进入批发、零售市场或生产加工企业后的管理制度，落实好监管职责。

三、稳步推行食用农产品产地准出和市场准入管理。农业部门和食品药品监管部门共同建立以食用农产品质量合格为核心内容的产地准出管理与市场准入管理衔接机制。农业部门要抓紧建立食用农产品产地准出制度，因地制宜地按照产品类别和生产经营主体类型，将有效期内“三品一标”质量标志、动植物病虫害检疫合格证明及规模化生产经营主体（逐步实现覆盖全部生产经营主体）出具的食用农产品产地质量检测报告等质量合格证明作为食用农产品产地准出的基础条件；食品药品监管部门要着手建立与食用农产品产地准出制度相对接的市场准入制度，将查验农业行政主管部门认可的作为食用农产品产地准出基础条件的质量合格证明作为食用农产品进入批发、零售市场或生产加工企业的基本条件。农业部门和食品药品监管部门要依托基层执法监管和技术服务机构，加强督导巡查和监督管理，确保产地准出和市场准入过程中的质量合格证明真实、有效。

四、加快建立食用农产品质量追溯体系。农业部门要按照职责分工，加快建立食用农产品质量安全追溯体系，可率先在“菜篮子”产品主产区推动农业产业化龙头企业、农民专业合作社、家庭农场开展质量追溯试点，优先将生猪和“三品一标”食用农产品纳入追溯试点范围，推动食用农产品从生产到进入批发、零售市场或生产加工企业前的环节可追溯。食品药品监管部门要在有序推进食品安全追溯体系建设的同时，积极配合农业部门推进食用农产品质量安全追溯体系的建设，并通过监督食用农产品经营者建立并严格落实进货查验和查验记录制度，做好与农业部门建设的食用农产品质量安全追溯体系的有机衔接，逐步实现食用农产品生产、收购、销售、消费全链条可追溯。

五、深入推进突出问题专项整治。农业、食品药品监管部门要针对食用农产品在生产、收购、销售和消费过程中存在的突出问题，有计划、有步骤、有重点地联合开展专项治理整顿。始终保持高压态势，严厉惩处各类违法违规行为。在专项整治和执法监管过程中需要联合行动的，要统筹协调、统一调度和统一行动；在各环节查处的违法违规案件，该移交的要依法按程序及时移交；需要相互配合的，要及时跟进。

六、加强监管能力建设和监管执法合作。农业、食品药品监管部门要不断推进食用农产品质量安全监管机构和食品安全监管机构的建设与人员配备，并抓紧与编制、发改、财政等部门衔接沟通，加快建立健全基层食用农产品质量安全监管和食品安全监管队伍，将基层监管能力建设纳入年度财政预算和基本建设计划，采取多项措施，着力提高基层食用农产品质量安全和食品安全监管能力。农业、食品药品监管部门要建立食用农产品质量安全监管信息共享制度，定期和不定期互换食用农产品质量安全监管中的相关信息。建立风险评估结果共享制度，加强食用农产品质量安全风险交流合作。建立违法案件信息相互通报制度，密切行政执法的协调与协作。加强应急管理方面的合作，开展食用农产品质量安全（食品安全）突发事件应急处置合作和经验交流。共同建立、完善食用农产品质量安全监管统计制度，强化统计数据共享。可根据需要就食用农产品质量安全和食品安全领域重大问题开展联合调研，为解决食用农产品质量安全和食品安全领域突出问题提供政策建议。

七、强化检验检测资源共享。各地要按照《国务院办公厅关于印发国家食品安全监管体系“十二五”规划的通知》（国办发〔2012〕36 号）、《国务院办公厅转发中央编办、质检总局关于整合检验检测认证机构实施意见的通知》（国办发〔2014〕8 号）、《国务院办公厅关于印发 2014 年食品安全重点工作安排的通知》（国办发〔2014〕20 号）要求，在地方人民政府的统一领导下，共同做好县级食用农产品质量安全检验检测资源整合和食品安全检验检测资源整合工作，逐步解决基层检验检测资源分散、低水平重复建设、活力不强等问题。当前，根据农业、食品药品监管部门新的职能分工和监管工作需要，由农业部门和食品药品监管部门共同对已经建立的批发、零售市场（含超市、专营店等食用农产品销售单位）食用农产品质量安全检验检测资源（包括机构、人员、设备设施等）实施指导管理。建在市场外的食用农产品质量安全检验检测资源，以农业部门为主进行监督管理和技术指导；建在市场内的食用农产品质量安全检验检测资源，以食品药品监管部门为主进行监督管理和技术指导。农业部门和食品药品监管部门根据食用农产品质量安全监管和食品安全监管工作需要，可共享农业系统和食品药品监管系统建立的农产品质量安全检测机构和食品安全检验机构。

八、加强舆情监测和应急处置。农业、食品药品监管部门要加强食用农产品质量安全突发事件、重大舆情跟踪监测，建立重大舆情会商分析和信息通报机制，及时联合研究处置突发事件和相关舆情热点问题。两部门要根据科普宣传工作的需要，加强食用农产品质量安全和食品安全科技知识培训和法制宣传。重大节日和节庆期间，要适时联合开展食用农产品质量安全宣传活动，全面普及食品科学知识，指导公众放心消费。

九、建立高效的合作会商机制。农业部、食品药品监管总局建立部际合作会商机制，成立分别由两部门主管食用农产品质量安全监管工作的部级领导任组长的领导小组，积极推动和明确食用农产品质量安全监管工作的协调与合作事宜。各地要参照农业部和食品药品监管总局的做法，尽快建立两部门合作机制，明确对口的协调联络处（局、办），加强食用农产品质量安全监管工作的协作配合。

食用农产品质量安全监管涉及的品种多、链条长，两部门要在依法依规认真履职的基础上，密切协作、加强配合，构建“从农田到餐桌”全程监管的制度和机制。各地在食用农产品质量安全监管工作中遇到的问题和有关意见、建议，请及时与农业部农产品质量安全监管局和食品药品监管总局食品安全监管二司联系。

农业部　食品药品监管总局
2014 年 10 月 31 日

食品药品监管总局关于进一步加强对超过保质期食品监管工作的通知

食药监食监二〔2014〕22 号

各省、自治区、直辖市食品药品监督管理局，新疆生产建设兵团食品药品监督管理局：

根据 2014 年全国食品安全监管工作的统一部署和安排，为了切实加强食品安全监管工作，有效防止和控制食品安全隐患，保障人民群众身体健康和生命安全，现就进一步加强对超过保质期食品的监管工作通知如下：

一、严格落实主体责任，监督食品生产经营者强化对超过保质期食品和回收食品的管理

各地食品药品监管部门要严格按照食品安全法等法律法规的规定，监督食品生产经营者在以下四个方面加强对超过保质期食品和回收食品的管理，依法落实食品安全主体责任。

（一）及时自查清理。食品生产经营者要按照保证食品安全的要求保存食品，对贮存或销售的食品采用手工或信息化等方式多频次进行自查，查验食品的贮存条件、生产日期和保质期等，对超过保质期食品及时进行清理，并采取停止经营、单独存放等措施，主动退出市场。

（二）设定专区保存。食品经营者与食品生产者或供货商有食品退货约定

的，要按照合同约定及时办理退货手续。对退市的超过保质期食品和回收食品要设立专门区域保存并加贴醒目标签，防止与正常食品混淆或者误将超过保质期食品再行销售。

（三）严格对超过保质期食品和回收食品的处置。任何单位和个人不得使用超过保质期食品和回收食品作为原料生产加工食品，不得使用更改生产日期、更改保质期或者改换包装等方式销售超过保质期食品和回收食品，不得将超过保质期食品销售给其他食品生产经营者。食品生产经营者要按照食品安全法等法律法规规定，对超过保质期食品和回收食品进行无害化处理或销毁（包装一并销毁），也可以通过由有资质的单位回收后转化为饲料或肥料等。需要销毁的，要根据待销毁食品的品种、数量等具体情况，自行或者委托有销毁能力的单位销毁，不得再次影响食品安全。必要时，食品生产经营者要及时通知当地食品药品监管部门监督销毁。

（四）建立台账备查。食品生产经营者要建立超过保质期食品台账，如实记录停止经营、单独存放的超过保质期食品的名称、规格、数量、生产批号（或者生产日期）、停止经营的日期、停止经营的原因、采取的处置措施等内容，或者保留载有上述信息的单据。要建立退货和回收食品台账。退货和回收食品记录内容包括退货（回收）食品名称、规格、数量、生产批号（或者生产日期）、退货（回收）时间等，并由双方签字盖章，相关记录供货双方要建档备查。要建立超过保质期食品和回收食品处置台账。如实记录该食品的名称、规格、数量、生产批号（或者生产日期）、无害化处理或销毁时间和地点、无害化处理或销毁方法、承办人、监督人等内容，并同步保留可供查阅的影像资料等，相关记录保存期限不少于两年。食品生产经营者要将相关台账记录定期报告当地食品药品监管部门。

二、切实加强日常监督管理，严厉打击违法违规经营和处置超过保质期食品的违法行为

各地食品药品监管部门要不断健全完善监督检查制度，落实属地监管责任，切实加强对超过保质期食品的日常监督管理。

（一）加强对食品生产经营者的监督检查。要针对生产经营者对超过保质期食品和回收食品的管理、处置中存在的突出问题，认真研究切实可行的监管办法，细化监管任务，明确监管责任，落实监管措施。对检查中发现的违反超过保质期食品和回收食品管理要求的食品及其生产经营者，要依法严格查处，并及时追查问题食品的来源和流向，涉及其他地区的，要及时报告上级食品药品监管部门，并书面通报相关地食品药品监管部门或者其他有关部门。要将食品生产经营者管理、处置超过保质期食品和回收食品等情况记入食品生产经营者信用档案和

信用分类管理系统。对信用等级较低的生产经营者，依法采取有效措施，加大日常监督检查频次，监督其落实食品安全管理各项制度。

（二）严厉打击违法违规经营和处置超过保质期食品等行为。要加大案件查办力度，对监管中发现、媒体报道、群众举报等涉及食品生产经营者违法违规经营和处置超过保质期食品、回收食品的线索，认真调查核实，深挖细查。对食品生产经营者销售超过保质期食品，使用超过保质期食品、回收食品再生产加工食品，不按规定做台账记录以及使用更改生产日期、更改保质期或者改换包装等方式销售超过保质期食品和回收食品等违法行为，要依法加大处罚力度，情节严重的，吊销许可证，列入食品生产经营“黑名单”。要加强行政执法与刑事司法的衔接，积极与公安机关协作配合，摸排重点案件线索，坚决查处一批大案要案，对涉嫌犯罪的，及时移送公安机关，严禁以罚代刑，确保刑事责任追究到位。

三、强化食品安全宣传教育和社会监督，积极营造社会共治的良好氛围

各地食品药品监管部门要多形式、多途径广泛开展食品安全法律法规和食品安全知识的宣传教育，倡导健康消费、理性消费理念，提高消费者自我保护能力，大力宣传食品安全治理整顿成果，披露典型违法案例，有效震慑违法分子，推动食品生产经营者履行食品安全法律责任和社会责任，增强全社会参与食品安全监督的主动性和积极性。要畅通投诉举报渠道，充分发挥 12331 投诉举报电话的作用，对消费者投诉举报线索要认真核查，及时回应。同时，落实有奖举报制度，提高全社会举报以超过保质期食品、回收食品为原料生产加工食品、销售等违法犯罪行为的积极性，强化社会监督，形成食品安全社会共治格局。

国家食品药品监督管理总局
2014 年 3 月 13 日

食品药品监管总局关于开展专项监督检查规范食品标签标识的通知

食药监食监一〔2014〕25 号

各省、自治区、直辖市食品药品监督管理局，新疆生产建设兵团食品药品监督管理局：

近年来，食品和食品添加剂的标签标识不真实、不规范的问题十分突出，已经成为社会关注的热点。为进一步加强对食品标签标识的监督管理，打击违法违规行为，保护广大消费者的合法权益，根据总局 2014 年工作要点，总局决定开

展食品标签标识专项监督检查工作。现就有关要求通知如下：

一、工作目标和工作内容

（一）工作目标：一是进一步强化企业落实食品质量安全主体责任，保证食品标签标识信息真实规范；二是深入排查食品标签标识存在的问题，严厉打击利用标签标识欺诈的违法违规行为；三是督促监管部门落实管理责任，完善食品标签标识监管制度，建立食品标签标识监管长效机制；四是让消费者充分知悉其购买食品的真实情况，科学引导消费，使人民群众健康安全得到切实保障。

（二）工作内容：一是重点检查和规范与人民群众日常生活密切相关的婴幼儿配方乳粉、婴幼儿辅助食品、乳制品、酒类产品、肉制品、粮食加工品和食用植物油等重点食品的标签标识；二是集中清理和规范委托加工食品和分装食品的标签标识行为；三是严厉打击利用标签标识造假的违法行为。

二、工作原则

一要坚持加强领导、统一协调。统一组织开展标签标识专项监督检查，注重与相关职能部门以及社会各界的配合，形成社会共治的合力。二要坚持全面统筹，重点推进。以食品生产企业为检查重点，与流通和餐饮环节的检查相互配合，形成全链条闭环治理。三要坚持整顿规范，严惩违法。注重规范整顿与严打重处相结合，对标识欺诈、制假售假等违法行为要依法严惩。四要坚持主动宣传，正面引导。加强宣传引导，积极组织开展食品标签标识法规和国家标准的宣贯培训，督促食品生产经营者完善标签标识管理制度。

三、工作措施

（一）督促企业自查整改

要以食品生产企业为重点，督促食品生产者结合自己生产的产品，不断改进完善企业标签标识管理制度，严格按照《中华人民共和国食品安全法》及其实施条例、《食品标识管理规定》、《食品添加剂生产监督管理规定》等法规规章和《预包装食品标签通则》（GB 7718-2011）、《预包装食品营养标签通则》（GB 28050-2011）等标准，主动开展自查自纠，保证食品标签标识内容真实、规范，易于消费者辨认和识读。不得使用虚假、夸大、引人误解或具欺骗性的文字、图形介绍食品，不得以直接或以暗示性语言、图形、符号等误导消费者，不使用与他人相同或相似的食品包装标签。食品销售者要严格执行进货查验制度，验明食品的标签标识，并保证食品包装完好，按照标注的贮存条件存放和售卖食品，不得私自分装或改变商品销售包装标签。要主动开展市场销售的进口食品标签标识自查，重点查验进口乳制品、婴幼儿配方食品和婴幼儿辅助食品的标签标识。不准销售无中文标签标识或中文标签标识不规范的进口食品。

自查过程中发现食品标签标识不符合有关规定和要求的，食品生产经营者应当立即停止生产经营，通知相关生产经营者，并记录停止经营和通知情况，及时向所在地监管部门报告。

（二）加强对企业的监督检查

要对照企业自查报告，开展重点检查：一是对重点食品的标签标识开展全面监督检查。对于婴幼儿配方乳粉，重点检查其标签标识是否与其公示的内容一致，选择添加的营养成分是否符合标准规定的要求；对于婴幼儿谷类辅助食品和罐装辅助食品，重点检查其标签标识是否符合标准规定的营养成分要求；对于使用复原乳作为原料生产的液态奶，重点检查其标签是否按规定标明“复原乳”字样，并如实标明复原乳所含原料及比例；对于酒类尤其是白酒产品，要重点检查企业是否存在将液态法白酒或固液法白酒标注为固态法白酒的行为，检查企业是否真实标注配料表，检查企业是否存在违反相关规定标注“特供”、“专供”等字样的行为；对于肉制品、粮食加工品和食用植物油，重点检查使用的食品名称是否规范、配料表标识是否完整以及是否存在夸大营养成分等问题。二是对重点环节的食品标签标注情况开展监督检查。要着重检查委托加工食品是否按规定标明委托单位和受委托单位的名称、地址以及企业获得的食品生产许可证编号，并标注食品的产地；着重检查分装食品是否严格按照生产许可审查细则限定的范围进行食品分装行为，是否按规定标明分装者的名称、地址、分装日期等标识。三是检查生产经营的食品及许可情况。检查企业是否严格按照生产经营许可的品种范围生产经营食品，食品标签是否存在夸大宣传，违法标注适宜人群、不适宜人群、功效成分及剂量等内容。

（三）严厉打击食品标签标识违法行为

要全面开展监督检查和执法打击活动，加大对违法违规标识标注行为的惩处力度，对发现的问题，依法依规进行查处。

在食品生产环节，要突出治理食品标签标识虚假标注、夸大标注等问题。严厉打击篡改食品生产日期、伪造产地、违法涂改标签、虚假标注食品营养成分及含量等行为；严厉打击宣称食品具有疾病预防及治疗功能、生产“山寨”食品等恶意混同他人食品标签标识、自主标识内容不真实、伪造冒用他人品牌的违法行为；严厉打击伪造冒用食品生产经营许可证等违法行为；严厉打击不符合与婴幼儿配方食品有关的食品安全国家标准的食品，在其标签、标识、说明书上明示或者暗示供婴幼儿使用的行为。在食品销售环节，要突出治理虚假标识、夸大标识、遗漏标识等问题，严厉打击篡改生产日期、伪造产地、违法涂改标签、冒用食品品牌或商标、伪造冒用生产经营许可证标识，以及私自分装、更换包装等违法行为。

对于发现标签标识不规范但不影响食品质量状况的一般性问题，应立即要求企业自查整改，并及时停产停销，采取补救措施；对于发现标签标识不符合有关规定和要求、可能损害消费者健康安全的问题，视情节轻重，应及时采取责令整改、要求企业主动下架并召回产品等措施，情节严重的，依法吊销违法者的相应生产经营资质，对于在监督检查过程中发现的不正当竞争、虚假广告等问题，要及时移交其他相关主管部门查处；对违法生产经营的食品追踪源头，查明产品去向，对于利用食品标签标识制假售假等严重违法行为，涉嫌犯罪的，要移送司法机关追究刑事责任。

（四）充分发挥社会监督作用

要积极借助社会监督的力量，充分发挥食品行业协会、消费者保护组织、法律工作者的作用，促进行业自律和自我规范；要畅通举报投诉渠道，认真研究分析消费者的投诉、举报，督促生产经营者改进食品标签标识，积极开展标签标识争议的协调及调解，形成合理有效的社会监督机制。

四、工作要求

要切实增强责任意识，强化行政监管责任，将标签标识管理作为今年食品安全工作的重点，制定严格周密的工作方案，确定工作要求、实施步骤、治理重点、检查措施，积极开展监督检查工作，形成标签标识监督管理的长效机制。要及时通报工作中发现的风险信息和隐患问题，积极总结经验，并及时向本级政府和上级监管部门报送相关信息。各省级食品药品监管部门于 2014 年 11 月底前将专项监督检查工作情况报送总局。

食品药品监管总局
2014 年 3 月 26 日

食品药品监管总局关于进一步加强“大桶水”质量安全监督管理工作的通知

食药监食监一〔2014〕28 号

各省、自治区、直辖市食品药品监督管理局，新疆生产建设兵团食品药品监督管理局：

桶装饮用水（以下简称“大桶水”）是人民群众日常重要消费食品，监管部门高度重视，一直作为重点加强对“大桶水”的质量安全监管，不断加大监督检查和产品抽检力度，督促企业落实主体责任，“大桶水”质量安全水平逐步提升。但是，从近期食品国家监督抽检结果看，仍然存在一些隐患和问题。为贯彻落实党中央、国务院关于加强食品安全监管工作要求和总局2014年工作部署，切实保障“大桶水”质量安全，现就有关事项通知如下：

一、严格落实生产企业主体责任

“大桶水”生产企业应当切实落实主体责任，严格依照相关法律、法规、标准等组织生产并确保生产条件持续符合相关规定。必须严格落实以下要求：

（一）严格自查生产过程质量安全控制情况。自查范围主要包括原辅材料、生产场所和设备及工器具消毒设施，质量安全控制关键环节，生产记录制度落实和从业人员健康管理情况等。重点突出以下内容：一是生产饮用天然矿泉水的大桶水生产企业，应有相关管理部门的鉴定和批准开采的文件。二是灌装线必须采用自动化设备，严禁人工灌装和封盖。三是矿物质水添加矿物质必须采用自动化控制设备，严禁采用人工方法添加。四是严禁成品露天堆放或靠近热源。产品不得与有毒、有害、有腐蚀性、易挥发或有异味的物品混装运输。五是不得使用以回收废旧塑料为原料制成的桶和盖。六是回收桶不得露天存放，桶盖严禁循环使用。七是从业人员必须符合卫生与健康相关要求。

（二）严格规范标签标识和产品出厂检验。企业要严格规范产品标签标识。饮用天然矿泉水应标明矿泉水水源点的名称。不准虚假标注标签标识，不准生产无标识、标识不全或标识信息不真实的“大桶水”。企业要严格落实出厂检验、记录制度，产品检验合格方可出厂。企业不具备自检能力的，要委托有法定资质的食品检验机构进行检验。

二、严格实施生产许可

各地食品药品监管部门要严格审查“大桶水”生产企业水源、生产条件和管理制度落实情况，达不到许可条件要求的，一律不予许可。进一步完善退出机制，对不能持续满足生产许可条件、不能保证产品质量安全和整改后仍达不到要求的，必须依法关停，强制退出。建立“大桶水”生产企业食品安全信用档案，建立完善“黑名单”制度，运用信用惩戒机制，促进企业依法生产、诚信经营、优胜劣汰。

三、严格实施监督检查

各地食品药品监管部门要加强对“大桶水”生产企业的日常监管，组织开展“大桶水”生产企业的专项监督检查，摸清底数，全面掌握本地区“大桶水”生产企业基本情况及质量安全现状。加强飞行检查、突击检查，随机、快速、不定时地进行监督检查，提高监管工作的针对性和有效性。对监督检查发现的问题，要一查到底，发现违法违规问题的，要坚决依法严厉查处。

四、严格产品监督抽检

各地食品药品监管部门要依法组织开展针对“大桶水”的监督抽检工作，发现不合格的，特别是发现大肠菌群、致病菌等指标不合格的，要立即责令企业停止生产销售、召回产品、彻查原因、限期整改，依法处置，坚决遏制“大桶水”质量安全问题的滋生蔓延。对监督抽检发现的问题，要及时按照相关规定进行通报和报告。

五、严厉查处违法行为

各地食品药品监管部门要始终保持高压态势，依法查处“大桶水”生产加工违法违规行为。在地方政府统一领导下，严厉查处未取得食品生产许可生产加工“大桶水”的违法行为，坚决取缔无证生产、制售假冒伪劣“大桶水”黑窝点黑作坊。一旦发现违法违规行为，要按照相关法律法规严肃查处；涉嫌犯罪的，要及时移送公安机关，追究刑事责任。严格责任追究，坚决防止有法不依、执法不严、违法不究等行为的发生。

国家食品药品监督管理总局
2014 年 3 月 31 日

食品药品监管总局关于加强重点食品监管和综合治理工作的指导意见

食药监食监一〔2014〕33 号

各省、自治区、直辖市食品药品监督管理局，新疆生产建设兵团食品药品监督管理局：

为全面落实总局 2014 年重点工作部署，切实抓好重点食品生产监管，科学防范食品安全风险，着力提升监管工作的针对性和有效性，推动构建更加严格的覆盖全过程的监管制度体系，更好地维护食品安全，促进食品产业健康持续发展，现就加强重点食品生产监管和综合治理工作提出以下意见。

一、工作目标和内容

（一）工作目标。当前和今后一个时期，通过加强重点食品安全监管、深入开展专项整治、改进监管方式方法、完善监管制度机制等工作，推动各地整顿规范一批重点食品行业，严厉打击一批食品生产违法违规行为，着力解决一批人民群众反映强烈的食品安全突出问题，大力提高执法权威，提振全社会食品安全信心。通过重点食品监管和综合治理，督促广大企业严格落实食品安全主体责任，不断提升食品生产企业质量安全管理水平；着力规范基层监管人员的监管行为，不断提升基层食品生产监管人员的工作能力和服务水平；探索建立更加严格的覆盖全过程的监管制度体系，建立健全食品安全监管网络，不断提升食品安全监管整体合力，推动形成食品安全社会共治工作格局。

（二）工作内容。总局确定把婴幼儿配方乳粉、婴幼儿配方食品、乳制品、肉制品、白酒、饮料、食用植物油、食品添加剂等8类食品作为2014年生产加工环节食品监管的重点品种。各地要在此基础上，结合地方实际和区域特色食品特点，确定本地区需要重点治理的食品品种，深入分析存在的突出问题及其原因，扎实做好重点食品安全监管和专项整治工作，有效防范安全风险，着力消除各类隐患，切实守住不发生区域性、系统性食品安全问题的底线。

二、工作措施

加强重点食品安全监管和综合治理工作，要综合运用行政许可、监督检查、监督抽检、风险监测、行政执法等手段，督促企业落实主体责任，从原辅料采购、过程控制、检验检测、出厂放行等各个环节入手，改进企业生产条件，切实从源头上保障食品安全。

（一）严格制度建设。要以制度建设为抓手，结合机构改革过渡期实际，认真做好食品安全规章、规范性文件的梳理工作，为立、改、废工作做好充分准备，探索建立一套行之有效的重点食品安全监管制度、方法和措施，从制度层面解决好监管什么和如何监管的问题。结合《中华人民共和国食品安全法》和《食品生产许可管理办法》、《食品添加剂生产监督管理办法》、《食品生产企业监督检查办法》等制修订工作，突出以制度规范重点食品生产监管工作，积极探索食品生产企业风险分级分类监管办法，科学确定重点食品企业的风险等级，细化监管措施。从重点食品生产企业抓起，积极探索在重点食品企业推动建立食品质量安全授权制度和质量安全追溯体系。以最严的监管制度，强化对重点食品、重点食品生产企业的规范和监管。要制定基层日常监管工作规范，形成监管工作手册或业务指导书，明确监管项目、检查内容、工作流程和责任要求，为基层日常监管提供依据和制度保障，不断提升基层监管工作制度化、规范化水平。

（二）严格行政许可。要充分发挥行政许可在维护食品安全中的重要作用，进一步严格重点食品的准入条件，提升准入门槛，严禁受理不符合国家产业政策规定的生产许可申请。要科学制修订重点食品生产许可审查细则，认真落实生产许可制度，严格标准要求、严格审查流程、严格规范审查行为，从严审查企业资质条件，切实把住生产准入关口，及时准确公布获得许可的企业名录和产品信息。达不到许可条件和审查要求的，一律不予许可。完善市场退出机制，对检查中发现的停产、转产企业，及时注销许可；对不能持续满足获证准入条件或整改后仍达不到审查要求的企业，依法撤销许可；对规模较小、条件较差、管理混乱的企业，推动地方政府予以综合治理、优胜劣汰，促进食品产业规模化、科学化发展。

（三）严格监督检查。要加大对重点食品企业的监督检查力度，建立健全重点食品企业质量安全信用档案和动态监管信息数据库，彻底摸清本地区重点食品企业底数和基本情况，梳理分析存在的共性问题和“潜规则”，形成科学的生产环节食品安全分析报告，定期报送地方政府和上级业务主管部门。切实加强对获证重点食品企业的证后监管，监督企业持续满足获证生产条件，严格按照标准组织生产，严格按照许可的品种范围生产食品。督促企业加强质量管控，实行原辅料和包装材料等供应商审核评估，严格落实原辅料进厂查验、生产过程控制、产品出厂批批检验和全过程记录制度。对重点食品生产的重要环节和关键节点要加严监管、全面掌控，重点检查企业原辅料进货记录、环境卫生、生产工艺、质量控制，以及是否存在“两超一非”情况等。要切实加强对重点食品生产加工小作坊的监管，彻底摸清底数，在地方政府的统一领导下，严格小作坊登记管理制度，加大小作坊监督检查力度，严防发生区域性食品安全问题。

（四）严格监督抽检。要加大对重点食品的监督抽检力度，结合总局监督抽检计划，科学确定本地监督抽检品种，增加重点食品抽检频次和市场采样量，扩大抽检的覆盖面，全面分析检验数据反映的本地食品安全风险，为日常监管和行政执法提供技术支撑。要突出白酒中塑化剂、含油脂类食品中塑化剂、植物油中苯并芘、乳制品中三聚氰胺，以及食品中重金属、农药残留量、食品添加剂等危及人体健康安全的关键指标为重点，依法组织开展重点食品的国家和省级监督抽检，依法公布监督抽检结果，逐步形成抽检信息共享机制。要切实抓好监督抽检后处理工作，对监督抽检中发现的安全问题，依法从严处置。

（五）严格风险管理。要牢固树立风险意识，科学运用风险管理的技术、方法和手段，科学防范食品安全风险，确保对食品安全风险做到早发现、早研判、早预警、早处置。加强重点食品安全风险排查和隐患治理，加大对重点食品的风险监测力度，特别是对高风险高敏感性的食品要实施重点监测、跟踪监测、持续监测，对监测到的问题和可能发生的风险，及时向地方政府通报风险情况，向社会发布风险预警。探索建立以预防为主的风险管理机制，建立完善重点食品突发事件应急处置预案，适时开展问题食品追溯和召回应急演练，不断提升应急处置能力和水平。

（六）严格行政执法。要坚持依法行政、严格执法，保持高压态势，严惩重处各类食品安全违法行为，重点打击无证生产、超范围生产、滥用标签标识、假冒伪劣等违法行为，做到发现一起查处一起，绝不手软，绝不姑息，该处罚的坚决处罚，该移交司法机关的坚决移交，严禁以罚代管、以罚代刑。针对重点食品存在的突出问题，组织开展专项执法打假，对形成区域性问题的重点食品要组织开展区域整治，对危害较大、影响范围较广的重点食品违法案件，要提请公安机关及早介入、联合执法。严格食品召回、退市和销毁管理制度，防止过期食品等不合格食品回流到食品生产环节。要充分发挥社会监督、群众监督和舆论监督作用，及时处理群众投诉举报，联合有关部门共同打击食品生产违法犯罪行为。

三、工作要求

各地要切实加强组织领导，有序开展本地区重点食品监管和综合治理工作。

（一）细化监管方案。总局原则上不再下发单一食品品种的专项整治方案，已经下发的要结合本指导意见抓好落实。各地要合理确定本地区需要加严监管的重点食品品种，有针对性地制定切实可行的工作方案，细化提出重点食品的监管任务和具体措施，因时因地开展综合治理和专项整治工作，确保方案能落实、措施可操作、整治见成效。

（二）明确责任分工。各地要结合本地实际，明确重点食品生产监管的目标要求、责任部门和工作时限。要切实发挥组织领导作用，抓好组织协调和业务指导，注重创新监管方式方法，着力推进重点食品监管工作提质增效。总局将加强科学统筹，实施分类指导，整体推进重点食品监管任务落实。

（三）加强督促检查。各地要把重点食品生产监管摆上重要议事日程，纳入年度工作安排，定期听取有关工作情况汇报，准确掌握重点食品监管工作情况，研究解决监管中存在的突出问题和薄弱环节。要切实加强对重点食品监管工作的督促指导、日常检查和年终考核，并将考核结果作为对各级监管机构和监管人员综合考核评价的重要内容。

（四）总结工作经验。各地要注重总结工作经验、选树先进典型，及时总结报送加强重点食品监管的做法、经验和成效。总局将适时组织交流研讨，开展相关制度研究，推动构建重点食品生产监管和综合治理的制度规范和长效机制。

国家食品药品监督管理总局

2014 年 4 月 24 日

食品药品监管总局关于开展儿童食品和校园及其周边食品安全专项整治工作的通知

食药监食监二〔2014〕158 号

各省、自治区、直辖市食品药品监督管理局，新疆生产建设兵团食品药品监督管理局：

为贯彻落实《国务院办公厅关于印发 2014 年食品安全重点工作安排的通知》（国办发〔2014〕20 号）有关工作部署，食品药品监管总局决定开展儿童食品和校园及其周边食品安全专项整治。现就有关工作要求通知如下：

一、突出重点，集中开展整治执法行动

各地要结合本地实际，以今年9月至10月为重点时段，以校园及其周边200米范围为重点区域，以主要面向学生经营食品的食品（杂）店、餐饮服务单位等儿童食品经营单位为重点场所，加大监督检查和执法力度，集中部署开展专项整治行动。

（一）开展儿童食品经营主体资格大检查。要对校园及其周边食品经营者逐户进行执法检查，全面核查食品经营者主体证照，认真检查食品经营主体食品经营条件，坚决取缔查处无证无照食品经营户，清理或规范不符合食品经营条件标准和相关要求的食品经营者，做到不留死角、不存盲区。

（二）开展食品经营者履行法定责任和义务情况大排查。要对儿童食品经营者和校园及其周边食品经营者履行进货查验和查验记录等法定责任和义务情况进行抽查，对食品经营者索取的食品或食品原料进货票证和相关记录逐项核查，依法从严从重查处未依法或按规定落实食品或食品原料进货查验和查验记录等法定责任和义务，购入和销售或使用无合法来源或票证不全的食品或原料的食品经营者。

（三）开展劣质食品大清查。要对食品经营者的食品销售、加工区域，以及食品和原料库房进行全面检查，认真清查过期食品、腐败变质食品、标签标识不规范食品，以及召回、下架退市食品，并结合计划性食品安全监督抽检和风险监测重点加大对儿童消费量较大的膨化食品、休闲食品、方便食品、乳制品、肉制品、饮料、雪糕、糕点等食品的监督抽检和风险监测工作力度，对发现的过期食品、腐败变质食品、劣质食品、“两超一非”（即超范围、超限量使用食品添加剂和非法添加非食用物质）食品、标签标识不规范食品和其经营者，以及使用劣质原料加工、制作的食品和其经营者，要一追到底，坚决依法查处。

二、抓住关键，开展秋季学校食堂食品安全大检查行动

要抓住学校秋季开学关键时段，按照原国家食品药品监管局和教育部《关于进一步加强学校食堂食品安全工作的意见》（国食药监食〔2010〕160号）和原国家食品药品监管局《关于做好农村义务教育学生营养改善计划餐饮服务食品安全监管工作的指导意见》（国食药监食〔2012〕160号）等文件要求，督促行政区域内学校认真开展食品安全主体责任落实情况自查，排查风险隐患，强化管理，堵塞食品安全管理漏洞。在学校自查的基础上，各地要以中小学校食堂、幼儿园食堂，特别是开展农村义务教育学生营养改善计划的学校食堂为重点，全面开展监督检查，及时发现问题，及时督促整改，严查违法违规行为，严防学校食堂食物中毒。

三、着力规范，强化儿童食品经营者和校园及周边食品安全日常监管

（一）强化对儿童食品经营者和校园及其周边食品销售日常监管。一是严格食品经营许可管理。要依法严格审核食品经营者食品经营许可申请材料，并对申请从事儿童食品销售，或选址于校园及其周边的食品销售经营申请人的经营场所进行现场实地核查，对经营环境和经营条件不符合食品经营条件标准和相关要求的申请人，一律不得予以许可。在颁发食品经营许可证后，要加强食品经营条件保持情况的监督检查。对不能持续保持经营条件的食品经营者，要依法及时进行查处、清理或规范。二是严格食品质量安全监管。要监督食品经营者严把进货关，认真落实进货查验和查验记录制度，做到索取的进货票据齐备、有效，填写的查验记录真实、完整，确保食品来源正规、渠道清楚、质量可靠，发现问题可及时追溯。要监督食品经营者严把销售关，认真检查库存和销售的食品，及时清理标签标识不规范、腐败、变质、超过保质期的食品。要监督经营者严把退市关，依法及时停止销售、下架退市不符合食品安全标准、超过保质期、腐败变质等问题食品，依法做好问题食品的处置工作，并做好记录。三是严格食品经营行为监管。要监督和引导食品经营者建立健全并全面落实食品安全管理制度，规范广告宣传等食品经营行为。

（二）强化对校园及其周边餐饮单位的日常监管。一是全面核查清理校园内部学生食堂、校园周边餐饮服务单位及向学校供餐的集体用餐配送单位的经营主体资格，严格主体准入。二是督促所有的学校（含托幼机构）食堂、向学校供餐的集体用餐配送单位在秋季开餐前对所有的食品和食品添加剂进行核查，并选用适宜的方式方法对所有的工具、用具、容器、餐具等进行全面、彻底的清洗消毒。三是以农村义务教育学生营养改善计划实施地区的学校食堂为重点，集中力量在学生秋季开学前一周至开学后半个月内对行政区域内的所有学校（含托幼机构）食堂、向学校供餐的集体用餐配送单位进行全面隐患排查，对排查出的食品安全隐患要督促学校和集体用餐配送单位立即整改，对整改结果要及时进行复查，有关情况要及时通报教育行政部门，并向社会公众公示监督检查结果，力争在学校食堂和向学校供餐的集体用餐配送单位的食品安全社会共治方面率先取得突破。四是以校园周边餐饮服务单位为重点，强化日常监督巡查，督促餐饮服务单位严格落实主体责任，严把人员健康关、食品进货关、食品贮存关、加工制作关，杜绝违法添加非食用物质和滥用食品添加剂行为，严防食物中毒事故的发生。

四、促进共治，加强宣传教育和社会监督

（一）强化部门协作配合。要强化与农业、教育、公安、工商行政管理、综合执法等相关部门的协作配合，充分发挥基层食品安全协管员、信息员的作用，

并健全行政执法和刑事司法工作衔接机制，全面排查治理儿童食品和校园及周边食品安全风险隐患，整顿规范食品加工小作坊、食品经营小摊贩、流动摊贩食品经营行为，坚决查处取缔无任何合法经营证明的非法流动摊贩，严厉打击食品违法犯罪行为，形成监管整体合力，有效保障食品安全。

（二）强化投诉举报机制。要进一步畅通投诉举报渠道，充分发挥“12331”投诉举报热线作用，鼓励群众投诉举报食品违法行为，对消费者有关食品安全的投诉举报要及时调查核实，依法处置。

（三）强化宣传教育。要加强对校园及其周边食品经营者的宣传教育，提高其法律意识和责任意识，自觉守法经营，落实管理措施，保障食品安全。要大力推进食品安全进校园活动，采取通俗易懂、喜闻乐见的方式，向广大师生普及和宣传法律法规和食品安全知识，提高师生的自我防范意识和消费维权意识，自觉抵制假冒伪劣食品。要强化社会监督，广泛动员师生参与食品安全管理，营造良好的食品安全社会氛围。

五、落实责任，加强督查检查

要加强督促检查，深入基层、深入校园及其周边食品经营单位，按照“不发通知、不打招呼、不听汇报、不用陪同和接待，直奔基层、直插现场”的“四不两直”的方法，采取飞行检查等方式，一级抓一级，层层抓落实。对责任不落实、监管不作为、情况不报告、问题不解决的单位和工作人员，要严肃追究责任，绝不姑息，确保各项工作责任、部署、推进、实效落实到位。

各地开展儿童食品和校园及其周边食品安全整治有关工作情况要形成阶段性书面总结报告（含校园及其周边食品安全整治工作情况统计表），于 11 月 10 日前报送总局食品安全监管二司。

附件：儿童食品和校园及其周边食品安全整治工作情况统计表（略）

国家食品药品监督管理总局

2014 年 8 月 7 日

食品药品监管总局
关于食品添加剂氮气生产许可工作的批复

食药监食监一函〔2014〕160 号

江苏省食品药品监督管理局：

你局《关于企业使用制氮机自制用于食品包装充氮保护的氮气是否需要取得

食品添加剂生产许可证的请示》（苏食药监食生〔2014〕88 号）收悉。经研究，现将有关事项批复如下：

《中华人民共和国食品安全法》规定，国家对食品添加剂的生产实行许可制度。《食品安全国家标准食品添加剂氮气》（GB 29202-2012）规定了小型专用制氮机生产的食品添加剂氮气应执行的技术要求。鉴此，企业应依法取得食品添加剂氮气生产许可证后方能生产和使用。

国家食品药品监督管理总局

2014 年 8 月 13 日

食品药品监管总局关于养殖梅花鹿及其产品作为保健食品原料有关规定的通知

食药监食监三〔2014〕242 号

各省、自治区、直辖市食品药品监督管理局，新疆生产建设兵团食品药品监督管理局：

根据《中华人民共和国野生动物保护法》、国家林业局《关于发布商业性经营利用驯养繁殖技术成熟的梅花鹿等 54 种陆生野生动物名单的通知》（林护发〔2003〕121 号）、原卫生部《关于进一步规范保健食品原料管理的通知》（卫法监发〔2002〕51 号）以及《保健食品注册管理办法（试行）》（原国家食品药品监督管理局令第 19 号）的相关规定，对养殖梅花鹿及其产品作为保健食品原料有关问题明确如下：

在符合国家主管部门野生动物保护相关政策和规定情况下，允许养殖梅花鹿及其产品作为保健食品原料使用。其中，养殖梅花鹿鹿茸、鹿胎、鹿骨的申报与审评要求，按照可用于保健食品的物品名单执行；鹿角按照《保健食品注册管理办法（试行）》第六十四条的规定执行。

国家食品药品监督管理总局

2014 年 10 月 24 日

食品药品监管总局办公厅关于公布婴幼儿配方乳粉生产许可审查员名单的通知

食药监办食监一〔2014〕19号

各省、自治区、直辖市食品药品监督管理局（质量技术监督局）：

为贯彻落实《国务院办公厅转发食品药品监管总局等部门关于进一步加强婴幼儿配方乳粉质量安全工作意见的通知》（国办发〔2013〕57号），严格婴幼儿配方乳粉生产许可，保证审查工作质量，按照《婴幼儿配方乳粉生产许可审查细则（2013版）》（以下简称《审查细则》）和《食品药品监管总局关于贯彻婴幼儿配方乳粉生产许可审查细则严格生产许可工作的通知》（食药监食监一〔2013〕253号）要求，总局委托食品生产许可审查中心统一组织完成了婴幼儿配方乳粉生产许可国家注册审查员的培训、考核和注册工作。现将婴幼儿配方乳粉生产许可国家注册审查员名单予以公布（见附件）。各省级局要按照有关规定和总局要求，从公布的人员名单中选取审查人员成立审查组，开展婴幼儿配方乳粉生产许可审查工作。

各省级局要加强对审查员的管理，规范现场核查行为。要督促审查员严守工作纪律，按照《审查细则》要求认真开展审查工作，切实履行婴幼儿配方乳粉生产许可审查责任。对利用审查工作谋取不正当利益、泄露企业信息资料及商业秘密、从事食品生产许可有偿咨询服务等行为的，要依法依规从严处理，切实保证婴幼儿配方乳粉生产许可审查工作质量，保障婴幼儿配方乳粉质量安全。

附件：婴幼儿配方乳粉生产许可国家注册审查员名单（略）

国家食品药品监督管理总局办公厅

2014年1月28日

食品药品监管总局办公厅
关于印发婴幼儿配方乳粉生产许可审查要求的通知

食药监办食监一〔2014〕31号

各省、自治区、直辖市食品药品监督管理局（质量技术监督局）：

为了严格婴幼儿配方乳粉生产许可工作，准确把握《婴幼儿配方乳粉生产许可审查细则（2013版）》的有关要求，国家食品药品监督管理总局组织制定了《婴幼儿配方乳粉生产许可审查要求》（见附件，以下简称《审查要求》）现予印发。请各地按照《审查要求》，开展婴幼儿配方乳粉生产企业的生产许可证有效期届满换证审查、生产许可条件变更审查和新建企业生产许可审查工作。有关工作要求如下：

一、要严格按照《中华人民共和国食品安全法》及其实施条例、《食品生产许可管理办法》、《食品生产许可审查通则（2010版）》、《婴幼儿配方乳粉生产许可审查细则（2013版）》等法律法规和规范性文件的规定，开展婴幼儿配方乳粉生产许可审查工作。

二、在开展婴幼儿配方乳粉生产企业现场审查时，应当按照《审查要求》，对《食品生产许可审查通则（2010版）》附件6《对设立食品生产企业的申请人规定条件审查记录表》中的37个审查项目逐项作出审查结论。当《审查要求》中规定的判定标准所有符合项均符合时，该项审查结论为“符合”；当《审查要求》中判定标准的基本符合项、不符合项，其中有1项不符合要求时，该项审查结论为“基本符合”或者“不符合”。

三、要按照《食品生产许可审查通则（2010版）》中第4.9条规定的判定原则，形成综合评价结论和审查报告，对企业作出准予或者不予食品生产许可的决定。

附件：婴幼儿配方乳粉生产许可审查要求

国家食品药品监督管理总局办公厅

2014年2月20日

附件：婴幼儿配方乳粉生产许可审查要求

婴幼儿配方乳粉生产许可审查要求

序号	内容	审查项目	细则对应要求	细则对应条款号	判定标准	建议审查方法
1.1	组织领导	1. 申请人治理结构中至少有一人全面负责质量安全工作。	企业法定代表人是婴幼儿配方乳粉质量安全的责任人。建立并实行食品质量安全受权人制度，企业法定代表人负责或授权企业食品质量安全管理人员全权负责质量安全，并以文件形式授权其对婴幼儿配方乳粉产品质量安全负责，承担婴幼儿配方乳粉生产和出厂放行责任。	（一）1（3）	（1）建立并实行食品质量安全受权人制度；（2）制度明确了企业法定代表人是质量安全的责任人并以文件形式授权企业法定代表人负责或授权企业食品质量安全管理人员全权负责质量安全；（3）规定食品质量安全管理人员承担生产和出厂放行职责且能履行职责。符合。 （1）建立并实行食品质量安全受权人制度，但未明确企业法定代表人是质量安全责任人的；（2）未以文件形式授权企业法定代表人负责或授权企业食品质量安全管理人员全权负责质量安全；（3）食品质量安全管理人员承担生产和出厂放行职责规定不清或履行职责未到位的。基本符合。 （1）未建立并实行食品质量安全受权人制度；（2）食品质量安全管理人员未履行职责的。不符合。	查看文件、记录、问询（座谈）
		2. 申请人应设置相应的质量管理机构或人员，负责质量管理体系的建立、实施和保持工作。	婴幼儿配方乳粉生产企业应严格执行危害分析与关键控制点（HACCP）体系、粉状婴幼儿配方食品良好生产规范（GMP）等国家标准，并按照国家标准要求建立运行质量管理体系。	（一）1（1）	（1）申请人设置了管理机构和专职人员的；（2）按 GB/T 27342、GB23790 要求建立了完整的质量管理体系；（3）严格按管理体系运行的。符合。 质量管理体系建立不完整，管理体系运行不到位的。基本符合。	查看文件、记录、问询（座谈）
			应设置独立的食品质量安全管理机构，配备专职的婴幼儿配方乳粉质量安全管理人员，负责食品质量安全管理制度的建立、实施和持续改进。	（一）1（2）	（1）申请人未设置独立的食品质量安全管理机构或未配备专职人员的；（2）未按 GB/T 27342、GB 23790 要求建立质量管理体系的；（3）未运行管理体系的。不符合。	

续表

序号	内容	审查项目	细则对应要求	细则对应条款号	判定标准	建议审查方法
1.2	质量目标	申请人应制定明确的质量安全目标。	按照通则审查	-	(1) 有明确的质量安全目标且质量目标分解到部门的；(2) 制定了目标的考核办法并严格进行考核的。符合。 (1) 质量安全目标不明确的；(2) 质量目标未能全部分解到部门的；(3) 目标考核办法不合理或者不能严格进行考核的。基本符合。 (1) 无质量安全目标的；(2) 质量目标未能分解到部门的；(3) 未制定考核办法和未进行考核的。不符合。	查看文件、记录、问询（座谈）
1.3	管理职责	1. 申请人制定各有关部门质量安全职责、权限等情况的管理制度。	婴幼儿配方乳粉生产企业应建立自主研发机构，配备相应的专职研发人员。	（一）12 (1)	(1) 制定了各部门管理制度，部门职责、权限明确，内容合理，有效执行的；(2) 以文件或制度规定设置独立研发机构和配置专职研发人员的；(3) 有研发机构的场所、设备和设施、资金的；(4) 研发机构的职责、权限明确的。符合。 (1) 制定的各部门管理制度，职责、权限内容不全面的；(2) 管理制度执行有欠缺的；(3) 无设立独立研发机构和配置专职研发人员的文件或制度规定的；(4) 研发机构的职责、权限规定不明确的。基本符合。 (1) 未制定各部门质量安全职责、权限等管理制度的；(2) 不履行质量安全职责的；(3) 无研发机构职责要求或有要求但没有执行的；(4) 研发机构无场所、设备、资金的。不符合。	查看文件、记录、问询（座谈）
			研发机构至少能够完成以下任务：研发新的婴幼儿配方乳粉产品；跟踪评价婴幼儿配方乳粉的营养和安全；确定产品保质期；研究生产过程中存在的风险因素，提出防范措施。	（一）12 (2)		
			研发机构应有相适应的场所、设备、设施及资金保证。	（一）12 (3)		

续表

序号	内容	审查项目	细则对应要求	细则对应条款号	判定标准	建议审查方法
1.3	管理职责	2. 申请人应当制定对不符合情况的管理办法，对企业出现的各种不符合情况及时进行纠正或采取纠正措施。	保证对不符合标准的产品按不合格产品处置。	（一）6（7）	（1）制定了不符合情况管理办法，且能对出现的不符合情况及时进行纠正或采取纠正措施的；（2）有不符合标准的原辅料、成品的处置规定的；（3）有产品召回制度和实施召回电子信息系统的管理规定的；（4）有消费者投诉处理规定的；（5）上述各项均能严格执行且记录齐全的。符合。 （1）制定的不符合情况管理办法、不符合标准的产品的处置规定、产品召回制度和实施召回电子信息系统的管理规定、消费者投诉处理规定不完善的；（2）上述规定执行有欠缺的。基本符合。 （1）未制定管理办法、制度、管理规定的；（2）不按管理办法、制度、管理规定执行的。不符合。	查看文件、记录、问询（座谈）
			应建立产品召回制度。出厂产品的召回制度应包含《食品安全国家标准 粉状婴幼儿配方食品良好生产规范》（GB 23790）标准中的相关内容，有实施召回电子信息系统的管理规定。	（一）11（4）		
			应对召回的产品在有关部门监督下采取补救、无害化处理、销毁等措施，并向食品药品监管部门报告食品召回和处理情况。	（一）11（5）		
			应建立消费者投诉处理机制。对消费者提出的意见、投诉，企业相关管理部门应作记录并查找原因，妥善处理。	（一）11（6）		
			确保采购的不合格原辅材料、加工中发现的风险因素、出厂检验发现的不安全食品等情况得到有效控制；能根据购入原辅料的实际情况，对使用的所有原辅材料中可能出现的掺杂使假物质进行必要的检测。	（一）8（2）		

续表

序号	内容	审查项目	细则对应要求	细则对应条款号	判定标准	建议审查方法
1.4	人员要求	1. 申请人应规定生产管理者职责，明确其责任、权力和义务，生产管理者的资格应符合有关规定。	企业负责人、质量安全管理人员、生产管理人员、质量安全受权人应有食品及相关专业本科以上学历，经专业理论和实践培训合格，应掌握婴幼儿配方乳粉有关的质量安全知识，了解应承担的责任和义务，并且无违反《中华人民共和国食品安全法》规定的不良记录。	（五）1	生产管理人员职责规定明确，符合细则资格规定的。符合。 符合细则资格规定的，但职责中对责任、权力或者义务规定不明确的。基本符合。 不符合细则资格规定且生产管理人员职责中未规定责任、权力和义务的。不符合。	查看文件和证件、问询（座谈）
		2. 申请人应规定质量管理人员的职责，明确其责任、权力和义务。质量管理人员资格应符合有关规定。	企业负责人、质量安全管理人员、质量安全受权人应有食品及相关专业本科以上学历，经专业理论和实践培训合格，应掌握婴幼儿配方乳粉有关的质量安全知识，了解应承担的责任和义务，并且无违反《中华人民共和国食品安全法》规定的不良记录。质量安全受权人主要承担产品放行的责任，确保每批已放行产品的生产、检验均符合国家相关法规和食品安全标准。在产品放行前，质量安全受权人必须出具产品放行审核记录，并纳入批记录。	（五）1	（1）企业负责人、质量安全管理人员、质量安全受权人符合细则资格规定的；（2）岗位职责规定明确，且能履行职责的；（3）质量安全受权人在产品放行前严格按规定执行产品放行审核制度，审核记录纳入批记录的。符合。 （1）岗位职责中责任、权力或者义务规定不明确的；（2）未严格履行岗位职责的；（3）产品放行审核记录未纳入批记录的。基本符合。 （1）资格不符合细则规定的；（2）无职责规定的；（3）不履行岗位职责的；（4）质量安全受权人不按规定执行产品放行审核制度的。不符合。	查看文件和证件、问询（座谈）

续表

序号	内容	审查项目	细则对应要求	细则对应条款号	判定标准	建议审查方法
1.4	人员要求	3. 申请人应规定技术人员的职责，明确其责任、权力和义务。技术人员资格应符合有关规定。	生产技术人员应有食品及相关专业大专以上学历，经专业理论和实践培训合格，并至少在乳制品企业具有3年以上婴幼儿配方乳粉生产经验。 实验室从事检测的人员应至少具有食品、化学或相关专业专科以上的学历，或者具有10年以上检测工作经历，并获得食品检验职业资格证书。实验室负责人应具有食品、化学或相关专业本科以上学历，并具有3年以上相关技术工作经历。要求每个检验项目至少2人以上具有独立检验的能力。	（五）2	（1）生产技术人员、实验室负责人、检测人员符合细则资格规定的；（2）岗位职责规定明确，且能严格履行职责的；（3）每个检验项目至少2人以上具有独立检验能力的；（4）制定了人员培训计划和考核办法，并按计划实施培训和考核的。符合。 （1）岗位职责中未明确责任、权力或义务的；（2）未能严格履行职责的；（3）个别检验项目只有1人具有独立检验能力的；（4）制定的人员培训计划或考核办法不合理的；（5）未能严格按计划实施培训和考核的。基本符合。 （1）生产技术人员、实验室负责人、检测人员不符合细则资格规定的；（2）未规定岗位职责的；（3）不能履行职责的；（4）大部分检验项目只有1人具有独立检验能力的；（5）未制定人员培训计划和考核办法或不按计划实施培训和考核的。不符合。	查看文件和证件、问询（座谈）
			定期进行乳制品质量安全、加工技术、质量管理、法律法规和职业道德培训的计划。	（一）10（3）		
			技术人员、操作人员上岗培训、考核办法。	（一）10（1）		
			应制定实验室人员培训计划。培训计划应包括专业知识、专业技能以及有关生物、化学安全和防护、救护知识的培训。	（一）10（5）		

续表

序号	内容	审查项目	细则对应要求	细则对应条款号	判定标准	建议审查方法
1.4	人员要求	4. 申请人应规定生产操作人员的职责。明确其责任、权力和义务。生产操作人员资格应符合有关规定。	生产操作人员的数量应适应企业规模、工艺、设备水平。具有一定的技术经验，掌握生产工艺操作规程，按照技术文件进行生产，熟练操作生产设备。特殊岗位的生产操作人员资格应符合有关规定。	（五）3	（1）建立了重要工段管理制度，规定了相适应的生产、质量、检验技术人员数量和岗位职责，明确其责任、权力和义务，并严格履行岗位职责的；（2）生产操作人员、特殊岗位的生产操作人员、重要工段的人员应进行岗位、技术等培训和考核，并符合细则规定资格要求的；（3）生产操作人员能按生产工艺操作规程、技术文件进行生产并熟练操作生产设备的；（4）制度规定了生产加工人员安全防护措施，并明确当直接接触原料及产品的生产加工人员患有法律法规规定的有碍食品安全的疾病时，应调离生产、工作岗位；（5）生产的现场人员进行健康检查，并具有健康证明的。符合。 （1）生产、质量、检验技术人员数量配备不合理的；（2）岗位职责中对其责任、权力和义务规定不明确的；（3）生产操作人员、特殊岗位的生产操作人员、重要工段的所有人员岗位、技术培训不全面，考核不严格的；（4）个别岗位人员资格不符合要求的；（5）生产操作人员未能按生产工艺操作规程、技术文件等进行生产和操作生产设备的；（6）制度未规定生产加工人员安全防护措施的。基本符合。 （1）未建立重要工段管理制度和未规定相应岗位职责的；（2）生产操作人员、特殊岗位的生产操作人员、重要工段的所有人员未得到岗位、技术等培训和考核的；（3）生产操作人员、特殊岗位的生产操作人员、重要工段的所有人员不符合细则规定资格要求的；（4）制度未规定生产加工人员安全防护措施或存在直接接触原料及产品的生产加工人员患有法律法规规定的有碍食品安全的疾病时，不调离生产、工作岗位的；（5）进入生产的现场人员未进行健康检查的。不符合。	查看文件和证件、问询（座谈）
			重要工段设定相适应的生产、质量、检验技术人员及岗位责任。	（一）10（2）		
			生产加工人员安全防护措施，并保证当直接接触原料及产品的生产加工人员患有法律法规规定的有碍食品安全的疾病时，应调离生产、工作岗位。	（一）10（4）		
			婴幼儿配方乳粉生产的现场人员，应例行健康检查，具有卫生计生部门颁发的健康证明，方可从事生产。	（五）4		

续表

序号	内容	审查项目	细则对应要求	细则对应条款号	判定标准	建议审查方法
1.5	技术标准	1. 申请人应具备审查细则中规定的现行有效的国家标准、行业标准及地方标准。	与生产相关的现行有效的国家标准文本和经备案有效的企业标准文本。	（一）4（1）	具有审查细则中规定的产品标准和现行有效国家标准等。符合。 缺少个别标准。基本符合。 缺少多个标准。不符合。	查看标准
		2. 明示的企业标准应按《食品安全法》的要求，经卫生行政部门备案，纳入受控文件管理。	按照通则审查	-	符合要求。符合。 已经过备案，但未纳入受控文件管理。基本符合。 未经过备案。不符合。	查看标准、查看证明、标识。
1.6	工艺文件	申请人应具备生产过程中所需的各种产品配方、工艺规程、作业指导书等工艺文件。产品配方中使用食品添加剂规范、合理。	技术标准、工艺文件、台账、生产过程和关键控制点等的管理规定。	（一）4（2）	（1）企业制定了技术标准、工艺文件、配方、工艺流程、台账、记录、生产过程和关键控制点等管理规定的；（2）能按规定对文件进行有效性检查的；（3）能按上述管理规定执行的；（4）各种记录齐全且按要求记录，保存期限满足规定的；（5）配方设计和论证文件齐全、保存完好的；（6）工艺流程符合规定要求的。符合。 （1）企业制定的技术标准、工艺文件、配方、工艺流程、台账、记录、生产过程和关键控制点等管理规定不合理的；（2）对文件进行有效性检查不全面的；（3）执行上述管理规定有欠缺的；（4）缺少个别记录或未按要求记录的。基本符合。 （1）企业未制定技术标准、工艺文件、配方、工艺流程、台账、记录、生产过程和关键控制点等管理规定的；（2）记录系统性缺失的；（3）工艺文件和现场存在多处不符合的；（4）产品与配方、标准不一一对应、未组织配方设计、论证工作，没有相关文件的；（5）没有完整生产工艺条件的。不符合。	查看文件、记录、询问（座谈）
			对工艺要求、工艺记录和配料表等不定期检查其有效性。生产过程中要定期对生产过程各工序的关键质量控制点进行监控和检查。	（一）4（3）		

续表

序号	内容	审查项目	细则对应要求	细则对应条款号	判定标准	建议审查方法
1.6	工艺文件	申请人应具备生产过程中所需的各种产品配方、工艺规程、作业指导书等工艺文件。产品配方中使用食品添加剂规范、合理。	企业建立的台账和生产过程的重要记录包括：进货验收记录、进货台账、环境场所清洁记录、生产设备清洗消毒记录、库房保管记录、生产投料记录、关键控制点控制记录、出厂检验记录、产品检验留样记录、不合格产品处置记录、不合格原料处理记录、产品销售记录、不合格产品召回记录、退货处置记录、从业人员健康检查记录、学习培训记录、消费者投诉受理记录、风险收集记录、食品安全事故处置记录、检验设备使用记录、停产复产记录、产品出厂放行记录等。有关记录保存3年。	（一）4（4）	（1）企业制定了技术标准、工艺文件、配方、工艺流程、台账、记录、生产过程和关键控制点等管理规定的；（2）能按规定对文件进行有效性检查的；（3）能按上述管理规定执行的；（4）各种记录齐全且按要求记录，保存期限满足规定的；（5）配方设计和论证文件齐全、保存完好的；（6）工艺流程符合规定要求的。符合。 （1）企业制定的技术标准、工艺文件、配方、工艺流程、台账、记录、生产过程和关键控制点等管理规定不合理的；（2）对文件进行有效性检查不全面的；（3）执行上述管理规定有欠缺的；（4）缺少个别记录或未按要求记录的。基本符合。 （1）企业未制定技术标准、工艺文件、配方、工艺流程、台账、记录、生产过程和关键控制点等管理规定的；（2）记录系统性缺失的；（3）工艺文件和现场存在多处不符合的；（4）产品与配方、标准不一一对应、未组织配方设计、论证工作，没有相关文件的；（5）没有完整生产工艺条件的。不符合。	查看文件、记录、问询（座谈）
			婴幼儿配方乳粉的产品配方应保证婴幼儿的安全，满足营养需要，不应使用危害婴幼儿营养与健康的物质。	（一）5（1）		
			企业应组织生产、营养、医学等专家对婴幼儿配方乳粉产品配方进行安全、营养等方面的综合论证。	（一）5（2）		
			保留完整的配方设计、论证文件等资料。	（一）5（3）		
			婴幼儿配方乳粉的产品配方应按规定进行备案。	（一）5（4）		
			湿法工艺流程	（四）2（1）		
			干法工艺流程	（四）2（2）		
			干湿法复合工艺流程	（四）2（3）		

续表

序号	内容	审查项目	细则对应要求	细则对应条款号	判定标准	建议审查方法
1.7	采购制度	应制定原辅材料及包装材料的采购管理制度。企业如有外协加工或委托服务项目，也应制定相应的采购管理办法（制度）。	原辅料供应商审核办法、原辅料验收规定及不合格原辅材料拒收、报废、返厂处理办法等。	（一）3（1）	有完善的采购管理制度并能有效执行的。符合。 采购管理制度不完善或执行有欠缺的。基本符合。 （1）没有开展必须的现场质量审核；（2）进口原料没有相关证明文件；（3）无采购管理制度或不按制度执行的；（4）其他不符合有关原辅料采购规定要求的。不符合。	查看文件、记录、问询（座谈）
			对原辅料供应商的审核至少应包括：供应商的资质证明文件、质量标准、检验报告。如进行现场质量审核的，还应包括现场质量审核报告。	（一）3（3）		
			质量安全管理机构应组织对生乳、全脂（脱脂）乳粉、乳清粉、乳清蛋白粉、植物油（脂肪粉）、维生素及微量元素等主要原辅料供应商或者生产商的质量体系进行现场质量审核。	（一）3（4）		
			采用进口原辅料，应审核进口原辅料供应商、贸易商的资质证明文件、每批原料质量标准、产品出厂的检验数据和报告、出入境检验检疫部门出具的相关证明。	（一）3（7）		
1.8	采购文件	应制定主要原辅材料、包装材料的采购文件，如采购计划、采购清单或采购合同等，并根据批准的采购文件进行采购。应具有主要原辅材料产品标准。	原辅料供应商的确定及变更应进行质量安全评估，并经质量安全管理机构批准后方可采购。应和采购的主要原辅料供应商签订质量协议，在协议中应明确双方所承担的质量责任。	（一）3（2）	（1）企业制定主要原辅材料、包装材料的采购文件齐全的；（2）原辅料供应商的确定及变更的质量安全评估报告齐全的；（3）与采购的主要原辅料供应商签订质量协议，明确了双方所承担质量责任的；（4）采购文件经质量安全管理机构批准后采购的。符合。 （1）企业制定主要原辅材料、包装材料的采购文件不完整的；（2）原辅料供应商的确定及变更的质量安全评估的程序或报告有欠缺的；（3）与采购的主要原辅料供应商签订质量协议未明确双方所承担的质量责任的；（4）个别采购文件未经质量安全管理机构批准就采购的。基本符合。 （1）企业无制定主要原辅材料、包装材料的采购文件的；（2）原辅料供应商的确定及变更不进行质量安全评估的；（3）与采购的主要原辅料供应商不签订质量协议的；（4）大部分采购文件未经质量安全管理机构批准就采购的。不符合。	查看文件、记录、问询（座谈）

续表

序号	内容	审查项目	细则对应要求	细则对应条款号	判定标准	建议审查方法
1.9	采购验证制度	申请人应制定对采购的原辅材料、包装材料以及外协加工品进行检验或验证的制度。食品标签标识应当符合相关规定	主要原料为生牛乳的，其生牛乳应全部来自企业自建自控的奶源基地，并逐步做到生牛乳来自企业全资或控股建设的养殖场。按照国家有关规定，建立生乳进货批批检测记录制度，每批生乳应有检验报告，表明符合《食品安全国家标准 生乳》（GB 19301）的质量、安全要求，并严格执行索证索票制度，做好记录。生乳的各项质量安全指标应符合相关食品安全国家标准规定。	（一）2（1）	（1）企业建立了完整（包括了细则的有关规定）的原辅料采购验证制度和验收标准，并按制度和标准执行的；（2）主要原料为生牛乳，其来源符合细则规定的；（3）主要原料为全脂、脱脂乳粉，企业对其原料质量按细则规定采取严格控制措施的；（4）采用进口原辅料，有进口原辅料供应商、贸易商的资质证明文件，有每批原料质量标准，有产品出厂的检验数据和报告或出入境检验检疫部门出具的相关证明文件的。（5）乳清粉、乳清蛋白粉、食用植物油、微量元素等符合细则要求的；（6）生活饮用水符合标准规定的。符合。 （1）企业建立的原辅料采购验证制度（包括了细则的有关规定）和验收标准不完整或不合理的；（2）有完整的制度，但执行有欠缺的。（3）进口原辅料资质证明文件、质量标准等不齐全的。基本符合。 （1）企业未建立原辅料采购验证制度（包括了细则的有关规定）和验收标准的；（2）有制度不执行的。（3）使用不符合细则规定要求乳清粉、乳清蛋白粉、食用植物油等原料的；（4）未对含乳原料批批进行三聚氰胺等项目检验的；（5）使用乳或乳制品以外的动物性蛋白质（允许使用的食品添加剂除外）或其他非食品原料制成的产品作为生产原料的；（6）采用进口原辅料，无进口原辅料供应商、贸易商的资质证明文件，无每批原料质量标准的；（7）采用进口原辅料，无产品出厂的检验数据和报告，无出入境检验检疫部门出具的相关证明文件的；（8）生活用水不符合标准要求的。不符合。	查看文件、记录、问询（座谈）
			主要原料为全脂、脱脂乳粉的，企业应对其原料质量采取严格的控制措施。应建立原料供应商审核制度，原料供应商相对固定并定期进行审核评估。对采购的全脂、脱脂乳粉进行批批检验，确保符合《食品安全国家标准 乳粉》（GB 19644）规定的质量、安全要求。	（一）2（1）		
			乳清粉、乳清蛋白粉应实施批批检验，确保符合相关食品安全国家标准的规定。生产0—6个月龄的婴儿配方乳粉，应使用灰分≤1.5%的乳清粉，或者使用灰分≤5.5%的乳清蛋白粉。	（一）2（2）		

续表

序号	内容	审查项目	细则对应要求	细则对应条款号	判定标准	建议审查方法
1.9	采购验证制度	申请人应制定对采购的原辅材料、包装材料以及外协加工品进行检验或验证的制度。食品标签标识应当符合相关规定	食用植物油应符合相应的国家标准规定，并明确所使用各种植物油的种类。不得使用氢化油脂。	（一）2（3）		查看文件、记录、问询（座谈）
			维生素、微量元素等营养强化剂、食品添加剂应进行进货查验，确保产品质量安全。	（一）2（4）		
			包装材料应清洁、无毒且符合国家相关规定。在特定贮存和使用条件下不影响婴幼儿配方乳粉的安全和产品特性。包装材料不得重复使用。	（一）2（5）		
			生产用水的水质应符合生活饮用水卫生标准。	（一）2（6）		
			生产婴幼儿配方乳粉使用的原辅料和包装标签应按规定进行备案。	（一）2（7）		

续表

序号	内容	审查项目	细则对应要求	细则对应条款号	判定标准	建议审查方法
1.9	采购验证制度	申请人应制定对采购的原辅材料、包装材料以及外协加工品进行检验或验证的制度。食品标签标识应当符合相关规定	进货验证制度要包含对进厂的原辅料进行验证、检验、记录、报告以及接收或拒收的处理意见和审批手续等内容。	（一）3（5）		查看文件、记录、问询（座谈）
			采购制度应保证原料、辅料符合相应的食品安全国家标准、地方标准和企业标准的规定。不得使用乳或乳制品以外的动物性蛋白质（允许使用的食品添加剂除外）或其他非食品原料制成的产品作为生产原料。	（一）3（6）		
			采购制度应依照有关规定保证对购入的含乳原料批批进行三聚氰胺等项目检验。	（一）3（8）		
			采用进口原辅料，应审核进口原辅料供应商、贸易商的资质证明文件，每批原料质量标准、产品出厂的检验数据和报告、出入境检验检疫部门出具的相关证明。	（一）3（7）		

续表

序号	内容	审查项目	细则对应要求	细则对应条款号	判定标准	建议审查方法
1.10	过程管理	申请人应制定生产过程质量管理制度及相应的考核办法。	按照《食品安全国家标准 粉状婴幼儿配方食品良好生产规范》（GB 23790）建立防止微生物污染、化学污染、物理污染的控制制度。	（一）6（1）	有符合细则规定的生产过程质量管理制度或规定（包括防止微生物污染、化学污染、物理污染的控制制度，清洁作业区卫生管理规定、监测和评价规定，特殊原因中断生产时对生产产品的处置规定，关键工序或关键点管理规定，产品信息网站查询系统管理规定，产品追溯制度，产品召回制度，消费者投诉处理制度）及细则规定有关的作业指导书或操作规程并有效执行，记录齐全。符合。 （1）生产过程质量管理制度或规定以及相应的作业指导书或操作规程不完善的；（2）有管理制度、规定、作业指导书或操作规程，但执行有欠缺的。基本符合。 （1）关键工序或关键点未建立电子信息记录系统的；（2）未建立产品信息网站查询系统或系统无法运行；（3）无生产过程质量管理制度及细则规定有关的作业指导书或操作规程的；（4）有规定及细则规定有关的作业指导书或操作规程未执行的；（5）其他不符合细则有关规定要求的。不符合。	查看文件、记录、问询（座谈）、现场查看
			企业的质量检验机构每周均应采用《食品安全国家标准 粉状婴幼儿配方食品良好生产规范》（GB 23790）附录 A 中监控指南和评价措施，确保生产婴幼儿配方乳粉的清洁作业区沙门氏菌、阪崎肠杆菌和其他肠杆菌得到有效控制。	（一）6（2）		
			进入清洁作业区的人员应进行定期或不定期的体表微生物检查。	（一）6（3）		
			清洁作业区的员工工衣为连体式或一次性工衣，并配备帽子、口罩和工作鞋。准清洁作业区、一般作业区的员工工衣为符合要求的工衣，并配备帽子和工作鞋。指定区域使用的工衣和工作鞋不能在指定区域以外的地方穿着。生产人员在未消毒和更换工作服前，不得进行婴幼儿配方乳粉的加工、生产。	（一）6（4）		

续表

序号	内容	审查项目	细则对应要求	细则对应条款号	判定标准	建议审查方法
1.10	过程管理	申请人应制定生产过程质量管理制度及相应的考核办法。	所有设备和工器具必须定期清洗或消毒；接触湿物料的设备和工器具使用前后应清洗，接触干物料的设备和工器具使用前后应用干法清扫（必要时采用湿法清洗）。	（一）6（5）		查看文件、记录、问询（座谈）、现场查看
			包装材料应当由专人按照操作规程发放，并采取措施避免混淆和差错，确保用于生产的包装材料正确无误。在包装操作前，应对即将投入使用的包装材料标识进行检查，避免包装材料被误用，并予以记录，内容包括包装材料对应的产品名称、数量、操作人及日期等。	（一）6（6）		
			应至少对以下影响婴幼儿配方乳粉产品质量的关键工序或关键点形成的信息建立电子信息记录系统。湿法工艺需记录：原辅料验收、配料、均质、杀菌、喷雾干燥、包装等信息。干法工艺需记录：原辅料验收、杀菌、配料、干混、包装等信息。干湿法复合工艺需记录其湿法工艺和干法工艺中相对应的关键工序或关键点的信息。	（一）11（1）		
			企业应建立产品信息网站查询系统，提供标签、外包装、质量标准、出厂检验报告等信息，方便消费者查询。	（一）11（2）		
			产品追溯制度应确保对产品从原料采购到最终产品及产品销售都有记录，确保所有环节都可有效追溯。	（一）11（3）		

续表

序号	内容	审查项目	细则对应要求	细则对应条款号	判定标准	建议审查方法
1.11	质量控制	申请人应根据食品质量安全要求确定生产过程中的关键质量控制点，制定关键质量控制点的操作控制程序或作业指导书。	湿法工艺的过程要求：①生乳的运输和贮存；②产品配料；③杀菌和浓缩；④喷雾干燥和冷却降温；⑤产品包装。	（四）3（1）	（1）关键控制点确定合理，严格按规定和作业指导书操作且控制记录规范的；（2）建立清场制度并有效执行的。符合。 （1）关键控制点确定不太合理的；（2）不严格按规定和作业指导书操作的；（3）建立清场制度但执行有欠缺的；（4）记录不规范的。基本符合。 （1）未明确关键控制点，不能满足生产质量控制要求的；（2）未建立清场制度；（3）有清场制度，但不执行的；（4）其他有关不符合细则规定要求的。不符合。	查看文件、记录、问询（座谈）、现场查看
			干法工艺的过程要求：①备料；②进料；③配料（预混）；④投料；⑤混合；⑥包装。	（四）3（2）		
			干湿复合工艺过程要求：干湿复合工艺应符合湿法工艺、干法工艺中对应的关键点要求。	（四）3（3）		
			清场：为了防止婴幼儿配方乳粉生产中不同批次、不同配方、不同品种之间的交叉污染或混淆，各生产工序在生产结束后、更换品种或批次前，应对现场进行清场并进行记录。记录内容包括：工序、品名、生产批次、清场时间、检查项目及结果等，清场负责人及复查人应在记录上签名。	（四）3（4）		
1.12	产品防护	1. 申请人应制定在食品生产加工过程中有效防止食品污染、损坏或变质的制度。	有效防止生产加工中婴幼儿配方乳粉污染、损坏或变质。	（一）8（1）	（1）建立了有效防止生产加工中产品污染、损坏或变质的控制制度或规定（包括细则的要求），并按规定执行的；（2）有主动收集各种食品安全风险监测和评估信息的规定和处置措施的。符合。 （1）建立了有效防止生产加工中产品污染、损坏或变质的控制制度或规定（包括细则的要求）不完善或执行有欠缺的；（2）主动收集各种食品安全风险监测和评估信息的规定和处置措施不合理。基本符合。 （1）未制定相关制度或有制度不执行的；（2）其他有关不符合细则规定要求的。不符合。	查看文件、记录、问询（座谈）、现场查看
			主动收集国家发布的食品安全风险监测和评估信息，采取有效措施，防范风险。	（一）8（3）		

续表

序号	内容	审查项目	细则对应要求	细则对应条款号	判定标准	建议审查方法
1.12	产品防护	2. 申请人应制定在食品原料、半成品及成品运输过程中有效防止食品污染、损坏或变质的制度。有冷藏、冷冻运输要求的，申请人必须满足冷链运输要求。	仓储区应有足够的空间，确保分区有序存放待检验、合格、不合格、退货或召回的原辅料、包装材料和成品等各类物料和产品。	（一）9（1）	（1）有符合细则规定的原辅料、包装材料、成品仓库、运输等管理制度并有效执行的；（2）基粉生产企业有基粉储运管理制度并有效执行的。符合。 （1）细则规定的原辅料、包装材料、成品仓库管理制度不合理或执行有欠缺的；（2）基粉生产企业的基粉储运管理制度不完善或执行有欠缺的。基本符合。 （1）未制定相关制度或有制度不执行的；（2）物料分发记录不可追溯的；（3）基粉生产企业的基粉储运记录不可追溯的；（4）其他有关不符合细则规定要求的。不符合。	查看文件、记录、问询（座谈）、现场查看
			仓储区的设计和建造应确保良好的仓储条件，并有通风和照明设施。仓储区应能满足物料或产品的贮存条件（如温湿度、避光）和安全贮存的要求，并进行检查和监控。	（一）9（2）		
			接收、发放和发运区域应能保护物料、产品免受外界天气（如雨、雪）的影响。	（一）9（3）		
			接收区的布局和设施应能确保到物料在进入仓储区前可对外包装进行必要的清洁。	（一）9（4）		
			所有物料储存场所应有明显的分区标识，仅限经批准的人员出入。	（一）9（5）		
			不合格、退货或召回的物料或产品应隔离存放。	（一）9（6）		
			每个批次物料的发放和使用应当确保其可追溯性和物料的平衡。	（一）9（7）		
			遵循“先进先出”和“近效期先出”的原则制定物料的使用计划。	（一）9（8）		
			确定物料处于合格状态方可分发。	（一）9（9）		
			应当有可追溯的清晰的发放记录，包括相应的物料名称、代码、批号以及其他信息，如包装号等，经收发双方核实并在相应的记录上签字确认。	（一）9（10）		

续表

序号	内容	审查项目	细则对应要求	细则对应条款号	判定标准	建议审查方法
1.13	检验管理	1. 申请人应具有独立行使权力的质量检验机构或专（兼）职质量检验人员，并具有相应检验资格和能力。	企业应对婴幼儿配方乳粉全项目检验能力进行验证，每年至少1次。 同一项目两人同时具备检测能力。	（一）7（4）	（1）有独立行使权力的检验机构和专职检验人员，检验人员具有相应检验资格和技术能力的证明文件的；（2）企业按规定进行能力验证的；（3）同一项目两人同时具备检测能力的。符合。 （1）独立行使权力的检验机构和专职检验人员的证明文件不全的；（2）部分检验项目未按规定进行能力验证的；（3）个别检验项目只有一人具备检测能力的；（4）检验人员的技术能力存在轻微欠缺的。基本符合。 （1）无独立行使权力的检验机构和专职检验人员的；（2）检验人员无相应检验资格和技术能力的；（3）大部分检验项目未按规定进行能力验证的；（4）3个以上（包括3个）检验项目只有一人具备检测能力的；（5）其他有关不符合细则规定要求的。不符合。	查看文件、记录、问询（座谈）、现场查看、考核
		2. 申请人应制定产品质量检验制度（包括过程检验和出厂检验）以及检测设备管理制度。	建立原辅料检测、过程检验和成品检验的管理制度，应有原辅料、半成品和成品的不合格判定规定，并有相关处理办法。	（一）7（1）	（1）有原辅料、过程产品和成品的检验管理制度并有效执行的；（2）有检测设备管理制度并有效执行的；（3）能全项目逐批进行自行出厂检验的；（4）检验报告和原始记录按规定保存完好的。原始记录可复现检验全过程且记录规范的；（5）检验合格证号能追溯到检验报告的。符合。 （1）检验管理制度和检测设备管理制度内容不全面或执行有欠缺的；（2）个别检验报告未按规定保存的；（3）原始记录不能复现检验全过程的；（4）记录不规范的。基本符合。 （1）无检验管理制度和检测设备管理制度或不执行的；（2）原始记录未按规定保存有缺失的；（3）不能全项目逐批进行自行出厂检验的；（4）检验合格证号不能追溯到检验报告的；（5）其他有关不符合细则规定要求的。不符合。	查看文件、记录、问询（座谈）、现场查看
			婴幼儿配方乳粉出厂应全项目逐批自行检验。出厂检验合格的产品应当保留检验报告，并做好检验记录；检验不合格的产品不得出厂；检验报告保存3年。产品需留样，留样数量应满足复检要求并保存至保质期满。	（一）7（2）		
			检验合格的婴幼儿配方乳粉应标注检验合格证号，检验合格证号可追溯到相应的出厂检验报告。	（一）7（3）		
		3. 无检验项能力的，应当委托有资质的检验机构进行检验。	婴幼儿配方乳粉不适用。	–	婴幼儿配方乳粉不适用。	婴幼儿配方乳粉不适用

续表

序号	内容	审查项目	细则对应要求	细则对应条款号	判定标准	建议审查方法
2.1	厂区要求	1. 申请人厂区周围应无有害气体、烟尘、粉尘、放射性物质及其他扩散性污染源。	企业厂房选址和设计、内部建筑结构、辅助生产设施应当符合相关标准的规定。	（二）1	无各种污染源的。符合。 略有污染但可采取措施完全消除的。基本符合。 污染较重。不符合。	现场查看
		2. 厂区应当清洁、平整、无积水；厂区的道路应用水泥、沥青或砖石等硬质材料铺成。	按照通则审查	–	（1）厂区清洁、平整、无积水的；（2）道路用硬质材料铺成的；（3）露裸的地面全部绿化的。符合。 （1）厂区不太清洁、平整；（2）绿化区有少量露裸的地面。基本符合。 （1）厂区不清洁或有积水；（2）无硬质道路的；（3）露裸的地面不绿化的。不符合。	现场查看
		3. 生活区、生产区应当相互隔离；生产区内不得饲养家禽、家畜；坑式厕所应距生产区25米以外。	按照通则审查	–	生活区、生产区独立隔离的。符合。 生活区、生产区的隔离存在欠缺的。基本符合。 （1）生活区、生产区无隔离；（2）生产区内饲养家禽、家畜；（3）生产区有坑式厕所的。不符合。	现场查看
		4. 厂区内垃圾应密闭式存放，并远离生产区，排污沟渠也应为密闭式，厂区内不得散发出异味，不得有各种杂物堆放。	按照通则审查	–	（1）厂区内垃圾密闭式存放，能及时清运，无异味的；（2）排污沟渠为非敞开式并能定期清理无异味的；（3）无各种杂物堆放的。符合。 （1）厂区内垃圾存放点、排污沟渠有较轻异味的；（2）有少量杂物堆放的。基本符合。 （1）厂区内垃圾非密闭式存放或不能及时清运的；（2）排污沟渠为敞开式的；（3）有大量杂物堆放的。不符合。	现场查看

续表

序号	内容	审查项目	细则对应要求	细则对应条款号	判定标准	建议审查方法
2.2	车间要求	1. 生产车间或生产场地应当清洁卫生；应有防蝇、防鼠、防虫等措施和洗手、更衣等设施；生产过程中使用的或产生的各种有害物质应当合理置放与处置。	更衣室应设在车间入口处，并与洗手消毒室相邻。洗手消毒室内应配置足够数量的非手动式洗手设施、消毒设施和感应式干手设施。清洁作业区的入口应设置二次更衣室，进入清洁作业区前设置消毒设施。	（二）7	（1）生产车间或生产场地清洁、卫生的；（2）有防蝇、防鼠、防虫等措施的；（3）有满足细则规定的洗手、消毒、更衣等设施的；（4）生产过程中使用的或产生的废弃物有盛放容器和置放点并按规定处置的。符合。 （1）生产车间或生产场地清洁、卫生略微欠缺的；（2）防蝇、防鼠、防虫等设施有损坏的；（3）洗手、消毒设施数量不能满足生产需要的；（4）废弃物盛放容器的置放点不合理的。基本符合。 （1）生产车间或生产场地清洁、卫生不符合要求的；（2）无防蝇、防鼠、防虫等措施的；（3）无废弃物盛放容器的；（4）更衣室的设置不满足细则规定的；（5）洗手、消毒设施不满足细则规定的。不符合。	现场查看
		2. 生产车间的高度应符合有关要求；车间地面应用无毒、防滑的硬质材料铺设，无裂缝，排水状况良好；墙壁一般应当使用浅色无毒材料覆涂；房顶应无灰尘；位于洗手、更衣设施外的厕所应为水冲式。	生产车间地面应平整，易于清洗、消毒和保持清洁。	（二）6	（1）生产车间的高度满足生产要求的；（2）车间地面、墙壁符合通则和细则要求的；（3）生产区域内的卫生间符合细则规定要求的。符合。 （1）车间地面、墙壁有少量脱落的；（2）车间地面有少量积水的。基本符合。 （1）生产车间的高度不满足生产要求的；（2）车间地面、墙壁有大面积脱落的；（3）车间地面有大量积水的；（4）生产区域内的卫生间不符合细则规定要求的；（5）不符合细则规定要求的。不符合。	现场查看
			生产区域内的卫生间应有洗手、消毒设施，应易保持清洁且不得与生产、包装或贮存等区域直接连通。	（二）8		

续表

序号	内容	审查项目	细则对应要求	细则对应条款号	判定标准	建议审查方法
2.2	车间要求	3. 生产车间的温度、湿度、空气洁净度应满足不同食品的生产加工要求。	车间内应区分清洁作业区、准清洁作业区和一般作业区。清洁作业区包括湿法工艺的出粉口区域，干法工艺的配料和混合区域、包材暂存间、半成品贮存、充填及内包装车间等。准清洁作业区包括原料预处理车间、其他加工车间和干法工艺的拆包和隧道杀菌区域等。一般作业区包括收乳间、原料仓库、包装材料仓库、外包装车间及成品仓库等。	（二）4	（1）车间内清洁作业区、准清洁作业区和一般作业区划分合理，有有效的隔离措施，无交叉污染的；（2）提供有资质的第三方检测机构出具的洁净区检测报告的；（3）清洁作业区内部隔断、地面的材料符合卫生要求的；（4）生产车间的温度、湿度、空气洁净度满足要求的；（5）定期对清洁作业区进行空气质量监测的；（6）干法生产车间清洁作业区内生产时不用水的。符合。 （1）生产车间的温度、湿度略有偏差的；（2）车间内清洁作业区、准清洁作业区和一般作业区划分欠缺的；（3）定期对清洁作业区进行空气质量监测频次不够的。基本符合。 （1）车间内清洁作业区、准清洁作业区和一般作业区划分不合理，无有效的隔离措施，存在交叉污染的；（2）不能提供有资质的第三方检测机构出具的洁净区检测报告的；（3）清洁作业区内部隔断、地面的材料不符合卫生要求的；（4）生产车间的温度、湿度、空气洁净度不能满足要求的；（5）不对清洁作业区进行空气质量监测的；（6）干法生产车间清洁作业区内生产时用水的。不符合。	查看文件、记录、问询（座谈）、现场查看
			企业应定期对清洁作业区进行空气质量监测，每年应请有资质的第三方检验机构进行检测并出具空气洁净度的检测报告。清洁作业区内部隔断、地面应采用符合生产卫生要求的材料制作；空气应进行杀菌消毒或净化处理，并保持正压。干法生产车间清洁作业区内生产时应禁止用水。	（二）5		
		4. 生产工艺布局应当合理，各工序应减少迂回往返，避免交叉污染。	有与企业生产能力相适应的生产车间和辅助设施。 采用湿法工艺的生产车间一般包括收乳车间、原料预处理车间、加工车间、半成品贮存及成品包装车间等。采用干法工艺的生产车间一般包括前处理车间、混合车间、灌装车间等。辅助设施包括检验室、原辅料仓库、材料仓库、成品仓库等。	（二）2	（1）生产车间和辅助设施与生产能力相适应的；（2）生产车间和辅助设施的设置布局合理，符合生产要求的；（3）按生产流程、操作需要和清洁度要求进行有效隔离的；（4）生产工艺、设备布局合理，各工序前后衔接，无交叉污染。符合。 （1）生产车间和辅助设施布局存在缺陷的；（2）生产工艺、操作需要的清洁度要求有效隔离存在偏差的。基本符合。 （1）生产车间和辅助设施与生产能力不相适应的；（2）生产车间和辅助设施的设置布局不合理，不符合生产要求的；（3）不按生产流程、操作需要和清洁度要求进行有效隔离的；（4）生产工艺、设备布局不合理，各工序之间存在交叉污染的。不符合。	查看文件现场查看
			生产车间和辅助设施的设置应按生产流程需要及卫生要求，有序而合理布局。同时，应根据生产流程、生产操作需要和清洁度的要求进行隔离，防止交叉污染。	（二）3		
			设备的布局应当符合工艺、清洗的需要。	（四）1		

续表

序号	内容	审查项目	细则对应要求	细则对应条款号	判定标准	建议审查方法
2.2	车间要求	5. 生产车间内光线充足，照度应满足生产加工要求。工作台、敞开式生产线及裸露食品与原料上方的照明设备应有防护装置。	按照通则审查	–	生产车间内光线充足，工作台、敞开式生产线及裸露食品与原料上方的照明设备有防护装置。符合。 光线不足或工作台、敞开式生产线及裸露食品与原料上方的个别照明设备无防护装置的。基本符合。 敞开式生产线及裸露食品与原料上方的照明设备无防护装置的。不符合。	现场查看
2.3	库房要求	1. 库房应当整洁，地面平滑无裂缝，有良好的防潮、防火、防鼠、防虫、防尘等设施。库房内的温度、湿度应符合原辅材料、成品及其他物品的存放要求。	按照通则审查	–	（1）库房整洁，地面平滑无裂缝；（2）有防潮、防火、防鼠、防虫、防尘等设施；（3）库房内的温度、湿度应符合原辅材料、成品及其他物品的存放要求。符合。 （1）库房不整洁，地面有少量裂缝；（2）缺少个别防潮、防火、防鼠、防虫、防尘等设施或损坏的。基本符合。 （1）地面有大量裂缝；（2）无防潮、防火、防鼠、防虫、防尘等设施；（3）库房内的温度、湿度应不符合原辅材料、成品及其他物品的存放要求。不符合。	现场查看
		2. 库房内存放的物品应保存良好，一般应离地、离墙存放，并按先进先出的原则出入库。原辅材料、成品（半成品）及包装材料库房内不得存放有毒、有害及易燃、易爆等物品。	按照通则审查	–	（1）库房内存放的物品按规定保存良好的；（2）各种物料标识完整、齐全的；（3）物品的出入库按规定执行且记录齐全的；（4）原辅材料、成品及包装材料库房内无有毒、有害及易燃、易爆等物品的。（5）对不合格品有效隔离存放的。符合。 （1）库房内存放的部分物品未按规定保存的；（2）个别物料缺少标识的；（3）物品的出入库未按规定执行或记录不齐的；（4）对不合格品未有效隔离存放的。基本符合。 （1）库房内存放的物品未按规定保存的；（2）各种物料无标识的；（3）物品的出入库未按规定执行且不记录的；（4）原辅材料、成品及包装材料与有毒、有害及易燃、易爆等物品混放的；（5）其他不符合细则规定要求的。不符合。	查看文件、记录、问询（座谈）、现场查看

续表

序号	内容	审查项目	细则对应要求	细则对应条款号	判定标准	建议审查方法
2.4	生产设备	1. 申请人必须具有审查细则中规定的必备的生产设备，企业生产设备的性能和精度应能满足食品生产加工的要求。	婴幼儿配方乳粉生产企业应具备与《食品生产许可证申请书》中生产能力相适应的生产设备。	（三）1（1）	（1）具备审查细则中规定的必备生产设备，设备的性能和精度能满足生产加工的要求，运行状态良好的；（2）清洁作业区的空气净化处理为初效、中效、高效过滤器（亚高效空气过滤器）三级过滤的；（3）清洁作业区洁净度在厂房确认阶段或工艺设备安装完毕或因其他原因重新建立清洁作业区（如清洁作业区内大型维修后）时，提供有资质检测机构出具的在动态下的检测报告，且能符合细则规定要求的；（4）清洁作业区的空气洁净度按规定进行监测且能达到细则规定要求的。符合。 具备必备的生产设备，但个别设备运行不正常且短期内可维修恢复的。基本符合。 （1）不具备审查细则中规定的必备生产设备或设施的性能和精度不能满足生产加工要求的；（2）清洁作业区的空气净化处理不是初效、中效、高效过滤器（亚高效空气过滤器）三级过滤的；（3）清洁作业区洁净度在厂房确认阶段或工艺设备安装完毕或因其他原因重新建立清洁作业区（如清洁作业区内大型维修后）时，不能提供有资质检测机构出具的在动态下的检测报告，或检测结果不能符合细则规定要求的；（4）清洁作业区的空气洁净度不按规定进行监测或监测结果与细则规定要求相差较大的。不符合。	现场查看核对设备清单、检查记录
			清洁作业区的空气净化处理应采用初效、中效、高效过滤器（亚高效空气过滤器）三级过滤。	（三）1（9）		
			清洁作业区洁净度应在厂房确认阶段或工艺设备安装完毕或因其他原因重新建立清洁作业区（如清洁作业区内大型维修后）时，在静态和动态两种状态下均应检测。日常运行中，清洁作业区的空气洁净度检测和监测按照下表进行。	（三）1（10）		
			湿法生产婴幼儿配方乳粉必备的生产设备	（三）2（1）		
			干法生产婴幼儿配方乳粉必备的生产设备	（三）2（2）		
			干湿法复合工艺生产婴幼儿配方乳粉应具备湿法工艺全部的生产设备和干法工艺必需的生产设备。	（三）2（3）		

续表

序号	内容	审查项目	细则对应要求	细则对应条款号	判定标准	建议审查方法
2.4	生产设备	2. 直接接触食品及原料的设备、工具和容器，必须用无毒、无害、无异味的材料制成，与食品的接触面应边角圆滑、无焊疤和裂缝。	所有接触婴幼儿配方乳粉产品的原料、过程产品、半成品的容器和工器具必须为不锈钢或其他无毒的惰性材料制作，不得使用竹木质工具和容器。干法生产应采用拆卸、清理方便的设备，保证无异物及油污混入风险。	（三）1（3）	（1）生产使用的容器和工器具符合规定的；（2）盛装废弃物的容器有明显标识的；（3）直接接触生产原材料的易损设备有安全护套的；（4）流化床使用过滤、除湿后的洁净低温空气的；（5）吹入干燥塔的空气有过滤设备进行过滤处理，并定期检查、更换，记录齐全的；（6）排出干燥塔的气体经过除尘设备处理的。符合。 （1）生产使用的容器和工器具直接接触原料、过程产品、成品的接触面不平滑的；（2）盛装废弃物的容器无明显标识的。（3）个别直接接触生产原材料的易损设备无安全护套的；（4）吹入干燥塔的空气有过滤设备进行过滤处理，不按规定定期检查、更换的，或记录不齐全的。基本符合。 （1）生产使用的容器和工器具材质不符合规定的；（2）流化床不使用过滤、除湿后的洁净低温空气的；（3）吹入干燥塔的空气不经过滤设备处理，定期检查、更换，不记录的；（4）排出干燥塔的气体不经过除尘设备处理的。不符合。	查看文件、记录、问询（座谈）、现场查看
			盛装废弃物的容器不得与盛装产品与原料的容器混用，应有明显标识。	（三）1（4）		
			直接接触生产原材料的易损设备，如玻璃温度计，必须有安全护套。	（三）1（5）		
			流化床应使用过滤、除湿后的洁净低温空气。吹入干燥塔的空气应进行过滤处理，定期检查、更换过滤设备，达到生产要求。排出干燥塔的气体应经过除尘处理。	（三）1（6）		
		3. 食品生产设施、设备、工具和容器等应加强维护保养，及时进行清洗、消毒。使用的清洗消毒剂应符合国家相关规定。	设备台账、说明书、档案应保管齐全；制定相关程序对生产和检验设备状态标识，指定专人进行管理、记录齐全，确保仪器设备状态、标识信息准确。应对生产设备、共用设备、固定管道设施、计量检验设备等运行状态进行标识管理，明确各种状态及标识的定义，并定期对标识进行检查和维护。	（三）1（2）	（1）设备台账、说明书、档案齐全，保管良好的；（2）有设备状态标识管理规定，内容应涵盖生产、检验设备、共用设备、固定管道设施、计量设备等运行状态标识，并明确各种状态及标识定义的；（3）定期对标识进行检查和维护且记录齐全的；（4）指定专人进行管理，记录齐全的；（5）有设备维修、维护计划，按计划执行的；（6）按规定清洗、消毒设备，并对清洗效果进行验证的。符合。 （1）设备台账、说明书、档案不全的；（2）有设备状态标识管理规定，但内容不能涵盖生产、检验设备、共用设备、固定管道设施、计量设备等运行状态标识的，或各种状态及标识的定义不明确的；（3）不及时定期对标识进行检查和维护或记录不全的；（4）未指定专人进行管理的；（5）设备维修、维护计划有欠缺的。基本符合。 （1）设备台账、说明书、档案有严重缺失的；（2）无设备状态标识管理规定，或各种状态及标识的定义不明确的；（3）不按规定定期对标识进行检查和维护的；（4）没有设备维修、维护计划，或不按计划执行的；（6）不按规定清洗、消毒设备的，或对清洗效果不进行验证的；（7）其他不符合细则规定要求的。不符合。	查看文件、记录、问询（座谈）、现场查看
			设备维护保养完好，其性能与精度符合生产规程要求。设备维修计划、维修记录齐全。	（三）1（7）		
			设备清洗后需要进行验证，保证设备卫生条件符合生产要求。	（三）1（8）		

续表

序号	内容	审查项目	细则对应要求	细则对应条款号	判定标准	建议审查方法
2.5	检验设备	申请人应具备审查细则中规定的必备的出厂检验设备设施，出厂检验设备设施的性能、准确度应能达到规定的要求。有合格计量检定证书。实验室布局合理，满足相应检验条件。实行委托检验的，应签定合法的委托合同或协议。	检验设备的数量应与企业生产能力相适应。应审查企业提交的检验设备与生产能力相适应的书面报告。 国家卫生计生行政部门有关食品安全公告和食品安全国家标准（含企业标准）所规定的所有适用于婴幼儿配方乳粉的检验项目，企业都应具有相应的检验设备。相关食品安全国家标准修订或更改，企业应及时购置对应的检验仪器设备。《食品安全国家标准 婴儿配方食品》（GB 10765）、《食品安全国家标准 较大婴儿和幼儿配方食品》（GB 10767）涉及的检验方法参见附件2、附件3。 企业可以使用快速检验设备，但应保持检测结果准确。企业使用的快速检测方法及设备应定期与食品安全国家标准规定的检验方法进行比对或者验证。检验结果呈阳性时，应使用食品安全国家标准规定的检验方法进行确认。	（三）3	（1）有检验设备的数量与企业生产能力相适应的书面报告的；（2）具有审查细则规定的出厂检验设备和辅助设备，能满足全项目出厂检验需要的；（3）计量检定证书齐全的。符合。 （1）具备必备的出厂检验设备，个别设备比较陈旧或有少许误差的；（2）个别设备未计量检定的。基本符合。 （1）无检验设备的数量与企业生产能力相适应的书面报告的；（2）缺少审查细则规定的出厂检验设备和辅助设备，不能进行全项目出厂检验的；（3）部分设备未计量检定的；（4）其他不符合细则规定要求的。不符合。	查看文件和证书、记录、问询（座谈）、现场查看

注：1. 表中所指“通则”是指《食品生产许可审查通则（2010版）》，“细则”是指《婴幼儿配方乳粉生产许可审查细则（2013版）》；2. 表头序号、内容、审查项目、建议审查方法是通则附件6《对设立食品生产企业的申请人规定条件审查记录表》中规定的项目，判定标准为新修订的标准；3. 表头细则对应要求、细则对应条款号是细则中的内容。

食品药品监管总局办公厅关于遴选河北省食品药品检验院等14家单位为国家食品药品监督管理总局保健食品注册检验机构的通知

食药监办食监三函〔2014〕42号

各省、自治区、直辖市食品药品监督管理局，有关单位：

依据《保健食品注册检验机构遴选管理办法》及《保健食品注册检验机构遴选规范》等规定，遴选河北省食品药品检验院等14家单位为国家食品药品监督管理总局保健食品注册检验机构（下称注册检验机构）。现就有关事项通知如下：

一、注册检验机构名单

河北省食品药品检验院、吉林省食品药品检验所、吉林省疾病预防控制中心、黑龙江省疾病预防控制中心、福建省药品检验所、山东省食品药品检验所、山东省疾病预防控制中心、河南省疾病预防控制中心、广东省疾病预防控制中心、广西壮族自治区食品药品检验所、广西壮族自治区疾病预防控制中心、哈尔滨医科大学卫生检验中心、山东大学卫生分析测试中心、四川大学华西公共卫生学院分析测试中心14家单位为保健食品注册检验机构。

二、注册检验机构资质

以上注册检验机构检验资质有效期为5年，各注册检验机构应在被确定的检验项目范围内，自2014年3月1日起按照保健食品注册检验机构有关规定开展国产和进口保健食品注册检验、复核检验工作，并出具检验报告。

三、注册检验机构编号

注册检验机构编号由三位阿拉伯数字组成。

附件：保健食品注册检验机构编号及检验项目范围表（略）

国家食品药品监督管理总局办公厅

2014年1月20日

食品药品监管总局办公厅关于使用进口基粉生产婴幼儿配方乳粉生产许可审查有关工作的通知

食药监办食监一〔2014〕54号

各省、自治区、直辖市食品药品监督管理局（质量技术监督局）：

为了认真做好婴幼儿配方乳粉生产许可换证审查和再审核工作，严格生产许可审查条件，现对国内企业使用进口基粉生产婴幼儿配方乳粉的生产许可审查有关工作通知如下：

一、审查生产工艺。经省（区、市）食品药品监管局审核同意，允许企业使用进口基粉作为原料生产婴幼儿配方乳粉，企业必须按照《婴幼儿配方乳粉生产许可审查细则（2013版）》（总局2013年第49号公告）中规定的干法工艺进行生产。各省（区、市）食品药品监管局应按照干法工艺的相关技术要求，组织实施生产许可审查。

二、审查基粉要求。企业使用的进口基粉，应符合《细则》中基粉的定义，但不应是符合《食品安全国家标准婴儿配方食品》（GB 10765）、《食品安全国家标准较大婴儿和幼儿配方食品》（GB 10767）规定的成品。严禁企业使用进口大包装婴幼儿配方乳粉进行生产和分装。

三、审查基粉配方。严格审查进口基粉的配方和质量标准，基粉工厂要经过企业质量部门的严格审核，生产基粉所使用的原料及供应商应经企业质量部门审核批准。

四、审查基粉质量控制措施。婴幼儿配方乳粉生产企业要制定基粉的质量控制文件，从原料选用、基粉生产、包装、运输、仓储、使用都应执行企业制定的操作规程。对企业委托进口商、代理商进口基粉的，应审核企业提供的进口商、代理商的相关资质。进口基粉应有出入境检验检疫机构出具的入境货物检验检疫证明。

五、经审核通过的企业，应在生产许可证副页中注明使用进口基粉的名称和基粉生产工厂。企业使用的进口基粉生产工厂变动的，要及时报告所在地省级食品药品监管局。

国家食品药品监督管理总局办公厅

2014年3月31日

食品药品监管总局办公厅关于加强含何首乌保健食品监管有关规定的通知

食药监办食监三〔2014〕137号

各省、自治区、直辖市食品药品监督管理局，新疆生产建设兵团食品药品监督管理局：

根据国家食品药品监管总局药品不良反应监测结果，为加强含何首乌保健食品的监管，保障人民群众食用安全，总局与国家卫生计生委、国家中医药管理局组织有关专家对何首乌作为保健食品原料问题进行了反复研究论证，并正在组织进一步开展系统安全性评价。结合当前保健食品监管实际，为防范安全风险，现将加强含何首乌保健食品监管有关规定通知如下：

一、保健食品中生何首乌每日用量不得超过1.5g，制何首乌每日用量不得超过3.0g，此前批准超过此用量的产品，下调至此规定用量；保健功能包括对化学性肝损伤有辅助保护功能的产品，应取消该保健功能或者配方中去除何首乌。

二、2014年9月1日后生产的含何首乌保健食品，标签标识中不适宜人群增加“肝功能不全者、肝病家族史者”，注意事项增加“本品含何首乌，不宜长期超量服用，避免与肝毒性药物同时使用，注意监测肝功能”。

三、对研究表明去除或替换何首乌不影响产品安全、功能的产品，批准证书持有者可根据保健食品注册变更的程序提出配方变更申请，并提供相关科学依据。

四、各省（区、市）食品药品监督管理局根据前期调查摸底情况，督促企业自发文之日起3个月内按照有关规定提出相关变更申请，并提供依据产品质量标准的3批产品全项目检测报告；督促生产企业加强原料管理，确保所用何首乌原料技术要求符合《中华人民共和国药典》的相关规定，加强对含何首乌保健食品上市后安全性监测，发现安全隐患的及时采取措施，报告有关情况，有效地保障消费者食用安全。

各省（区、市）食品药品监督管理局要进一步加强对行政区域内企业的督促指导，做好变更申请材料接收和生产经营企业监督检查工作。工作中遇到重大问题，应及时上报。

国家食品药品监督管理总局办公厅

2014年7月9日

食品药品监管总局办公厅关于含何首乌保健食品变更工作有关事宜的通知

食药监办食监三〔2014〕181号

各省、自治区、直辖市食品药品监督管理局：

按照《食品药品监管总局办公厅关于加强含何首乌保健食品监管有关规定的通知》（食药监办食监三〔2014〕137号，以下简称《通知》）的要求，为进一步规范和指导含何首乌保健食品相关变更申请的受理和审评工作，现将有关事项通知如下：

一、保健食品中何首乌在《通知》规定用量范围内，并按照《通知》要求增加“不适宜人群”及“注意事项”的，只需将说明书报所在地省（区、市）食品药品监督管理部门备案即可。省（区、市）食品药品监督管理部门汇总后将备案的产品信息和变更内容报送国家食品药品监督管理总局保健食品审评中心（以下简称总局保健食品审评中心）。

二、对申请降低何首乌用量、替换或去除何首乌的，批准证书持有者应按照《通知》要求，根据保健食品注册变更的程序提出变更申请，按变更申请“其他”项申报，并详细说明变更的内容，具体资料要求如下：

（一）申报资料项目目录。

（二）国产保健食品变更申请表。

（三）变更具体事项的名称、理由及依据。

（四）申请人身份证、营业执照或者其他机构合法登记证明文件的复印件。

（五）授权委托书。

（六）保健食品批准证明文件及其附件的复印件。

（七）保健食品注册检验机构出具的，依据修订后的质量标准生产的3批产品全项目检测报告。

（八）涉及配方、生产工艺、质量标准或产品技术要求、标签、说明书、产品名称等内容调整的，还需提供以下资料：

1. 涉及配方调整的，应提供调整后的、规范完整的配方，并提供变更后产品安全和功能的科学依据；

2. 涉及生产工艺调整的，应提供调整后的生产工艺及工艺说明，补充变更工艺的理由及必要性，并提供变更后产品安全和功能的科学依据；

3. 涉及质量标准或产品技术要求调整的，应提供修订后的质量标准或产品技术要求，以及质量标准或产品技术要求研究工作的试验资料及文献资料；

4. 涉及标志性成分检测方法变更的，需提供方法学研究验证资料；

5. 涉及保健食品标签、说明书样稿修改的，应提供拟修订的保健食品标签、说明书样稿，并附详细的修订说明；

6. 涉及产品名称改变的，应提供相关检索证明资料。

三、各省（区、市）食品药品监督管理部门要积极督促指导行政区域内企业及时提出变更申请，对申请时暂无法提供3批产品全项目检测报告的，可先予受理，积极协调行政区域内的保健食品注册检验机构尽快完成检验，及时将申报资料报送总局保健食品审评中心。

四、已受理注册申请的新产品、再注册、变更和技术转让等产品中含有何首乌的，不需要另行单独提出变更申请，由总局保健食品审评中心统一梳理，在发放的审评意见中要求批准证书持有人按照《通知》的要求进行变更。批准证书持有人也可将相关资料以补充材料的形式直接提交总局保健食品审评中心。

五、总局保健食品审评中心组织专家对相关申请材料进行审评后，认为需要补充提供安全或功能试验资料的，申请人应及时按照要求补充提供试验研究资料。

六、对申请降低何首乌用量、替换或去除何首乌的，因客观原因未在规定期限内提出相关变更申请的，批准证书持有人应提供书面说明，经所在地省（区、市）食品药品监督管理部门审核认可，函报国家食品药品监督管理总局同意后，省（区、市）食品药品监督管理部门方可受理该产品变更申请。2015年3月31日后提出申请的，一律不予受理。

国家食品药品监督管理总局办公厅

2014年9月30日

食品药品监管总局办公厅关于食品用香料生产许可工作的复函

食药监办食监一函〔2014〕451号

福建省食品药品监督管理局：

你局《关于食品添加剂食品用香料生产许可有关问题的请示》（闽食药监食生〔2014〕12号）收悉。经商国家卫生计生委，现函复如下：

根据国家卫生计生委食品司《关于食品用香料标准执行问题的复函》（国卫食品标便函〔2014〕122号，详见附件），已有食品安全国家标准或相关标准的食品用香料品种，其质量规格应符合该品种的食品安全国家标准或相关标准。对于尚无食品安全国家标准或相关标准的食品用香料，应当按照《食品安全国家标准食品用香料通则》（GB 29938-2013）执行。

附件：国家卫生计生委食品司关于食品用香料标准执行问题的复函（国卫食品标便函〔2014〕122号）

国家食品药品监督管理总局办公厅
2014年9月16日

国家卫生计生委食品司
关于食品用香料标准执行问题的复函

国家食品标便函〔2014〕122号

食品药品监管总局科技标准司：

你司《关于商请明确食品用香料标准执行问题的函》（食药监科便函〔2014〕13号）收悉。经研究，现答复如下：

一、已有食品安全国家标准或相关标准的食品用香料品种，其质量规格应符合该品种的食品安全国家标准或相关标准。对于尚无食品安全国家标准或相关标准的食品用香料，应当按照 GB 29938 执行。

二、根据食品用香料技术要求，如果 GB 29938 不能满足实际需要，确有必要另行制定单个品种的食品用香料标准的，将按照食品安全国家标准制定和修订程序制定。

专此函复。

国家卫生计生委食品司
2014年6月13日

食品药品监管总局办公厅
关于食品用香精等标准有关问题的通知

食药监办食监一函〔2014〕455号

各省、自治区、直辖市食品药品监督管理局，新疆生产建设兵团食品药品监督管理局：

根据国家卫生计生委食品司《关于食品用香精等标准有关问题的复函》

（国卫食品标便函〔2014〕184 号，详见附件），食品安全国家标准《食品添加剂食品用香精》（GB 30616-2014）替代《食品添加剂乳化香精》（GB 10355-2006）和《咸味食品香精》（QB/T 2640-2004），替代《食用香精》（QB/T 1505-2007）中食品用香精的内容，不包括 QB/T 1505-2007 中的饲料用香精、接触口腔与嘴唇用香精等内容。食品安全国家标准《食品添加剂聚二甲基硅氧烷及其乳液》（GB 30612-2014）替代原卫生部发布的食品添加剂乳化硅油产品标准。请各级食品药品监管部门在食品添加剂监管工作中遵照执行。

附件：国家卫生计生委食品司《关于食品用香精等标准有关问题的复函》（国卫食品标便函〔2014〕184 号）

国家食品药品监督管理总局办公厅

2014 年 9 月 17 日

国家卫生计生委食品司
关于食品用香料等标准有关问题的复函

国家食品标便函〔2014〕184 号

食品药品监管总局科技标准司：

你司《关于商请明确食品用香精等食品添加剂标准相关问题的函》（食药监科便函〔2014〕63 号）收悉。经研究，现答复如下：

一、食品安全国家标准《食品添加剂食品用香精》（GB 3061.6—2014）替代《食品添加剂乳化香精》（GB 10355—2006）和《成味食品香精》（QB/T 2640—2004），替代《食用香精》（QB/T 1505—2007）中食品用香精的内容，不包括 QB/T 1.505—2007 中的饲料用香精、接触口腔与嘴唇用香精等内容。

二、食品安全国家标准《食品添加剂聚二甲基硅氧烷及其乳液》（GB 3061.2—2014）替代原卫生部发布的食品添加剂乳化硅油产品标准。

专此函复。

国家卫生计生委食品司

2014 年 9 月 1 日

食品药品监管总局办公厅关于同意江苏省食品药品检验所变更保健食品注册检验单位名称的通知

食药监办食监三函〔2014〕464号

江苏省食品药品监督管理局：

你局报送的保健食品注册检验机构审查意见表和江苏省食品药品检验所变更申请资料收悉。现通知如下：

根据《保健食品注册检验机构遴选管理办法》（国食药监许〔2011〕174号）规定，经审核，江苏省食品药品检验所名称变更为江苏省食品药品监督检验研究院，其检测能力、仪器设备、地址均未发生变化，符合保健食品注册检验机构名称变更要求，准予名称变更。

国家食品药品监督管理总局办公厅
2014年9月16日

食品药品监管总局办公厅关于麦芽糊精生产许可有关问题的复函

食药监办食监一函〔2014〕532号

黑龙江省食品药品监督管理局：

你局《关于将麦芽糊精纳入食品生产许可证管理的请示》（黑食药监食生〔2014〕211号）收悉。经研究，现函复如下：

麦芽糊精，也称水溶性糊精或酶法糊精，是以各类淀粉为原料，经酶法工艺低程度控制水解转化、提纯、干燥而成。根据《中华人民共和国食品安全法》和《食品生产许可管理办法》的有关规定，对麦芽糊精可实施生产许可管理，按照淀粉糖申证单元发证。

国家食品药品监督管理总局办公厅
2014年10月24日

食品药品监管总局办公厅关于遴选河北省疾病预防控制中心等5家单位为国家食品药品监督管理总局保健食品注册检验机构的通知

食药监办食监三函〔2014〕589号

各省、自治区、直辖市食品药品监督管理局：

依据《保健食品注册检验机构遴选管理办法》及《保健食品注册检验机构遴选规范》等规定，在检验机构申请的基础上，遴选河北省疾病预防控制中心等5家单位为国家食品药品监督管理总局保健食品注册检验机构（下称注册检验机构）。现就有关事项通知如下：

一、注册检验机构名单

河北省疾病预防控制中心、吉林省中医药科学院、浙江省医学科学院、山东省医学科学院医学检测与安全性评价中心、陕西省中医药研究院食品化妆品检验检定中心5家单位为保健食品注册检验机构。

二、注册检验机构资质

以上注册检验机构检验资质有效期为5年，各注册检验机构应在被确定的检验项目范围内，自2015年1月1日起按照保健食品注册检验机构有关规定开展国产和进口保健食品注册检验、复核检验工作，并出具检验报告。

三、注册检验机构编号

注册检验机构编号由三位阿拉伯数字组成。

附件：保健食品注册检验机构编号及检验项目范围表（略）

国家食品药品监督管理总局办公厅

2014年11月17日

食品药品监管总局办公厅关于增设网上发放保健食品技术审评意见通知书的通知

食药监办食监三函〔2014〕610号

各省、自治区、直辖市食品药品监督管理局，总局保健食品审评中心：

为规范保健食品注册行为，进一步提高工作效率，现就增设网上发放保健食品技术审评意见通知书（以下简称审评意见通知书）的有关事项通知如下：

一、自2015年1月1日起，申请人可凭受理编号和密码在总局保健食品审评中心网站（网址：www. bjsp. gov. cn）直接查询打印审评意见通知书，不需另行领取纸质审评意见通知书。自该审评意见通知书发布之日起即开始计算补充资料时限。

二、补充资料时，申请人将补充的申报资料与打印的审评意见通知书一并提交总局保健食品审评中心。

三、对于申请人未能在审评意见通知书签发后10个工作日内及时从网上查询打印审评意见通知书的注册申请，仍由总局保健食品审评中心按原邮寄方式发放。

国家食品药品监督管理总局办公厅
2014年11月24日

关于调整含铝食品添加剂使用规定的公告

2014年　第8号

根据《食品安全法》和《食品添加剂新品种管理办法》的规定，经对《食品添加剂使用标准》（GB 2760-2011）中含铝食品添加剂进行重新评估，现决定撤销酸性磷酸铝钠、硅铝酸钠和辛烯基琥珀酸铝淀粉等3种食品添加剂，不再允许膨化食品使用含铝食品添加剂，并调整硫酸铝钾和硫酸铝铵的使用范围。现公告如下：

一、自2014年7月1日起，禁止将酸性磷酸铝钠、硅铝酸钠和辛烯基琥珀酸铝淀粉用于食品添加剂生产、经营和使用，膨化食品生产中不得使用含铝食品添加剂，小麦粉及其制品（除油炸面制品、面糊（如用于鱼和禽肉的拖面糊）、裹粉、煎炸粉外）生产中不得使用硫酸铝钾和硫酸铝铵。2014年7月1日前已按照相关标准使用上述食品添加剂生产的食品，可以继续销售至保质期结束。

二、各级食品安全监管部门要加强食品安全监督检查，依法查处违法食品生产经营行为。食品工业行业主管部门要加强行业管理，引导企业规范相关食品和食品添加剂生产经营活动。

特此公告。

国家卫生和计划生育委员会
工业和信息化部
国家质量监督检验检疫总局
国家食品药品监督管理总局
国家粮食局
2014 年 5 月 8 日

关于公布婴幼儿配方乳粉生产许可检验机构的公告

2014 年　第 6 号

为贯彻落实《国务院办公厅转发食品药品监管总局等部门关于进一步加强婴幼儿配方乳粉质量安全工作意见的通知》（国办发〔2013〕57 号），严格婴幼儿配方乳粉生产许可，保证婴幼儿配方乳粉发证检验工作质量，依据《食品药品监管总局关于贯彻婴幼儿配方乳粉生产许可审查细则严格生产许可工作的通知》（食药监食监一〔2013〕253 号）和《婴幼儿配方乳粉生产许可审查细则（2013 版）》，国家食品药品监督管理总局组织专家组，对婴幼儿配方乳粉生产许可检验机构进行了推荐、考核和评审。经研究，决定由国家食品质量安全监督检验中心、国家乳制品质量监督检验中心、山东省食品药品检验所、国家食品质量监督检验中心（上海）、国家加工食品质量监督检验中心（广州）、安徽省食品药品检验研究院（安徽国家农副加工食品质量监督检验中心）、黑龙江省质量监督检测研究院、武汉食品化妆品检验所共 8 家检验机构承担婴幼儿配方乳粉生产许可检验工作。

各省级食品药品监督管理局对企业现场审查抽取的婴幼儿配方乳粉样品，应分送 2 家以上婴幼儿配方乳粉生产许可检验机构进行生产许可检验。检验机构要严格按照婴幼儿配方乳粉国家标准、食品安全国家标准规定的检验方法和食品标签明示的成分进行检验，并准确、及时出具检验报告。检验报告应同时报送相关省级食品药品监督管理局和国家食品药品监督管理总局。

附件：婴幼儿配方乳粉生产许可检验机构名单（略）

国家食品药品监督管理总局
2014 年 1 月 28 日

关于食品添加剂酸性磷酸铝钠、硅铝酸钠和辛烯基琥珀酸铝淀粉监管有关事项的公告

2014 年　第 29 号

根据国家卫生计生委等 5 部门关于调整含铝食品添加剂使用规定的公告（2014 年第 8 号），现就食品添加剂酸性磷酸铝钠、硅铝酸钠和辛烯基琥珀酸铝淀粉监管有关事项公告如下：

一、自本公告发布之日起，各省级食品药品监督管理局、质量技术监督局不再受理食品添加剂酸性磷酸铝钠、硅铝酸钠和辛烯基琥珀酸铝淀粉生产许可申请。

二、自 5 部门联合公告发布之日起，各省级食品药品监督管理局、质量技术监督局开始办理撤回并注销已批准的食品添加剂酸性磷酸铝钠、硅铝酸钠和辛烯基琥珀酸铝淀粉企业的生产许可证书工作。对于同时生产其他食品添加剂产品的企业，各省级食品药品监督管理局、质量技术监督局按有关规定办理变更手续。上述工作应当于 2014 年 7 月 1 日前完成。

三、地方各级食品药品监督管理局、质量技术监督局要督促相关企业严格按照公告要求生产，加强食品安全日常监督检查，依法查处违法违规的生产经营行为。

特此公告。

国家食品药品监督管理总局
2014 年 6 月 16 日

关于不再对食品添加剂委托加工生产实行备案的公告

2014年　第46号

为进一步深化改革、转变政府职能，食品药品监管总局决定不再对食品添加剂委托加工生产实行备案。现将有关事项公告如下：

一、自本公告发布之日起，各地食品药品监管部门不再对食品添加剂委托加工实行备案管理。

二、委托生产加工食品添加剂的，被委托方应当具有合法有效的生产许可证。委托加工的食品添加剂，应当按照食品安全法等法律法规和有关食品安全标准等规定要求进行标识标注。

三、对委托加工食品添加剂的监督管理，依照《食品添加剂生产监督管理规定》等有关法规执行。

特此公告。

国家食品药品监督管理总局
2014年9月15日

第三篇　药　品　篇

食品药品监管总局关于印发疫苗生产场地变更质量可比性研究技术指导原则的通知

食药监药化管〔2014〕1号

各省、自治区、直辖市食品药品监督管理局：

为进一步加强疫苗生产场地变更的注册管理，指导和规范该类变更事项，国家食品药品监督管理总局组织制定了《疫苗生产场地变更质量可比性研究技术指导原则》，现予印发。

国家食品药品监督管理总局

2014年1月8日

疫苗生产场地变更质量可比性研究技术指导原则

疫苗生产场地变更是指疫苗生产企业在异地或原址新建疫苗生产厂房并搬迁至新厂房。为指导该类变更事项，保证变更前后产品的一致性，特制定本指导原则。异地新建和原址新建车间需按本指导原则执行，原生产车间改建、扩建可参照本指导原则进行相关可比性研究。

原则上场地变更不应改变疫苗的生产工艺和质量标准，但生产场地变更过程中可能伴随淘汰落后工艺引入先进技术而进行的设备更新、生产规模调整和部分工艺调整，如将转瓶生产调整为细胞工厂生产，透析工艺调整为超滤工艺，同种原理的层析柱介质的升级等。上述调整可能伴随工艺参数的改变，变更后生产工艺的过程控制应达到与变更前相似或更有效的控制水平，产品质量应高度相似或有所提高。

一、可比性研究的基本原则

可比性是指通过对生产场地变更前后的生产工艺、过程控制、质量指标等的研究，证明场地变更前后产品质量属性高度相似，变更未对产品的安全性、有效性产生不利影响。

质量可比性是变更评价的基础。可比性研究应通过获得场地变更前后的数据，将得到的结果和预先定义的可接受标准相比较，以客观的评估产品在场地变更前后是否具有可比性。可比性研究内容可以为一系列质量分析比较实验，在有些情况下还包括非临床和临床数据。如果企业能够仅通过质量分析即可确保可比性，则无需进行生产场地变更后的临床试验。当质量分析对比结果不被接受或变更前后产品出现较大差异或可比性研究项目存在欠缺，无法通过非临床研究证实变更对产品安全性、有效性产生的影响时，需要进行桥接性或确证性的临床试验。

证明可比性并不意味着产品的质量属性在场地变更前后是完全等同的，但应该是高度相似的，并且依据现有的知识和研究结果足以预期其在产品质量属性方面的差异不会对产品的安全性和有效性产生任何不良影响。

二、可比性研究方案设计

作为变更研究实施的主体，疫苗生产企业应做好完整的设计和研究计划，建立完善的风险控制和管理机制，对于场地变更应从技术层面给予充分的评估和验证，保证场地变更不会导致产品质量发生变化。

可比性研究为一个体系，包括研究设计、实施及对研究数据的评价等。企业应根据产品质量属性和工艺特点合理地、规范地进行可比性研究设计。可比性研究设计应基于风险评估的原则。疫苗生产企业应评估场地变更过程中伴随的原材料变更风险，引入的设备变更或工艺调整是否涉及关键工艺，该工艺与产品质量属性的关联性及可能影响产品的哪些特征，这些特征历史数据收集的具体情况用于可比性研究是否充分，以确定可比性研究的策略和具体研究内容。

整体上，质量可比性研究包括两产地原材料、生产工艺、产品质量的可比和稳定性可比等，其中预设的比较参数及其验收标准的科学性、全面性、合理性是评价的重点。疫苗生产企业需对可比性研究项目进行认真梳理，包括从投料开始至生产出成品整个过程中各个步骤的中间产品、原液、半成品及成品的质控指标，尤其是影响疫苗安全性和有效性的重要指标；同时需确定可比性研究需要比较的工艺参数和产品质量参数、取样阶段、检测方法和验收标准，确定工艺验证的范围、方法和接受标准。

采用的比较方式包括与历史数据的比较和平行试验比较，工艺可比性主要为场地变更后验证批次生产过程中的工艺参数、产品质量参数、批放行数据与原产地历史数据的比较，质量属性可比性研究和稳定性可比性研究可选用与历史数据的比较，但平行试验更具有说服力。对于检测方法变异大的比较项目，如某些产品效价测定、动物免疫原性研究，建议采用历史数据的比较并增加平行试验比较。该情况下应注意原场地生产产品的留样，且进行实验时尽量控制可变性因素和主观因素以获得可靠的比较结果。

可比性的验收标准不等于质量标准，其重点在于变更后生产数据与历史数据趋势分析的比较。可比性研究设计中，对于工艺可比性研究、质量属性可比性研究和稳定性可比性研究均应前瞻性地定义可比性研究的验收标准。根据研究方法的性质，可比性研究验收标准可分为定量标准和定性标准。作为定量标准，应基于历史批次数据统计分析，根据统计学建立验收标准。生产企业历史批次的选取将影响验收标准的科学性及全面性，在选取批次时应考虑生产工艺及其控制的全面性、质量标准的不断改进、生产年份等因素，选取足够的、有代表性的历史批次进行数据统计以建立验收标准。一般情况下，应选用近几年的批次，总数应具有统计学意义。对于采用的统计学方法，应详细叙述所用统计学方法的理由和原理。通常定量标准的验收标准采用历史数据的95%可信区间，并应不低于质量标准要求。企业可根据具体情况制定更高的、更合理的验收标准。定性标准作为定量标准的补充，可更全面地展现产品情况，主要指变更前后产品检测图谱具有重叠性。

场地变更后应至少以上市规模进行3批产品的连续生产，验证批次的工艺、质量属性及稳定性等方面的研究数据符合预先设定的验收标准方可认为变更前后产品具有可比性。

在符合验收标准的前提下，对于定量标准项目，鼓励对变更后的验证批次进行统计学趋势分析，将变更后产品的研究数据与原生产场地的历史数据趋势、设定的警戒限、纠偏限进行比较，对于符合验收标准但连续超出历史批次范围的参数或显示一定偏离趋势的参数或超出警戒限及纠偏限的参数应进行进一步的分析评估，证实该偏离是否对产品的安全性、有效性产生影响。该分析依赖于变更后生产验证批次的数目，验证批次越少，偏差越大。如果现有的变更后的批次过少无法进行统计学趋势分析，可以在上市后完成。

企业在申请疫苗生产场地变更时需按照上述要求同时提交可比性研究设计方案和研究结果。

三、生产过程及产品质量的可比性研究

（一）生产用原材料方面

场地变更后应使用与变更前相同的原材料，即原材料生产厂家、级别、检测方法、质量标准应与原产地相同。在特殊情况下，如有生产厂家的变更，原材料的级别、标准不应降低，并应采用变更后的原材料进行验证。

企业在申请疫苗生产场地变更时，应按照可比性研究设计方案，以表格的形式汇总比对两个场地所使用的原材料和辅料的等级、涉及的工艺步骤、生产企业、质量标准等，并提交有关资料。

（二）生产工艺方面

疫苗的质量依赖于生产工艺的全过程控制，生产工艺可比性是本指导原则中最重要的部分。疫苗生产企业应按照可比性研究设计方案，提供场地变更前后工艺差异的概述，并说明依据及目的；并以表格的形式提交两个生产场地的设备、工艺参数和产能等的对比。生产工艺可比性研究通常包括操作参数的可比性研究和性能参数可比性研究，此外还包括部分工艺验证。

1. 工艺参数的可比性研究

应结合工艺、产品属性的研发数据和历史经验以及生产企业的生产经验进行工艺关键性分析，通过分析定义需要比较的工艺步骤及其工艺参数，需要考虑的工艺参数包括关键工艺参数和重要工艺参数。国际工业组织对于关键工艺参数和重要工艺参数进行了定义，关键工艺参数为生产企业根据研发经验已证实影响产品关键质量属性需要严格控制的工艺参数。重要工艺参数为除关键工艺参数外仍需要精密控制在一定范围的参数。根据对产品的常规理解，通常关键工艺参数和重要工艺参数包括发酵工艺中的温度、pH、溶氧，病毒接种 MOI，层析纯化工艺上样量和洗脱体积，灭活工艺中的灭活剂浓度和灭活时间等。由于关键工艺参数分析方法的不同，不同生产企业定义的关键工艺参数和重要工艺参数有所不同。需根据统计学分析建立或根据已有工艺验证结果建立工艺参数可比性研究的验收标准。

对于不涉及设备或工艺调整的工艺步骤，变更后的批次数据必须在基于历史数据设定的验收标准内。对于涉及设备或工艺调整的工艺步骤，如转瓶生产变更为细胞工厂生产，一些工艺参数会发生改变，故无法预设验收标准，应通过可比性研究或工艺验证保证调整后的工艺控制与变更前一致或更有效，且产品的质量参数与变更前可比，如有必要对变更后工艺应增加中间控制点。

2. 性能参数可比性研究：疫苗生产企业应按照可比性研究设计，分析可比性研究的验收标准，包括整个过程中各个步骤的中间产品、原液、半成品和成品的质控指标，尤其是影响疫苗安全性和有效性的重要指标。一般可分为常规生产中已设定的检测指标和没有设定的检测指标，常规生产中已设定的检测指标通常为企业注册标准或中国药典中包括的指标，例如病毒/细菌收获液的滴度或收获量、灭活试验、铝吸附率等。常规生产中没有设定的检测指标包括纯化工艺中去除工艺相关杂质的效果（如宿主细胞 DNA、蛋白去除率，有机溶剂的去除等）、纯化工艺产物收率、层析洗脱液中目的产物纯度、洗脱液生物负荷及内毒素含量等。由于不同疫苗的生产工艺差异很大，因此本指导原则不可能全面列举所有生产工艺可比性研究项目，企业应结合每个疫苗的特性，分析整个生产工艺中所有可能影响疫苗质量的关键点，尽可能全面地设计生产工艺可比性研究项目。

3. 部分工艺验证：在场地变更中，部分工艺验证数据可在上述可比性研究中得到同步验证。应对重要的生产工艺进行验证，例如病毒/细菌灭活效果验证等。对于发生改变的工艺参数（包括更新的设备等）也需要进行验证，如转瓶生产调整为细胞工厂生产，透析工艺调整为超滤工艺，同种原理的层析柱介质的升级等。通过工艺验证应证实调整后工艺操作范围具有稳定性，工艺过程控制程度、产品质量属性与变更前可比，并具有较好的工艺稳定性。如工艺调整涉及层析柱使用寿命改变、中间产物存放时间改变，则应进行相应的验证研究。

（三）质量对比分析方面

疫苗生产企业应按照可比性研究设计，提供场地变更前后质量方面差异的概述，并说明依据及目的；以表格的形式提交两个生产场地的产品质量分析项目、分析方法、结果、判定标准等。

1. 质量分析方法

可比性研究依赖于分析方法，对工艺过程中间产物的分析或对原液及成品的分析，采用的分析方法均应足够的敏感并可以最大限度的检测到产品质量发生的改变。通常应采用中国药典收载的方法，若采用中国药典尚未收载的方法，需进行系统的方法学验证并达到相关要求。

两个生产场地的产品质量分析方法应保持一致，并应进行场地变更后的方法学适应性验证。如果场地变更存在检测方法的修订（如检测试剂盒生产厂的变更），应说明选用修订后方法的合理性，进行全面的修订后检测方法的方法学验证，并进行与原检测方法的相关性研究，证实修订后检测方法与原检测方法的等效性。如修订前后检测结果存在较大差异，应进行相关分析。对于质量标准检测项目的检测方法修订应谨慎，在场地变更的初始阶段仍需按照原检测方法进行批次放行，修订后的检测方法可作为补充项目进行平行检测，经大量的验证研究后方可采用修订后的方法替代原检测方法。如适用，验证工作中需考虑新的检测方法与疫苗临床效应的相关性。

2. 产品质量和质量标准

对仅限于生产场地的变更，原则上场地变更后的产品质量和质量标准应与场地变更前一致。如果存在检测方法的修订，并且修订后的方法与原方法存在检测灵敏度的差异并导致质量标准的差异，采用修订后方法建立的质量标准应不低于变更前原产品的实际质量标准，以保证产品质量不降低。

如场地变更伴随设备更新及规模调整，场地变更后的产品质量和质量标准不能低于场地变更前的质量和质量标准，并鼓励企业提高产品质量和质量标准。

杂质水平比较是产品质量可比性研究的重要部分。应最大限度降低工艺相关杂质和产品相关杂质。除质量标准项目外，还有部分工艺相关杂质和产品相关杂质未纳入到质量标准中，应根据产品类型和生产工艺的具体情况进行全面的工艺相关杂质和产品相关杂质的比较研究。

应通过过程控制参数的设置进行变更后产品全面的污染物水平分析，如收获液检测、层析洗脱液微生物负荷、内毒素含量检测等。

（四）稳定性可比性研究方面

稳定性研究对比是可比性研究重要的组成部分，稳定性试验可发现理化特性分析试验不能发现的细微差异。

稳定性研究可比主要是指加速和/或强制降解稳定性研究中产品的降解模式、降解途径和降解速率可比。建议采用两个生产场地各至少 3 批疫苗进行比对分析；也可以与历史数据进行可比性分析。

加速和强制降解稳定性试验是场地变更前后产品一致性比较的有力工具，考察条件通常采用高温。稳定性研究可比性主要关注降解途径、降解模式和降解率的可比性，应选择可反映降解模式的敏感考察指标，例如效力试验、多糖分子量大小、游离多糖等直接反应疫苗效力的指标以及一般的理化特性，此外，需注意选择适宜的考察条件和考察频率以得到理想的降解曲线。其验收标准可包括降解曲线斜率的一致性、降解曲线的重叠等。

如果稳定性研究结果表明产品间存在差异时，就必需进行额外的研究评价，同时还应对生产工艺及贮存过程采取额外的控制措施以避免不可预期的差异。

关于疫苗保存条件和有效期的确定，应以长期稳定性研究结果为准。在场地变更的特殊情况下，可根据加速稳定性试验和长期稳定性试验的初步结果暂定保存条件和有效期，原则上参照原场地生产疫苗的保存条件和有效期。但是，企业应提交相关长期稳定性研究计划及承诺，如考察期间出现意外情况，应及时通报监管部门。

四、不同疫苗的特性分析

质量标准只是确定产品的常规质量而不是对产品进行全面的鉴定，因此不足以评价场地变更引起的所有影响。可比性研究的质量对比分析需在放行检测项目的基础上进行扩展，通常包括结构特征、纯度、动物免疫原性分析等。特性分析指标中包括的常规检测项目，应按照设计的要求与历史数据进行分析比对；对于非常规检测项目，考虑到生产企业积累的历史数据有限，建议采用两个生产场地各 3 批进行比对分析。

（一）结构特征指标

1. 基因工程重组疫苗：如重组乙型肝炎疫苗。该类疫苗的目的抗原通常能够得到较为全面的结构确证，其可比性研究通常应考虑蛋白抗原的一级结构（N 端、C 端测序，肽指纹图谱、质谱分子量测定）及纯度等；鼓励企业进行空间结构（二硫键配对、二级结构、三级结构等）以及翻译后修饰（脱酰氨、氧化等）的结构分析。此外，对于一些可形成病毒样颗粒的重组疫苗，病毒样颗粒包装的完整性会显著影响疫苗的效力，因此鼓励企业进行病毒样颗粒包装完整性的检测。

2. 多糖疫苗：如 A 群脑膜炎球菌多糖疫苗、A 群 C 群脑膜炎球菌多糖疫苗。该类疫苗的抗原成分为多糖类单一官能团，其免疫原性直接受到多糖分子大小差异的影响，因此，多糖分子大小为可比性研究的重点项目，通常采用色谱法证明分子量分布的一致性。鼓励企业进行与疫苗免疫原性相关的官能团结构确证研究，例如采用核磁共振法测定多糖结构，采用分子尺寸排阻层析法（如 HPLC-MALLS）证明分子量分布的一致性。

3. 减毒活疫苗：如麻疹减毒活疫苗、腮腺炎减毒活疫苗、风疹减毒活疫苗等。减毒活疫苗系采用减毒株生产，减毒株的特点系毒力基因发生突变，导致毒力丧失或明显下降，并且保护性抗原基因没有发生突变。因此，鼓励企业进行生产终末代次产品的基因测序，重点进行毒力基因及保护性抗原基因的比对分析。

4. 灭活疫苗：如无细胞百白破联合疫苗、甲型肝炎灭活疫苗等。可根据疫苗特点在适宜的情况下进行以下结构特征分析：采用电镜分析病毒颗粒大小，色谱法分析纯度，SDS-PAGE 电泳分析及免疫印迹或其他适宜的方法分析保护性抗原的存在。鼓励企业采用质谱法分析 SDS-PAGE 条带的组分和主要蛋白构成。

5. 结合疫苗：结合疫苗为多糖抗原与载体蛋白偶联的产物，除需分别进行多糖和蛋白的理化结构特征分析外，还需要对多糖/蛋白结合物进行特征分析，通常进行鉴别、应用分子尺寸排阻层析法（如 HPLC-MALLS）证明分子量分布的一致性等。鼓励企业进行官能团状态和功能的研究分析，例如测定从多糖活化开始至多糖/蛋白结合物形成后各个步骤的多糖结构，分析每一步多糖结构的变化；测定未结合的活化基团含量；分析多糖和蛋白的结合方式等。

（二）动物安全性有效性研究

疫苗生产场地变更是一个比较复杂的过程，为了降低临床上大量人群使用的风险，一般需要进行动物安全性和有效性的可比性研究。可根据不同疫苗的特点，选择安全性、有效性的评价方法和/或指标。安全性方面通常考虑进行局部刺激性试验和过敏试验，有效性方面可考虑进行动物免疫原性试验。如果质量分析对比结果不被接受或变更前后产品出现较大差异或可比性研究项目存在欠缺，可进行更多的安全性和/或有效性研究，如重复给药毒性研究等。

动物免疫原性在质量标准中称为体内效力试验，是疫苗有效性的重要质量控制指标。对于某些成分复杂，有效成分尚未完全明确的疫苗，如一些灭活疫苗，可比性研究应包括动物免疫原性的对比。一些减毒活疫苗目前无成熟的动物免疫原性检测方法，如果可以确证场地变更前后生产终末代次毒株毒力基因及保护性抗原基因未发生显著改变，可不再进行动物免疫原性的比较。

对于质量标准中含有体内效力试验的疫苗，可进行扩展的动物免疫原性分析，例如炭疽减毒活疫苗、百白破联合疫苗需按照质量标准进行攻毒保护力试验并增加中和抗体水平研究；出血热灭活疫苗、卡介苗、钩端螺旋体灭活疫苗需按照质量标准进行免疫动物后抗体的检测并增加功能性抗体水平研究；乙型肝炎疫苗可采用动物免疫原性方法（小鼠 ED50 法）进行检测分析。开展动物免疫原性试验比较时需进行盲法设计，以减少主观因素对试验结果的影响。

鼓励企业进行“比活性”（活性或抗原含量/总蛋白含量）的研究和分析。鼓励企业建立系列的相关免疫学功能分析方法，全面评估疫苗的免疫原性。

五、注解

工艺相关杂质：在生产过程中产生的杂质，包括来源于宿主细胞的杂质（如残留的宿主细胞DNA、残留的宿主细胞蛋白等）、来源于细胞培养基的杂质（如牛血清、抗生素等）、下游工艺杂质（如有机溶剂、核酸酶、金属离子等）。

产品相关杂质：与产品有关的杂质，其安全性、有效性、免疫原性等性质与预期产品不同，如包装不完整的病毒样颗粒、多糖疫苗中低分子量的部分、多糖结合疫苗中的游离多糖等。

工艺参数：生产工艺中的输入变量和生产工艺条件，这些参数通常是物理或化学参数（如：温度、工艺时间、柱流速、柱的洗脱体积、试剂浓度或缓冲液pH等）。

质量参数：中间产物或产品的质量特性，可用于评估工艺性能是否达到预期目的，如中间产物或产品的杂质含量、纯度、外源因子检测结果等。

食品药品监管总局关于印发疫苗临床试验严重不良事件报告管理规定（试行）的通知

食药监药化管〔2014〕6号

各省、自治区、直辖市食品药品监督管理局，新疆生产建设兵团食品药品监督管理局，总后卫生部药品监督管理局：

为进一步加强疫苗临床试验安全风险管理，强化受试者安全保障，根据我国《药品注册管理办法》与《药物临床试验质量管理规范》有关规定，参照国际通行规则，国家食品药品监督管理总局组织制定了《疫苗临床试验严重不良事件报告管理规定（试行）》（以下简称《规定》）。现将《规定》印发给你们，并将有关事项通知如下：

一、督促疫苗临床试验各有关方按《规定》做好疫苗临床试验安全监测和严重不良事件报告。其中可疑且非预期严重不良反应等个案报告以及定期安全性报告由申办者按《规定》向总局药品审评中心报送。纸质报告寄送至总局药品审评中心资料组，电子报告经传真或电子邮箱发送。

二、请在日常监管中加强疫苗临床试验严重不良事件报告有关工作监督检查。将严重不良事件作为重要线索，对疫苗临床试验申办者、临床试验机构和研究者等有关各方进行有针对性地监督检查。

国家食品药品监督管理总局
2014 年 1 月 17 日

疫苗临床试验严重不良事件报告管理规定（试行）

第一条 为规范疫苗临床试验严重不良事件报告，加强疫苗临床试验安全性信息监测，保障受试者安全，根据《中华人民共和国药品管理法》、《药品注册管理办法》、《药物临床试验质量管理规范》等法律法规，参照国际通行规则，制定本规定。

第二条 本规定中疫苗临床试验是指国务院食品药品监督管理部门批准的疫苗临床试验。对疫苗临床试验中发生的严重不良事件，各有关方应按本规定向食品药品监督管理部门进行报告。

第三条 严重不良事件报告分为个案报告与定期安全性报告。

第四条 严重不良事件个案报告包括首次报告和随访报告。

（一）首次报告内容至少包括严重不良事件名称或初步诊断、受试者基本信息、试验用疫苗信息、是否为非预期事件、严重性、与试验疫苗的相关性、处理情况、报告来源等。

（二）随访报告内容包括新获得的有关严重不良事件信息、对前次报告的更改信息与必要的说明、严重不良事件的分析评估与可能的提示、受试者安全风险评估结果、严重不良事件的转归等。

第五条 定期安全性报告内容至少包括同一试验疫苗的有关临床试验中受试者安全风险分析，报告期间所有新出现的安全性信息、所有严重不良事件的概要性列表、所有可疑且非预期严重不良反应（SUSAR）汇总表。

第六条 申办者是疫苗临床试验安全性信息监测与严重不良事件报告的责任主体。申办者应指定专职人员负责临床试验安全性信息监测与严重不良事件报告管理；应制订临床试验安全性信息监测与严重不良事件报告标准操作规程，并对所有相关人员进行培训；应掌握临床试验过程中最新安全性信息，及时进行安全风险评估，并向研究者及相关监管部门等通报有关信息。

第七条 疫苗临床试验机构应建立临床试验安全性信息报告制度。研究者应及时收集严重不良事件等安全性信息，获知严重不良事件后立即向申办者、伦理委员会、所在地省级监管部门进行首次报告，并如实记录有关情况。

第八条 申办者获知严重不良事件后，应立即对严重不良事件进行全面分析评估和判断。根据严重不良事件性质（类别）按以下时限向国家食品药品监督管理总局（以下简称总局）药品审评中心、所在地省级食品药品监督管理部门提交首次报告并通报所有相关临床试验机构主要研究者：

（一）对于致死或危及生命的可疑且非预期严重不良反应，申办者应在首次获知后尽快报告，但不得超过7个自然日，并在随后的8个自然日内报告相关随访信息。

（二）对于非致死或危及生命的可疑且非预期严重不良反应，申办者应在首次获知后尽快报告，但不得超过15个自然日。

（三）对于其他潜在严重安全性风险的信息，申办者应在首次获知后尽快报告，但不得超过15个自然日。

第九条　申办者和研究者在首次报告后，应继续跟踪严重不良事件，以随访报告的形式及时报送有关新信息或对前次报告的更改信息等。

第十条　申办者应向总局药品审评中心、所在地省级食品药品监督管理部门以及所有参与该临床试验的机构的主要研究者提交定期安全性报告。定期安全性报告主要为年度报告，或按食品药品监督管理部门及伦理委员会的更高要求，以书面形式定期提交。报告时间自疫苗临床试验获批准之日算起，至疫苗获批准生产为止。

第十一条　研究者和申办者应按食品药品监督管理部门和伦理委员会的要求，及时提供严重不良事件相关信息和安全风险评估报告。研究者应及时向伦理委员会转报申办者关于临床试验的安全性信息报告。

第十二条　伦理委员会接受严重不良事件等安全性信息报告，及时掌握所发生的严重不良事件及其处理情况，并对临床试验严重不良事件的处理、报告以及安全风险情况等进行跟踪审查。

第十三条　省级食品药品监督管理部门应将严重不良事件报告作为日常监管的重要线索，加强临床试验的日常监督检查。

第十四条　申办者、临床试验机构与研究者、伦理委员会任何一方以及有关省级食品药品监督管理部门，根据临床试验安全风险评估情况，认为需要停止临床试验的，均可暂停或终止临床试验，说明理由，告知其他相关方，并报告相关食品药品监督管理部门。

第十五条　总局药品审评中心以纸质和电子两种方式（两种方式均需报告，纸质报告用于存档），接受疫苗临床试验严重不良事件的相关报告，并根据报告情况，必要时提出暂停或终止疫苗临床试验等意见。纸质报告应盖有公章并附临床试验批件复印件。

第十六条　总局依据技术意见作出处理决定。对未按规定报告严重不良事件而损害受试者安全的申办者、临床试验机构和研究者等，依法处理。

附件：可疑且非预期严重不良反应（SUASR）个案报告表（略）

食品药品监管总局关于印发药品经营质量管理规范现场检查指导原则的通知

食药监药化监〔2014〕20号

各省、自治区、直辖市食品药品监督管理局，新疆生产建设兵团食品药品监督管理局：

为强化药品流通监督管理，指导《药品经营质量管理规范》（以下简称药品GSP）现场检查工作，总局制定了《药品经营质量管理规范现场检查指导原则》（以下简称《指导原则》），现予印发。各省级食品药品监督管理部门应当依据本《指导原则》，制定本行政区域药品GSP检查评定标准和检查管理规定，严格按照总局《关于贯彻实施新修订〈药品经营质量管理规范〉的通知》（食药监药化监〔2013〕32号）的时限要求，加强管理，统筹规划，落实责任，严肃纪律，认真做好药品GSP检查工作，确保检查工作的质量。

总局食品药品审核查验中心负责对各地药品GSP检查机构的技术指导工作。在实施《指导原则》过程中，各地要注意总结工作经验，遇到问题要及时报告，总局将适时组织对各地的药品GSP检查工作进行督查。

附件：药品经营质量管理规范现场检查指导原则（略）

国家食品药品监督管理总局
2014年2月25日

食品药品监管总局关于印发药品生产现场检查风险评定指导原则的通知

食药监药化监〔2014〕53号

各省、自治区、直辖市食品药品监督管理局，新疆生产建设兵团食品药品监督管理局：

为进一步强化药品生产监督管理，规范和指导《药品生产质量管理规范》现场检查工作，统一检查和评定标准。总局组织制定了《药品生产现场检查风险评定指导原则》，现予印发，请遵照执行。

国家食品药品监督管理总局
2014年5月13日

药品生产现场检查风险评定指导原则

药品监督管理部门对在企业现场检查中发现的缺陷应根据本指导原则进行分类，附件列举了部分缺陷事例及其分类情况，旨在规范药品检查行为，指导药品检查机构（人员）对发现的缺陷进行科学评定。

本指导原则适用于药品监督管理部门组织的药品 GMP 认证检查、跟踪检查等检查工作；在药品飞行检查中，涉及药品 GMP 执行情况的，也可参照本指导原则进行检查和判定。

一、缺陷的分类

缺陷分为“严重缺陷”、“主要缺陷”和“一般缺陷”，其风险等级依次降低。(具体举例见附件 1 ~3)

（一）严重缺陷

严重缺陷是指与药品 GMP 要求有严重偏离，产品可能对使用者造成危害的缺陷。属于下列情形之一的为严重缺陷：

1. 对使用者造成危害或存在健康风险；

2. 与药品 GMP 要求有严重偏离，给产品质量带来严重风险；

3. 有文件、数据、记录等不真实的欺骗行为；

4. 存在多项关联主要缺陷，经综合分析表明质量管理体系中某一系统不能有效运行。

（二）主要缺陷

主要缺陷是指与药品 GMP 要求有较大偏离的缺陷。属于下列情形之一的为主要缺陷：

1. 与药品 GMP 要求有较大偏离，给产品质量带来较大风险；

2. 不能按要求放行产品，或质量受权人不能有效履行其放行职责；

3. 存在多项关联一般缺陷，经综合分析表明质量管理体系中某一系统不完善。

（三）一般缺陷

一般缺陷是指偏离药品 GMP 要求，但尚未达到严重缺陷和主要缺陷程度的缺陷。

二、产品风险分类

企业所生产的药品，依据风险高低分为高风险产品和一般风险产品。

（一）高风险产品

以下产品属高风险产品：

1. 治疗窗窄的药品；

2. 高活性、高毒性、高致敏性药品（包括微量交叉污染即能引发健康风险的药品，如青霉素类、细胞毒性、性激素类药品）；

3. 无菌药品；

4. 生物制品（含血液制品）；

5. 生产工艺较难控制的产品（是指参数控制的微小偏差即可造成产品不均一或不符合质量标准的产品，如：脂质体、微球、某些长效或缓释、控释产品等）。

（二）一般风险产品

指高风险产品以外的其他产品。

三、风险评定原则

对现场检查所发现的缺陷，应根据其缺陷严重程度以及产品风险分类，综合判定其风险高低。

风险评定应遵循以下原则：

（一）所评定的风险与缺陷的性质和出现次数有关。

（二）所评定的风险与产品风险类别有关。

（三）所评定的风险与企业的整改情况有关。

当企业重复出现前次检查发现的缺陷，表明企业没有整改，或没有采取适当的预防措施防止此类缺陷再次发生，风险等级可根据具体情况上升一级。

四、检查结果判定

检查结果判定按照《关于印发药品生产质量管理规范认证管理办法的通知》（国食药监安〔2011〕365号）第24条有关规定处理。

附件：1. 严重缺陷（举例）

2. 主要缺陷（举例）

3. 一般缺陷（举例）

附件1

严重缺陷（举例）

本附件列举了部分严重缺陷，但并未包含该类缺陷的全部。

一、厂房

（一）空气净化系统生产需要时不运行。

（二）空气净化系统存在不足导致产生大范围交叉污染，未及时采取有效的纠正预防措施，仍继续生产。

（三）高致敏性药品（如青霉素类）或生物制品（如卡介苗或其他用活性微生物制备而成的药品），未采用专用和独立的厂房。

（四）洁净区内虫害严重。

二、设备

（一）用于高风险产品生产的关键设备未经确认符合要求，且有证据表明其不能正常运行。

（二）纯化水系统和注射用水系统不能正常运行，难以保证稳定提供质量合格的工艺用水并造成药品质量受到影响。

（三）有证据表明产品已被设备上的异物（如润滑油、机油、铁锈和颗粒）严重污染，且未采取措施。

（四）非专用设备用于高风险产品生产时，生产设备的清洁方法未经有效验证。

三、生产管理

（一）无书面的工艺规程或工艺规程与注册要求不一致。

（二）生产处方或生产批记录显示有重大偏差或重大计算错误，导致产品不合格并投放到市场。

（三）伪造或篡改生产和包装指令、记录，或不如实进行记录。

四、质量管理

（一）没有建立有效的质量管理系统，质量管理部门不是明确的独立机构，缺乏真正的质量决定权，有证据表明质量管理部门的决定常被生产部门或管理层否决。

（二）产品未经质量管理部门放行批准即可销售。

（三）原辅料与包装材料未经质量管理部门事先批准即用于生产，产品已放行。

五、原辅料检验

伪造/篡改或不如实记录检验结果。

六、成品检验

（一）质量标准内容不完整。

（二）批准放行销售前，未按照质量标准完成对成品的全项检验。

（三）伪造/篡改或不如实记录检验结果/伪造检验报告。

七、记录

伪造/篡改记录或不如实进行记录。

八、无菌产品

（一）产品灭菌程序未经验证。

（二）未做培养基灌装试验或未模拟全部无菌生产工艺进行培养基灌装试验以证明无菌灌装操作的有效性。

（三）培养基灌装试验失败后仍继续进行无菌灌装生产。

（四）未对首次无菌检查不合格进行彻底调查，就根据复试结果批准放行产品。

附件 2

主要缺陷举例

本附件列举了部分主要缺陷，但并未包含该类缺陷的全部。

一、人员

（一）聘用或委托无足够资质的人员履行质量管理部门或生产部门的职责。

（二）质量管理部门与生产部门人员不足，导致偏差或检验结果超标多次发生。

（三）与生产、质量管理有关的人员培训不足，导致多次发生相关的 GMP 偏差。

二、厂房

（一）存在可能导致局部或偶发交叉污染的空气净化系统故障。

（二）高风险产品未对空气净化系统的过滤器更换、压差监控进行维护/定期确认。

（三）高风险产品的辅助系统（如：纯蒸汽、压缩空气、氮气、捕尘等）未经确认符合要求。

（四）有证据表明洁净区内未密封的孔洞表面存在污染（长霉、霉斑、来自以往生产的粉尘等）。

（五）原辅料取样没有足够的预防措施以防止原辅料取样中的污染或交叉污染。

（六）无微生物/环境监控的标准操作规程（SOP），易受污染的非无菌产品生产洁净区未设纠偏限度。

三、设备

（一）设备未在规定的工艺参数范围内运行。

（二）用于关键生产工艺的设备未经确认符合要求。

（三）在线清洁（CIP）设备及在线灭菌（SIP）设备确认内容不完整，不能证明其运行有效性。

（四）与无菌产品接触的设备或管道垫圈不密封。

（五）关键设备无使用记录。

（六）专用生产设备的清洁方法（包括分析方法）未经验证。

四、生产管理

（一）关键生产工艺的验证研究/报告内容不完整（缺少评估/批准）。

（二）无清场操作规程/清洁操作规程，或该规程未经验证。

（三）工艺规程上的主要变更未经批准/无书面记录。

（四）生产中的偏差无书面记录，或未经质量管理部门批准。

（五）未对生产收率或物料平衡的偏差进行调查。

（六）未定期检查测量器具/无检查记录。

（七）不同的中间物料缺少适当的标识，易造成混淆。

（八）不合格的物料和产品标识、贮存不当，可能引起混淆。

（九）非自动化管理仓储系统，物料接收后，到质量管理部门批准放行期间，待包装产品、中间产品、原辅料和包装材料未能存放于待检区。

（十）未经质量管理部门的批准，生产人员即使用待包装产品、中间产品、原辅料和包装材料。

（十一）生产批量的变更未经有资质的人员准备/审核，或生产批量未在验证的范围之内变更。

（十二）批生产记录、批包装记录的内容不准确/不完整，易对产品质量造成影响。

（十三）无包装操作的书面规程。

（十四）包装过程中出现的异常情况未经调查。

（十五）打印批号、未打印批号的印刷包装材料（包括储存、发放、打印和销毁）控制不严。

五、质量控制

（一）设施、人员和检验仪器与生产规模不匹配。

（二）质量控制人员无权进入生产区域。

（三）无物料取样、检查和检验的 SOP 或相关 SOP 未经批准。

（四）质量管理部门未能正确核对生产与包装的文件记录，即批准放行产品。

（五）偏差或超出趋势的情况未按照 SOP 正常调查并做书面记录。

（六）原辅料与包装材料未经质量管理部门事先批准即用于生产，但产品尚未放行。

（七）未经质量管理部门事先批准即进行重新加工/返工操作。

（八）可能影响产品质量的操作（如运输、贮存等）的 SOP 未经质量管理部门批准/未予以执行。

（九）有变更管理行为，但未建立变更控制程序。

（十）检验用实验室系统与现场控制［包括确认、操作、校验、环境和设备维护、标准品（对照品）、各种溶液以及记录保存］无法确保检验结果和所作结论准确、精密和可靠。

（十一）隔离和处理方式不当，会导致召回产品或退货产品重新发货销售。

（十二）无自检计划/无自检记录。

六、原辅料检验

（一）企业接收物料后未在工厂内对每个容器中的原辅料通过核对或检验的方式确认每一个包装内的原辅料正确无误。

（二）质量标准未经质量管理部门批准。

（三）检验方法未经验证或确认。

（四）超过复验期的原料药未经适当复验即使用。

（五）一次接收的物料由多个批次构成，未考虑分开取样、检验与批准放行。

（六）对供应商的审计无文件记录。

七、包装材料检验

（一）质量标准未经质量管理部门批准。

（二）生产企业接收后，未在工厂通过核对或检验的方式来确认包材/标签正确无误。

八、成品检验

（一）成品质量标准未经质量管理部门批准。

（二）检验方法未经验证或确认。

（三）运输和贮存条件无 SOP 规定。

九、文件记录

（一）对供应商的审计无文件记录。

（二）成品的运输或储存条件无文件规定。

十、留样

未保存成品留样。

十一、稳定性

（一）稳定性考察数据不全。

（二）当稳定性考察数据显示产品未到有效期就不符合质量标准时，未采取措施。

（三）无持续稳定性考察计划。

（四）稳定性试验的检验方法未经验证或确认。

十二、无菌产品

（一）采用无菌工艺生产的区域对 D 级洁净区域呈负压，D 级洁净区域对非洁净区呈负压。

（二）房间洁净度等级测试的采样点不够/采样方法不正确。

（三）采用无菌工艺灌装的产品在无菌灌装时，环境控制/微生物监控不充分。

（四）厂房与设备的设计或维护未将污染/尘粒产生降到最小的限度。

（五）纯化水与注射用水系统的维护不当。

（六）清洁与消毒计划不正确。

（七）最大限度减少污染或防止混淆的方式/预防措施不当。

（八）未对产品内包装材料、容器和设备的清洁、灭菌、使用之间的间隔时限进行验证。

（九）未考虑产品灭菌前的微生物污染水平。

（十）生产开始到灭菌或过滤之间的间隔时限未经验证。

（十一）培养基灌装规程不正确。

（十二）培养基灌装数量不足。

（十三）培养基灌装未模拟实际的生产情况。

（十四）培养基支持广谱微生物生长的有效性未经证实。

（十五）未做安瓿检漏试验。

（十六）无菌检查样品数量不足或不能代表一个完整的生产周期。

（十七）未将灭菌柜每柜次装载的产品视为一个单独的批次进行取样/无菌检查样品未能涵盖所有柜次。

（十八）未使用纯化水作为注射用水系统和纯蒸汽发生器的源水。

（十九）用于注射剂配制的注射用水未检验细菌内毒素。

（二十）注射剂用容器和内包装材料，其最终淋洗的注射用水未检验细菌内毒素，而这些容器和内包装材料不再进行除热原处理。

附件 3

一般缺陷举例

本附件列举了部分一般缺陷，但并未包含该类缺陷的全部。

一、厂房

（一）地漏敞口/无存水弯。

（二）液体和气体的管道出口处无标志。

（三）生产区内从事与生产无关的活动。

（四）休息、更衣、洗手和盥洗设施设置不当。

二、设备

（一）设备与墙面的间距太小而无法清洁。

（二）洁净区内固定设备的基座连接处未完全密封。

（三）长期或频繁使用临时性的方法和装置进行维修。

（四）有缺陷或不用的设备未移出或未贴上适当的标识。

三、清洁

书面清洁规程内容不完整，但厂区处于可接受的清洁状态。

四、生产管理

（一）原辅料与产品处理的 SOP 内容不完整。

（二）未严格限制未经授权人员进入生产区域。

（三）对接收物料的检查不完全。

五、质量管理

召回规程内容不完整。

六、原辅料检验

检验方法验证或确认的内容不完整。

七、包装材料检验

（一）运输和储藏规程内容不当。

（二）过期/报废包装材料的处理不当。

（三）一次接收的包装材料由多个批次构成，未考虑分开取样、检验与批准放行。

八、文件记录

（一）产品的记录/文件内容不完整。

（二）记录和凭证的保存时间不够。

（三）无组织机构图。

（四）清洁记录内容不完整。

九、留样

（一）无原辅料留样。

（二）成品或原料药留样数量不足。

（三）贮存条件不正确。

十、稳定性

（一）持续稳定性考察的批次不足。

（二）样品数量不足以完成检验。

十一、无菌产品

（一）未监测灭菌用蒸汽，以确保达到适当的质量要求且无添加的成分。

（二）进入洁净区和无菌生产区的最多人数控制不当。

食品药品监管总局关于印发国家药品计划抽验质量分析指导原则的通知

食药监药化监〔2014〕93号

各省、自治区、直辖市食品药品监督管理局，解放军总后卫生部药品监督管理局，中国食品药品检定研究院：

为进一步改进和完善国家药品计划抽验工作，指导各地食品药品检验机构做好国家药品计划抽验质量分析，更好地发挥抽验工作在药品风险监测和安全监管中的作用，总局组织制定了《国家药品计划抽验质量分析指导原则》。现印发给你们，请遵照执行，并就相关工作要求通知如下：

一、以问题导向统领药品抽验工作，为科学监管提供技术支撑

药品抽验是药品监管的重要手段，是提高药品质量安全水平，实现风险管理、科学管理的重要技术支撑。药品抽验工作必须以发现质量问题为目标，药品质量研究与分析应当以问题为导向，围绕排查质量问题和风险展开。尤其是开展探索性研究，应在充分调研的基础上，认真制定研究方案，结合当前药品监管中的突出矛盾和问题，从可能影响药品质量的关键因素和高风险因素入手，着力排查和揭示潜在质量隐患。

二、扎实做好药品质量分析，促进抽验与日常监管的有效衔接

要按照指导原则的要求，根据标准检验和探索性研究结果，对承检的国家药品计划抽验品种的质量状况进行客观评价，对可能影响药品质量的相关因素进行认真分析，提出在质量标准、原辅料、处方与生产工艺、包装材料以及违法违规生产等方面存在的问题，以及进一步强化监管的意见和建议，使抽验工作更好地服务于日常监管。

三、加强对抽验数据的挖掘，提高服务监管的水平

要进一步提高对抽验数据的研究分析和挖掘能力，在完成单一品种质量分析

工作的同时，注重对同期同类品种以及抽验历史数据的横向、纵向对比分析，从趋势分析中探寻影响药品质量安全的内在规律，揭示可能存在的系统性、区域性问题以及“潜规则”等问题，不断提高抽验工作服务监管的水平。

各省（区、市）食品药品监管部门要按照指导原则要求，加强组织协调，指导各食品药品检验机构做好国家药品计划抽验品种的质量分析工作，规范撰写质量分析报告，并按要求及时通过“国家药品抽验信息系统”报送。要把质量分析作为评价抽验工作的重要指标，加强抽验工作的绩效考核。总局正组织建设统一的抽验数据平台，逐步实现抽验数据共享。

附件：国家药品计划抽验质量分析指导原则（略）

国家食品药品监督管理总局
2014年7月9日

食品药品监管总局关于发布儿科人群药代动力学研究技术指导原则的通知

食药监药化管〔2014〕103号

各省、自治区、直辖市食品药品监督管理局：

为规范和指导儿科人群药代动力学研究，鼓励和推动针对我国儿科人群的药物研发，国家食品药品监督管理总局组织制定了《儿科人群药代动力学研究技术指导原则》，现予以发布。

附件：儿科人群药代动力学研究技术指导原则（略）

国家食品药品监督管理总局
2014年7月11日

食品药品监管总局办公厅关于进一步加强含麻醉药品和曲马多口服复方制剂购销管理的通知

食药监办药化监〔2014〕111号

各省、自治区、直辖市食品药品监督管理局：

为进一步遏制含麻醉药品和曲马多口服复方制剂的滥用，防止从药用渠道流失，总局决定对含麻醉药品和曲马多口服复方制剂进一步加强管理。现将有关要求通知如下：

一、在药品零售环节，本通知附件所列含麻醉药品和曲马多口服复方制剂一律列入必须凭处方销售的药品范围，无医师处方严禁销售。

二、附件所列含麻醉药品和曲马多口服复方制剂的购销要求，一律按照国家食品药品监管总局办公厅《关于进一步加强含可待因复方口服溶液、复方甘草片和复方地芬诺酯片购销管理的通知》（食药监办药化监〔2013〕33号）的管理规定执行，一律不得通过互联网销售。

三、药品生产和批发企业要提高对含麻醉药品和曲马多口服复方制剂滥用危害的认识，切实增强防范意识。必须严格执行药品电子监管码赋码和出入库“见码必扫”操作，确保正确核注核销，及时处理系统预警信息。要加强对下游企业销售的管理，电子监管预警信息提示收货企业核注信息有误的必须立即暂停供货、进行调查，发现销售数量和流向等情况异常应及时向当地食品药品监管部门报告。

四、地方各级食品药品监管部门要加强对上述药品生产和购销的监管，严格执行本通知和有关文件的规定。要加大监督检查力度，除对供销资格、票据管理、禁止现金交易、电子监管、销售管理等重点环节加强检查外，还应重视药品电子监管信息的利用，对怀疑销售到非法渠道的问题必须追查到底。要加强对药品零售企业凭处方销售上述药品的监督检查，比对核查药品销售数量和留存处方数量，对不执行凭处方销售的企业，除按照相关法规予以处罚外，还应当取消其处方药经营资格。对违反有关规定直接造成上述药品流入非法渠道的企业，要依法吊销《药品生产许可证》或《药品经营许可证》，涉嫌构成犯罪的，要移送公安机关追究刑事责任。

附件：含麻醉药品和曲马多口服复方制剂产品名单

国家食品药品监督管理总局办公厅
2014年6月5日

附件

含麻醉药品和曲马多口服复方制剂产品名单

1. 阿司待因片
2. 阿司可咖胶囊

3. 阿司匹林可待因片
4. 氨酚待因片
5. 氨酚待因片（Ⅱ）
6. 氨酚氢可酮片
7. 氨酚双氢可待因片
8. 复方地酚诺酯片
9. 复方福尔可定口服溶液
10. 复方福尔可定糖浆
11. 复方甘草片
12. 复方甘草口服溶液
13. 复方磷酸可待因片
14. 复方磷酸可待因溶液
15. 复方磷酸可待因溶液（Ⅱ）
16. 复方磷酸可待因口服溶液
17. 复方磷酸可待因口服溶液（Ⅲ）
18. 复方磷酸可待因糖浆
19. 复方枇杷喷托维林颗粒
20. 可待因桔梗片
21. 可愈糖浆
22. 氯酚待因片
23. 洛芬待因缓释片
24. 洛芬待因片
25. 萘普待因片
26. 尿通卡克乃其片
27. 愈创罂粟待因片
28. 愈酚待因口服溶液
29. 愈酚伪麻待因口服溶液
30. 复方曲马多片
31. 氨酚曲马多片
32. 氨酚曲马多胶囊

食品药品监管总局关于加强中药生产中提取和提取物监督管理的通知

食药监药化监〔2014〕135 号

各省、自治区、直辖市食品药品监督管理局：

中药提取和提取物是保证中药质量可控、安全有效的前提和物质基础。近年来，随着中药生产的规模化和集约化发展，中药提取或外购中药提取物环节存在的问题比较突出，给中药的质量安全带来隐患。为加强中药提取和提取物的监督管理，规范中药生产行为，保证中成药质量安全有效，现将有关规定通知如下：

一、中药提取是中成药生产和质量管理的关键环节，生产企业必须具备与其生产品种和规模相适应的提取能力。药品生产企业可以异地设立前处理和提取车间，也可与集团内部具有控股关系的药品生产企业共用前处理和提取车间。

二、中成药生产企业需要异地设立前处理或提取车间的，需经企业所在地省（区、市）食品药品监督管理局批准。跨省（区、市）设立异地车间的，还应经车间所在地省（区、市）食品药品监督管理局审查同意。中成药生产企业《药品生产许可证》上应注明异地车间的生产地址。

三、与集团内部具有控股关系的药品生产企业共用前处理和提取车间的，该车间应归属于集团公司内部一个药品生产企业，并应报经所在地省（区、市）食品药品监督管理局批准。跨省（区、市）设立共用车间的，须经双方所在地省（区、市）食品药品监督管理局审查同意。该集团应加强统一管理，明确双方责任，制定切实可行的生产和质量管理措施，建立严格的质量控制标准。共用提取车间的中成药生产企业《药品生产许可证》上应注明提取车间的归属企业名称和地址。

四、中成药生产企业应对其异地车间或共用车间相关品种的前处理或提取质量负责，将其纳入生产和质量管理体系并对生产的全过程进行管理，提取过程应符合所生产中成药的生产工艺。提取过程与中成药应批批对应，形成完整的批生产记录，并在贮存、包装、运输等方面采取有效的质量控制措施。共用车间所属企业应按照《药品生产质量管理规范》（以下简称药品 GMP）组织生产，严格履行双方质量协议，对提取过程的质量负责。

五、中成药生产企业所在地省（区、市）食品药品监督管理局负责异地车间或共用车间相应品种生产过程的监督管理，对跨省（区、市）的异地车间或共用车间应进行延伸监管，车间所在地省（区、市）食品药品监督管理局负责异地车间或共用车间提取过程的日常监管。

六、自本通知印发之日起，各省（区、市）食品药品监督管理局一律停止中药提取委托加工的审批，已经批准的，可延续至2015年12月31日。在此期间，各省（区、市）食品药品监督管理局应切实加强对已批准委托加工的监督管理，督促委托方按照药品GMP的要求切实履行责任，制定可行的质量保证体系和管理措施，建立委托加工提取物的含量测定或指纹图谱等可控的质量标准，对委托加工全过程的生产进行质量监控和技术指导，并在运输过程中采取有效措施，以保证委托加工质量。凡不符合要求的一律撤销其委托加工的审批，并不得另行审批。

自2016年1月1日起，凡不具备中药提取能力的中成药生产企业，一律停止相应品种的生产。

七、对中成药国家药品标准处方项下载明，且具有单独国家药品标准的中药提取物实施备案管理。凡生产或使用上述应备案中药提取物的药品生产企业，均应按照《中药提取物备案管理实施细则》（见附件）进行备案。

八、中成药生产企业应严格按照药品标准投料生产，并对中药提取物的质量负责。对属于备案管理的中药提取物，可自行提取，也可购买使用已备案的中药提取物；对不属于备案管理的中药提取物，应自行提取。自2016年1月1日起，中成药生产企业一律不得购买未备案的中药提取物投料生产。

九、备案的中药提取物生产企业应按照药品GMP要求组织生产，保证其产品质量，其日常监管由所在地省（区、市）食品药品监督管理局负责。

自本文印发之日起，对中药提取物生产企业一律不予核发《药品生产许可证》和《药品GMP证书》，已核发的，有效期届满后不得再重新审查发证。

十、中成药生产企业使用备案的中药提取物投料生产的，应按照药品GMP要求对中药提取物生产企业进行质量评估和供应商审计。中成药生产企业所在地省（区、市）食品药品监督管理局应按照药品GMP有关要求和国家药品标准对中药提取物生产企业组织开展延伸检查，并出具检查报告，确认其是否符合药品GMP要求。

十一、对中药提取物将不再按批准文号管理，但按新药批准的中药有效成份和有效部位除外。对已取得药品批准文号，按本通知规定应纳入备案管理的中药提取物，在原批准文号有效期届满后，各省（区、市）食品药品监督管理局不再受理其再注册申请。

十二、中药材前处理是中药生产的重要工序，中药生产企业和中药提取物生产企业应当具备与所生产品种相适应的中药材前处理设施、设备，制定相应的前处理工艺规程，对中药材进行炮制和加工。外购中药饮片投料生产的，必须从具备合法资质的中药饮片生产经营企业购买。

十三、中成药生产企业违反本通知第七条规定，使用未备案的中药提取物投料生产的，应依据《中华人民共和国药品管理法》第七十九条进行查处。

十四、中成药生产企业未按药品标准规定投料生产，购买并使用中药提取物代替中药饮片投料生产的，应依据《中华人民共和国药品管理法》第四十八条第三款第二项按假药论处。

十五、本通知自印发之日起执行，此前印发的相关文件与本通知不一致的，以本通知为准。

以上请各省（区、市）食品药品监督管理局通知行政区域内相关药品生产企业并遵照执行。在本文件执行过程中如有问题和建议，请及时向总局反映。

附件：中药提取物备案管理实施细则

国家食品药品监督管理总局
2014 年 7 月 29 日

附件

中药提取物备案管理实施细则

第一条　为加强中成药生产监督管理，规范中药提取物备案管理工作，保证使用中药提取物的中成药安全、有效和质量可控，制定本细则。

第二条　本细则所指中药提取物，是中成药国家药品标准的处方项下载明，并具有单独国家药品标准，且用于中成药投料生产的挥发油、油脂、浸膏、流浸膏、干浸膏、有效成份、有效部位等成份。

本细则所指中药提取物不包括：中成药国家药品标准中附有具体制法或标准的提取物；按新药批准的中药有效成份或有效部位；冰片、青黛、阿胶等传统按中药材或中药饮片使用的产品；盐酸小檗碱等按化学原料药管理，并经过化学修饰的产品。

第三条　本细则所指中药提取物备案，是中药提取物生产企业按要求提交中药提取物生产备案资料，以及中药提取物使用企业按要求提交使用备案资料的过程。

第四条　中药提取物生产备案，中药提取物生产企业应通过中药提取物备案信息平台，填写《中药提取物生产备案表》（附 1），向所在地省（区、市）食品药品监督管理局提交完整的资料（PDF 格式电子版），并对资料真实性负责。

第五条 中药提取物生产备案应提交以下资料：

（一）《中药提取物生产备案表》原件。

（二）证明性文件彩色影印件，包括有效的《营业执照》等。

（三）国家药品标准复印件。

（四）生产该提取物用中药材、中药饮片信息。包括产地、基原、执行标准或炮制规范。

（五）关键工艺资料。包括主要工艺路线、设备，关键工艺参数等，关键工艺资料应提供给中药提取物使用企业。

（六）内控质量标准。包括原料、各单元工艺环节物料及过程质量控制指标、提取物成品检验标准，以及完整工艺路线、详细工艺参数等。用于中药注射剂的中药提取物应提交指纹或特征图谱检测方法和指标等质量控制资料。

（七）中药提取物购销合同书彩色影印件。购销合同书应明确质量责任关系。

（八）其他资料。

第六条 中药提取物生产备案信息不得随意变更，如有变更，中药提取物生产企业应及时通知相关中药提取物使用企业，并提交变更相关资料，按上述程序和要求重新备案。

第七条 中药提取物使用备案，中药提取物使用企业应通过中药提取物备案信息平台，填写《中药提取物使用备案表》（附2），向所在地省（区、市）食品药品监督管理局提交完整的资料（PDF格式电子版），并对资料真实性负责。

第八条 中药提取物使用备案应提交以下资料：

（一）《中药提取物使用备案表》原件。

（二）证明性文件彩色影印件。包括有效的《药品生产许可证》、《营业执照》、《药品GMP证书》、使用中药提取物的中成药品种批准证明文件及其变更证明文件等。

（三）使用中药提取物的中成药国家药品标准复印件。

（四）中药提取物购销合同书彩色影印件。购销合同书应明确质量责任关系。

（五）对中药提取物生产企业的质量评估报告。重点包括评估中药提取物生产企业的生产条件、技术水平、质量管理、中药提取物原料、生产过程和提取物质量等方面。

（六）对中药提取物生产企业的供应商审计报告。

（七）中药提取物关键工艺资料。

（八）其他资料。

第九条 中成药国家药品标准处方项下含多种中药提取物的，应填写同一《中药提取物使用备案表》，一同备案。

第十条 中成药生产企业自主生产中药提取物供本企业使用的，应分别对该中药提取物进行生产及使用备案，使用备案时仅提交第八条中的（一）~（二）项资料。

第十一条 中药提取物使用企业应固定中药提取物来源；及时了解其使用的中药提取物生产备案信息变更情况，参照《已上市中药变更研究技术指导原则(一)》的要求，对中药提取物生产备案信息变更可能产生的中成药产品质量变化进行研究和评估，中药提取物生产备案信息变更造成中成药产品质量改变的，应立即停止使用。

中药提取物使用备案信息发生变更，包括使用企业、使用的中成药品种及其使用的提取物生产备案的有关信息变更等，相关使用企业应提交变更相关资料，按上述程序和要求重新备案。

第十二条 国家食品药品监督管理总局负责建立中药提取物备案信息平台。

各省（区、市）食品药品监督管理局负责本行政区域内中药提取物生产或使用备案工作，并负责本行政区域内中药提取物生产或使用的监督检查。

第十三条 各省（区、市）食品药品监督管理局收到中药提取物备案资料后，应在5个工作日内将备案资料传送至中药提取物备案信息平台。中药提取物备案信息平台按备案顺序自动生成中药提取物备案号。

中药提取物生产备案号格式为：ZTCB+4位年号+4位顺序号+省份简称；如有变更，变更后备案顺序号格式：原备案号+3位变化顺序号。

中药提取物使用备案号格式为：ZTYB+4位年号+4位顺序号+省份简称；如有变更，变更后备案号格式：原备案号+3位变化顺序号。

第十四条 中药提取物备案信息平台将自动公开使用备案基本信息，包括：中药提取物名称、生产企业、备案时间、生产备案号，使用该中药提取物的中成药品种名称、批准文号、生产企业、备案时间、使用备案号，备案状态。

中药提取物生产备案内容及使用备案中的内控质量标准、生产工艺资料、购买合同书和质量评估报告等资料不予公开。

第十五条 中药提取物备案信息供各级食品药品监督管理局监督检查及延伸检查使用；其中，未公开的备案资料仅供国家食品药品监督管理总局、备案所在地省（区、市）食品药品监督管理局监督检查及延伸检查使用。

第十六条 各省（区、市）食品药品监督管理局在监督检查中发现存在以下情形的，应采取责令整改、暂停生产使用该中药提取物等措施，并依法予以行政处罚，同时报请国家食品药品监督管理总局在该中药提取物相关备案信息中记载并公示。

（一）备案资料与生产实际不一致的；

（二）中药提取物的生产不符合《药品生产质量管理规范》（GMP）要求的；

（三）中药提取物的生产不符合国家药品标准的；

（四）外购中药提取物冒充自主生产产品的；

（五）外购中药提取物半成品或成品进行分包装或改换包装的；

（六）经查实，中成药出现的质量问题系由其使用的中药提取物引起的；

（七）存在其他违法违规行为的。

附：1. 中药提取物生产备案表（略）

2. 中药提取物使用备案表（略）

食品药品监管总局关于贯彻实施药品委托生产监督管理规定的通知

食药监药化监〔2014〕167号

各省、自治区、直辖市食品药品监督管理局：

《药品委托生产监督管理规定》（国家食品药品监督管理总局公告2014年第36号，以下简称《规定》）已经发布，将于2014年10月1日起实施。现将实施要求通知如下：

一、自2014年10月1日起，各省（区、市）食品药品监督管理局负责履行全部药品委托生产审批职责，总局不再受理药品委托生产申请。自2014年10月1日起受理的药品委托生产申请，其审批和监督管理工作应当严格遵照《规定》执行。之前受理的，按原有规定审批。

总局批准的药品委托生产，有效期届满需要继续委托生产的，由各省（区、市）食品药品监督管理局负责审批。对于《规定》新增加的不得委托生产的药品，已经批准的，在《药品委托生产批件》有效期内可继续生产，有效期届满应停止委托生产，并不得再审批。

二、委托生产是对现有药品生产的补充，是解决市场供应不足，满足临床用药需求的暂时性措施。只有在因技术改造暂不具备生产条件和能力或产能不足暂不能保障市场供应的情况下，药品生产企业方可申请委托生产。各省（区、市）食品药品监督管理局要严格把握委托生产的原则和审批标准。

三、严格执行原国家食品药品监督管理局等四部门《关于加快实施新修订药品生产质量管理规范促进医药产业升级有关问题的通知》（国食药监安〔2012〕376号）要求，委托生产药品的双方必须在规定的截止时间之前通过新修订药品

GMP 认证，未通过认证的，一律不批准其药品委托生产申请。

四、各省（区、市）食品药品监督管理局要组织行政区域内药品生产企业认真学习《规定》，把握新的要求，督促委托生产药品的双方严格执行《规定》，加强质量管理，保证委托生产药品质量的一致性。

五、各省（区、市）食品药品监督管理局应制定药品委托生产审批工作程序和要求，完善管理系统，加强对委托生产审批的管理；应配备具有适当资质的人员承担药品委托生产审批工作，强化责任，严格按《规定》要求进行审批，不符合要求的，坚决不予审批。

六、各省（区、市）食品药品监督管理局应将药品委托生产作为日常监管的重要内容纳入工作计划，对委托生产药品的双方加强监管。对监督检查中发现的违法违规行为坚决依法予以查处，确保委托生产药品的质量。

七、对于跨省的药品委托生产，委托方和受托方所在地省（区、市）食品药品监督管理局应按《规定》要求做好配合和衔接，通力协作，严格审批，联合监管，确保监管责任落实到位。对于敷衍塞责、推诿扯皮造成不良后果的，要依法依纪严肃追究责任。

八、各省（区、市）食品药品监督管理局应按《规定》要求做好委托生产审批、监管信息化建设和信息收集工作，及时上报审批相关信息。要定期进行汇总、分析和总结，于每年 3 月 31 日前将上一年度审批和监管情况上报总局。

九、总局负责对全国药品委托生产审批和监督管理进行指导和监督检查，通过组织培训、开展考核评估、适时开展督查等，确保省（区、市）食品药品监督管理局能够全面正确履行职能。

各省（区、市）食品药品监督管理局工作中如有新问题或建议，请及时向总局反馈。

国家食品药品监督管理总局
2014 年 8 月 14 日

食品药品监管总局关于正电子类放射性药品委托生产监督管理有关事宜的通知

食药监药化监〔2014〕249 号

各省、自治区、直辖市食品药品监督管理局：

正电子类放射性药品所含放射性核素半衰期较短，需要就近生产并及时供应医疗机构使用。为保证药品质量，满足医疗需求，根据《放射性药品管理办法》、《药品生产监督管理办法》、《药品委托生产监督管理规定》等有关规定，现将正电子类放射性药品委托生产监督管理的有关事宜通知如下：

一、取得正电子类放射性药品批准文号的药品生产企业（以下简称委托方），可以委托多家放射性药品生产企业（以下简称受托方）同时生产该药品。受托方应当持有与正电子类放射性药品生产条件相适应的放射性药品生产许可证。委托方应当与受托方签订委托生产合同，明确双方在药品委托生产技术、质量控制等方面的义务与责任。

二、委托方应当对受托方的生产条件、技术水平和质量管理情况进行详细考查，向受托方提供委托生产药品的技术和质量文件，确认受托方具有受托生产的条件和能力。

委托方应当对委托生产的全过程进行指导和监督，负责委托生产药品的批准放行，保证委托生产药品的质量。

三、委托生产申请由委托方所在地省级食品药品监督管理部门负责受理和审批。委托方应当填写申请表（附件1），并按照本规定要求提交申请材料（附件2）报所在地省级食品药品监督管理部门。委托方和受托方不在同一省（区、市）的，须经受托方所在地省级食品药品监督管理部门同意后方可提出申请。

省级食品药品监督管理部门应当按照《药品委托生产监督管理规定》明确的时限和程序进行受理和审批。予以批准的，发给《药品委托生产批件（正电子类放射性药品）》（样式见附件3）；不予批准的，应当书面说明理由。

四、企业取得《药品委托生产批件（正电子类放射性药品）》后，受托方需申请与该药品生产条件相适应的《药品生产质量管理规范》认证，取得认证证书后，方可进行生产。受托方应当按照《药品生产质量管理规范》相关规定进行生产，建立质量受权人制度，对每批产品进行批准放行，确保按照药品注册工艺要求完成生产和检验，并按规定保存所有生产文件和记录。

五、《药品委托生产批件（正电子类放射性药品）》有效期不得超过3年，《药品生产许可证》、《药品生产质量管理规范》认证证书或药品批准证明文件有效期届满未延续的，《药品委托生产批件（正电子类放射性药品）》自行废止。

《药品委托生产批件（正电子类放射性药品）》有效期届满需要继续委托生产的，委托方应当在有效期届满3个月前提交有关材料（附件2），办理延续手续。委托生产合同提前终止的，委托方应当及时办理《药品委托生产批件（正电子类放射性药品）》的注销手续。

六、委托生产的正电子类放射性药品，其处方、生产工艺、质量标准、包装规格、标签、使用说明书、批准文号等应当与原批准的内容相同。在委托生产的药品包装、标签和说明书上，应当标明委托方企业名称和注册地址、受托方企业名称和生产地址。

七、委托生产的药品发生严重不良反应或质量事故的，委托方和受托方必须立即报告所在地省级食品药品监督管理部门。

八、委托方所在地省级食品药品监督管理部门负责委托生产的监督管理。受托方所在地省级食品药品监督管理部门应当对受托生产过程进行日常监管。必要时，委托方所在地省级食品药品监督管理部门也可以组织对受托方受托生产情况进行监督检查。对委托方和受托方的监督检查在《药品委托生产批件（正电子类放射性药品）》有效期内至少进行一次。发现企业存在违法违规行为的，应当按照《放射性药品管理办法》和《药品生产监督管理办法》等有关规定处理。

附件：1. 正电子类放射性药品委托生产申请表（略）

2. 正电子类放射性药品委托生产申请材料目录（略）

3. 药品委托生产批件（正电子类放射性药品）（样式）（略）

国家食品药品监督管理总局

2014 年 11 月 3 日

关于严厉查处药品批发企业违法销售含可待因复方口服溶液案件的通知

食药监药化监〔2014〕254 号

各省、自治区、直辖市食品药品监督管理局、公安厅（局），新疆生产建设兵团食品药品监督管理局、公安局：

近年来，青少年滥用含可待因复方口服溶液药品问题日益严重，因其含有麻醉药品列管品种可待因成分，大剂量使用容易成瘾。食品药品监管部门和公安机关始终对含可待因复方口服液严格销售管理，严惩违法犯罪行为。近期，国内发生多起因滥用复方磷酸可待因口服液成瘾甚至致死案（事）件，严重影响青少年身心健康，已造成严重的社会危害。究其原因，主要是个别药品生产经营企业明知故犯，见利忘义，罔顾国家法律和相关规定，使用非法手段向不法分子大量销售药品，并提供合法外衣进行掩护。对此，必须予以严厉打击。

食品药品监管部门近期组织开展了专项突击检查，查明部分药品批发企业弄虚作假，蓄意造成大量含可待因复方口服溶液流失。食品药品监管总局已要求相关省级食品药品监管部门立案查处，对违法企业按照《中华人民共和国药品管理法》第七十九条情节严重情形，依法吊销其《药品经营许可证》，对于构成犯罪的，依法追究刑事责任。

相关地区食品药品监管部门要高度重视案件查办工作，主动向公安机关通报情况，密切协作，尽快查清药品流失数量、参与人员和企业，涉嫌犯罪的要及时移送公安机关。相关地区公安机关接报后，要积极介入案件调查，查实药品真实流向，依法严肃追究有关责任人员的法律责任，严厉惩处违法犯罪行为。

各省、自治区、直辖市食品药品监管部门和公安机关要认真贯彻落实党中央、国务院关于加强禁毒工作的意见要求，多管齐下，不断创新禁毒联合工作机制，通过切实加强药品生产、经营企业购销行为监管和联手查办违法犯罪行为，防微杜渐，坚决遏制含可待因复方口服溶液在非法渠道肆意贩卖的势头，阻断该类药品非法滥用，切实保护公众身心健康。

请将相关工作开展情况分别及时报送食品药品监管总局、公安部。

国家食品药品监督管理总局
中华人民共和国公安部
2014 年 11 月 19 日

关于印发戒毒药物维持治疗工作管理办法的通知

国卫疾控发〔2014〕91 号

各省、自治区、直辖市卫生计生委、公安厅局、食品药品监管局，新疆生产建设兵团卫生局、公安局、食品药品监管局：

为贯彻落实《中华人民共和国禁毒法》、《艾滋病防治条例》、《戒毒条例》和《中共中央国务院关于加强禁毒工作的意见》要求，进一步规范戒毒药物维持治疗工作，国家卫生计生委、公安部、国家食品药品监管总局共同制定了《戒毒药物维持治疗工作管理办法》（可从国家卫生计生委网站 www. nhfpc. gov. cn 下载）。该办法已经国务院防治艾滋病工作委员会第二次全体会议审议通过，现印发给你们，请遵照执行。

国家卫生计生委　公安部
国家食品药品监管总局
2014 年 12 月 31 日

戒毒药物维持治疗工作管理办法

第一章　总　　则

第一条　为减少因滥用阿片类物质造成的艾滋病等疾病传播和违法犯罪行为，巩固戒毒成效，规范戒毒药物维持治疗工作，根据《中华人民共和国禁毒法》、《中华人民共和国传染病防治法》、《中华人民共和国执业医师法》、《戒毒条例》、《艾滋病防治条例》、《医疗机构管理条例》和《麻醉药品和精神药品管理条例》等有关法律法规，制定本办法。

第二条　本办法所称戒毒药物维持治疗（以下简称维持治疗），是指在符合条件的医疗机构，选用适宜的药品对阿片类物质成瘾者进行长期维持治疗，以减轻他们对阿片类物质的依赖，促进身体康复的戒毒医疗活动。

本办法所称戒毒药物维持治疗机构（以下简称维持治疗机构），是指经省级卫生计生行政部门批准，从事戒毒药物维持治疗工作的医疗机构。

第三条　维持治疗工作是防治艾滋病与禁毒工作的重要组成部分，必须坚持公益性原则，不得以营利为目的。

维持治疗工作应当纳入各级人民政府防治艾滋病与禁毒工作规划，实行政府统一领导，有关部门各负其责，社会广泛参与的工作机制。

第四条　对在维持治疗工作中有显著成绩和作出突出贡献的单位与个人，按照国家有关规定给予表彰、奖励。

第二章　组织管理

第五条　国家卫生计生委会同公安部、国家食品药品监管总局组织协调、监测评估与监督管理全国的维持治疗工作。

国家卫生计生委根据全国艾滋病防治工作需要和各省级卫生计生行政部门上报的维持治疗工作计划，确定各省（区、市）工作任务。

第六条　省级卫生计生行政部门会同同级公安、食品药品监管等有关部门制订本辖区的维持治疗工作规划，开展组织协调、监测评估等工作。

省级卫生计生行政部门负责本辖区维持治疗工作的审批，组织维持治疗机构的专业人员培训，并对维持治疗工作进行监督管理与技术指导。

省级公安机关负责本辖区治疗人员信息的备案登记工作。

省级食品药品监管部门负责辖区内维持治疗药品配制单位的审核和确定，维持治疗药品配制、供应的监督管理工作，对治疗人员开展药物滥用监测工作。

第七条　县级、设区的市级卫生计生行政部门会同同级公安机关、食品药品监管部门建立联席会议机制，协商解决维持治疗工作中存在的问题。

县级、设区的市级卫生计生行政部门负责维持治疗机构内维持治疗药品使用和有关医疗活动的监督管理。

县级、设区的市级公安机关负责依法处理维持治疗工作中的违法犯罪行为。

县级、设区的市级食品药品监管部门负责对维持治疗药品配制、供应等进行日常监督检查。

第八条 维持治疗机构对符合条件的申请维持治疗人员按照规范提供治疗及综合干预服务，并按规定开展实验室检测、信息管理等工作。

维持治疗机构应当与社区戒毒和社区康复工作机构相互配合，对正在执行社区戒毒、社区康复的治疗人员，开展必要的社会心理干预等工作。

第三章 机构人员

第九条 省级卫生计生行政部门会同同级公安机关、食品药品监管部门，根据本辖区内现有阿片类物质成瘾者分布状况和需求，结合辖区内现有医疗卫生资源分布状况，规划维持治疗机构的数量和布局，并可以根据情况变化进行调整。

第十条 医疗机构拟开展维持治疗工作的，应当将书面申请材料提交执业登记机关，由其将书面材料报省级卫生计生行政部门批准。省级卫生计生行政部门应当根据本辖区的维持治疗工作规划、本办法及有关规定进行审查，自受理申请之日起20个工作日内，作出批准或者不予批准的决定，并书面告知申请人。批准前，应当征求同级公安机关及食品药品监管部门意见。

被批准开展维持治疗工作的医疗机构，应当在省级卫生计生行政部门批准后，及时向同级公安机关备案。省级卫生计生行政部门应当将有关信息通报同级公安机关、食品药品监管部门。省级卫生计生、公安、食品药品监管等部门应当分别报上一级行政部门备案。

第十一条 维持治疗机构的名称、场所、主要负责人等发生变化时，应当按照《医疗机构管理条例》及其实施细则等相关规定办理变更登记，并向省级卫生计生行政部门以及同级公安机关备案。

第十二条 申请开展维持治疗工作的机构应当具备以下条件：

（一）具有《医疗机构执业许可证》；

（二）取得麻醉药品和第一类精神药品购用印鉴卡（以下简称印鉴卡）；

（三）具有与开展维持治疗工作相适应的执业医师、护士等专业技术人员和安保人员；

（四）符合维持治疗有关技术规范的相关规定。

具有戒毒医疗服务资质的医疗机构申请开展维持治疗工作的，应当按照本办法第十条的规定办理。

第十三条　从事维持治疗工作的医师应当符合以下条件：

（一）具有执业医师资格并经注册取得《医师执业证书》；

（二）按规定参加维持治疗相关培训；

（三）使用麻醉药品和第一类精神药品的医师应当取得麻醉药品和第一类精神药品处方权；

（四）省级卫生计生行政部门规定的其他条件。

第十四条　从事维持治疗工作的护士应当符合以下条件：

（一）具有护士执业资格并经注册取得《护士执业证书》；

（二）按规定参加维持治疗工作相关培训；

（三）省级卫生计生行政部门规定的其他条件。

第十五条　从事维持治疗工作的药师应当符合以下条件：

（一）具有药学初级以上专业技术资格；

（二）按规定参加维持治疗工作相关培训；

（三）省级卫生计生行政部门规定的其他条件。

第十六条　维持治疗机构根据实际情况，可以设立延伸服药点，并由省级卫生计生行政部门按照本办法第十二条第一款规定的条件进行审批。维持治疗机构负责延伸服药点的日常管理。

第十七条　维持治疗机构依法对治疗人员的相关信息予以保密。除法律法规规定的情况外，未经本人或者其监护人同意，维持治疗机构不得向任何单位和个人提供治疗人员的相关信息。

第四章　药品管理

第十八条　维持治疗使用的药品为盐酸美沙酮口服溶液（规格：1mg/ml，5000ml/瓶）。

配制盐酸美沙酮口服溶液的原料药实行计划供应，由维持治疗药品配制单位根据实际情况提出需用计划，经国家食品药品监管总局核准后执行。

第十九条　经确定的维持治疗药品配制单位应当按照国家药品标准配制盐酸美沙酮口服溶液，并配送至维持治疗机构。

第二十条　维持治疗机构应当凭印鉴卡从本省（区、市）确定的维持治疗药品配制单位购进盐酸美沙酮口服溶液。跨省购进的，需报相关省级食品药品监管部门备案。

维持治疗机构调配和拆零药品所使用的容器和工具应当定期消毒或者更换，

防止污染药品。

第二十一条 维持治疗药品的运输、使用及储存管理等必须严格执行《中华人民共和国药品管理法》和《麻醉药品和精神药品管理条例》的相关规定。

第五章 维 持 治 疗

第二十二条 年龄在18周岁以上、有完全民事行为能力的阿片类物质成瘾者，可以按照自愿的原则申请参加维持治疗。18周岁以下的阿片类物质成瘾者，采取其他戒毒措施无效且经其监护人书面同意，可以申请参加维持治疗。

有治疗禁忌症的，暂不宜接受维持治疗。禁忌症治愈后，可以申请参加维持治疗。

第二十三条 申请参加维持治疗的人员应当向维持治疗机构提供以下资料：

（一）个人身份证复印件；

（二）吸毒经历书面材料；

（三）相关医学检查报告。

维持治疗机构接到申请人提交的合格资料后5个工作日内，书面告知申请人是否可以参加治疗，并将审核结果报维持治疗机构所在地公安机关备案。

第二十四条 申请参加治疗的人员应当承诺治疗期间严格遵守维持治疗机构的各项规章制度，接受维持治疗机构开展的传染病定期检查以及毒品检测，并签订自愿治疗协议书。

第二十五条 维持治疗机构应当为治疗人员建立病历档案，并按规定将治疗人员信息及时报维持治疗机构所在地公安机关登记备案。

第二十六条 符合维持治疗条件的社区戒毒、社区康复人员，经乡（镇）、街道社区戒毒、社区康复工作机构同意，可以向维持治疗机构申请参加维持治疗。

第二十七条 维持治疗机构除为治疗人员提供维持治疗外，还需开展以下工作：

（一）开展禁毒和防治艾滋病法律法规宣传；

（二）开展艾滋病、丙型肝炎、梅毒等传染病防治和禁毒知识宣传；

（三）提供心理咨询、心理康复及行为矫治等工作；

（四）开展艾滋病、丙型肝炎、梅毒和毒品检测；

（五）协助相关部门对艾滋病病毒抗体阳性治疗人员进行随访、治疗和转介；

（六）协助食品药品监管部门开展治疗人员药物滥用的监测工作。

第二十八条 维持治疗机构应当与当地社区戒毒、社区康复工作机构及戒毒康复场所建立衔接机制，加强信息的沟通与交流。

社区戒毒、社区康复工作机构、强制隔离戒毒所和戒毒康复场所应当对正在执行戒毒治疗和康复措施的人员开展维持治疗相关政策和知识的宣传教育，对有意愿参加维持治疗的人员，应当帮助他们与维持治疗机构做好信息沟通。

第二十九条　维持治疗机构发现治疗人员脱失的，应当及时报告当地公安机关；发现正在执行社区戒毒、社区康复治疗人员脱失的，应当同时通报相关社区戒毒、社区康复工作机构。

第三十条　因户籍所在地或者现居住地发生变化，不能在原维持治疗机构接受治疗的，治疗人员应当及时向原维持治疗机构报告，由原维持治疗机构负责治疗人员的转介工作，以继续在异地接受维持治疗服务。

正在执行社区戒毒、社区康复措施的，应当会同社区戒毒、社会康复工作机构一并办理相关手续。

第三十一条　治疗人员在参加维持治疗期间出现违反治疗规定、复吸毒品、严重影响维持治疗机构正常工作秩序或者因违法犯罪行为被羁押而不能继续接受治疗等情形的，维持治疗机构应当终止其治疗，及时报告当地公安机关。

被终止治疗者申请再次参加维持治疗的，维持治疗机构应当进行严格审核，重新开展医学评估，并根据审核和评估结果确定是否接受申请人重新进入维持治疗。维持治疗机构应当将审核结果及时报所在地公安机关备案。

第六章　监督管理

第三十二条　国家卫生计生委、公安部和国家食品药品监管总局定期组织开展全国维持治疗工作的监督管理、督导和考核评估工作。

第三十三条　县级以上地方卫生计生行政部门监督检查的主要内容包括：

（一）维持治疗机构及其工作人员的资质情况；

（二）麻醉药品和第一类精神药品使用资质；

（三）维持治疗机构工作职责落实情况；

（四）维持治疗机构工作人员培训情况；

（五）维持治疗药品使用、存储、销毁和安全管理情况。

第三十四条　县级以上地方公安机关监督检查的主要内容包括：

（一）维持治疗机构治安秩序的维护情况；

（二）治疗人员信息登记备案情况；

（三）治疗人员违法犯罪行为的依法处理情况。

第三十五条　县级以上地方食品药品监管部门监督检查的主要内容包括：

（一）维持治疗药品的配制和质量控制情况；

（二）维持治疗药品的供应情况；

（三）维持治疗药品配制单位药品的安全管理情况。

第三十六条 维持治疗机构应当制订内部监督管理制度，并对工作人员履行职责的情况进行监督管理。

第三十七条 维持治疗机构及工作人员应当自觉接受社会和公民的监督。卫生计生行政部门应当会同公安机关及食品药品监管部门及时处理个人或者组织对违反本办法行为的举报。

第三十八条 开展维持治疗应当遵守国家有关法律法规和规章，执行维持治疗有关技术规范。维持治疗工作中违反本办法规定的，卫生计生行政部门、公安机关及食品药品监管部门将依照国家有关法律法规进行处理。

第七章 保障措施

第三十九条 维持治疗机构提供维持治疗服务的价格执行当地省级价格、卫生计生、人力资源社会保障等部门的有关规定。维持治疗机构按规定收取治疗人员的诊疗费用，可以用于维持治疗药品的配制、运输、配送和维持治疗机构的日常运转、人员培训、延伸服药点的管理等各项开支。

第四十条 符合规划设立的维持治疗机构所需设备购置等必要的工作经费纳入同级财政预算安排，中央财政给予适当补助。

第四十一条 维持治疗机构可以根据当地经济发展状况，为确需治疗且经济困难的治疗人员给予体检、维持治疗费用减免等关怀救助。

第四十二条 维持治疗机构应当对工作人员开展艾滋病等传染病的职业暴露防护培训，并采取有效防护措施。

维持治疗工作中发生艾滋病病毒职业暴露的，按照相关规定执行暴露后预防措施。

第八章 附则

第四十三条 维持治疗需要使用其他药品时，由国家卫生计生委会同公安部和国家食品药品监管总局确定并公布。

第四十四条 县级以上地方卫生计生行政部门应当在本办法施行之日起6个月内，按照本办法规定对辖区内已经开展维持治疗工作的机构进行审核评估。符合规定的，由省级卫生计生行政部门批准其维持治疗机构资格，同时将情况通报同级公安机关。对不符合规定的，责令其限期整改，整改期满后予以复查。仍不合格的，撤销其开展维持治疗机构资格，并通报同级公安机关。

第四十五条　本办法仅适用于维持治疗工作，其他戒毒医疗服务适用《戒毒医疗服务管理暂行办法》（卫医政发〔2010〕2号）。

第四十六条　本办法自2015年2月1日起施行。《滥用阿片类物质成瘾者社区药物维持治疗工作方案》（卫疾控发〔2006〕256号）同时废止。

关于加强药品经营企业药品销售监督管理工作的通知

食药监办药化监〔2014〕156号

各省、自治区、直辖市食品药品监督管理局、卫生计生委（卫生厅局）：

今年以来，媒体连续报道个别幼儿园违规使用处方药和个别零售药店违规销售抗生素等问题，引发较大社会反响，公众对规范药品销售问题日益关注。为加强药品销售环节监管，督促药品经营企业严格执行新修订《药品经营质量管理规范》有关规定，现将有关要求通知如下：

一、药品批发企业应当严格审核购货单位资质，只能将药品销售给具有合法资质的企业或单位，并与其经营和使用范围相适应。要加强对购货单位采购人员身份的核实，防止无资质企业、单位和个人冒用他人合法资质套购药品。

二、药品零售企业应当严格执行处方药与非处方药分类管理的规定，对于必须凭处方销售的药品，销售时应当认真执行处方审核、签章和留存等规定，不能提供医师处方的，一律严禁销售。要认真落实执业药师在岗执业的要求，为消费者提供必要的药学服务和合理用药指导。开展诊疗活动，如坐堂行医、开具处方等，必须依法取得《医疗机构执业许可证》，并符合相关管理规定。

三、地方各级食品药品监管部门要加强对药品经营企业购销药品行为的日常监督，加大对企业在经营活动中的审核资质、开具票据或销售凭证、执行处方药与非处方药分类管理制度，以及执业药师在岗执业情况等方面的检查力度。对违反上述规定的企业，应当按照《中华人民共和国药品管理法》第七十九条严肃查处；情节严重的，依法吊销《药品经营许可证》。发现药品零售企业未取得《医疗机构执业许可证》开展诊疗活动或存在非医师行医行为的，应当及时移送当地卫生计生行政部门依法处理。

为督促各地切实加强监管，了解相关规定执行情况，食品药品监管总局和国家卫生计生委将开展联合督查，重点检查处方药销售和诊疗活动的监管情况。对监督检查中发现工作不力的地方和部门，将予以通报批评。

国家食品药品监督管理总局办公厅
国家卫生计生委办公厅
2014 年 8 月 1 日

食品药品监管总局办公厅关于明确查处违法销售含特殊药品复方制剂案件有关政策执行问题的通知

食药监办药化监〔2014〕157 号

各省、自治区、直辖市食品药品监督管理局：

为切实加强含特殊药品复方制剂监管，严厉打击违法销售此类药品致其从药用渠道流失行为，现就案件查处中有关政策执行问题通知如下：

各级食品药品监管部门在查处违反《中华人民共和国药品管理法》以及《药品生产质量管理规范》、《药品经营质量管理规范》有关规定销售含特殊药品复方制剂案件中，发现药品生产企业、批发企业将含特殊药品复方制剂销售给个人、不具法定药品经营和使用资质的企业或单位，或者致使含特殊药品复方制剂去向不明的，一律按照《中华人民共和国药品管理法》第七十九条认定为情节严重行为，依法吊销《药品生产许可证》或《药品经营许可证》。

各地在查处案件中发现重大问题，应及时向食品药品监管总局报告。

国家食品药品监督管理总局办公厅
2014 年 8 月 15 日

食品药品监管总局办公厅关于切实加强基层疫苗流通监管工作的通知

食药监办药化监〔2014〕180 号

各省、自治区、直辖市食品药品监督管理局，新疆生产建设兵团食品药品监督管理局：

近期，安徽省无为县发生村民接种假人用狂犬病疫苗事件。案件查处过程中，发现存在药品零售企业从业人员违法购销人用狂犬病疫苗、村卫生室违法采购接种人用狂犬病疫苗的行为。为切实加强基层疫苗流通监管，防范药品流通环节风险，现将有关事项通知如下：

一、严禁药品零售企业经营疫苗类产品。《疫苗流通和预防接种管理条例》明确规定，药品零售企业不得从事疫苗经营活动。任何药品零售企业或其从业人员都不得以任何形式从事疫苗的购销、配送等相关活动。

二、开展疫苗经营监督检查。地方各级食品药品监管部门要立即对行政区域内疫苗经营活动开展监督检查，发现药品生产、经营企业违规开展疫苗经营活动的应立即纠正，并按《疫苗流通和预防接种管理条例》相关规定予以处罚；对未经许可违法经营疫苗者按《中华人民共和国药品管理法》第七十三条的规定予以处罚。

三、坚决打击制假黑窝点。发现参与销售假劣疫苗的药品经营企业，必须依法吊销《药品经营许可证》；对涉案个人应当及时移送公安机关追究刑事责任。同时积极配合公安机关追查假劣疫苗来源，协助捣毁地下制假窝点，切断售假网络。

四、即时报告重大监管信息。地方各级食品药品监管部门务必高度重视疫苗流通渠道安全监管工作，将其作为日常监管的重点。在监管工作中发现违法、违规销售疫苗行为的，特别是对生产、销售、使用假劣疫苗行为，必须立即向食品药品监管总局报告，以便采取统一行动。同时注意向同级卫生计生部门通报。

国家食品药品监督管理总局办公厅
2014年9月26日

食品药品监管总局办公厅关于开展中药生产中提取和提取物使用监督检查的通知

食药监办药化监〔2014〕192号

各省、自治区、直辖市食品药品监督管理局，新疆生产建设兵团食品药品监督管理局：

为进一步贯彻落实《食品药品监管总局关于加强中药生产中提取和提取物监督管理的通知》（食药监药化监〔2014〕135号，以下简称《通知》）有关要求，总局决定从2014年10月至12月底，在全国范围内开展针对中药生产中提取和提取物使用的监督检查。现将有关要求通知如下：

一、工作内容

（一）全面调查中成药生产企业提取能力。各省级食品药品监管部门应调查行政区域内中成药生产企业是否已具备与生产品种相适应的中药前处理、提取能力。重点关注中药提取环节在内的生产和质量控制体系是否完整；是否具备对购入原料、中间产品、出厂产品进行全项检验的设备和能力。各地应督促中成药生产企业加强本企业或本集团中药提取车间建设。对暂时不具备提取能力的，应按《通知》要求提出整改或改造计划，并在2015年12月31日前落实到位，整改或改造达不到《通知》相关要求的，到期一律停止相应品种的生产。

（二）加强对委托提取的监督管理。各省级食品药品监管部门应对企业委托提取生产情况进行全面检查。对未经审批擅自委托提取的，应依法查处；对已经批准委托提取但不符合原国家药品监督管理局《关于加强中药前处理和提取监督管理工作的通知》（国药监安〔2002〕84号）要求的，应停止其委托提取和相应品种的生产；在2015年12月31日前的过渡期内，各地应按照《通知》要求加强对委托提取的监管，切实保证提取质量。

（三）全面梳理提取物使用情况。各省级食品药品监管部门要认真检查企业外购提取物的情况。严格按照原国家食品药品监督管理局《关于规范中药生产经营秩序严厉查处违法违规行为的通知》（国食药监安〔2012〕187号）中"处方项下规定为中药提取物投料的，方可直接使用提取物投料"的要求，在《通知》规定的备案过渡期内，必须从药品生产企业购买有国家药品标准的中药提取物，确保最终产品质量；同时应督促企业按照《通知》规定，做好提取物生产和使用的备案工作。

（四）开展有针对性的飞行检查。各省级食品药品监管部门应结合本地实际情况，有针对性地开展飞行检查。重点检查以下行为：未经批准委托提取的；非法使用中药提取物替代中药材投料的；购入不符合规定的中药提取物投料的；使用假冒伪劣中药材、中药材非药用部位和其他不合格中药材进行中药提取的。

二、工作要求

（一）提高认识，认真落实。地方各级食品药品监管部门要深刻认识当前中药提取环节存在问题的严重性和危害性，结合本地区实际认真组织，周密部署，精心安排，落实责任，把问题导向和风险防控作为当前工作的出发点和着力点，主动收集线索，及时发现问题、管控风险，做到重大隐患早发现，突出问题早纠治。

（二）严肃查处，及时报告。对于监督检查发现的违法违规行为，地方各级食品药品监督管理部门要立即采取控制措施，追根溯源、依法查处，对典型案件要坚决曝光。对于涉及面广、危害性大的案件，省级食品药品监管部门应及时报告总局。

（三）同步检查，监督落实。总局将对重大违法案件线索组织飞行检查，对违法企业坚决查处并曝光。检查中发现省级食品药品监管部门责任不落实、查处不到位的，将通报批评；情节严重的，将依法依纪追究相关责任人责任。

各省级食品药品监管部门应将本行政区域内检查情况的总结报告于2015年1月底前报送至总局药化监管司。

国家食品药品监督管理总局办公厅
2014年10月29日

食品药品监管总局办公厅关于注射剂等无菌药品技术转让有关事项的通知

食药监办药化管〔2014〕203号

各省、自治区、直辖市食品药品监督管理局，新疆生产建设兵团食品药品监督管理局：

根据《国家食品药品监督管理总局关于做好实施新修订药品生产质量管理规范过程中药品技术转让有关事项的通知》（国食药监注〔2013〕38号）（以下简称《通知》），为明确注射剂等无菌药品技术转让有关工作要求，现就有关事项通知如下：

一、自2015年1月1日起，已获总局批复授权的省级药品监管机构停止按《通知》的程序和要求受理注射剂等无菌药品的技术转让注册申请。对已经受理的注册申请，要严格按照《通知》要求开展技术审评工作，认真审查工艺验证、质量对比等研究资料，对不符合要求的，坚决不予审批，确保技术转让过程标准不降低，确保技术转让品种质量的一致性。

二、自2015年1月1日起，注射剂等无菌药品的技术转让注册申请，应当按照《药品技术转让注册管理规定》（国食药监注〔2009〕518号）的程序和要求申报补充申请，由国家食品药品监督管理总局进行审评审批。

国家食品药品监督管理总局办公厅
2014年12月8日

关于发布《药品生产质量管理规范（2010年修订）》中药饮片等3个附录的公告

2014年　第32号

根据《药品生产质量管理规范（2010年修订）》第三百一十条规定，现发布中药饮片、医用氧、取样等3个附录，作为《药品生产质量管理规范（2010年修订）》配套文件，自2014年7月1日起施行。

特此公告。

国家食品药品监督管理总局
2014年6月27日

附件1

中药饮片

第一章　范　　围

第一条　本附录适用于中药饮片生产管理和质量控制的全过程。

第二条　产地趁鲜加工中药饮片的，按照本附录执行。

第三条　民族药参照本附录执行。

第二章　原　　则

第四条　中药饮片的质量与中药材质量、炮制工艺密切相关，应当对中药材质量、炮制工艺严格控制；在炮制、贮存和运输过程中，应当采取措施控制污染，防止变质，避免交叉污染、混淆、差错；生产直接口服中药饮片的，应对生产环境及产品微生物进行控制。

第五条　中药材的来源应符合标准，产地应相对稳定。

第六条　中药饮片必须按照国家药品标准炮制；国家药品标准没有规定的，必须按照省、自治区、直辖市食品药品监督管理部门制定的炮制规范或审批的标准炮制。

第七条　中药饮片应按照品种工艺规程生产。中药饮片生产条件应与生产许可范围相适应，不得外购中药饮片的中间产品或成品进行分包装或改换包装标签。

第三章　人　　员

第八条　企业的生产管理负责人应具有药学或相关专业大专以上学历（或中级专业技术职称或执业药师资格）、三年以上从事中药饮片生产管理的实践经验，或药学或相关专业中专以上学历、八年以上从事中药饮片生产管理的实践经验。

第九条　企业的质量管理负责人、质量受权人应当具备药学或相关专业大专以上学历（或中级专业技术职称或执业药师资格），并有中药饮片生产或质量管理五年以上的实践经验，其中至少有一年的质量管理经验。

第十条　企业的关键人员以及质量保证、质量控制等人员均应为企业的全职在岗人员。

第十一条　质量保证和质量控制人员应具备中药材和中药饮片质量控制的实际能力，具备鉴别中药材和中药饮片真伪优劣的能力。

第十二条　从事中药材炮制操作人员应具有中药炮制专业知识和实际操作技能；从事毒性中药材等有特殊要求的生产操作人员，应具有相关专业知识和技能，并熟知相关的劳动保护要求。

第十三条　负责中药材采购及验收的人员应具备鉴别中药材真伪优劣的能力。

第十四条　从事养护、仓储保管人员应掌握中药材、中药饮片贮存养护知识与技能。

第十五条　企业应由专人负责培训管理工作，培训的内容应包括中药专业知识、岗位技能和药品 GMP 相关法规知识等。

第十六条　进入生产区的人员应进行更衣、洗手；进入洁净区的工作服的选材、式样及穿戴方式应符合通则的要求；从事对人体有毒、有害操作的人员应按规定着装防护，其专用工作服与其他操作人员的工作服应分别洗涤、整理，并避免交叉污染。

第四章　厂房与设施

第十七条　生产区应与生活区严格分开，不得设在同一建筑物内。

第十八条　厂房与设施应按生产工艺流程合理布局，并设置与其生产规模相适应的净制、切制、炮炙等操作间。同一厂房内的生产操作之间和相邻厂房之间的生产操作不得互相妨碍。

第十九条　直接口服饮片的粉碎、过筛、内包装等生产区域应按照 D 级洁净区的要求设置，企业应根据产品的标准和特性对该区域采取适当的微生物监控措施。

第二十条 毒性中药材加工、炮制应使用专用设施和设备，并与其他饮片生产区严格分开，生产的废弃物应经过处理并符合要求。

第二十一条 厂房地面、墙壁、天棚等内表面应平整，易于清洁，不易产生脱落物，不易滋生霉菌；应有防止昆虫或其他动物等进入的设施，灭鼠药、杀虫剂、烟熏剂等不得对设备、物料、产品造成污染。

第二十二条 中药材净选应设拣选工作台，工作台表面应平整，不易产生脱落物。

第二十三条 中药饮片炮制过程中产热产汽的工序，应设置必要的通风、除烟、排湿、降温等设施；拣选、筛选、切制、粉碎等易产尘的工序，应当采取有效措施，以控制粉尘扩散，避免污染和交叉污染，如安装捕尘设备、排风设施等。

第二十四条 仓库应有足够空间，面积与生产规模相适应。中药材与中药饮片应分库存放；毒性中药材和饮片等有特殊要求的中药材和中药饮片应当设置专库存放，并有相应的防盗及监控设施。

第二十五条 仓库内应当配备适当的设施，并采取有效措施，对温、湿度进行监控，保证中药材和中药饮片按照规定条件贮存；贮存易串味、鲜活中药材应当有适当的设施（如专库、冷藏设施）。

第五章 设 备

第二十六条 应根据中药材、中药饮片的不同特性及炮制工艺的需要，选用能满足生产工艺要求的设备。

第二十七条 与中药材、中药饮片直接接触的设备、工具、容器应易清洁消毒，不易产生脱落物，不对中药材、中药饮片质量产生不良影响。

第二十八条 中药饮片生产用水至少应为饮用水，企业定期监测生产用水的质量，饮用水每年至少一次送相关检测部门进行检测。

第六章 物料和产品

第二十九条 生产所用原辅料、与药品直接接触的包装材料应当符合相应的质量标准，分别编制批号并管理；所用物料不得对中药饮片质量产生不良影响。

第三十条 质量管理部门应当对生产用物料的供应商进行质量评估，并建立质量档案；直接从农户购入中药材应收集农户的身份证明材料，评估所购入中药材质量，并建立质量档案。

第三十一条 对每次接收的中药材均应当按产地、供应商、采收时间、药材规格等进行分类，分别编制批号并管理。

第三十二条　购入的中药材，每件包装上应有明显标签，注明品名、规格、数量、产地、采收（初加工）时间等信息，毒性中药材等有特殊要求的中药材外包装上应有明显的标志。

第三十三条　中药饮片应选用能保证其贮存和运输期间质量的包装材料或容器。包装必须印有或者贴有标签，注明品名、规格、产地、生产企业、产品批号、生产日期、执行标准，实施批准文号管理的中药饮片还必须注明药品批准文号。

第三十四条　直接接触中药饮片的包装材料应至少符合食品包装材料标准。

第三十五条　中药材、中药饮片应按质量要求贮存、养护，贮存期间各种养护操作应当建立养护记录；养护方法应当安全有效，以免造成污染和交叉污染。

第三十六条　中药材、中药饮片应制定复验期，并按期复验，遇影响质量的异常情况须及时复验。

第三十七条　中药材和中药饮片的运输应不影响其质量，并采取有效可靠的措施，防止中药材和中药饮片发生变质。

第三十八条　进口药材应有国家食品药品监督管理部门批准的证明文件，以及按有关规定办理进口手续的证明文件。

第七章　确认与验证

第三十九条　净制、切制可按制法进行工艺验证，炮炙应按品种进行工艺验证，关键工艺参数应在工艺验证中体现。

第四十条　关键生产设备和仪器应进行确认，关键设备应进行清洁验证。直接口服饮片生产车间的空气净化系统应进行确认。

第四十一条　生产一定周期后应进行再验证。

第四十二条　验证文件应包括验证总计划、验证方案、验证报告以及记录，确保验证的真实性。

第八章　文件管理

第四十三条　中药材和中药饮片质量管理文件至少应包含以下内容：

（一）制定物料的购进、验收、贮存、养护制度，并分类制定中药材和中药饮片的养护操作规程；

（二）制定每种中药饮片的生产工艺规程，各关键工艺参数必须明确，如：中药材投料量、辅料用量、浸润时间、片型、炒制温度和时间（火候）、蒸煮压力和时间等要求；

（三）根据中药材的质量、投料量、生产工艺等因素，制定每种中药饮片的收率限度范围，关键工序应制定物料平衡参数。

（四）制定每种中药材、中药饮片的质量标准及相应的检验操作规程，制定中间产品、待包装产品的质量控制指标。

第四十四条 应当对从中药饮片生产和包装的全过程的生产管理和质量控制情况进行记录，批记录至少包括以下内容：

（一）批生产和包装指令；

（二）中药材以及辅料的名称、批号、投料量及投料记录；

（三）净制、切制、炮炙工艺的设备编号；

（四）生产前的检查和核对的记录；

（五）各工序的生产操作记录，包括各关键工序的技术参数；

（六）清场记录；

（七）关键控制点及工艺执行情况检查审核记录；

（八）产品标签的实样；

（九）不同工序的产量，必要环节物料平衡的计算；

（十）对特殊问题和异常事件的记录，包括偏离生产工艺规程等偏差情况的说明和调查，并经签字批准；

（十一）中药材、中间产品、待包装产品中药饮片的检验记录和审核放行记录。

第九章 生产管理

第四十五条 净制后的中药材和中药饮片不得直接接触地面。中药材、中药饮片晾晒应有有效的防虫、防雨等防污染措施。

第四十六条 应当使用流动的饮用水清洗中药材，用过的水不得用于清洗其他中药材。不同的中药材不得同时在同一容器中清洗、浸润。

第四十七条 毒性中药材和毒性中药饮片的生产操作应当有防止污染和交叉污染的措施，并对中药材炮制的全过程进行有效监控。

第四十八条 中药饮片以中药材投料日期作为生产日期。

第四十九条 中药饮片应以同一批中药材在同一连续生产周期生产的一定数量相对均质的成品为一批。

第五十条 在同一操作间内同时进行不同品种、规格的中药饮片生产操作应有防止交叉污染的隔离措施。

第十章 质量管理

第五十一条 中药材和中药饮片应按法定标准进行检验。如中药材、中间产品、待包装产品的检验结果用于中药饮片的质量评价，应经过评估，并制定与中药饮片质量标准相适应的中药材、中间产品质量标准，引用的检验结果应在中药饮片检验报告中注明。

第五十二条 企业应配备必要的检验仪器，并有相应标准操作规程和使用记录；检验仪器应能满足实际生产品种要求，除重金属及有害元素、农药残留、黄曲霉毒素等特殊检验项目和使用频次较少的大型仪器外，原则上不允许委托检验。

第五十三条 每批中药材和中药饮片应当留样。中药材留样量至少能满足鉴别的需要，中药饮片留样量至少应为两倍检验量，毒性药材及毒性饮片的留样应符合医疗用毒性药品的管理规定。留样时间应当有规定，中药饮片留样时间至少为放行后一年。

第五十四条 企业应设置中药标本室（柜），标本品种至少包括生产所用的中药材和中药饮片。

第五十五条 企业可选取产量较大及质量不稳定的品种进行年度质量回顾分析，其他品种也应定期进行产品质量回顾分析，回顾的品种应涵盖企业的所有炮制范围。

第十一章 术 语

第五十六条 下列术语含义是：

（一）直接口服中药饮片

指标准中明确使用过程无需经过煎煮，可直接口服或冲服的中药饮片。

（二）产地趁鲜加工中药饮片

指在产地用鲜活中药材进行切制等加工中药饮片。不包括中药材的产地初加工。

附件 2

医 用 氧

第一章 范 围

第一条 本附录中所述医用氧是指空气经低温分离制备的液态氧、气态氧。

第二条 本附录适用于医用氧工业化生产过程，不包括医疗机构内部医用氧的处置。

第三条 其他医用气体的工业生产要求参照本附录执行。

第二章 原 则

第四条 医用氧的生产、贮存、运输、销售应符合国家有关部门的规定，并取得相关证件。

第五条 医用氧生产和质量控制须满足其质量及预定用途的要求，应当最大限度降低污染、交叉污染、混淆及差错的风险。

第三章 人 员

第六条 企业的生产管理负责人应具有相关专业（如化工、药学、化学、机械和工业工程等）大专以上学历或中级专业技术职称，具有三年以上的医用氧的生产和质量管理经验，其中至少一年的医用氧生产管理经验。

第七条 企业的质量管理负责人和质量受权人应具有相关专业（如化工、药学、化学、机械和工业工程等）大专以上（含大专）学历（或中级专业技术职称），具有三年以上医用氧生产和质量管理经验，其中至少一年的医用氧质量管理经验。

第八条 从事医用氧生产的人员应定期接受医用氧相关知识培训，涉及特种设备操作人员应按国家规定持有有效的并与医用氧生产相适应的资格证书。

第九条 应根据需要，为员工配备相应的工作服和安全防护用品。

第四章 厂房与设备

第十条 医用氧生产企业的生产环境应整洁。生产、质量检验、行政、生活和辅助区总体布局应合理。

第十一条 厂房应按医用氧生产工艺流程要求合理布局。生产区和储存区应有与生产规模相适应的面积和空间，并有通风、照明、防火、防爆、防雷、防静电等设施。

应有足够的储存区域用于存放空瓶和不同阶段产品的气瓶（如待清洁、待充装、待检、合格、不合格等），不同储存区域应采用有效方法或明显标识区分，如：地标线、隔断、围栏和标志牌等。

第十二条 医用氧充装生产车间应保持整洁，地面平整、耐磨防滑，并设置专用更衣室；充装生产车间应与维修车间分开。

第十三条 用于生产和检验用的设备、仪器应经定期确认和校准。

第十四条 生产和检验设备应定期进行维护。维护和维修应做好记录。生产设备的任何维护和维修工作不得影响医用氧的质量。

第十五条　医用氧生产过程中的气体压缩设备禁止使用氟塑料材料制活塞密封的压缩机和水润滑压缩机。

第十六条　用液态氧气化充装气态氧，必须使用低温液氧泵，加压气化后充装。

第十七条　医用氧容器（槽车、储罐、气瓶等）应专用，且具有与其他气体容器区分的明显标识。容器应当编号管理，有安全效期标识，建立包括安全检定资料等相应档案。

第十八条　医用氧充装应使用专用设备，充装夹具应有防错装装置。

第五章　文件管理

第十九条　每批气瓶充装记录应包括：

（一）批生产指令；

（二）产品名称、规格、批号；

（三）充装操作的日期和时间；

（四）使用的设备及编号；

（五）气瓶的编号、充装前气瓶的检查；

（六）充装前后气瓶的数量和规格；

（七）每个步骤操作人员的签名，必要时，应有复核人员的签名；

（八）相关生产操作或活动、工艺参数及控制范围；

（九）必要的中间控制过程，如检漏等；

（十）充装前医用氧的质量检验结果；

（十一）已充装气瓶的检查确认结果；

（十二）包装标签样张；

（十三）生产过程偏差的描述及处理，并经签字批准；

（十四）充装主管人员的确认签名和日期。

第二十条　经低温空分生产医用氧的企业应有文件描述纯化过程中的气体纯度、其他组分和可能的杂质成分。

应有流程图描述各个工艺步骤。

关键工艺参数应有文件规定，如分离纯化过程的温度控制等。

相关生产过程应有完整的批生产记录。

第二十一条　应建立气瓶的质量档案，并根据国家的相关规定制定气瓶报废管理制度和建立气瓶报废处理记录。

第六章　生 产 管 理

第二十二条　生产过程的所有关键步骤应经过验证。

第二十三条　液氧的生产应遵循以下原则：

（一）分离和纯化工艺应经过验证，并按照工艺要求进行日常监控。对于消耗性部件（如纯化过滤器的滤芯）的维护和更换，应根据验证和监控的结果定期进行。

（二）生产过程应有连续质量和杂质监控措施，并有监测记录。

（三）用于监控工艺过程的计算机系统应经过验证。

（四）连续生产过程批次的划分应有文件规定，并按批次进行取样检验。

（五）液氧的充装和转移操作等步骤应有防止污染措施，转移管路应配备有止回阀或采取其他等同的措施。

（六）向装有液氧的液氧贮槽中加入液氧，必须证明液氧的质量符合要求。可以在加入前取样，也可以在混合后取样。

第二十四条　医用氧的充装生产过程应符合以下规定：

（一）生产批号的划分应以同一连续生产周期中充装的医用氧为一个批次。

（二）气瓶应符合相关规定，对回收的气瓶应予确认，不得充装自有气瓶外的其他气瓶。

（三）应根据书面规程对充装设备、管路进行清洁及置换，并在使用前进行检查确认。

（四）对气瓶使用前的处理和清洗等影响产品质量的主要因素进行验证，并制定相应的操作规程。

（五）气瓶充装前检查，至少应包括以下步骤：

1. 气瓶外表面的颜色标记与医用氧的规定标记相符。

2. 检查余压，确认气瓶没有全空，装有余压保留阀的气瓶余压应为正值。

3. 如果气瓶显示没有余压，应对其进行检测以确认气瓶没有被水或其他污染物质污染；被污染的气瓶应采用经验证的方法进行清洁。

4. 确认气瓶上所有与本批产品无关的标签已移除。

5. 对每个阀门和气瓶进行外观目检，目测凹痕、弧形烧伤、碎片、油污及其他损害等，并进行必要的处理。

6. 检查每个气瓶或低温容器阀门接头，确保类型适合于医用氧的充装。

7. 检查气瓶“检验日期”，以确认气瓶已按相关规定进行检验，并在有效期内。

8. 确认气瓶的安全附件齐全并符合安全要求。

（六）重复使用的气瓶充装前应对瓶体进行清洗消毒，再用置换法或者抽真空法处理至合格，抽真空应不小于15kPa。或对每个气瓶进行剩余气体全检。

（七）应采用适当的方法检查确认气瓶已充装。

（八）医用氧充装后，每只气瓶均需检漏，检漏不合格视为不合格品，检漏过程不得影响医用氧产品质量。检漏合格对瓶嘴进行密封，气瓶加戴瓶帽和防震圈，放入待检区域。

（九）每个气瓶都应贴有产品标签，标签上应注明：品名、企业名称、生产地址、生产批号、生产日期、有效期、氧气数量、压力、执行标准等。

第七章　质量控制

第二十五条　分装医用氧的生产企业应向具有医用氧生产证明文件的企业购进液态氧，并在分装前做全检。

第二十六条　医用氧的产品有效期不得超过包装容器的检定效期。

第二十七条　气瓶必须经核准有资格的单位进行定期检验，合格后方可使用。气瓶在使用过程中，如有严重腐蚀或严重损伤时，应提前检验。

第二十八条　医用氧产品必须按质量标准进行全检，并符合《中华人民共和国药典》标准。

第二十九条　用于静水压测试的水至少为饮用水并定期监控其微生物污染水平。

第三十条　医用氧企业用专用的移动式槽车对医疗单位或自用的低温容器就地充装的，若能提供本槽车医用氧检验报告书，则充装后可不必再取样检验。

第三十一条　除另有规定，医用氧产品不需要留样和持续稳定性考察。

第八章　贮存、放行与销售

第三十二条　医用氧产品应全检合格，经质量受权人员审核放行后，方可销售。

第三十三条　气瓶应避免存放于高温、暴晒区域。储存区域应清洁、干燥，有良好通风，最小安全距离内无易燃物质，使气瓶保持清洁、安全。

第三十四条　医用氧应有相对独立的储存区域，已充装瓶、未充装瓶区域应有隔离，并能确保按照先进先出原则周转。

第三十五条　气瓶在运输期间应防止混淆、差错、污染及交叉污染，并保证安全。

第九章　术　　语

第三十六条　下列术语含义是：

（一）充装台

设计用来在同一时间进行一个或多个气体容器清空或充装的设备或装置。

（二）储罐

用来储存液化或者低温气体的静止容器。

（三）槽车

固定在交通工具上用来运输液化的或低温气体的容器。

（四）低温容器

用于容纳液化或低温气体的静止或者可移动的隔热容器。气体可以气态或液态移出。

（五）静水压试验

基于安全原因，为确认气瓶或储罐能承受高压，按国家或国际准则来完成的试验。

（六）排气

排气降压到大气压。

（七）容器

容器是指储罐、槽车、气瓶或其他直接接触医用氧的包装物品。

（八）液态氧

即液体医用氧，指低温液化的医用氧气。

（九）余压保留阀

为防止使用时污染配备有能够维持一定压力（约0.3～0.5MPa表压）的止回系统的阀门。

（十）止回阀

只允许往一个方向流动的阀门。

（十一）置换

通过排气和部分增压方式去除残留气体，然后排空以清洁气瓶。

附件3

取　样

第一章　范　围

第一条　本附录适用于药品生产所涉及的物料和产品的取样操作。

第二章 原 则

第二条 药品生产过程的取样是指为一特定目的，自某一总体（物料和产品）中抽取样品的操作。取样操作应与取样的目的、取样控制的类型和待取样的物料及产品相适应。应有书面的取样规程。取样应使用适当的设备与工具按取样规程操作。

第三条 应制定有效措施防止取样操作对物料、产品和抽取的样品造成污染，并防止物料、产品和抽取的样品之间发生交叉污染。

第四条 取样操作要保证样品的代表性。一般情况下所取样品不得重新放回到原容器中。

第三章 取样设施

第五条 取样设施应能符合以下要求：

1. 取样区的空气洁净度级别应不低于被取样物料的生产环境；
2. 预防因敞口操作与其他环境、人员、物料、产品造成的污染及交叉污染；
3. 在取样过程中保护取样人员；
4. 方便取样操作，便于清洁。

第六条 β–内酰胺类、性激素类药品、高活性、高毒性、高致敏性药品等特殊性质的药品的物料或产品取样设施，应符合本规范的生产设施要求。

第七条 物料取样应尽可能在专用取样间中进行，从生产现场取样的除外。取样间的使用应有记录，按顺序记录各取样区内所取样的所有物料，记录的内容至少应包括取样日期、品名、批号、取样人。

第八条 取样设施的管理应参照本规范生产区域的管理要求，每种物料取样后应进行清洁，并有记录，以防止污染和交叉污染。

第四章 取样器具

第九条 取样辅助工具包括：包装开启工具、除尘设备、重新封口包装的材料。必要时，取样前应清洁待取样的包装。

第十条 各种移液管、小杯、烧杯、长勺、漏斗等可用于取低粘度的液体，应尽可能避免使用玻璃器皿。高粘度的液体可用适宜的惰性材料制成的取样器具。粉末状与粒状固体可用刮铲、勺、取样钎等取样。无菌物料的取样必须在无菌条件下进行。

第十一条 所有工具和设备应由惰性材料制成且能保持洁净。使用后应充分清洗，干燥，并存放在清洁的环境里，必要时，使用前用水或适当的溶剂淋洗、干燥。所有工具和设备都必须有书面规定的清洁规程和记录。应证明取样工具的清洁操作规程是充分有效的。

第五章 取样人员和防护

第十二条 取样人员应经过相应的取样操作培训，并充分掌握所取物料与产品的知识，对于无菌物料及产品的取样人员应进行无菌知识和操作要求的培训，以便能安全、有效地工作。培训应有记录。

第十三条 取样时应穿着符合相应防护要求的服装，预防污染物料和产品，并预防取样人员因物料和产品受到伤害。

第十四条 取样人员对取样时发现的异常现象必须保持警惕。任何可疑迹象均应详细记录在取样记录上。

第六章 文 件

第十五条 应有取样的书面操作规程。规程的内容应符合《药品生产质量管理规范（2010 年修订）》第二百二十二条的要求。至少包含取样方法、所用器具、样品量、分样的方法、存放样品容器的类型和状态、样品容器的标识、取样注意事项（尤其是无菌或有害物料的取样以及防止取样过程中污染和交叉污染的注意事项）、贮存条件、取样器具的清洁方法和贮存要求、剩余物料的再包装方式。

第十六条 对于物料一般采用简单随机取样原则。对于产品除要考虑随机取样原则外，还要关注在生产过程中的偏差和风险，应抽取可能存在缺陷的产品进行检验。

第十七条 应填写取样记录，记录中至少应包括品名、批号、规格、总件数、取样件数、取样编号、取样量、分样量、取样地点、取样人、取样日期等内容。

第十八条 已取样的物料和产品的外包装上应贴上取样标识，标明取样量、取样人和取样日期。

第十九条 样品的容器应当贴有标签，注明样品名称、批号、取样日期、取自哪一包装容器、取样人等信息。

第七章 取样操作

第二十条 取样操作的一般原则

被抽检的物料与产品是均匀的，且来源可靠，应按批取样。若总件数为 n，则当 $n\leqslant 3$ 时，每件取样；当 $3<n\leqslant 300$ 时，按 $\sqrt{n}+1$ 件随机取样；当 $n>300$ 时，按 $\sqrt{n}/2+1$ 件随机取样。

第二十一条 一般原辅料的取样

若一次接收的同一批号原辅料是均匀的，则可从此批原辅料的任一部分进行取样。

若原辅料不具有物理均匀性，则需要使用特殊的取样方法取出有代表性的样品。可以根据原辅料的性质，采用经过验证的措施，在取样前，恢复原辅料的均匀性。例如，分层的液体可以通过搅拌解决均匀性问题；液体中的沉淀可以通过温和的升温和搅动溶解。

第二十二条 无菌物料的取样

无菌物料的取样应充分考虑取样对于物料的影响，取样过程应严格遵循无菌操作的要求进行，取样人员应进行严格的培训，取样件数可按照《中华人民共和国药典》附录无菌检查法中批出厂产品最少检验数量的要求计算。

在对供应商充分评估的基础上，可要求供应商在分装时每件留取适当数量的样品置于与物料包装材质相同的小容器中，标识清楚，并置于同一外包装中，方便物料接收方进行定性鉴别，以减少取样对物料污染的风险。

第二十三条 血浆的取样操作应按照《中华人民共和国药典》三部“血液制品原料血浆管理规程”的要求对每袋血浆进行取样检验。

第二十四条 中药材、中药饮片的取样人员应经中药材鉴定培训，以便在取样时能发现可能存在的质量问题，药材的取样操作应按照《中华人民共和国药典》一部附录中药材取样法的要求进行，在取样时应充分考虑中药材的不均一性。

第二十五条 工艺用水取样操作应与正常生产操作一致，取样后应及时进行检验，以防止质量发生变化。

第二十六条 为避免印刷包装材料取样时存在混淆的风险，每次只能对一种印刷包装材料取样，所取印刷包装材料的样品不能再放回原包装中。样品必须有足够的保护措施和标识，以防混淆或破损。

第二十七条 应考虑到一次接收的内包装材料与药品直接接触的不均匀性，因此，至少要采用随机取样方法，以发现可能存在的缺陷。取样件数可参考 GB/T 2828.1（ISO 2859-1）《计数抽样检验程序 第 1 部分：按接收质量限（AQL）检索的逐批检验抽样计划》的要求计算取样。

第二十八条 中间产品的取样应能够及时准确反应生产情况，在线取样时应充分考虑工艺和设备对样品的影响，选择相应的生产时段和取样位置进行取样操作；非在线取样，取样件数可按照本附录第二十条的要求进行计算取样。

第二十九条 成品的取样应考虑生产过程中的偏差和风险。对于无菌检查样品的取样，取样件数应按照本规范无菌药品附录第八十条的规定，结合《中华人民共和国药典》附录无菌检查法中批出厂产品最少检验数量的要求计算。

第三十条 放射性药品的取样操作可根据产品的实际情况进行，并采取相应的防护措施。

第三十一条 物料和产品标准中有特定取样要求的，应按标准要求执行。对包装材料、工艺用水等，按具体情况制定取样操作原则。

第三十二条 取样后应分别进行样品的外观检查，必要时进行鉴别检查。若每个样品的结果一致，则可将其合并为一份样品，并分装为检验样品、留样样品，检验样品作为实验室全检样品。

第三十三条 取样数量应能够满足《药品生产质量管理规范（2010 年修订)》中检验及留样的要求。

第八章 样品的容器、转移和贮存

第三十四条 样品的容器应能够防止受到环境、微生物、热原等污染，容器应避免与样品发生反应、吸附或引起污染，并根据样品的贮存要求，能避光、隔绝空气与水份，防止样品出现较原包装更易降解、潮解、吸湿、挥发等情况。样品容器一般应密封，最好有防止随意开启的装置。

第三十五条 取样后应及时转移，其转移过程应能防止污染，不得影响样品质量。

第三十六条 实验室应有样品贮存的区域和相应的设备。样品的贮存条件应与相应的物料与产品的贮存条件一致。

第九章 术 语

第三十七条 下列术语含义是：

（一）简单随机取样

从包含 N 个抽样单元的总体中按不放回抽样抽取 n 个单元，若任何 n 个单元被抽出的概率都相等，也即等于 1/（Nn），则称这种取样方法为简单随机取样。

注：简单随机抽样可以用以下的逐个抽取单元的方法进行；第一个样本单元从总体中所有 N 个抽样单元中随机抽取，第二个样本单元从剩下的 N-1 个抽样单元中随机抽取，以次类推。

（二）具有代表性的样品

根据一个抽样方案，该方案可以确保抽取的样品按比例地代表同一批次总体的不同部分或一个非均匀样品总体的不同属性，这样的样品就是具有代表性的样品。

（三）样品

取自一个批并且提供有关该批的信息的一个或一组物料或产品。

关于发布药品委托生产监督管理规定的公告

2014 年 第 36 号

为加强药品委托生产审批和监督管理工作，国家食品药品监督管理总局组织制定了《药品委托生产监督管理规定》，现予发布。本规定自 2014 年 10 月 1 日起实施，此前有关药品委托生产要求与本规定不一致的，以本规定为准。

特此公告。

国家食品药品监督管理总局
2014 年 8 月 14 日

药品委托生产监督管理规定

第一章 总 则

第一条 为规范药品委托生产，确保药品质量安全，根据《中华人民共和国药品管理法》（以下简称《药品管理法》）、《中华人民共和国药品管理法实施条例》，制定本规定。

第二条 境内药品生产企业之间委托生产药品的申请、审查、许可和监督管理，适用本规定。

第三条 本规定所称药品委托生产，是指药品生产企业（以下称委托方）在因技术改造暂不具备生产条件和能力或产能不足暂不能保障市场供应的情况下，将其持有药品批准文号的药品委托其他药品生产企业（以下称受托方）全部生产的行为，不包括部分工序的委托加工行为。

第四条 国家食品药品监督管理总局负责对全国药品委托生产审批和监督管理进行指导和监督检查。各省、自治区、直辖市食品药品监督管理局负责药品委托生产的审批和监督管理。

第二章 药品委托生产的条件和要求

第五条 委托方和受托方均应是持有与委托生产药品相适应的《药品生产质量管理规范》认证证书的药品生产企业。

第六条 委托方应当取得委托生产药品的批准文号。

第七条 委托生产药品的双方应当签订书面合同，内容应当包括质量协议，明确双方的权利与义务，并具体规定双方在药品委托生产管理、质量控制等方面的质量责任及相关的技术事项，且应当符合国家有关药品管理的法律法规。

第八条 委托方负责委托生产药品的质量。委托方应当对受托方的生产条件、技术水平和质量管理情况进行详细考查，向受托方提供委托生产药品的技术和质量文件，确认受托方具有受托生产的条件和能力。委托生产期间，委托方应当对委托生产的全过程进行指导和监督，负责委托生产药品的批准放行。

第九条 受托方应当严格执行质量协议，有效控制生产过程，确保委托生产药品及其生产符合注册和《药品生产质量管理规范》的要求。委托生产药品的质量标准应当执行国家药品标准，其药品名称、剂型、规格、处方、生产工艺、原料药来源、直接接触药品的包装材料和容器、包装规格、标签、说明书、批准文号等应当与委托方持有的药品批准证明文件的内容相同。

第十条 委托方和受托方有关药品委托生产的所有活动应当符合《药品生产质量管理规范》的相关要求。

第十一条 在委托生产的药品包装、标签和说明书上，应当标明委托方企业名称和注册地址、受托方企业名称和生产地址。

第十二条 麻醉药品、精神药品、药品类易制毒化学品及其复方制剂，医疗用毒性药品，生物制品，多组分生化药品，中药注射剂和原料药不得委托生产。国家食品药品监督管理总局可以根据监督管理工作需要调整不得委托生产的药品。

放射性药品的委托生产按照有关法律法规规定办理。

第三章 药品委托生产的受理和审批

第十三条 申请药品委托生产，由委托方向所在地省、自治区、直辖市食品药品监督管理局提出申请。委托方应当填写《药品委托生产申请表》（见附1），并按照本规定要求提交申请材料（见附2）。

第十四条 对于委托方和受托方不在同一省、自治区、直辖市的，委托方应当首先将《药品委托生产申请表》连同申请材料报受托方所在地省、自治区、直辖市食品药品监督管理局审查；经审查同意后，方可按照本规定第十三条的规定申报。

受托方所在地省、自治区、直辖市食品药品监督管理局对药品委托生产的申报资料进行审查，并结合日常监管情况出具审查意见。审查工作时限为 20 个工作日。

第十五条 委托方所在地省、自治区、直辖市食品药品监督管理局接到药品委托生产申请后，应当在 5 个工作日内作出受理或者不予受理的决定，出具书面的《受理通知书》或者《不予受理通知书》，并注明日期。

第十六条 委托方所在地省、自治区、直辖市食品药品监督管理局组织对药品委托生产的申报资料进行审查。对于首次申请，应当组织对受托生产现场进行检查；对于延续申请，必要时，也可以组织检查。生产现场检查的重点是考核受托方的生产条件、技术水平和质量管理情况以及受托生产的药品处方、生产工艺、质量标准与委托方的一致性。

对于委托方和受托方不在同一省、自治区、直辖市的，生产现场检查由委托方所在地省、自治区、直辖市食品药品监督管理局联合受托方所在地省、自治区、直辖市食品药品监督管理局组织开展。检查组成员应当包括委托生产双方所在地省、自治区、直辖市食品药品监督管理局派出的检查人员，检查报告应当由检查组全体人员签名，并报送委托生产双方所在地省、自治区、直辖市食品药品监督管理局。

第十七条 委托方所在地省、自治区、直辖市食品药品监督管理局应当自受理之日起 20 个工作日内，按照本规定的条件对药品委托生产的申请进行审查，并作出决定；20 个工作日内不能作出决定的，经本部门负责人批准，可以延长 10 个工作日，并应当将延长期限的理由告知委托方。需要进行生产现场检查的，所需时间另计。生产现场检查时限由各省、自治区、直辖市食品药品监督管理局确定，最长不得超过 40 个工作日。需企业补正材料的，现场检查发现缺陷内容要求企业整改的，对整改情况需进行现场核查的，所需时间不计算在上述期限内。

经审查符合规定的，应当予以批准，并自书面批准决定作出之日起 10 个工作日内向委托方发放《药品委托生产批件》(见附 3)；不符合规定的，书面通知委托方并说明理由。

第十八条 《药品委托生产批件》有效期不得超过 3 年。

委托生产双方的《药品生产许可证》、《药品生产质量管理规范》认证证书或委托生产药品批准证明文件有效期届满未延续的，《药品委托生产批件》自行废止。

第十九条 《药品委托生产批件》有效期届满需要继续委托生产的，委托方应当在有效期届满 3 个月前，按照本规定第十三条、第十四条的规定申报，办理延续手续。

第二十条 委托方、受托方和委托生产药品中任一项发生实质性变化的，按照首次申请办理审批手续；同一受托方，受托生产地址不变但生产线发生变化的，按照延续申请办理审批手续，但须同时提交补充材料（见附2）。

第二十一条 《药品委托生产批件》载明的内容应当与委托生产双方的《药品生产许可证》、《药品生产质量管理规范》认证证书及委托生产药品批准证明文件载明的相关内容一致。

第二十二条 委托方和受托方企业名称、地址名称等变更但未发生实质性变化的，应当在发生变更之日起1个月内，向委托方所在地省、自治区、直辖市食品药品监督管理局提交申请材料（见附2），办理变更手续。委托方所在地省、自治区、直辖市食品药品监督管理局应当在15个工作日内办理相应变更手续，在原《药品委托生产批件》备注栏注明变更的内容和时间，并按照变更后的内容重新核发《药品委托生产批件》。变更后的《药品委托生产批件》有效期不变。

第二十三条 委托生产合同提前终止的，委托方应当及时向所在地省、自治区、直辖市食品药品监督管理局提交终止委托生产的申请，办理注销手续。

按照本规定第十八条的规定予以废止的和未按照本规定第十九条的规定办理延续手续的，委托方所在地省、自治区、直辖市食品药品监督管理局依法注销《药品委托生产批件》。

第二十四条 各省、自治区、直辖市食品药品监督管理局应当制定药品委托生产审批工作程序和要求，完善审批管理系统，规范审批工作。

第二十五条 各省、自治区、直辖市食品药品监督管理局应当在行政机关的网站和办公场所公示申请药品委托生产所需要的条件、程序、期限、需要提交的全部材料的目录和申请书示范文本等。

各省、自治区、直辖市食品药品监督管理局应当向申请人提供可查询的药品委托生产受理、审批的进度和结论等信息。

第二十六条 委托方和受托方不在同一省、自治区、直辖市的，委托方所在地省、自治区、直辖市食品药品监督管理局应当及时将委托生产申请的批准、变更和注销情况告知受托方所在地省、自治区、直辖市食品药品监督管理局。

第四章 药品委托生产的监督管理

第二十七条 各省、自治区、直辖市食品药品监督管理局应当组织对本行政区域内委托生产药品的企业（包括委托方和受托方）进行监督检查。

对于委托方和受托方不在同一省、自治区、直辖市的，委托方所在地省、自治区、直辖市食品药品监督管理局可以联合受托方所在地省、自治区、直辖市食品药品监督管理局组织对受托方受托生产情况进行延伸检查。

监督检查和延伸检查发现企业存在违法违规行为的，依法予以处理。

第二十八条　提供虚假材料，或者采取欺骗、贿赂等不正当手段取得《药品委托生产批件》的，应当予以撤销，三年内不受理该申请人提出的该药品委托生产申请；涉及违法行为的，依法予以处理。

第二十九条　委托方未按照本规定要求履行生产监督和质量管理责任的，依照《药品管理法》第七十九条的规定，给予警告，责令限期改正；逾期不改正的，责令其停止委托生产，《药品委托生产批件》到期后不予延续；情节严重、吊销《药品生产许可证》的，还应当注销《药品委托生产批件》。

第三十条　受托方未按照《药品生产质量管理规范》组织药品生产的，依照《药品管理法》第七十九条的规定予以处罚。

第三十一条　擅自委托或者接受委托生产药品的，对委托方和受托方均依照《药品管理法》第七十四条的规定予以处罚。

第三十二条　委托生产双方所在地省、自治区、直辖市食品药品监督管理局应当及时通报监督检查情况和处理结果。重大问题，应当及时上报国家食品药品监督管理总局。

第三十三条　各省、自治区、直辖市食品药品监督管理局应当定期对委托生产审批和监管情况进行汇总、分析和总结，并在每年3月31日前将上一年度情况报国家食品药品监督管理总局。

第三十四条　本规定自2014年10月1日起实施。此前有关药品委托生产要求与本规定不一致的，以本规定为准。本规定所列附件是规定的组成部分，与本规定具有同等效力。

附：1. 药品委托生产申请表（略）

2. 药品委托生产申报资料要求及其说明（略）

3. 省（自治区、直辖市）食品药品监督管理局药品委托生产批件（略）

关于实施《中华人民共和国药典》2010年版第三增补本的公告

2014年　第53号

《中华人民共和国药典》2010年版第三增补本已编制完成，现予发布（目录见附件），自2015年2月1日起施行。

特此公告。

附件：《中华人民共和国药典》2010年版第三增补本目录（略）

国家食品药品监督管理总局
2014年11月5日

关于发布中药、天然药物改变剂型研究技术指导原则的通告

2014年　第1号

为指导和规范已上市中药改变剂型研究，国家食品药品监督管理总局组织制定了《中药、天然药物改变剂型研究技术指导原则》（见附件），现予发布，供中药研制相关机构和人员参考。

特此通告。

附件：中药、天然药物改变剂型研究技术指导原则

国家食品药品监督管理总局
2014年3月7日

附件

中药、天然药物改变剂型研究技术指导原则

一、概述

根据《药品注册管理办法》、《中药注册管理补充规定》等相关要求制定本指导原则，其目的主要用于指导申请人开展改变国内已上市销售中药、天然药物剂型（简称改剂型，下同）的研究。

药品上市销售后，随着药品生产与临床使用，对其有效性、安全性、稳定性、质量可控性有了进一步认识，同时随着科学技术的发展以及药品生产技术的提高，为研制、生产更具临床应用优势的药物剂型提供了可能。

本指导原则主要阐述改剂型的立题依据、剂型选择及改剂型研究所涉及的药学、非临床有效性与安全性、临床试验等方面的要求。申请人应根据本指导原则的基本要求，以及药品注册管理的相关规定，对原剂型与新剂型进行比较研究，

评价剂型改变后对药品安全性、有效性和质量可控性的影响。

二、基本原则

（一）客观认识原剂型

改剂型研究是在原剂型基础上的再研究。改剂型研究应充分了解原剂型选择的科学合理性，及其安全性、有效性等临床应用情况，针对原剂型的缺陷与不足，明确改剂型研究所要解决的问题，赋予新剂型更丰富的合理性和科学性内涵，彰显新剂型的优势。

（二）必要、科学、合理

剂型的改变应符合剂型选择的要求，体现剂型改变的必要性、科学性、合理性。申请人应结合临床应用及药物性质，与原剂型比较，开展工艺、质量、稳定性、有效性、安全性等方面的研究，阐述新剂型的优势与特点。

（三）提高、创新

改剂型应当是在原剂型基础上的提高与创新，通过采用新技术以提高药品的质量和安全性，且与原剂型比较有明显的临床应用优势。此处的新技术是指适合于药物性质，而原剂型不曾采用或较原剂型所用技术有所改进的生产工艺技术。

（四）临床应用优势

改剂型研究应以临床需求为导向，新剂型与原剂型比较应具有明显的临床应用优势。“明显的临床应用优势”主要体现在以下方面：

1. 提高临床有效性：新剂型的临床疗效优于原剂型，并且其受益/风险比不得降低。

2. 提高临床安全性：新剂型在提高安全性的同时，其有效性不能降低。如某些外用制剂存在一定的皮肤刺激或者过敏反应，改剂型后，皮肤刺激或过敏反应发生率明显降低。

3. 提高临床顺应性：原剂型顺应性差，以致患者难以使用或不愿坚持使用，而且原剂型不能通过改变工艺、规格、辅料等措施解决顺应性差的问题，新剂型在有效性、安全性不降低的情况下，能使其顺应性得到实质性的提高。

4. 其他：新剂型与原剂型相比，在有效性、安全性不降低的前提下，在环境保护等方面具有明显优势，且该优势是原剂型通过改变工艺等不能达到的。

三、立题依据

改剂型的申报应提供体现临床应用方面优势的立题依据。立题依据的提出应基于原剂型与新剂型的比较，应符合上述基本原则。立题依据应从临床用药、药物性质等角度，对改变剂型可能带来的益处和可能引发的安全性问题进行全面评价，提供改变剂型合理性的充分依据。试验数据或相关依据与改剂型的目的之间应具有明显的逻辑关系。

缓释、控释制剂应根据普通制剂的人体药代动力学参数及临床实际需要作为其立题依据。

四、剂型选择

新剂型的选择应在深入了解原剂型的临床使用情况及有效性、安全性、药物成分、作用等的基础上进行，并符合《中药、天然药物制剂研究技术指导原则》中有关剂型选择的要求。

剂型选择中，需要特别注意以下问题：

（一）临床应用优势：新剂型的选择和确定，应围绕临床应用优势从药物的理化性质及生物学性质、临床治疗需要、患者用药的顺应性等方面考虑。应充分考虑原剂型在临床应用上的缺陷与不足，并注意加以改进，通过研究，证明与已有制剂相比新剂型具有明显的优势。

（二）制剂原料的性质与用量：在选择剂型时，应考虑制剂原料的性质是否符合所选剂型的特点，了解其与辅料的相互作用，必要时还应了解其生物学性质，综合考虑不同剂型的载药量、需要加入的辅料种类与用量、临床用药剂量、患者的顺应性等来选用适宜的剂型。

五、药学研究

改剂型的药学研究应符合相关法规的要求，参照相关技术指导原则，并结合改剂型研究的特点开展研究工作。基于中药制剂的特点，改剂型药学研究应符合以下要求：

（一）原辅料

1. 处方药味应与原剂型一致，应根据质量控制的要求，完善其质量标准，必要时增加相关质量控制项目。所用药材一般应固定基原、药用部位、产地、采收期及详细的加工炮制方法。无法定标准的原料，应研究建立质量标准，附于制剂质量标准后，并应提供确证资料说明与原剂型所用原料的一致性。

2. 所用辅料应符合药用辅料管理的相关规定和要求，一般应具有法定药用辅料标准。如使用新辅料应提供相关研究资料，并按新辅料申报要求，随制剂一起申请注册。

（二）制备工艺

选择的制备工艺应具有充分的合理性，并考虑工艺对药品安全性、有效性及质量可控性的影响。制备工艺步骤及条件均应明确，并提供充分的研究资料及工艺验证资料，说明其合理性。应注意以下几个方面：

1. 在改剂型的工艺研究中，对于可能导致物质基础较原剂型发生改变的工艺，需要进一步从有效性与安全性的角度，阐述工艺选择的合理性。

2. 对所用原料或中间体的理化性质应进行充分的研究，为制剂处方设计提供依据。所用辅料的种类、规格及用量等的确定应有充分的合理性。制剂处方设计还应结合制备工艺、稳定性影响因素等研究，对制剂处方进行优选。

3. 应进行合适的中试以上规模的工艺验证研究，以保证确定的工艺与实际大生产的工艺相一致。

（三）质量研究与质量标准研究

1. 质量研究工作中，应进行新剂型与原剂型的质量比较研究。对于可能发生药物成分变化的，应进行药物成分方面的比较研究，为工艺评价与工艺控制、制定质量标准、临床用药评价提供参考。

2. 质量标准应符合新剂型的特点，并能体现控制产品安全性、有效性及质量的均一性、稳定性方面的要求。质量标准应达到目前中药新药质量控制要求。

（四）稳定性研究

稳定性研究应根据处方、工艺及其所含成分的理化性质、剂型的特点和质量控制的要求等选择能灵敏反映药品稳定性的指标进行，必要时应进行新剂型与原剂型的稳定性比较研究。

六、非临床有效性、安全性试验研究

应根据药学研究结果，依据相关法规要求，参照相关技术指导原则，开展改剂型的非临床试验研究。

改剂型的非临床有效性、安全性试验应根据立题依据进行合理的设计。如果是通过剂型因素影响药物的吸收、利用，则应采用制剂选择合适的动物进行相关的试验，以说明立题依据是否合理。如果是通过改剂型达到减少药物不良反应，则应通过非临床安全性试验说明是否初步达到了减少药物不良反应的目的。

在进行比较研究时，应注意选择合适的试验项目及检测指标，在预试验的基础上，原剂型及新剂型均应选择合适的剂量组进行比较。最终应根据非临床有效性及安全性试验结果，综合判断其可能的临床意义。

七、临床试验研究

改剂型的临床试验研究应在药学研究与非临床有效性、安全性试验研究后，并初步评估了剂型改变对药物成分及其吸收利用与有效性、安全性的影响基础上，根据相关法规要求，参照相关技术指导原则，开展临床试验研究，以证明改剂型的合理性和必要性，以及临床应用方面的优势。

具体临床试验研究的设计应根据改剂型的立题目的和依据进行，如定位于提高临床疗效，临床试验研究应采用优效性设计，临床试验研究的病例数应同时符合统计学要求和法规规定最低病例数要求。

新剂型的功能主治或适应症原则上应与原剂型相同，其中无法通过临床试验验证的，应提供相应的资料。

临床试验需根据试验目的、科学合理性、可行性等原则选择对照药物，改剂型研究一般需选择原剂型作为对照药。

关于发布药物安全药理学研究技术指导原则等8项技术指导原则的通告

2014年　第4号

为规范和指导药物非临床安全性研究，国家食品药品监督管理总局组织制定了药物安全药理学研究技术指导原则等8项药物非临床安全性研究技术指导原则（见附件），现予发布。

特此通告。

附件：1. 药物安全药理学研究技术指导原则（略）

2. 药物单次给药毒性研究技术指导原则（略）

3. 药物重复给药毒性研究技术指导原则（略）

4. 药物刺激性、过敏性和溶血性研究技术指导原则（略）

5. 药物非临床药代动力学研究技术指导原则（略）

6. 药物毒代动力学研究技术指导原则（略）

7. 药物Q-T间期延长潜在作用非临床研究技术指导原则（略）

8. 药物非临床安全性评价供试品检测要求的Q&A（略）

国家食品药品监督管理总局

2014年5月13日

第四篇　医疗器械篇

食品药品监管总局关于印发创新医疗器械特别审批程序（试行）的通知

食药监械管〔2014〕13号

各省、自治区、直辖市食品药品监督管理局：

为了保障医疗器械的安全、有效，鼓励医疗器械的研究与创新，促进医疗器械新技术的推广和应用，推动医疗器械产业发展，总局组织制定了《创新医疗器械特别审批程序（试行）》，现印发给你们，请遵照执行。

国家食品药品监督管理总局
2014年2月7日

创新医疗器械特别审批程序（试行）

第一条 为了保障医疗器械的安全、有效，鼓励医疗器械的研究与创新，促进医疗器械新技术的推广和应用，推动医疗器械产业发展，根据《医疗器械监督管理条例》、《医疗器械注册管理办法》等法规和规章，制定本程序。

第二条 食品药品监督管理部门对同时符合下列情形的医疗器械按本程序实施审评审批：

（一）申请人经过其技术创新活动，在中国依法拥有产品核心技术发明专利权，或者依法通过受让取得在中国发明专利权或其使用权；或者核心技术发明专利的申请已由国务院专利行政部门公开。

（二）产品主要工作原理/作用机理为国内首创，产品性能或者安全性与同类产品比较有根本性改进，技术上处于国际领先水平，并且具有显著的临床应用价值。

（三）申请人已完成产品的前期研究并具有基本定型产品，研究过程真实和受控，研究数据完整和可溯源。

第三条 各级食品药品监督管理部门及相关技术机构，根据各自职责和本程序规定，按照早期介入、专人负责、科学审批的原则，在标准不降低、程序不减少的前提下，对创新医疗器械予以优先办理，并加强与申请人的沟通交流。

第四条 申请人申请创新医疗器械特别审批，应当填写《创新医疗器械特别审批申请表》（见附件1），并提交支持拟申请产品符合本程序第二条要求的资料。资料应当包括：

（一）申请人企业法人资格证明文件。

（二）产品知识产权情况及证明文件。

（三）产品研发过程及结果的综述。

（四）产品技术文件，至少应当包括：

1. 产品的预期用途；

2. 产品工作原理/作用机理；

3. 产品主要技术指标及确定依据，主要原材料、关键元器件的指标要求，主要生产工艺过程及流程图，主要技术指标的检验方法。

（五）产品创新的证明性文件，至少应当包括：

1. 信息或者专利检索机构出具的查新报告；

2. 核心刊物公开发表的能够充分说明产品临床应用价值的学术论文、专著及文件综述；

3. 国内外已上市同类产品应用情况的分析及对比（如有）；

4. 产品的创新内容及在临床应用的显著价值。

（六）产品安全风险管理报告。

（七）产品说明书（样稿）。

（八）其他证明产品符合本程序第二条的资料。

（九）境外申请人应当委托中国境内的企业法人作为代理人或者由其在中国境内的办事机构提出申请，并提交以下文件：

1. 境外申请人委托代理人或者其在中国境内办事机构办理创新医疗器械特别审批申请的委托书；

2. 代理人或者申请人在中国境内办事机构的承诺书；

3. 代理人营业执照或者申请人在中国境内办事机构的机构登记证明。

（十）所提交资料真实性的自我保证声明。

申报资料应当使用中文。原文为外文的，应当有中文译本。

第五条　境内申请人应当向其所在地的省级食品药品监督管理部门提出创新医疗器械特别审批申请。省级食品药品监督管理部门对申报项目是否符合本程序第二条要求进行初审，并于20个工作日内出具初审意见。经初审不符合第二条要求的，省级食品药品监督管理部门应当通知申请人；符合第二条要求的，省级食品药品监督管理部门将申报资料和初审意见一并报送国家食品药品监督管理总局（以下简称食品药品监管总局）行政受理服务中心。

境外申请人应当向食品药品监管总局提出创新医疗器械特别审批申请，食品药品监管总局行政受理服务中心对申报资料进行形式审查，对符合本程序第四条规定的形式要求的予以受理。

第六条 食品药品监管总局行政受理服务中心对受理的特别审批申请，给予产品特别审批申请受理编号，受理编号编排方式为：械特××××$_1$-×××$_2$，其中××××$_1$ 为申请的年份；×××$_2$ 为产品流水号。

第七条 食品药品监管总局医疗器械技术审评中心设立创新医疗器械审查办公室（以下简称创新医疗器械审查办公室），对创新医疗器械特别审批申请进行审查。

第八条 食品药品监管总局受理创新医疗器械特别审批申请后，由创新医疗器械审查办公室组织专家进行审查，并于受理后 40 个工作日内出具审查意见。

第九条 经创新医疗器械审查办公室审查，对拟进行特别审批的申请项目，应当在食品药品监管总局医疗器械技术审评中心网站将申请人、产品名称予以公示，公示时间应当不少于 10 个工作日。对于公示有异议的，应当对相关意见研究后作出最终审查决定。

第十条 创新医疗器械审查办公室作出审查决定后，将审查结果书面通知申请人，对境内企业的申请，同时抄送申请人所在地省级食品药品监督管理部门（格式见附件 2）。

第十一条 创新医疗器械审查办公室在审查创新医疗器械特别审批申请时一并对医疗器械管理类别进行界定。对于境内企业申请，如产品被界定为第二类或第一类医疗器械，相应的省级或者设区市级食品药品监督管理部门可参照本程序进行后续工作和审评审批。

第十二条 对于经审查同意按本程序审批的创新医疗器械，申请人所在地食品药品监督管理部门应当指定专人，应申请人的要求及时沟通、提供指导。在接到申请人质量管理体系检查（考核）申请后，应当予以优先办理。

第十三条 对于创新医疗器械，医疗器械检测机构在进行注册检测时，应当及时对生产企业提交的注册产品标准进行预评价，对存在问题的，应当及时向生产企业提出修改建议。

第十四条 医疗器械检测机构应当在接受样品后优先进行医疗器械注册检测，并出具检测报告。经过医疗器械检测机构预评价的注册产品标准和《拟申请注册医疗器械产品标准预评价意见表》应当加盖检测机构印章，随检测报告一同出具。

第十五条 创新医疗器械的临床试验应当按照医疗器械临床试验相关规定的要求进行，食品药品监督管理部门应当根据临床试验的进程进行监督检查。

第十六条 创新医疗器械临床研究工作需重大变更的，如临床试验方案修订，使用方法、规格型号、预期用途、适用范围或人群的调整等，申请人应当评估变更对医疗器械安全性、有效性和质量可控性的影响。产品主要工作原理或作用机理发生变化的创新医疗器械，应当按照本审批程序重新申请。

第十七条　对于创新医疗器械，在产品注册申请受理前以及技术审评过程中，食品药品监管总局医疗器械技术审评中心应当指定专人，应申请人的要求及时沟通、提供指导，共同讨论相关技术问题。

第十八条　对于创新医疗器械，申请人可填写创新医疗器械沟通交流申请表（见附件3），就下列问题向食品药品监管总局医疗器械技术审评中心提出沟通交流申请：

（一）重大技术问题；

（二）重大安全性问题；

（三）临床试验方案；

（四）阶段性临床试验结果的总结与评价；

（五）其他需要沟通交流的重要问题。

第十九条　食品药品监管总局医疗器械技术审评中心应当对申请人提交的沟通交流申请及相关资料及时进行审核，并将审核结果通知申请人（见附件4）。食品药品监管总局医疗器械技术审评中心同意进行沟通交流的，应当明确告知申请人拟讨论的问题，与申请人商定沟通交流的形式、时间、地点、参加人员等，安排与申请人沟通交流。沟通交流应形成记录，记录需经双方签字确认，供该产品的后续研究及审评工作参考。

第二十条　食品药品监管总局受理创新医疗器械注册申请后，应当将该注册申请项目标记为“创新医疗器械”，并及时进行注册申报资料流转。

第二十一条　已受理注册申报的创新医疗器械，食品药品监管总局医疗器械技术审评中心应当优先进行技术审评；技术审评结束后，食品药品监管总局优先进行行政审批。

第二十二条　属于下列情形之一的，食品药品监管总局可终止本程序并告知申请人：

（一）申请人主动要求终止的；

（二）申请人未按规定的时间及要求履行相应义务的；

（三）申请人提供伪造和虚假资料的；

（四）经专家审查会议讨论确定不宜再按照本程序管理的。

第二十三条　食品药品监管总局在实施本程序过程中，应当加强与国务院各有关部门的沟通和交流，及时了解创新医疗器械的研发进展。

第二十四条　突发公共卫生事件应急所需医疗器械，按照《医疗器械应急审批程序》办理。

第二十五条 医疗器械注册管理要求和规定，本程序未涉及的，按照《医疗器械注册管理办法》等相关规定执行。

第二十六条 本程序自2014年3月1日起施行。

附件：1. 创新医疗器械特别审批申请表（略）

2. 创新医疗器械特别审批申请审查通知单（略）

3. 创新医疗器械沟通交流申请表（略）

4. 创新医疗器械沟通交流申请回复单（略）

食品药品监管总局关于印发医疗器械“五整治”专项行动方案的通知

食药监械监〔2014〕24号

各省、自治区、直辖市食品药品监督管理局，新疆生产建设兵团食品药品监督管理局：

为加强医疗器械监管，整治医疗器械注册、生产、流通和使用环节存在的突出问题，进一步规范医疗器械市场秩序，严厉打击违法违规行为，总局组织制定了医疗器械“五整治”专项行动方案。现印发给你们，请认真组织实施。

国家食品药品监督管理总局
2014年3月13日

医疗器械“五整治”专项行动方案

为加强医疗器械监管，整治医疗器械注册、生产、流通和使用环节存在的突出问题，进一步规范医疗器械市场秩序，严厉打击违法违规行为，特制定本行动方案。

一、指导思想

围绕社会关注度高、群众反映强烈的医疗器械热点、难点问题，突出整治重点，落实企业责任，发挥社会监督，严厉打击违法违规行为。加强科普宣传，推动诚信建设，进一步规范市场秩序，促进医疗器械产业健康有序发展。

二、总体目标

按照排查、整治、规范相结合的工作模式，采取暗访调查、集中排查、突击检查相结合的检查方式，以重点产品、重点企业、重点案件线索为突破口，着力整治虚假注册申报、违规生产、非法经营、夸大宣传、使用无证产品等五种行为（以下称“五整治”）。通过专项整治，营造严厉打击的高压态势，有效惩处违法违规行为，进一步完善监管制度机制，达到整治一类产品规范一种行为的目的，切实保障公众用械安全。

同时，结合医疗器械质量万里行活动，开展大型调研采访报道活动，宣传典型企业，曝光违法违规行为，抑恶扬善，普及安全用械知识。此次专项行动，突出以点带面、全程监管，实行边整边建、整治与规范并重，注重“四个结合”：即专项行动与日常监管相结合，专项行动与医疗器械质量万里行活动相结合，专项行动与医疗器械安全宣传月活动相结合，专项行动与营造社会共治氛围相结合，努力形成各方参与、公众受益、行业发展的监管新格局。

三、整治重点

（一）整治虚假注册申报行为。重点整治第二、三类医疗器械首次注册申请不真实行为，按照规定开展对生产企业提交的第二、三类医疗器械首次注册申请资料（重点是临床试验报告）和样品生产过程的真实性组织核查，对注册环节有因举报进行重点核查。

（二）整治违规生产行为。重点整治一次性使用输注器具、一次性使用导尿管（包）使用不符合标准的原材料生产和未按要求灭菌，避孕套未经备案擅自委托生产，血液透析用浓缩物不按标准出厂检验等行为。

（三）整治非法经营行为。重点整治以体验式方式未经许可擅自销售第二、三类医疗器械，无证经营装饰性彩色平光隐形眼镜、助听器，未按要求贮存和运输体外诊断试剂等行为。

（四）整治夸大宣传行为。重点整治腰腿痛、近视眼、糖尿病和高血压等贴敷类、物理治疗类医疗器械进行违法宣传；未经审批或篡改审批内容擅自发布违法广告，夸大产品功效和适用范围；利用医疗科研院所或以专家、患者名义和形象作功效证明等进行违法广告宣传等行为。

（五）整治使用无证产品行为。重点整治医疗机构使用无证体外诊断试剂的行为。

四、处罚依据

为确保打击有力、政策统一，各地要严格执行《医疗器械监督管理条例》、《国务院关于加强食品等产品安全监督管理的特别规定》等法律法规的规定。在此次专项行动中，发现违法违规行为的，一律从快、从严、从重处理，并按法律法规规定的上限予以处罚；情节严重的，一律吊销生产经营者和产品的许可证件；涉嫌犯罪的，一律移送公安机关依法追究刑事责任；对存在安全隐患的产品，一律停止销售、使用，责令企业召回并监督销毁。新修订的《医疗器械监督管理条例》公布后，自实施之日起，严格按照新修订的条例执行。

（一）虚假注册申报行为。依照《中华人民共和国行政许可法》第七十八条、第七十九条和《医疗器械监督管理条例》第四十条进行处罚。

（二）违规生产行为。使用不符合标准的原材料生产一次性使用输注器具和一次性使用导尿管（包）的，未按要求对一次性使用输注器具和一次性使用导尿管（包）进行灭菌的，未经备案擅自委托生产避孕套的，不按标准对血液透析用浓缩物进行出厂检验的，依照《医疗器械生产监督管理办法》第五十七条进行处罚。情节严重或者造成危害后果的，按照《国务院关于加强食品等产品安全监督管理的特别规定》第三条第二款进行处罚。

（三）非法经营行为。以体验式方式未经许可擅自销售第二、三类医疗器械，无证经营装饰性彩色平光隐形眼镜、助听器的，依照《医疗器械监督管理条例》第三十八条进行处罚；未按要求贮存和运输体外诊断试剂的，依照《医疗器械经营企业许可证管理办法》第三十五条进行处罚。

（四）夸大宣传行为。对监测发现的涉及腰腿痛、近视眼、糖尿病和高血压等贴敷类、物理治疗类医疗器械虚假违法广告，一律移送工商部门查处，对违法情节严重广告涉及的产品和企业一律采取公告曝光、行政告诫、撤销广告批准文号、责令暂停产品销售等严厉措施。

（五）使用无证产品行为。医疗机构使用无证体外诊断试剂的，依照《医疗器械监督管理条例》第四十二条进行处罚，并通报同级卫生主管部门。

五、实施步骤

本专项行动于2014年3月15日正式开始，8月15日结束，为期5个月。专项行动总体分为准备、启动、整治和规范四个阶段。

（一）准备阶段

1. 总局和各省（区、市）食品药品监督管理部门组织媒体记者和有关专家，对“五整治”涉及的重点环节、场所及企业进行暗访调查，收集相关信息，制作相关专题报道。

2. 总局组织对部分产品进行监督抽验。

3. 总局向有关省（区、市）食品药品监督管理部门交办《重点监督检查的企业和产品名单》。

（二）启动阶段

1. 总局召开全系统动员部署视频会议，对专项行动进行全面动员部署。

2. 总局印发医疗器械“五整治”专项行动方案。

3. 总局召开新闻发布会，介绍医疗器械“五整治”专项行动有关情况。

4. 总局和各省（区、市）食品药品监督管理部门开展“开放日”专题活动，组织部分人大代表、政协委员、媒体记者和公众深入医疗器械企业、技术机构参观座谈，直观了解医疗器械生产经营、监督检验及行业发展与监管开展情况。

5. 各省（区、市）食品药品监督管理部门制定行政区域内具体实施方案。

6. 相关省（区、市）食品药品监督管理部门对总局交办《重点监督检查的企业和产品名单》中的企业组织开展突击检查，对突击检查发现的问题，日常监管手段能解决的，责令其限期整改；构成案件的一律立案查处。总局视情况派员督导。

7. 地方各级食品药品监督管理部门要根据日常监管和投诉举报情况梳理重点案件线索进行集中检查，同时组织力量对“五整治”涉及的重点环节、场所及企业进行集中排查，也可结合相关专项整治进行重点排查，对有线索的重点企业和场所深入开展监督检查和整治。

8. 对集中检查发现的案件线索，地方各级食品药品监督管理部门要统一协调立案调查，依法查处。要按属地管理的原则，与当地公安机关相互配合，涉嫌刑事犯罪的，一律移送公安机关追究刑事责任。

9. 总局和各省（区、市）食品药品监督管理部门通过电视、网络、报刊等国家和地方主流媒体开辟专栏，大张旗鼓地开展医疗器械安全用械科普宣传教育。

（三）整治阶段

1. 有关省（区、市）食品药品监督管理部门负责上报总局交办《重点监督检查的企业和产品名单》的监督检查结果。

2. 地方各级食品药品监督管理部门在前期工作基础上，抓好企业整改和违法违规行为的立案查处工作。

3. 有关省（区、市）食品药品监督管理部门负责对总局交办《重点监督检查的企业和产品名单》涉及的违法违规企业组织进行查处。

4. 各省（区、市）食品药品监督管理部门组织对行政区域内开展“五整治”专项行动的情况进行监督检查和督查督办。

5. 总局组织督查组对部分省（区、市）开展“五整治”专项行动的情况进行督查。

6. 地方各级食品药品监督管理部门要针对整治重点，拓宽案源线索，按照总局关于案件协查、报送等有关规定，加强案件查处工作的组织协调和督查督办，发现重大案件线索立即报告，总局将通过挂牌督办、与公安机关联合挂牌督办，加大案件的查处力度，曝光一批查处的典型案件。

（四）规范阶段

1. 地方各级食品药品监督管理部门对专项行动进行阶段性总结，在保持高压态势的同时，完善监管制度机制，巩固专项行动成果。

2. 各省（区、市）食品药品监督管理部门可采取不同的形式对专项行动工作进行阶段性总结，要结合行政区域实际完善相关监管制度，将一些好的、有效的做法形成长效机制，总结推广专项行动的好经验，提出需要进一步深入整治的目标。

3. 总局组织有关中央主流媒体记者撰写加强医疗器械监管、促进行业健康发展的有关调研报告，客观反映行业存在的问题，提出对策建议。

4. 总局组织制定进一步加强医疗器械注册、生产、流通和使用环节监管的措施，建立健全医疗器械监管长效机制。

5. 总局召开全系统视频会议，对专项行动工作进行阶段性总结。

六、工作要求

（一）加强组织领导。医疗器械“五整治”专项行动在总局的统一领导下、由总局医疗器械监管司牵头负责，医疗器械注册司、稽查局、新闻宣传司和投诉举报中心依职责分工合作。各省（区、市）食品药品监督管理部门要结合行政区域实际，成立领导机构，明确职责分工，落实责任部门，制定具体实施方案，确保工作有章可循。

（二）落实工作责任。要落实属地监管职责，加强与公安、卫生计生、工商等部门的沟通协作。对发现违法违规行为要及时处理，该处罚的必须处罚、该曝光的必须曝光、该吊销许可证照的必须吊销、该移送公安工商机关的必须移送。要严肃工作纪律，对于工作不落实、协查不配合、监督检查走过场以及案件查处不力、通风报信、失职渎职的，依纪依规追究相关人员责任。

（三）注重统筹协调。要统筹好当前开展的各项工作，要互为衔接，抓好协调，切实体现整体效果，防止时疏时紧，时严时松。要在行政区域内发挥总协调总调度的作用，保证专项行动持续深入、有始有终，务求取得实效。

（四）强化新闻宣传。总局制定专项行动新闻宣传工作方案，加强舆论宣传，营造良好氛围。各地要按照总局新闻宣传工作方案，严格执行新闻纪律，规范信息发布。专项行动期间，涉及案件查处情况的，由各省（区、市）食品药品监管部门统一发布；涉及重大案件的，发布前报总局批准。同时，各地要认真落实有奖举报制度。

（五）做好信息报送。要及时向总局报送专项行动的工作进展、主要成效、重大案件和工作中遇到的重要问题。2014 年 3 月 31 日前报送专项行动具体实施方案；自 2014 年 3 月 31 日起，每周一报送上周工作信息；2014 年 8 月 12 日前报送专项行动阶段性总结。

食品药品监管总局关于认真贯彻实施《医疗器械监督管理条例》的通知

食药监法〔2014〕31号

各省、自治区、直辖市食品药品监督管理局，新疆生产建设兵团食品药品监督管理局，总局机关各司局、各直属单位：

《医疗器械监督管理条例》（以下简称《条例》）已于2014年2月12日经国务院常务会议审议通过，将于2014年6月1日起施行。《条例》的公布实施，对规范医疗器械研制、生产、经营和使用活动，加强医疗器械监督管理，提高我国医疗器械质量和安全整体水平，具有重要意义。为确保《条例》的贯彻实施工作，现将有关要求通知如下：

一、充分认识《条例》的重要意义

《条例》体现了党中央国务院关于建立最严格的覆盖全过程的食品药品监管制度、加快政府职能转变和深化行政审批制度改革的精神，建立完善了医疗器械注册与备案制度、生产经营和使用管理制度、不良事件监测和再评价制度等，对于强化医疗器械监督管理，保障公众身体健康和生命安全，将发挥重要作用。

各级食品药品监督管理部门要充分认识《条例》修订的重要意义，把学习宣传贯彻《条例》作为当前和今后一段时间的重要任务，深刻领会、准确把握、全面落实《条例》，扎实推进《条例》实施工作。

二、积极开展《条例》的学习、宣传和培训

各级食品药品监督管理部门要加强组织领导，深入开展《条例》学习宣传活动。一是要制定学习培训计划。统筹安排部署，明确学习任务，做到有计划、有执行、有考核，确保培训取得实效。二是要把握学习重点。紧密结合党中央国务院关于加强新时期食品药品安全工作的新理念、新论断和新要求，重点学习《条例》修订的总体思路、基本原则和各项重要制度。三是要创新学习方式。采取当面授课、网络授课、业务交流、专题研讨等多种形式，通过系统的学习和讨论，使监管人员准确领会《条例》的立法原则和精神实质，进一步提高依法行政的能力和水平。同时，要指导和督促本行政区域内的医疗器械研制、生产、经营和使用单位认真学习贯彻《条例》，全面落实企业主体责任，确保医疗器械安全有效。

各省（区、市）食品药品监督管理部门还应当结合本地情况，充分利用报纸、电视、电台和互联网等各种媒体，采取群众喜闻乐见的形式，持续广泛地宣传《条例》，使《条例》的有关要求深入人心，营造良好的宣传氛围。

三、抓紧制定、完善相关配套规章和制度

为使《条例》的各项规定有效落实，总局各相关部门要组织力量，抓紧研究、起草和修订医疗器械注册、生产监督、经营监督的管理办法等配套规章及其他规范性文件，部分实践急需的要争取在2014年6月1日前出台。各级食品药品监督管理部门要对现行的与医疗器械监管有关的部门规章、地方性法规、地方政府规章和规范性文件进行清理，依法修订、废止与《条例》不一致的内容。地方各级食品药品监督管理部门要从监管实际出发，加强调研和论证，提出有关制度设计的建议，配合总局开展有关工作；并积极推动地方政府规章和规范性文件的制定和实施。

四、加强医疗器械监管能力建设

《条例》进一步强化监管职能，细化重点检查要求，明确了监督检查职权，要求建立统一的医疗器械监督管理信息平台和信用档案，加强医疗器械不良事件监测信息网络建设，强调医疗器械安全的社会共治，倡导行业协会加强自律。各级食品药品监督管理部门要在发挥政府主导作用的同时，鼓励和支持企业、社会组织、公众等社会各界参与管理，形成监管合力，实现政府治理和行业自律的良性互动。

各级食品药品监督管理部门要针对机构改革后人员变动大、岗位新、业务新、情况不熟悉等情况，加大培训力度，加快医疗器械审评员、监督检查员的队伍建设，提高监管人员综合素质和能力；积极争取地方人民政府的支持，加强人员、经费、设备等的保障水平；将信息化建设作为提高医疗器械监管效能的重要手段，切实加强医疗器械监管能力。

五、以贯彻实施《条例》为重要契机，扎实做好医疗器械专项整治工作

当前，总局已作出在全国集中开展医疗器械“五整治”专项行动的部署，重点整治虚假注册申报、违规生产、非法经营、夸大宣传、使用无证产品等五种行为。地方各级食品药品监督管理部门要以贯彻实施《条例》为重要契机，强化督促检查，以重点产品、重点企业、重点案件线索为突破口，保持严厉打击的高压态势，有效惩处违法违规行为，切实保障公众用械安全。各级食品药品监督管理部门在案件查办中要严格执行《条例》的有关规定，遵守办案程序，科学准确定性，严管自由裁量，加强行政执法监督，维护社会公平正义。要积极主动和公安、工商、卫生计生等部门协商，进一步强化部门联动、执法衔接等工作。

各地要认真总结学习贯彻《条例》的经验，及时向总局报送相关信息和工作动态。在执行《条例》中遇到问题或者困难，请及时向总局反映。

国家食品药品监督管理总局

2014年4月11日

食品药品监管总局关于实施《医疗器械生产监督管理办法》和《医疗器械经营监督管理办法》有关事项的通知

食药监械监〔2014〕143 号

各省、自治区、直辖市食品药品监督管理局：

《医疗器械生产监督管理办法》（国家食品药品监督管理总局令第 7 号）（以下简称《生产办法》）和《医疗器械经营监督管理办法》（国家食品药品监督管理总局令第 8 号）（以下简称《经营办法》）已发布，自 2014 年 10 月 1 日起实施。现将有关事项通知如下：

一、各级食品药品监督管理部门要加强对《生产办法》、《经营办法》的宣贯和培训，深刻理解、熟练掌握，并结合本行政区域的工作实际，认真贯彻落实。

二、自 2014 年 10 月 1 日起，新开办医疗器械生产企业的生产许可、备案应当按照《生产办法》有关规定办理。

2014 年 10 月 1 日前已受理但尚未批准的新开办医疗器械生产企业许可申请，在《生产办法》实施后，应当按照《生产办法》有关规定进行办理。

三、现有《医疗器械生产企业许可证》在有效期内继续有效。《生产办法》实施后，对于医疗器械生产企业申请变更、延续、补发的，应当按照《生产办法》有关要求进行审核，必要时进行现场核查，符合规定条件的，发给新的《医疗器械生产许可证》，有效期自发证之日起计算。

已办理第一类医疗器械生产企业登记的，生产企业应当于 2015 年 3 月 31 日前按照《生产办法》的有关规定，向所在地设区的市级食品药品监督管理部门办理第一类医疗器械生产备案。

四、原已办理第二类、第三类医疗器械委托生产登记备案的，《生产办法》实施后，委托双方任何一方的《医疗器械生产企业许可证》到期或者发生变更、延续、补发时，原委托生产登记备案应当终止，需要继续委托生产的，应当按照《生产办法》的有关规定办理委托生产手续。

原已办理第一类医疗器械委托生产登记备案的，其委托生产登记备案至 2015 年 3 月 31 日终止，需要继续委托生产的，按照《生产办法》有关规定办理委托生产相关手续。

五、医疗器械生产企业的《医疗器械生产企业许可证》涉及跨省设立生产场地的，可生产至《医疗器械生产企业许可证》有效期止。跨省设立的生产场地需要继续生产的，应当按照《生产办法》的有关规定，单独向其所在地省级食品药品监督管理部门申请生产许可。

医疗器械生产企业的《第一类医疗器械生产企业登记表》涉及跨设区的市设立生产场地的，可生产至2015年3月31日止。跨设区市设立的生产场地需要继续生产的，应当按照《生产办法》的有关规定，单独向其所在地设区的市级食品药品监督管理部门办理第一类医疗器械生产备案。

六、出口医疗器械的生产企业应当将出口产品相关信息向所在地设区的市级食品药品监督管理部门备案。相关信息包括出口产品、生产企业、出口企业、销往国家（地区）以及是否境外企业委托生产等内容。

七、自2014年10月1日起，新开办医疗器械经营企业的经营许可、备案应当按照《经营办法》有关规定办理。

2014年10月1日前已受理但尚未批准的新开办医疗器械经营企业许可申请，在《经营办法》实施后，应当按照《经营办法》有关规定进行办理。

八、现有医疗器械经营企业的《医疗器械经营企业许可证》在有效期内继续有效。《经营办法》实施后，对于医疗器械经营企业申请变更、延续、补发的，涉及经营第三类医疗器械，应当按照《经营办法》有关要求进行审核，必要时进行现场核查，符合规定条件的，发给新的《医疗器械经营许可证》，有效期自发证之日起计算；涉及经营第二类医疗器械，应当按照《经营办法》有关要求办理备案。

九、《生产办法》、《经营办法》和本通知中涉及的相关表格见附件。

十、自《生产办法》和《经营办法》实施之日起，凡与本通知要求不一致的，按本通知要求执行，工作中遇到相关问题应当及时反馈总局。

附件：1. 医疗器械生产许可证（样本）及制证规格（略）
2. 医疗器械生产许可申请表（样表）（略）
3. 医疗器械生产许可变更申请表（样表）（略）
4. 医疗器械生产许可延续申请表（样表）（略）
5. 医疗器械生产许可证补发申请表（样表）（略）
6. 医疗器械生产许可注销申请表（样表）（略）
7. 第一类医疗器械生产备案表（样表）（略）
8. 第一类医疗器械生产备案凭证（样表）（略）
9. 第一类医疗器械生产备案变更表（样表）（略）
10. 第一类医疗器械生产备案凭证补发表（样表）（略）
11. 医疗器械委托生产备案表（样表）（略）

12. 医疗器械委托生产备案凭证（样表）（略）
13. 医疗器械出口备案表（样表）（略）
14. 医疗器械经营许可证（样本）及制证规格（略）
15. 医疗器械经营许可申请表（样表）（略）
16. 医疗器械经营许可变更申请表（样表）（略）
17. 医疗器械经营许可延续申请表（样表）（略）
18. 医疗器械经营许可证补发申请表（样表）（略）
19. 医疗器械经营许可注销申请表（样表）（略）
20. 第二类医疗器械经营备案表（样表）（略）
21. 第二类医疗器械经营备案凭证（样表）（略）
22. 第二类医疗器械经营备案变更表（样表）（略）
23. 第二类医疗器械经营备案凭证补发表（样表）（略）

国家食品药品监督管理总局
2014 年 8 月 1 日

食品药品监管总局关于实施《医疗器械注册管理办法》和《体外诊断试剂注册管理办法》有关事项的通知

食药监械管〔2014〕144 号

各省、自治区、直辖市食品药品监督管理局：

《医疗器械注册管理办法》（国家食品药品监督管理总局令第 4 号）和《体外诊断试剂注册管理办法》（国家食品药品监督管理总局令第 5 号）（以下统称《办法》）已发布，自 2014 年 10 月 1 日起施行。为做好《办法》实施工作，现将有关事项通知如下：

一、做好《办法》宣贯和培训工作

各级食品药品监督管理部门要认真贯彻执行《办法》，加强对《办法》的宣贯和培训，并注意了解《办法》执行过程中遇到的重要情况和问题，及时沟通和向总局反馈。

二、关于《办法》实施前已获准注册项目的处理

在 2014 年 10 月 1 日前已获准注册的第二类、第三类医疗器械，注册证在有效期内继续有效，经注册审查的医疗器械说明书和原标签可继续使用。

延续注册时，注册人按照《办法》规定提交申报资料，同时还应当提交原注册产品标准原件、产品技术要求、产品技术要求与原注册产品标准的对比说明，以及最小销售单元的标签设计样稿。经审查予以注册的，发放新格式的医疗器械注册证，并按照《办法》规定的编排格式重新编写注册证编号。

延续注册时，注册人应当按照新修订的《医疗器械说明书和标签管理规定》（国家食品药品监督管理总局令第6号）编写说明书和标签。如说明书与原经注册审查的医疗器械说明书有变化的，应当提供更改情况对比说明等相关文件。

对注册证在有效期内，原注册证载明内容发生变更及体外诊断试剂发生变更事项的，2014年10月1日前，按照原《医疗器械注册管理办法》（原国家食品药品监督管理局令第16号）、《体外诊断试剂注册管理办法（试行）》（国食药监械〔2007〕229号）的规定申请变更或者重新注册；自2014年10月1日起，应当按照《办法》的相应规定申请注册变更，予以变更的，发放新格式的医疗器械注册变更文件，与原医疗器械注册证合并使用，注册证编号不变。

2014年10月1日前已经按原办法申请变更，并于2014年10月1日后作出准予变更决定的，发放新格式的医疗器械注册变更文件，与原医疗器械注册证合并使用，注册证编号不变。

三、关于《办法》实施前已受理注册申请项目的处理

《办法》实施前各级食品药品监督管理部门已受理尚未作出审批决定的第二类、第三类医疗器械，按原规定继续审评、审批，予以注册的，按照《办法》规定的格式发放医疗器械注册证，注册证“附件”栏将“产品技术要求”改为“注册产品标准”，并将经复核的注册产品标准加盖标准复核章，作为注册证附件发放。注册证有效期内，经注册审查的医疗器械说明书和原标签可继续使用。

《办法》实施前受理并于《办法》实施后获准注册的，申请延续注册及注册变更时，按照本文件中“二、关于《办法》实施前已获准注册项目的处理”有关规定办理。

四、关于注册检验

（一）《办法》实施前已出具注册检验报告项目的处理

《办法》实施前已出具注册检验报告的，申请人申报注册时，可将该注册检验报告和产品标准预评价意见作为注册申报资料，同时按照《办法》的要求提交产品技术要求等其他申报资料。

（二）《办法》实施前已受理注册检验项目的处理

《办法》实施前已受理注册检验但尚未出具注册检验报告的，申请人应当按照《办法》要求向检验机构补充提交产品技术要求等文件，检验机构按照《办法》要求实施检验并出具注册检验报告。

五、关于延续注册申请时间

（一）自2015年4月1日起，凡是未在医疗器械注册证有效期届满6个月前提出延续注册申请的，食品药品监督管理部门均不受理延续注册申请。申请人应当按照《医疗器械注册管理办法》第五章、《体外诊断试剂注册管理办法》第六章的规定申请注册。

自2015年4月1日起，注册人应当在医疗器械注册证有效期届满6个月前申请延续注册。受理延续注册的食品药品监督管理部门应当在医疗器械注册证有效期届满前作出决定，逾期未作决定的，视为准予延续。

（二）2015年4月1日前，延续注册和注册变更可以合并申请，按延续注册和注册变更的要求提交申报资料。

自2015年4月1日起，延续注册和注册变更应当分别提出申请，注册变更应当按照《办法》相应要求提交相关资料。

六、关于医疗器械注册管理相关文件

（一）《办法》实施后，附件中列出的医疗器械注册管理相关文件同时废止。

（二）《办法》中未涉及的事项，如国家食品药品监督管理总局（包括原国家食品药品监督管理局、原国家药品监督管理局）以前发布的医疗器械注册管理的文件中（包括局发文件、局办公室文件）有明确规定且文件有效的，仍执行原规定。

七、其他事项

（一）《办法》实施前后相应内容的衔接

1.《办法》实施前相关医疗器械注册管理文件中涉及对生产企业要求的，《办法》实施后指对申请人、注册人以及备案人的要求。

2.《办法》实施前的文件中涉及临床试验资料的，《办法》实施后以临床评价资料代替。

3.《办法》实施前的文件中涉及注册产品标准的，《办法》实施后以产品技术要求代替。

4.《办法》实施前的文件中要求重新注册时履行的事项，《办法》实施后应当在延续注册时履行。

（二）关于医疗器械产品注册技术审查指导原则

《办法》实施前国家食品药品监督管理总局组织制定并发布的医疗器械产品注册技术审查指导原则，申请人和食品药品监督管理部门可继续将其中的技术内容作为参考，同时注意按照《办法》的要求开展注册相关工作。

（三）关于体外诊断试剂临床试验

1. 临床试验机构

在国家食品药品监督管理总局发布医疗器械临床试验机构目录前，申请人应当在省级卫生医疗机构开展体外诊断试剂临床试验。

对于特殊使用目的产品，可以在符合要求的市级以上的疾病控制中心、专科医院或检验检疫所、戒毒中心等机构开展体外诊断试剂临床试验。

2. 临床试验开始时间

《办法》实施后，体外诊断试剂应当在注册检验合格后进行临床试验。如临床试验协议在《办法》实施前已经签署，注册检验前进行的临床试验，其临床试验报告可作为注册申报资料予以提交，并同时提交临床试验协议。

（四）关于进口医疗器械和境内生产的医疗器械

医疗器械注册申请人和备案人应当是依法进行登记的企业。

进口医疗器械，应当由境外申请人（备案人）申请注册或者办理备案；境内生产的医疗器械，应当由境内申请人（备案人）申请注册或者办理备案。

（五）关于不适用的条款

《办法》实施后，《国家食品药品监督管理总局关于部分医疗器械变更审批和质量管理体系检查职责调整有关事宜的通知》（食药监械管〔2013〕28号）第一条第（一）项、第（二）项和第二条不再适用。

附件：废止文件目录

国家食品药品监督管理总局
2014年8月1日

附件

废止文件目录

序号	文件名称	文号
1	关于实施《医疗器械注册管理办法》有关事项的通知	国食药监械〔2004〕499号
2	关于医疗器械注册证附表中标准号标注的补充通知	国食药监械〔2005〕10号
3	关于印发《境内第一类医疗器械注册审批操作规范（试行）》和《境内第二类医疗器械注册审批操作规范（试行）》的通知	国食药监械〔2005〕73号
4	关于发布《境内第三类、境外医疗器械注册申报资料受理标准》的通告	国食药监械〔2005〕111号

续表

序号	文件名称	文号
5	关于《医疗器械注册管理办法》重新注册有关问题的解释意见	国食药监械〔2006〕284号
6	关于印发《体外诊断试剂注册管理办法（试行）》的通知	国食药监械〔2007〕229号
7	关于实施体外诊断试剂注册管理办法（试行）有关问题的通知	国食药监办〔2007〕230号
8	关于发布境内第三类和境外医疗器械注册审批操作规范的通告	国食药监械〔2007〕460号
9	关于发布体外诊断试剂注册申报资料形式与基本要求的公告	国食药监械〔2007〕609号
10	关于医疗器械注册证书变更申请有关事项的通知	国食药监械〔2007〕778号
11	关于体外诊断试剂注册证变更和重新注册有关问题的通知	国食药监械〔2008〕191号
12	关于体外诊断试剂重新注册有关问题的公告	国食药监械〔2008〕310号
13	关于印发进一步加强和规范医疗器械注册管理暂行规定的通知	国食药监械〔2008〕409号
14	关于清理医疗器械注册管理文件有关问题的通知	国食药监械〔2008〕518号
15	关于医疗器械注册有关事宜的公告	国家食品药品监督管理局公告（2009年　第82号）
16	关于印发医疗器械检测机构开展医疗器械产品标准预评价工作规定（试行）的通知	食药监办械〔2010〕133号
17	关于印发豁免提交临床试验资料的第二类医疗器械目录（试行）的通知	国食药监械〔2011〕475号
18	关于医疗器械管理类别调整后注册相关工作要求的通知	国食药监械〔2012〕70号
19	食品药品监管总局关于印发豁免提交临床试验资料的第二类医疗器械目录（第二批）的通知	食药监械管〔2013〕211号
20	国家食品药品监督管理总局关于医疗器械重新注册有关事项的通告	国家食品药品监督管理总局通告2013年　第9号

食品药品监管总局关于印发医疗器械检验机构开展医疗器械产品技术要求预评价工作规定的通知

食药监械管〔2014〕192号

各省、自治区、直辖市食品药品监督管理局：

为做好医疗器械产品注册检验工作，根据《医疗器械注册管理办法》（国家食品药品监督管理总局令第4号）和《体外诊断试剂注册管理办法》（国家食品药品监督管理总局令第5号)，总局组织制定了《医疗器械检验机构开展医疗器械产品技术要求预评价工作规定》，现予印发，自2014年10月1日起施行。

国家食品药品监督管理总局
2014年8月21日

医疗器械检验机构开展
医疗器械产品技术要求预评价工作规定

一、医疗器械检验机构对注册申请人提交的产品技术要求进行预评价，应当主要从以下方面进行评价：

（一）产品技术要求中性能指标的完整性与适用性；检验方法是否可具有可操作性和可重复性，是否与检验要求相适应。

（二）依据现行强制性或推荐性国家标准、行业标准检验的，所用强制性国家标准、行业标准的完整性，所用标准与产品的适宜性，所用条款的适用性。

（三）如检验内容涉及引用中国药典的相关内容，其引用的完整性、适宜性和适用性。

二、医疗器械检验机构应当将预评价中发现的产品技术要求中存在的问题及其他相关问题记录在《医疗器械产品技术要求预评价意见》（见附件）中，并将预评价意见向注册申请人反馈。

三、医疗器械检验机构在填写预评价意见时，应当根据评价内容的不同，分别在对应的栏目中填写，并出具综合评价意见。对于在注册检验过程中发现的产品技术要求的问题，如检验机构认为有必要，可在预评价意见中予以说明。

四、经过预评价的产品技术要求和预评价意见应当加盖与医疗器械检验报告相同印章，随检验报告一同出具给注册申请人。

附件：医疗器械产品技术要求预评价意见

附件

医疗器械产品技术要求预评价意见

检验报告编号：　　　　　　　　　　　　　　　　共　页　第　页

一、产品技术要求中性能指标的完整性与适用性；检验方法是否具有可操作性和可重复性，是否与检验要求相适应。

二、依据现行强制性或推荐性国家标准、行业标准检验的，所用强制性国家标准、行业标准的完整性，所用标准与产品的适宜性，所用条款的适用性。

三、如检验内容涉及引用中国药典的相关内容，其引用的完整性、适宜性和适用性。

四、其他需要说明的问题。

五、综合评价意见：

经预评价，对产品技术要求无补充、完善意见。

经预评价，产品技术要求在以下方面需要进一步补充、完善：

性能指标：

适用国家标准、行业标准：

引用《中华人民共和国药典》内容：

(印章)

年　月　日

食品药品监管总局关于印发境内第三类和进口医疗器械注册审批操作规范的通知

食药监械管〔2014〕208 号

各省、自治区、直辖市食品药品监督管理局：

为规范境内第三类和进口医疗器械注册审批工作，根据《医疗器械监督管理条例》(国务院令第 650 号)、《医疗器械注册管理办法》(国家食品药品监督管理总局令第 4 号) 和《体外诊断试剂注册管理办法》(国家食品药品监督管理总局令第 5 号)，总局组织制定了《境内第三类和进口医疗器械注册审批操作规范》，现予印发，自 2014 年 10 月 1 日起施行。

国家食品药品监督管理总局

2014 年 9 月 11 日

境内第三类和进口医疗器械注册审批操作规范

境内第三类和进口第二类、第三类医疗器械注册审批（指产品注册、许可事项变更注册和延续注册）包括受理、技术审评、行政审批和批件制作四个环节，登记事项变更包括受理和文件制作两个环节。

受理和批件制作、登记事项变更由国家食品药品监督管理总局行政事项受理服务和投诉举报中心负责；技术审评由国家食品药品监督管理总局医疗器械技术审评中心负责；行政审批由国家食品药品监督管理总局负责。

体外诊断试剂相关受理、审评、审批程序及规定，参照本规范执行。

一、境内第三类和进口医疗器械注册审批

（一）受理

1. 受理的申报资料格式要求

（1）申报资料应有所提交资料目录，包括申报资料的一级和二级标题。每项二级标题对应的资料应当单独编制页码。

（2）申报资料应当按目录顺序排列并装订成册。

（3）申报资料一式一份，其中产品技术要求一式两份，应当使用A4规格纸张打印，内容完整、清楚，不得涂改，政府部门及其他机构出具的文件按照原件尺寸提供。凡装订成册的，不得自行拆分。

（4）申报资料使用复印件的，复印件应当清晰并与原件一致。

（5）各项申报资料中的申请内容应当具有一致性。

（6）各项文件除证明性文件外，均应当以中文形式提供，如证明性文件为外文形式，还应当提供中文译本并由代理人签章。根据外文资料翻译的申报资料，应当同时提供原文。

（7）境内产品申报资料如无特殊说明的，应当由申请人签章。“签章”是指：申请人盖公章，或者其法定代表人、负责人签名加盖公章。

（8）进口产品申报资料如无特别说明，原文资料均应由申请人签章，中文资料由代理人签章。原文资料“签章”是指：申请人的法定代表人或者负责人签名，或者签名并加盖组织机构印章，并且应当提交由申请人所在地公证机构出具的公证件；中文资料“签章”是指：代理人盖公章，或者其法定代表人、负责人签名并加盖公章。

（9）注册申报资料还需同时提交以下电子文档：

申请表。

产品技术要求。应为word文档，并且可编辑、修改。同时还应提交单独的仅包含技术要求性能指标部分的电子文档。

综述资料、研究资料概述以及体外诊断试剂产品的说明书。应为word文档。体外诊断试剂综述资料电子文档内容应当包括产品预期用途、与预期用途相关的临床适应症背景情况、相关的临床或实验室诊断方法、产品描述、有关生物安全性方面的说明、产品主要研究结果的总结和评价、同类产品在国内外批准上市情况以及申报产品需要说明的其他情况等。

2. 岗位职责

（1）负责对境内第三类和进口第二类、第三类医疗器械注册申报资料的完整性和规范性进行形式审查。

（2）申请事项属于本部门职权范围，申报资料齐全、符合形式审查要求，或者申请人按照要求提交全部补充资料的，予以受理，填写《受理通知书》，加盖专用章并注明日期。

（3）申报资料存在可以当场更正的错误的，应当允许申请人当场更正。

（4）申报资料不齐全或者不符合形式审查要求的，应当在5个工作日内一次告知申请人需要补正的全部内容，并出具《补正材料通知书》，逾期不告知的，自收到申报资料之日起即为受理。

（5）对申报事项依法不属于本部门职权范围的，应当即时告知申请人不予受理，填写《不予受理通知书》，加盖专用章并注明日期。

（6）自受理申请之日起3个工作日内将申报资料转交国家食品药品监督管理总局医疗器械技术审评中心。

（二）技术审评（60/90个工作日）

国家食品药品监督管理总局医疗器械技术审评中心对境内第三类医疗器械及进口第二类、第三类医疗器械安全性、有效性研究和结果进行系统评价，提出结论性意见，并对技术审评阶段出具的审评意见负责。

1. 主审

（1）责任人：国家食品药品监督管理总局医疗器械技术审评中心技术审评人员。

（2）主审要求和职责：按照相关法律法规、法定程序和技术审评要求，根据申请人的申请，对其拟上市销售产品的安全性和有效性研究及其结果进行系统评价；对医疗器械许可事项变更注册内容进行审查，确定变更注册内容是否符合许可事项变更注册的相关规定；对延续注册内容进行审查，确定是否符合延续注册的相关规定，出具审评意见。

2. 复核

（1）责任人：国家食品药品监督管理总局医疗器械技术审评中心各审评处处长或其委托的人员。

（2）复核要求和职责：对审评意见进行审查，必要时复核注册申报资料，确定审评意见的完整性、规范性和准确性，并提出复核意见。确定审评过程符合有关审评程序的规定，做到审评尺度一致。

3. 签发

（1）责任人：国家食品药品监督管理总局医疗器械技术审评中心主任或其

委托的人员。

（2）签发要求和职责：对审评意见和复核意见进行审核，确认审评结论，签发审评报告。

4. 其他要求

（1）技术审评过程中，必要时可调阅原始研究资料。

（2）需要进行专家审评咨询的事项，专家审评时间不计算在规定的审评时限内。

（3）需要补正资料的，国家食品药品监督管理总局医疗器械技术审评中心应当一次告知申请人需要补正的全部内容。申请人应当在1年内按照补正通知的要求一次提供补充资料；国家食品药品监督管理总局医疗器械技术审评中心应当自收到补充资料之日起60个工作日内完成技术审评。申请人补充资料的时间不计算在审评时限内。

（4）应当依法进行注册质量管理体系核查的，依据有关规定启动。

（三）行政审批（20个工作日）

对受理、技术审评的审查内容和审评过程进行行政复核，并根据技术审评结论作出批准注册或不予行政许可的决定。

1. 审核

（1）责任人

国家食品药品监督管理总局医疗器械注册管理司注册处审核人员。

（2）审核要求

确定本次申请属于本部门审批职责范围；审评程序是否符合相关法规和工作程序的规定；技术审评报告是否完整和规范；技术审评结论是否明确。

（3）职责

根据审核要求，提出审核意见，填写审查记录后将技术审评报告、审查记录报送核准人员。

2. 核准

（1）责任人

国家食品药品监督管理总局医疗器械注册管理司处负责人或司负责人。

（2）核准要求

对审核人员出具的审核意见进行审查；确定本次申请注册的产品是否注册。

（3）岗位职责

对符合核准要求的境内第三类和进口医疗器械注册延续注册、许可事项变更注册申请和进口第二类医疗器械注册申请项目，由处负责人提出核准意见，填写审查记录后将审评材料和审查记录报送司负责人。

对符合核准要求的境内和进口第三类医疗器械注册申请项目，由处和司负责人提出核准意见，填写审查记录后将审评材料和审查记录报送主管局领导。

对不符合核准要求的，提出核准意见，填写审查记录后将技术审评报告、审查记录退回审核人员。

3. 审定

（1）责任人

国家食品药品监督管理总局医疗器械注册管理司负责人或国家食品药品监督管理总局主管局领导。

（2）审定要求

对核准人员出具的核准意见进行审查；最终批准本次申请注册的产品是否注册。

（3）岗位职责

国家食品药品监督管理总局医疗器械注册管理司负责人负责对境内第三类和进口医疗器械延续注册、许可事项变更注册和进口第二类医疗器械注册申请项目，符合审定要求的作出批准注册或不予行政许可的决定，签发相关文件。

国家食品药品监督管理总局主管局领导负责对境内和进口第三类医疗器械注册申请项目，符合审定要求的作出批准注册或不予行政许可的决定，签发相关文件。

（四）批件制作和送达（10个工作日）

制证人员应当按照行政审批结论制作批件。

1. 批件制作要求

（1）制作的《医疗器械注册证》、《医疗器械注册变更文件》内容完整、准确无误，加盖的医疗器械注册专用章准确、无误。

（2）制作的《不予行政许可决定书》中须写明不予行政许可的理由，并注明申请人依法享有申请行政复议或者提起行政诉讼的权利以及投诉渠道。

（3）其他许可文书等应当符合公文的相关要求。

2. 岗位职责

对准予许可的，制作《医疗器械注册证》或《医疗器械注册变更文件》，加盖医疗器械注册专用章。

对不予许可的，制作《不予行政许可决定书》，加盖医疗器械注册专用章。

二、登记事项变更

对境内第三类注册人名称和住所、生产地址以及进口第二类、第三类医疗器械注册人名称和住所、代理人名称和住所等登记事项变更申报资料的完整性和规范性进行形式审查。

（一）申报资料格式要求

应当符合本规范第一项受理中所提申报资料格式要求。

（二）岗位职责

1. 申请事项属于本部门职权范围，申报资料齐全、符合形式审查要求的，将申报资料转制证部门。

2. 申报资料不齐全或者不符合规定形式的，应当一次告知备案人需要补正的全部内容。

3. 对不属于本部门职权范围的，不予接收，同时告知申请人并说明理由。

（三）工作时限

即时。

（四）文件制作

制证人员按照申请表中的变更内容制作《医疗器械注册变更文件》。

1. 文件制作要求

制作的《医疗器械注册变更文件》内容完整、准确无误，加盖的专用章准确、无误。

2. 岗位职责

制作《医疗器械注册变更文件》，加盖专用章。

3. 工作时限

10 个工作日。

三、其他要求

（一）延续注册相关要求

《医疗器械注册证》有效期届满需要延续注册的，注册人应当在《医疗器械注册证》有效期届满 6 个月前，向国家食品药品监督管理总局申请延续注册。国家食品药品监督管理总局应当在《医疗器械注册证》有效期届满前作出准予延续的决定；逾期未作决定的，视为准予延续。国家食品药品监督管理总局发出补正资料通知和召开专家会议通知等行为，不属于《医疗器械监督管理条例》第十五条中逾期未作决定的情形。

（二）《医疗器械注册证》附件发放相关要求

国家食品药品监督管理总局应将经审查核准的产品技术要求进行编号并加盖医疗器械注册专用章，作为注册证附件发给申请人。产品技术要求的标题为“×××（产品名称）产品技术要求”，编号即为相应的注册证编号。产品技术要求中性能指标的内容，应当与《医疗器械注册证》其他内容一并在国家食品药品监督管理总局政府网站上予以公布。

对于体外诊断试剂注册，国家食品药品监督管理总局还应当将经审查核准的说明书，加盖医疗器械注册专用章，随《医疗器械注册证（体外诊断试剂）》一并发给申请人。

变更产品技术要求的，国家食品药品监督管理总局应当将经审查的产品技术要求变化对比表，加盖医疗器械注册专用章，随变更文件一并发给申请人。

（三）《医疗器械注册证》等文件制作的相关要求

1.《医疗器械注册证》

《医疗器械注册证》栏内填写内容较多的，可采用附件形式。不适用的栏目，应当标注“不适用”。

《医疗器械注册证》及附件所列内容为注册限定内容。如国家食品药品监督管理总局经注册审查，认为《医疗器械注册证》中除已明确规定需载明的内容外仍有其他内容需要载明，应在《医疗器械注册证》“其他内容”栏目中列出，内容较多可采用附件形式。

进口医疗器械《医疗器械注册证》中产品名称栏应使用中文，可附加英文或原文，注册人名称、住所和生产地址可使用中文、英文或原文。

2.《医疗器械注册变更文件》

《医疗器械注册变更文件》中“变更内容”栏的填写：变更内容在国家食品药品监督管理总局政府网站上予以公布的，填写变更后内容，例如“注册人名称变更为×××”、“代理人住所变更为×××”；变更内容不在国家食品药品监督管理总局政府网站上予以公布的，填写变更项目，例如“产品技术要求中检验方法变更”。

3. 补发《医疗器械注册证》

补发《医疗器械注册证》的，在备注栏加注“××××年××月××日补发”，其他内容不变。

4.《医疗器械注册证》和《医疗器械注册变更文件》等用A4纸打印。

食品药品监管总局关于印发境内第二类医疗器械注册审批操作规范的通知

食药监械管〔2014〕209号

各省、自治区、直辖市食品药品监督管理局：

为规范境内第二类医疗器械注册审批工作，根据《医疗器械监督管理条例》（国务院令第650号）、《医疗器械注册管理办法》（国家食品药品监督管理总局令第4号）和《体外诊断试剂注册管理办法》（国家食品药品监督管理总局令第

5号)，总局组织制定了《境内第二类医疗器械注册审批操作规范》，现予印发，自2014年10月1日起施行。

国家食品药品监督管理总局
2014年9月11日

境内第二类医疗器械注册审批操作规范

境内第二类医疗器械注册审批（指产品注册、许可事项变更注册和延续注册）包括受理、技术审评、行政审批和批件制作四个环节，登记事项变更包括受理和文件制作两个环节。

各省、自治区、直辖市食品药品监督管理部门可参照本规范的要求，结合各地实际情况作出具体规定。

体外诊断试剂相关受理、审评、审批程序及规定参照本规范执行。

一、境内第二类医疗器械注册审批

（一）受理

1. 受理的申报资料格式应当符合下列要求

（1）申报资料应有所提交资料目录。

（2）申报资料应当按目录顺序排列并装订成册。

（3）申报资料一式一份，其中产品技术要求一式两份，应当使用A4规格纸张打印，内容完整、清楚，不得涂改，政府部门及其他机构出具的文件按原件尺寸提供。凡装订成册的，不得自行拆分。

（4）申报资料使用复印件的，复印件应当清晰并与原件一致。

（5）各项申报资料中的申请内容应当具有一致性。

（6）申报资料均应加盖申请人公章。

（7）注册申报资料还需同时提交以下电子文档：

申请表。

产品技术要求。应为word文档，并且可编辑、修改。同时还应提交单独的仅包含技术要求性能指标部分的电子文档。

综述资料、研究资料概述以及体外诊断试剂产品的说明书。应为word文档。体外诊断试剂综述资料电子文档内容应当包括产品预期用途、与预期用途相关的临床适应症背景情况、相关的临床或实验室诊断方法、产品描述、有关生物安全性方面的说明、产品主要研究结果的总结和评价、同类产品在国内外批准上市情况以及申报产品需要说明的其他情况等。

2. 岗位职责

（1）负责对境内第二类医疗器械注册申报资料的完整性和规范性进行形式审查。

（2）申请事项属于本部门职权范围，申报资料齐全、符合形式审查要求，或者申请人按照要求提交全部补充资料的，应当予以受理，填写《受理通知书》，加盖专用章并注明受理日期。

（3）申报资料存在可以当场更正的错误的，应当允许申请人当场更正。

（4）申报资料不齐全或者不符合形式审查要求的，应当在5个工作日内一次告知申请人需要补正的全部内容，并出具《补正材料通知书》，逾期不告知的，自收到申报资料之日起即为受理。

（5）对申报事项依法不属于本部门职权范围的，应当即时告知申请人不予受理，填写《不予受理通知书》，加盖专用章并注明日期。

（6）自受理申请之日起3个工作日内将申报资料转交医疗器械技术审评机构。

（二）技术审评（60个工作日）

技术审评机构对境内第二类医疗器械安全性、有效性研究和结果进行系统评价，提出结论性意见，并对技术审评阶段出具的审评意见负责。

1. 主审

（1）责任人：技术审评机构技术审评人员。

（2）主审要求和职责：按照相关法律法规、法定程序和技术审评要求，根据申请人的申请，对其拟上市销售产品的安全性和有效性研究及其结果进行系统评价；对医疗器械许可事项变更注册内容进行审查，确定变更注册内容是否符合许可事项变更注册的相关规定；对延续注册内容进行审查，确定是否符合延续注册的相关规定，出具审评意见。

2. 复核

（1）责任人：技术审评机构部门负责人。

（2）复核要求和职责：对审评意见进行审查，必要时复核注册申报资料，确定审评意见的完整性、规范性和准确性，并提出复核意见。确定审评过程符合有关审评程序的规定，做到审评尺度一致。

3. 签发

（1）责任人：技术审评机构负责人。

（2）签发要求和职责：对审评意见和复核意见进行审核，确认审评结论，签发审评报告。

4. 其他要求

（1）技术审评过程中，必要时可调阅原始研究资料。

（2）需要进行专家审评咨询的事项，专家审评时间不计算在规定的审评时限内。

（3）需要补正资料的，技术审评机构应当一次告知申请人需要补正的全部内容。申请人应当在1年内按照补正通知的要求一次提供补充资料；技术审评机构应当自收到补充资料之日起60个工作日内完成技术审评。申请人补充资料的时间不计算在审评时限内。

（4）应当依法进行注册质量管理体系核查的，依据有关规定启动。

（三）行政审批（20个工作日）

对受理、技术审评的审查内容和审评过程进行行政复核，并根据技术审评结论作出批准注册或不予行政许可的决定。

1. 审核

（1）责任人

省级食品药品监督管理部门注册处室审核人员。

（2）审核要求

确定本次申请属于本部门审批职责范围；审评程序是否符合相关法规和工作程序的规定；技术审评报告是否完整和规范；技术审评结论是否明确。

（3）职责

根据审核要求，提出审核意见，填写审查记录后将技术审评报告、审查记录报送核准人员。

2. 核准

（1）责任人

省级食品药品监督管理部门注册处室负责人。

（2）核准要求

对审核人员出具的审核意见进行审查；确定本次申请注册的产品是否注册。

（3）岗位职责

对符合核准要求的境内第二类医疗器械注册申请项目，提出核准意见，填写审查记录后将审评材料和审查记录报送审定人员；对不符合核准要求的，提出核准意见，填写审查记录后将技术审评报告、审查记录退回审核人员。

3. 审定

（1）责任人

省级食品药品监督管理部门主管局领导。

（2）审定要求

对核准人员出具的核准意见进行审查；最终批准本次申请注册的产品是否注册。

（3）岗位职责

对境内第二类医疗器械注册申请项目，符合审定要求的作出批准注册或不予行政许可的决定，签发相关文件。

（四）批件制作和送达（10 个工作日）

制证人员应当按照行政审批结论制作批件。

1. 批件制作要求

（1）制作的《医疗器械注册证》或《医疗器械注册变更文件》内容完整、准确、无误，加盖的医疗器械注册专用章准确、无误。

（2）制作的《不予行政许可决定书》中须写明不予行政许可的理由，并注明申请人依法享有申请行政复议或者提起行政诉讼的权利以及投诉渠道。

（3）其他许可文书等应当符合公文的相关要求。

2. 岗位职责

对准予许可的，制作《医疗器械注册证》或《医疗器械注册变更文件》，加盖医疗器械注册专用章。

对不予许可的，制作《不予行政许可决定书》，加盖医疗器械注册专用章。

二、登记事项变更

对境内第二类医疗器械注册人名称和住所、生产地址等登记事项变更申报资料的完整性和规范性进行形式审查。

（一）申报资料格式要求

应当符合本规范第一项受理中所提申报资料格式要求。

（二）岗位职责

1. 申请事项属于本部门职权范围，申报资料齐全、符合形式审查要求的，将申报资料转制证部门。

2. 申报资料不齐全或者不符合规定形式的，应当一次告知备案人需要补正的全部内容。

3. 对不属于本部门职权范围的，不予接收，同时告知申请人并说明理由。

（三）工作时限

即时。

（四）文件制作

制证人员按照申请表中的变更内容制作《医疗器械注册变更文件》。

1. 文件制作要求

制作的《医疗器械注册变更文件》内容完整、准确、无误，加盖的专用章准确、无误。

2. 岗位职责

制作《医疗器械注册变更文件》，加盖专用章。

3. 工作时限：10 个工作日。

三、其他要求

（一）延续注册相关要求

《医疗器械注册证》有效期届满需要延续注册的，注册人应当在《医疗器械注册证》有效期届满 6 个月前，向省级食品药品监督管理部门申请延续注册。省级食品药品监督管理部门应当在《医疗器械注册证》有效期届满前作出准予延续的决定；逾期未作决定的，视为准予延续。省级食品药品监督管理部门发出补正资料通知和召开专家会议通知等行为，不属于《医疗器械监督管理条例》第十五条中逾期未作决定的情形。

（二）《医疗器械注册证》附件发放相关要求

省级食品药品监督管理部门应当将经审查核准的产品技术要求进行编号并加盖医疗器械注册专用章，作为《医疗器械注册证》附件发给申请人。产品技术要求的标题为“×××（产品名称）产品技术要求”，编号即为相应的注册证编号。产品技术要求中性能指标的内容，应当与《医疗器械注册证》其他内容一并在省级食品药品监督管理部门政府网站上予以公布。

对于体外诊断试剂注册，省级食品药品监督管理部门还应当将经审查核准的说明书，加盖医疗器械注册专用章，随《医疗器械注册证（体外诊断试剂）》一并发给申请人。

变更产品技术要求的，省级食品药品监督管理部门应当将经审查的产品技术要求变化对比表，加盖医疗器械注册专用章，随变更文件一并发给申请人。

（三）《医疗器械注册证》等文件制作的相关要求

1. 《医疗器械注册证》

《医疗器械注册证》栏内填写内容较多的，可采用附件形式。不适用的栏目，应当标注“不适用”。

《医疗器械注册证》及附件所列内容为注册限定内容。省级食品药品监督管理部门经注册审查，认为《医疗器械注册证》中除已明确规定需载明的内容外仍有其他内容需要载明，应在注册证“其他内容”栏目中列出，内容较多可采用附件形式。

2. 《医疗器械注册变更文件》

《医疗器械注册变更文件》中“变更内容”栏的填写：变更内容在省级食品药品监督管理部门政府网站上予以公布的，填写变更后内容，例如“注册人名称变更为×××”；变更内容不在省级食品药品监管局政府网站上予以公布的，填写变更项目，例如“产品技术要求中检验方法变更”。

3. 补发《医疗器械注册证》

补发《医疗器械注册证》的，在备注栏加注“××××年××月××日补发”，其他内容不变。

4.《医疗器械注册证》和《医疗器械注册变更文件》等用A4纸打印。

附件：境内第二类医疗器械注册技术审评报告（格式）

附件

受理号：　　　　　　　　　　　　　　受理日期：

境内第二类医疗器械注册技术审评报告（格式）

产品名称：

规格型号：

申请人：

XXXXXXXXXXXXXX（技术审评单位名称）

技术审评报告

注册形式	□注册申请 □许可事项变更注册申请 □延续注册申请
产品名称	
申请人	
生产地址	
技术审查内容	
1. 产品概述	
2. 同类产品及该产品既往注册情况	
3. 有关产品安全性、有效性主要评价内容 [如原理、材料、电气安全、辐射防护、传染和微生物污染防护、机械防护、生物安全性、临床试验等]	

续表

4. 企业提供的证据 [技术资料提供的证明方法、方法依据及相关客观数据]
5. 存在问题及主要补正意见
6. 企业针对“存在问题及主要补正意见”提供的证据或修改的内容
综合意见（提出相关处理建议） 备选项：[符合技术审评要求，建议准予注册。 申报资料不符合技术审评要求，建议不予行政许可。 同意企业申请，建议准予撤回。] 主审： 年 月 日
复核： 年 月 日
签发： 年 月 日

食品药品监管总局关于印发医疗器械生产企业分类分级监督管理规定的通知

食药监械监〔2014〕234号

各省、自治区、直辖市食品药品监督管理局：

为提高医疗器械生产监管的科学化水平，明确各级食品药品监督管理部门的监管责任，根据《医疗器械监督管理条例》（国务院令第650号）和《医疗器械生产监督管理办法》（国家食品药品监督管理总局令第7号），总局组织制定了《医疗器械生产企业分类分级监督管理规定》，现印发给你们，请遵照执行。

附件：医疗器械生产企业分类分级监督管理规定

国家食品药品监督管理总局
2014年9月30日

附件

医疗器械生产企业分类分级监督管理规定

第一章　总　　则

第一条　为提高医疗器械生产企业监督管理科学化水平，明确各级食品药品监督管理部门的监管责任，提高监管效能，依法保障医疗器械安全有效，根据《医疗器械监督管理条例》及《医疗器械生产监督管理办法》等，特制定本规定。

第二条　本规定中的分类分级监督管理，是指根据医疗器械的风险程度、医疗器械生产企业的质量管理水平，并结合医疗器械不良事件、企业监管信用及产品投诉状况等因素，将医疗器械生产企业分为不同的类别，并按照属地监管原则，实施分级动态管理的活动。

第三条　本规定适用于各级食品药品监督管理部门对医疗器械生产企业分类分级监督管理活动的全过程。

第四条　国家食品药品监督管理总局负责制定《国家重点监管医疗器械目录》，指导和检查全国医疗器械生产企业分类分级监督管理工作。

省级食品药品监督管理部门负责制定《省级重点监管医疗器械目录》，并根据《国家重点监管医疗器械目录》、《省级重点监管医疗器械目录》和本行政区域内生产企业的质量管理水平，确定生产企业的监管级别，组织实施分类分级监督管理工作。

设区的市及以下食品药品监督管理部门负责本行政区域内医疗器械生产企业分类分级监督管理的具体工作。

第二章　生产企业的分类分级

第五条　医疗器械生产企业分为四个监管级别。

四级监管是对《国家重点监管医疗器械目录》涉及的生产企业和质量管理体系运行状况差、存在较大产品质量安全隐患的生产企业进行的监管活动。

三级监管是对《省级重点监管医疗器械目录》涉及的生产企业和质量管理体系运行状况较差、存在产品质量安全隐患的生产企业进行的监管活动。

二级监管是对除《国家重点监管医疗器械目录》和《省级重点监管医疗器械目录》以外的第二类医疗器械涉及的生产企业进行的监管活动。

一级监管是对除《国家重点监管医疗器械目录》和《省级重点监管医疗器械目录》以外的第一类医疗器械涉及的生产企业进行的监管活动。

医疗器械生产企业涉及多个监管级别的，按最高级别对其进行监管。

第六条　重点监管医疗器械目录的制定应当重点考虑以下因素：

产品的风险程度；

同类产品的注册数量与生产情况；

产品的市场占有率；

产品的监督抽验情况；

产品不良事件监测及召回情况；

产品质量投诉情况。

第七条　国家食品药品监督管理总局根据产品风险程度和监管工作实际，并根据风险较高的部分第三类产品，以及不良事件监测、风险监测和监督抽验等发现普遍存在严重问题的产品，制定《国家重点监管医疗器械目录》。

省级食品药品监督管理部门根据除《国家重点监管医疗器械目录》以外的其他第三类产品和部分第二类产品，以及不良事件监测、风险监测和监督抽验发现存在较严重问题的产品，制定《省级重点监管医疗器械目录》。

第八条　省级食品药品监督管理部门依据上述原则对本行政区域内医疗器械生产企业进行评估，并确定监管级别。

医疗器械生产企业监管级别评定工作按年度进行，对于企业出现重大质量事故或新增高风险产品等情况可即时评定并调整企业监管级别。各级食品药品监督管理部门按照评定的级别进行相应的监督管理。

第三章　监 管 措 施

第九条　省级食品药品监督管理部门应当编制本行政区域的医疗器械生产企业监督检查计划，确定医疗器械监管的重点、检查频次和覆盖率，并监督实施。

第十条　各级食品药品监督管理部门对医疗器械生产企业按照监管级别确定监督检查的层级、方式、频次和其他管理措施，并综合运用全项目检查、飞行检查、日常检查、跟踪检查和监督抽验等多种形式强化监督管理。

第十一条　实施四级监管的医疗器械生产企业，各级食品药品监督管理部门应当采取特别严格的措施，加强监管。省级食品药品监督管理部门确定本行政区域内四级监管企业的检查频次，实施重点监管，每年对每家企业的全项目检查不少于一次。

第十二条　实施三级监管的医疗器械生产企业，各级食品药品监督管理部门应当采取严格的措施，防控风险。省级食品药品监督管理部门确定本行政区域内三级监管企业的检查频次，每两年对每家企业的全项目检查不少于一次。

第十三条　实施二级监管的医疗器械生产企业，由设区的市级食品药品监督管理部门确定本行政区域内二级监管企业的检查频次，每四年对每家企业的全项目检查不少于一次。

第十四条　实施一级监管的医疗器械生产企业，设区的市级食品药品监督管理部门在第一类产品生产企业备案后三个月内须组织开展一次全项目检查，并每年安排对本行政区域内一定比例的一级监管企业进行抽查。

第十五条　地方各级食品药品监督管理部门对于监管中发现的共性问题、突出问题或企业质量管理薄弱环节，要结合本行政区域的监管实际，制定加强监管的措施并组织实施。涉及重大问题的，应当及时向上一级食品药品监督管理部门报告。

第十六条　对于处于停产状态的生产企业，食品药品监督管理部门应当根据实际情况约谈企业负责人了解相关情况，以便开展后续监管工作。

第十七条　各级食品药品监督管理部门应当督促医疗器械生产企业加强风险管理，做好风险评估和风险控制，预防系统性风险，防止发生重大医疗器械质量事故。

第十八条　对于生产企业发生产品重大质量事故并造成严重后果的，省级食品药品监督管理部门应当及时组织检查，检查结果上报国家食品药品监督管理总局。一般质量事故由设区的市级食品药品监督管理部门组织检查。

第十九条　对于未按医疗器械产品技术要求组织生产，生产质量管理体系运行状况差，擅自降低生产条件，不能执行医疗器械相关法律法规的医疗器械生产企业，可视其情节依法责令其整改、限期整改、停产整改，直至吊销医疗器械生产许可证。

第二十条　地方各级食品药品监督管理部门应当建立本行政区域内医疗器械生产企业分类监督管理档案。监督管理档案应当包括医疗器械生产企业产品注册和备案、生产许可和备案、委托生产、监督检查、监督抽验、不良事件监测、产品召回、处罚情况、不良行为记录和投诉举报等信息，同时应当录入医疗器械生产企业监管信息系统并定期更新，确保相关信息及时、准确。

第四章　附　　则

第二十一条　各级食品药品监督管理部门对医疗器械生产企业实施的监督检查主要包括全项目检查、飞行检查、日常检查和跟踪检查等。

全项目检查是指按照医疗器械生产质量管理规范逐条开展的检查。

飞行检查是指根据监管工作需要，对医疗器械生产企业开展的突击性有因检查。

日常检查是指对医疗器械生产企业开展的一般性监督检查或有侧重的单项监督检查。

跟踪检查是指对医疗器械生产企业有关问题的整改措施与整改效果的复核性检查。

第二十二条　本规定自发布之日起施行。原国家食品药品监督管理局《关于印发〈医疗器械生产日常监督管理规定〉的通知》（国食药监械〔2006〕19 号）同时废止。

食品药品监管总局关于印发国家重点监管医疗器械目录的通知

食药监械监〔2014〕235 号

各省、自治区、直辖市食品药品监督管理局：

为加强医疗器械生产监管，根据《医疗器械生产监督管理办法》（国家食品药品监督管理总局令第 7 号）和《医疗器械生产企业分类分级监督管理规定》（食药监械监〔2014〕234 号），总局组织修订了《国家重点监管医疗器械目录》（以下简称《目录》），现印发给你们，请按照《医疗器械生产企业分类分级监督管理规定》对《目录》中所列品种的生产实施重点监管。

原国家食品药品监督管理局发布的《关于印发国家重点监管医疗器械目录（2009 年版）的通知》（国食药监械〔2009〕395 号）即行废止。

附件：国家重点监管医疗器械目录

国家食品药品监督管理总局
2014 年 9 月 30 日

国家重点监管医疗器械目录

一、一次性使用输血、输液、注射用医疗器械

1. 一次性使用无菌注射器（含自毁式、胰岛素注射、高压造影用）；
2. 一次性使用无菌注射针（含牙科、注射笔用）；
3. 一次性使用输液器（含精密、避光、压力输液等各型式）；
4. 一次性使用静脉输液针；
5. 一次性使用静脉留置针；
6. 一次性使用真空采血器；
7. 一次性使用输血器；
8. 一次性使用塑料血袋；
9. 一次性使用麻醉穿刺包。

二、植入材料和人工器官类医疗器械

1. 普通骨科植入物（含金属、无机、聚合物等材料的板、钉、针、棒、丝、填充、修复材料等）；
2. 脊柱内固定器材；
3. 人工关节；
4. 人工晶体；
5. 血管支架（含动静脉及颅内等中枢及外周血管用支架）；
6. 心脏缺损修补/封堵器械；
7. 人工心脏瓣膜；
8. 血管吻合器械（含血管吻合器、动脉瘤夹）；
9. 组织填充材料（含乳房、整形及眼科填充等）。

三、同种异体医疗器械

四、动物源医疗器械

五、计划生育用医疗器械

1. 宫内节育器；
2. 避孕套（含天然胶乳橡胶和人工合成材料）。

六、体外循环及血液处理医疗器械

1. 人工心肺设备辅助装置（含接触血液的管路、滤器等）；
2. 血液净化用器具（含接触血液的管路、过滤/透析/吸附器械）；
3. 透析粉、透析液；

4. 氧合器；
5. 人工心肺设备；
6. 血液净化用设备。
七、循环系统介入医疗器械
1. 血管内造影导管；
2. 球囊扩张导管；
3. 中心静脉导管；
4. 外周血管套管；
5. 动静脉介入导丝、鞘管；
6. 血管内封堵器械（含封堵器、栓塞栓子、微球）。
八、高风险体外诊断试剂
1. 人间传染高致病性病原微生物（第三、四类危害）检测相关的试剂；
2. 与血型、组织配型相关的试剂。
九、其他
1. 角膜接触镜（含角膜塑形镜）；
2. 医用可吸收缝线；
3. 婴儿保育设备（含各类培养箱、抢救台）；
4. 麻醉机/麻醉呼吸机；
5. 生命支持用呼吸机；
6. 除颤仪；
7. 心脏起搏器；
8. 医用防护口罩、医用防护服；
9. 一次性使用非电驱动式输注泵；
10. 电驱动式输注泵。

食品药品监管总局办公厅关于印发医疗器械生产日常监督现场检查工作指南的通知

食药监办械监〔2014〕7号

各省、自治区、直辖市食品药品监督管理局：

为指导和规范医疗器械生产企业日常监督现场检查工作，统一和细化现场检查工作要求和方法，国家食品药品监督管理总局组织制定了《医疗器械生产日常监督现场检查工作指南》，现予印发，请参照执行。

国家食品药品监督管理总局办公厅
2014 年 1 月 13 日

医疗器械生产日常监督现场检查工作指南

一、适用范围

本指南依据现行《医疗器械监督管理条例》及相关法规、规章、标准及规范性文件编写，适用于各级食品药品监督理部门医疗器械生产监管人员对已取得《医疗器械生产企业许可证》或已按照有关规定办理备案的医疗器械生产企业进行的日常监督现场检查，指导和规范医疗器械生产企业日常监督现场检查工作。

二、检查职责和人员要求

（一）日常监督现场检查实行检查组长负责制。检查组长对具体检查工作负总责，检查员对所承担的检查项目和检查内容负责。检查组应至少由 2 名执法人员组成。

（二）检查人员应符合以下要求：

检查人员应遵纪守法、廉洁正派、坚持原则、实事求是；应熟悉掌握国家有关医疗器械监督管理的法律、法规和有关要求；了解所检查产品的有关技术知识，熟悉相关产品标准；具有较强的沟通能力和理解能力，在检查中能够正确表述检查要求，能够正确理解对方所表达的意见；具有较强的分析能力和判断能力，对检查中出现的问题能够客观分析，并作出正确判断。检查人员应对检查过程中所涉及的被检查企业技术资料和商业秘密保密。

检查组长作为现场检查工作第一责任人，除应具备检查员的基本条件外，还应具有较强的组织协调能力，能够合理安排检查分工，控制检查进度，按照计划组织完成检查任务。

三、检查准备

（一）根据既往检查和企业报送资料的情况，了解企业近期生产经营状况，主要包括：

1. 企业相应证照取得或变化情况（如营业执照、医疗器械生产许可证、医疗器械产品注册证）及质量管理体系认证情况；

2. 企业质量管理人员变动情况；

3. 企业生产工艺、生产检验设备、主要原材料变化情况；

4. 产品生产、销售情况；

5. 既往检查发现问题及整改情况；

6. 企业产品及市场上同类产品不良事件发生情况；

7. 医疗器械质量监督抽验情况等。

（二）根据对影响产品质量因素（人员、设备、物料、制度、环境）的变化情况及既往检查情况，确定本次检查产品范围（可以是某类产品或某类中的部分产品）和检查方式（事先通知或突击性检查）。

（三）结合《医疗器械生产质量管理规范》的要求，确定本次检查重点内容（如证照情况、原材料控制、洁净车间管理、出厂检验控制、销售、售后服务等部分或全部项目）。对无菌、植入性医疗器械和体外诊断试剂生产企业，应严格按照相应实施细则和检查评定标准进行检查。总局无特殊规定的医疗器械可参照医疗器械生产质量管理规范检查评定标准进行检查，但不作为处罚依据。

（四）查阅拟检查产品相关资料，如产品标准、管理标准等（如 YY/T 0316、GB 9706、GB 16886、YY 0033），分析企业产品及生产过程的关键风险点。

（五）确定检查时间、检查分工、检查进度。当检查项目互有交叉重叠时，一般由与检查内容关系最直接的检查人员负责检查。

（六）检查组编制现场检查方案（应包括检查目的、检查方式、检查范围、检查时间、检查进度、检查内容、检查分工等）。现场检查方案必要时应经检查派出机构审核。

（七）联系被检查企业，通知检查相关事宜（突击检查方式不适用）。

（八）准备监督检查需要的相关检查文书。必要时，准备照相机、摄像机等现场记录设备。

四、检查步骤

（一）进入企业现场后，向企业出示执法证明；告知企业本次检查的目的、依据、流程及纪律。依据《医疗器械生产质量管理规范》实施的检查，应按规定召开首（末）次会议。

（二）与企业相关人员进行交流，了解近期生产、经营状况及质量管理体系运行、人员变化情况。

（三）在企业相关人员陪同下，分别对企业保存的文字资料、生产现场进行检查。

（四）检查工作应主要围绕检查方案中设定的检查内容开展。对于检查的内容，尤其是发现的问题应及时记录，并与企业相关人员进行确认。必要时，可进行产品抽样或对有关情况进行证据留存或固定（如资料复印、照相、摄像及现场查封等）。

（五）检查组长可选择适当时机召集检查员汇总检查情况，核对检查中发现的问题，讨论确定检查意见。遇到特殊情况时，应及时向检查派出机构主管领导汇报。

（六）与企业负责人沟通，通报检查情况，核实发现的问题，告知整改意见。

（七）填写监督检查情况记录文书，检查记录应全面、真实、客观地反映现场检查情况，并具有可追溯性（符合规定的项目与不符合规定的项目均应记录）；检查结果和意见应明确，并要求企业负责人在检查记录上签字确认。监督检查情况记录文书应一式两份，检查单位和企业各留存一份。

（八）企业人员拒绝签字或由于企业原因而无法实施检查的，应由 2 名以上（含 2 名）检查人员注明情况并签字确认。

（九）对于在现场检查中发现的问题，应书面告知本次监督检查的意见，明确整改要求及整改时限。

（十）对于需要进行整改的，通常情况下应在与企业沟通的基础上，确定整改要求和时限，并在规定的时限内督促企业完成整改。跟踪检查需要在现场完成的，应按上述要求和指南（包括检查前准备）安排复查工作。涉嫌违法违规的，按规定移交稽查部门。

（十一）将日常监督现场检查材料、企业整改材料及跟踪检查材料，归入日常监督管理档案，已建立监管信息化系统的，应及时将检查情况录入有关监管信息化系统。

五、检查内容

检查人员可对企业有效证照、法规及标准，组织机构与管理文件，厂区、厂房，设计开发，采购控制，过程控制，产品检验，不合格品控制，销售与售后，分析改进，包装标识、说明书等方面进行检查。日常监督现场检查频次、标准和具体检查内容应按照国家相关文件规定执行，各地区可结合行政区域实际情况及现场具体情况，有针对性地选择检查项目、调整检查内容，并制定相应的实施方案。

六、检查方式

（一）语言交流

1. 检查人员应积极与企业管理层沟通，通过了解企业发展历史、质量管理体系近期运行状况和产品市场情况，分析判断企业运行中是否存在问题、存在哪方面问题、当前急需解决哪些问题等。

2. 与企业中层和特殊岗位人员的沟通，可采取面对面交流的方式。通过谈话来判断人员能否承担该岗位赋予的相应职责。对于不了解、不熟悉、不能行使职权的或由他人代答的，应视企业整体情况提出人员调整要求。

3. 对于现场检查中发现的问题，应耐心、认真地与企业沟通交流，协商整改要求和时限。一般情况下，在与企业取得一致意见后，应根据确定的检查意见客观、详细地进行如实记录。

（二）资料检查

资料检查可以从以下五方面入手：

1. 检查文件中涵盖的质量管理体系过程，判断质量管理体系的全过程是否都已被识别。结合关键风险点的分析及企业的风险管理报告，判断企业是否已准确识别全部的关键过程和特殊过程。

2. 检查对识别出的过程是否都已形成控制文件，判断文件内容是否覆盖了过程的全部，关键过程和特殊过程的控制文件是否与过程确认的结果相一致。

3. 检查文件规定的内容，判断是否与现场观察的实际情况相一致。

4. 检查文件间的关联性，判断文件要求是否能够满足企业和产品的特点，重点关注关键过程和特殊过程的执行情况。以及企业风险管理报告中所列举的各项风险控制措施是否已在生产全过程予以实施。

5. 检查各项记录间的可追溯性，判断能否根据各项记录的相互关系完成产品生产过程的追溯。

在资料检查中，对于记录样本的选取可关注以下六个方面：

1. 在较短时间内，通过现场检查对企业质量管理体系运行状况作出整体评价有一定难度，所以在检查质量记录时，应充分考虑企业生产周期、近期运行状况和本次检查目的、已查内容。一般情况下，应选取相似条件下的两份以上同种质量记录。

2. 现场监督检查是抽样式检查，为如实反映当时的客观情况，文字记录应尽量选择与检查时间距离较近的进行抽样。一般可选取现场检查前一季度内的记录，或选取现场检查前最近一个生产周期的记录。

3. 确定检查产品范围时，应覆盖企业所有已取得医疗器械注册证书的产品；在检查时间有限的情况下，一般应选取企业生产量较大或者产品安全性要求较高的一个或多个产品进行检查。

4. 当同次检查中涉及一个产品的多个过程记录时，还应充分考虑记录的可追溯性和真实性，围绕同一产品序列号（或批号）展开检查。根据文字记录的索引关系，判断产品质量全过程的追溯能否实现。

5. 检查文字记录的内容与质量控制要求的一致性，记录中的数据应与根据记录判定的结论一致。记录内容应能详细、如实反映质量控制过程的原始状态，必要时可要求实际操作。

6. 检查文字记录时，如发现两份相似条件下的同种记录存在数据差别较大的情况，应补充选择相似条件下的同种记录进行确认，同时询问出现差别的原因。对于已能清晰反映检查结果的，一般不扩大记录样本的选取数量。

（三）现场观察

根据产品工艺的不同，现场观察可包括前处理、粗加工、组装、安装、老化、包装现场，原材料、半成品、成品检验现场，原料库、中转库、成品库现场等。

1. 根据生产流程查看生产现场布局是否合理，有无反复交叉、往复的情况。生产场地的整体规划与生产情况（生产量和销售量）是否匹配。

2. 正常生产车间是否整洁、条理，设备、场地实际状况与记录或文件是否一致。注意现场中有无刻意遮挡、破乱不堪的角落。生产废料、办公垃圾堆积的地方是否会对产品质量造成影响。

3. 观察生产人员、检验人员操作是否熟练，生产能力与实际生产、销售情况是否匹配。可以适时地询问员工操作要求，判断是否与文件规定一致，是否与现场操作一致。

七、对问题的处理

（一）如企业出现的问题性质轻微，能立即纠正的，检查人员可根据现场情况，对企业提出整改要求，并在现场监督企业立即纠正；如企业出现的问题性质严重，直接对产品质量造成重大影响，需要立即整改的，检查人员应要求企业立即开始整改；其他需要企业限期整改或需要经复查合格后方可继续开展生产等情况，检查人员应根据现场情况，制作检查情况记录和检查意见，书面明确整改要求及整改期限；如现场发现涉嫌违法行为，应按照规定及时移交稽查部门。

（二）如果检查中发现的问题涉及企业既往生产的产品，检查员应充分考虑该问题对既往产品的影响，并视情况采取监督抽验、对企业产品实施先行登记保存等措施；如果出现的问题较为复杂，或企业出现的违法违规情况涉及或可能涉及到企业在审项目，检查单位应及时将相关情况通报相关审查单位。

（三）现场检查结束后，对于检查中发现的问题，检查单位视现场情况、企业整改情况以及对企业既往的监管情况，在后续监督检查中可综合采取以下措施：

1. 对企业整改情况进行现场复查或资料审查；

2. 要求企业加强产品自检、要求企业将产品送食品药品监管部门认可的第三方检测机构检测；

3. 列为重点监管企业、加强日常监督检查、增加监督检查（突击检查）频次、列入重点抽验计划；

4. 要求企业定期汇报质量管理情况；

5. 约谈法定代表人（企业负责人）或对企业负责人进行诫勉谈话；

6. 视情形在一定范围内通报（通过监管工作会发布情况通报或通过电视台、

电台或网站等媒体发布警示公告)；

7. 纳入医疗器械安全“黑名单”；

8. 建议企业主动召回或责令召回；

9. 移交稽查部门处理。

食品药品监管总局办公厅关于基因分析仪等3个产品分类界定的通知

食药监办械管〔2014〕8号

各省、自治区、直辖市食品药品监督管理局：

为适应医疗器械监管工作需要，总局组织有关单位和专家对基因分析仪等3个产品的管理类别进行了界定。现通知如下：

一、作为Ⅲ类医疗器械管理的产品（1个）

基因分析仪：由移液模块、成像检测模块、数据处理模块及显示控制部分组成，通过对样本中DNA或RNA分析，检测人基因数量和序列的变化。本产品不用于全基因组测序。分类编码6840。

二、作为Ⅰ类医疗器械管理的产品（1个）

测序反应通用试剂盒（测序法）：由制备DNA纳米球试剂和联合探针锚定连接（cPAL）测序通用试剂组成，是检测人类基因组DNA文库的一组常用试剂和耗材，基于联合探针锚定连接技术的测序原理，与BGISEQ基因分析仪配合使用，完成高通量测序过程并获取样本序列信息，是该测序反应系统的通用试剂。本产品不用于全基因组测序。分类编码：6840。

三、需视情况确定类别的产品（1个）

胎儿染色体非整倍体（T21、T18、T13）基因检测（测序法）Z值计算软件：由表1、表2两部分组成，导入并计算由BGISEQ基因分析仪输出的特定（21、18和13号）染色体上的有效DNA序列数据，获得对应染色体唯一比对比率（UR%），与正常样本比较获得Z值，用于产前染色体非整倍体（T21、T18和T13）基因检测数据计算。如果软件仅使用通用函数计算，不按照医疗器械管理；如果使用企业特有算法，则作为Ⅱ类医疗器械管理。分类编码6870。

国家食品药品监督管理总局办公厅

2014年1月14日

食品药品监管总局办公厅关于生物电导扫描仪等 11 个产品分类界定的通知

食药监办械管〔2014〕10 号

各省、自治区、直辖市食品药品监督管理局：

为适应医疗器械监督管理工作的需要，总局组织有关单位和专家对生物电导扫描仪等 11 个产品的管理类别进行了界定。现通知如下：

一、作为Ⅲ类医疗器械管理的产品（3 个）

（一）生物电导扫描仪：由主机、数据采集探测器、数据上传模块和软件等组成。用于测试人体皮肤表面多点的电生理特性，通过检测生物电导性诊断肿瘤患者的肺部组织和细胞损伤的大小和类别。分类编码：6821。

（二）角膜接触镜护理仪：由控制电路、紫外线灯、外壳等构成。用于各类角膜接触镜（硬性、软性及塑型镜）的清洗和消毒。分类编码 6822。

（三）手术设备集总控制系统：由主机、连接第三方设备的模块、控制模块、连接线和电源线组成。用于集总控制高频电刀等手术室设备，具有控制手术室设备的开启、档位选择等功能。分类编码 6854。

二、作为Ⅱ类医疗器械管理的产品（4 个）

（一）牙科用数字印模系统：由一根与计算机连接的手持式扫描棒、内置有专用的数字化三维影像数据采集、处理和存储软件的计算机和一个与计算机连接的触摸屏显示器组成。用于通过数字化方式获取人口腔内牙齿、齿龈和/或颌骨的三维图像，以记录牙科正畸患者的牙齿结构特征。分类编码 6855。

（二）医用微型照明灯：本产品由 LED 灯（含灯罩）、固定圈、柔性引线、控制开关（含电池、电路板、开关、开关罩）组成。为医生检查耳道、口腔、阴道、肛门等部位提供照明，接触检查部位皮肤和粘膜。分类编码 6854。

（三）一次性使用无菌保护罩：用于手术环境中保护手术室设备的显示器和手控器，避免手术中的医生接触上述部位后，再接触手术中的病人伤口部位造成感染。分类编码 6854。

（四）呼出 CO_2 采样装置：该产品为一次性使用的无菌耗材，由鼻腔采样管、压力连接管、干燥管、脱水过滤器、三通、调节环、鲁尔圆锥接头、保护帽组成，与监护仪的呼吸系统配套使用，适用于患者气道呼出的 CO_2 采样后获得压力或含量及气道呼吸率来源的装置。分类编码 6821。

三、不作为医疗器械管理的产品（4个）

（一）电动肌肉振动仪：由主机、振动头、手柄、电源和电源线组成，采用不锈钢与钛金属材料。适用于物理按摩，用于缓解肌肉疼痛，放松肌肉缓解肌肉疲劳。

（二）健康管理软件：由舒适程度、健走伙伴、运动伙伴、食物追踪器、血糖、血压、体重、睡眠体动检测、设置功能模块组成。通过蓝牙、USB与外接测量设备（血压计、血糖仪）连接，自动或者手动导入、存储和整理用户数据，帮助用户进行健康管理。不具有数据采集功能，不用于《医疗器械监督管理条例》第三条所定义的目的。

（三）组织和细胞匀浆仪：用于分子生物学方面的细胞裂解仪器，是DNA、RNA和蛋白质被纯化前的样本处理仪器，适用于人体组织、细胞、血液制品、头发、骨、唾液等不同的生物样本。

（四）呼吸机插管低压套囊稳压器：由活动衡重锤、活动壁、固定施压锤、恒稳压储气囊等4个部分组成。使用时连接在气管插管或气管切开插管低压套囊在患者体外的气压调节接口上，用于调节稳定气管插管或气管切开插管低压套囊内的气压，以避免当气管收缩时由于套囊受到挤压而对气管壁过度压迫而使气管壁受损，又在气管扩张时，可使适当体积的气体补充到套囊内，防止套囊与气管壁之间出现空隙而导致外来微粒落入肺内，减少呼吸机相关肺炎VAP出现的几率。预期在重症监护或急救科室使用，使用时，该产品在患者体外。

国家食品药品监督管理总局
2014年1月21日

食品药品监管总局办公厅关于进一步做好医疗器械召回信息公开工作的通知

食药监办械监〔2014〕107号

各省、自治区、直辖市食品药品监督管理局：

为贯彻实施《医疗器械监督管理条例》和《医疗器械召回管理办法》（以下简称《办法》），规范召回信息发布行为，畅通公众获得医疗器械召回信息渠道，现就有关工作通知如下：

一、各省（区、市）食品药品监督管理部门应监督本行政区域内医疗器械生产企业和进口医疗器械境外制造厂商指定的境内代理人（以下简称境内代理人）按照《办法》的规定及时报告医疗器械召回信息，并要求其在企业官方网站或通过其他有效途径告知相关方面。

医疗器械生产企业以及进口医疗器械境外制造厂商在境内外同时实施医疗器械召回的，生产企业或境内代理人应及时报告所在地省（区、市）食品药品监督管理部门。

二、各省（区、市）食品药品监督管理部门应按照《办法》的规定，加强医疗器械召回监督管理工作，建立和完善医疗器械召回信息通报和公开制度。

各省（区、市）食品药品监督管理部门应在官方网站设置“医疗器械召回”专栏，及时公布本行政区域内责令召回信息和主动召回信息，并通报同级卫生计生部门。“医疗器械召回”专栏应分设“主动召回信息”和“责令召回信息”栏目，发布召回信息的格式及内容见附件。如企业对已报信息进行修正或补充，食品药品监督管理部门应及时更新。

三、各省（区、市）食品药品监督管理部门发布召回信息时应同时将所发布信息的电子版（包括发布信息的链接）报送总局。总局官方网站（www. cfda. gov. cn）设有“医疗器械召回”专栏，对省（区、市）食品药品监督管理部门报送的召回信息予以转发，并发布仅在境外实施医疗器械召回的信息和总局责令召回信息。

总局将加强对各省（区、市）医疗器械召回信息公开工作的监督检查，督促及时公开医疗器械召回信息。

附件：1. 医疗器械主动召回信息发布模板（略）

　　　2. 医疗器械责令召回信息发布模板（略）

国家食品药品监督管理总局办公厅

2014年5月29日

食品药品监管总局办公厅关于实施第一类医疗器械备案有关事项的通知

食药监办械管〔2014〕174号

各省、自治区、直辖市食品药品监督管理局：

为做好第一类医疗器械备案工作，根据总局《关于第一类医疗器械备案有关事项的公告》（2014年第26号，以下简称26号公告）、《关于发布第一类医疗器械产品目录的通告》（2014年第8号）的有关规定，现就有关事项通知如下：

一、关于第一类医疗器械备案产品范围

列入第一类医疗器械产品目录的医疗器械及体外诊断试剂分类子目录中的第一类体外诊断试剂，或经分类界定属于第一类医疗器械产品的，均应按26号公告的规定进行产品备案。

二、关于第一类医疗器械备案形式审查中应注意的问题

26号公告明确规定了第一类医疗器械备案资料的要求、备案操作规范等内容，承担备案的食品药品监督管理部门应按照备案资料形式审查的要求和备案操作规范的程序进行形式审查。在形式审查中对第一类医疗器械产品目录及体外诊断试剂分类子目录的使用，应注意以下问题：

（一）关于第一类医疗器械产品目录的品名举例、产品描述和预期用途等相关内容

1. 实施备案的医疗器械，应首先根据其“产品描述”和“预期用途”的实际情况，通过与目录中“产品描述”和“预期用途”的内容综合判定产品的归属类别，包括所属子目录、一级及二级类别。

2. 根据所属类别，应直接使用目录中“品名举例”所列举的名称，“预期用途”的基本内容应与目录中的相应内容一致，通常情况下对产品进行具体描述的，不应超出目录中“产品描述”相关内容的范围。

（二）关于目录中“除外”的和不属于第一类产品的情形

1. 目录中有“除外”和特别注明的情形。如6820、6822中，“检查用光源”和“医用放大器具”类别项下明确“LED光源除外”，是指这两个类别的产品如使用LED光源则不属于第一类医疗器械产品；“产品描述”中特别注明“无源产品”、“手动”等，是对该类别下属于第一类产品的限定。对于上述情形，企业在备案的产品描述中应予以说明。

2. 2002版分类目录及有关分类界定文件中明确为第一类医疗器械的，若以无菌形式提供，包括可重复使用的，不属于备案的第一类医疗器械，应按第二类医疗器械管理。属于第一类医疗器械备案的，产品描述中应说明以非无菌形式提供。

3. 含消毒剂的卫生材料，如以往分类界定文件中曾明确按第一类医疗器械管理，使用酒精、碘酊或碘伏为消毒剂，且仅用于注射、输液前对完整皮肤消毒使用的医疗器械，应按第二类医疗器械管理。除上述情形之外的，按药械组合产品及消毒剂的有关规定执行。

4. 有关手术器械如为在内窥镜下完成夹取、切割等手术操作的，且在2002版分类目录及以后发布的分类界定文件中界定为第一类医疗器械的，应按第二类医疗器械管理。

5. 使用过程中与椎间隙直接接触的矫形外科（骨科）手术器械，因在脊柱手术中有损伤椎管的风险，应按第二类医疗器械管理。属于备案的第一类矫形外科（骨科）手术器械，用于脊柱手术的，应在产品预期用途中说明该产品不与椎间隙直接接触。

（三）关于组合包类产品

由需配合使用从而实现某一预期用途的一种以上医疗器械组合而成的产品，若组合中所有产品均为第一类医疗器械（不得含有任何形式的非医疗器械产品），且组合后不改变各组成器械的预期用途，可按照第一类医疗器械备案。其产品名称应体现组合特性，原则上按其主要临床预期用途命名，名称的组成内容应在所属相关目录“产品类别（一级或者二级）”、所含各产品的“预期用途”范围内，如上肢内固定手术器械（包）、膝关节手术器械（包）等。同时，“产品描述”应包含所有组成的医疗器械，并说明各组成医疗器械的“产品描述”和“预期用途”，且其基本内容均应与目录中的相应内容一致。

（四）关于第一类体外诊断试剂

1. 列入《体外诊断试剂分类子目录》中的第一类体外诊断试剂，备案时使用目录中的“产品分类名称”。其中，染色液类产品 44 项，不用于微生物鉴别和药敏鉴别的微生物培养基 14 项，其余样本处理用产品 26 项。

2. 除《体外诊断试剂分类子目录》中列入的染色液类和微生物培养基类产品外，其他所有染色液类产品、不用于微生物鉴别和药敏鉴别的微生物培养基均属于第一类体外诊断试剂。该类产品备案，产品名称应为“XX 染色液”或“XX 培养基”，并根据产品实际情况，参照目录中的相关产品描述其预期用途（其中微生物培养基类产品应不具有微生物鉴别和药敏鉴别的作用）。

3. 《体外诊断试剂分类子目录》中未包含细胞培养基类产品。根据《食品药品监管总局办公厅关于电子宫腔观察镜等 30 个产品分类界定的通知》（食药监办械管〔2014〕149 号）的有关规定，仅用于细胞增殖培养，不具备对细胞的选择、诱导、分化功能，培养后的细胞用于体外诊断的细胞培养基属于第一类体外诊断试剂。细胞培养基类产品备案，产品名称应为“XX 培养基”，并根据产品实际情况，参照目录中的培养基产品描述其预期用途，预期用途中应包含“仅用于细胞增殖培养，不具备对细胞的选择、诱导、分化功能，培养后的细胞用于体外诊断”的内容。

三、关于第一类医疗器械产品分类界定的申请

申请分类界定的，按照《国家食品药品监督管理局办公室关于进一步做好医疗器械产品分类界定工作的通知》（食药监办械〔2013〕36 号）规定的程序进行。确认为第一类产品的，告知内容应包括产品类别、分类代码、产品名称、产

品描述和预期用途。备案人可根据确认结果依照有关规定办理备案。

国家食品药品监督管理总局办公厅
2014 年 9 月 15 日

食品药品监管总局办公厅关于交联胺化聚乙烯醇泡沫封堵肺减容系统等 34 个产品分类界定的通知

食药监办械管〔2014〕177 号

各省、自治区、直辖市食品药品监督管理局：

为适应医疗器械监督管理工作的需要，总局组织有关单位和专家对交联胺化聚乙烯醇泡沫封堵肺减容系统等 34 个产品的管理类别进行了分类界定。现通知如下：

一、作为Ⅲ类医疗器械管理的产品（7 个）

（一）交联胺化聚乙烯醇泡沫封堵肺减容系统：由泡沫封闭剂组件、导管和附属品盒组成。泡沫封闭剂组件由 A 液（含 2.1% 胺化的聚乙烯醇、溶解于 pH 6.5 的磷酸缓冲液中）和 B 液（含 1.25% 戊二醛、溶解于 pH 4.0 磷酸缓冲液中）组成；附属品盒内有注射器、注射针头、旋塞和包裹。使用时将 A 液、B 液与空气混合后制成泡沫封闭胶；再用注射器和导管通过支气管镜将泡沫封闭胶投入肺上部的大泡内，用于减少肺容量，阻塞肺部小的气道和侧枝旁路通道，治疗进展性肺气肿。分类编码：6846。

（二）青光眼治疗用引流多肽凝胶：由人工合成多肽和磷酸盐缓冲液组成。是青光眼滤过手术过程中使用的辅助器械。在手术中于创口处注射后，液态的凝胶在体温环境中变成固态的凝胶，靠其自身的膨胀和弹性将手术创口适当撑开，有效防止伤口闭合。该凝胶还能以适当的速度自发降解，起到引流房水的作用，使眼压在术后一段时间内保持在一定水平内。分类编码：6822。

（三）细菌纤维素壳聚糖敷料：由细菌纤维素和壳聚糖组成。用于各种开放性或闭合性感染创面和非感染性创面，可保护创面、吸收渗出液、为创面提供愈合环境。分类编码：6864。

（四）结晶纤维素敷料：由纤维素微纤维组成。用于烧伤、创伤、溃疡、褥疮、自体植皮供皮区，起创面保护、吸收渗出液和提供愈合环境的作用。分类编码：6864。

（五）前庭大腺扩张球囊：由硅胶球囊导管、带针注射器及手术刀组成，一次性使用无菌产品。用于治疗前庭大腺脓肿和囊肿，临床手术时用手术刀切开前庭大腺囊肿或脓肿进行引流，然后将球囊导管放置在囊肿腔或脓肿腔中扩张，防止其术后粘连闭合，再次形成脓肿或囊肿，直到手术开口自然愈合后取出球囊。分类编码：6866。

（六）齿科敷料：由金毛狗脊毛、橄榄油、丁香酚、碳酸钙、十二烷基硫酸钠、薄荷香精、纯水组成。用作干槽症敷料或创伤性或困难性拔牙后创面敷料。使用时直接放入牙槽窝，形成一层物理屏障，防止细菌接触创面引起感染。待创面愈合后，可自动脱落。分类编码：6863。

（七）聚硅酮敷料：由两面涂覆软聚硅酮层的无纺布材料构成。用于处理部分皮层至全层皮肤伤口，如二度烧伤、植皮区、供皮区、术后伤口、皮肤撕裂和割伤、I—Ⅳ期压疮、静脉性、动脉性和神经性溃疡。可使伤口渗出液透过至其他二级吸收性敷料，防止伤口边缘浸渍，促进伤口愈合。分类编码：6864。

二、作为Ⅱ类医疗器械管理的产品（8个）

（一）疤痕凝胶或敷料：由聚二甲基硅氧烷构成，用于辅助改善皮肤病理性疤痕，辅助预防皮肤病理性疤痕的形成，不用于未愈合的伤口。分类编码：6864。

（二）直肠测压导管：由管体、分支器、接头、球囊组成。使用时，产品与尿动力学分析仪相连，用于直肠压力（腹压）的传递和测量。分类编码：6866。

（三）一次性产时集血袋：由聚乙烯隔离单和三角收集计量袋构成。三角收集计量袋下方粘附或印刷有容量刻度指示。用于收集产妇分娩或引产时的出血并计量出血量。分类编码：6866。

（四）排痰器：一种带有吹嘴的器械。当患者通过吹嘴向器械吹气时，器械和肺腔一起振动产生声波，传送到气道和肺部，使痰液从粘稠变为流体，让痰液松动，易于咳出。适用于痰液较多且不易排出的患者排出痰液。分类编码：6826。

（五）宫颈癌筛查用器械包：由荧光检查棒（不含试剂）、妇科检查垫巾、棉签组成。使用时，将荧光检查棒插入阴道，暴露宫颈，观察其表面变色情况。荧光下正常组织呈淡蓝色，病变或潜在病变区域呈现境界清楚边界明确的醋酸白色区。为宫颈癌体内初步筛查时使用的器具。分类编码：6822。

（六）可重复使用无针头注射器：由筒体、套筒、手柄、剂量杆、复位开关和剂量活塞组成。用于口腔正畸治疗时麻醉剂的注射。可重复使用。分类编码：6815。

（七）正畸托槽粘膜保护硅胶：由聚乙烯硅氧烷硅树脂橡胶材料制成。黏附在托槽和正畸丝上，保护黏膜不受托槽和正畸丝尖角的划伤或磨损。分类编码：6863。

（八）矫正用耳模型：由支架（底架和外盖）、耳甲矫正器、牵引器及海绵构成。用于完好皮肤的小儿耳畸形矫正。分类编码：6826。

三、作为Ⅰ类医疗器械管理的产品（4个）

（一）髋膝踝足截瘫行走支具：由胸腰椎固定支具及双下肢体固定支具组成。用于脊髓完全性损伤和不完全损伤的固定，康复期站立训练以及移步训练。无源产品。分类编码：6826。

（二）造口灌洗器：由冲洗水袋、灌洗锥头、压力板、灌洗袖、迷你帽、夹子、绑带组成。用于常规造口护理中的肠道灌洗。分类编码：6866。

（三）光子冷凝胶：由卡波姆、甘油、对羟基苯甲酸乙酯、香精和水组成。与光子治疗设备配合使用，起隔热和导光的作用，防止皮肤烫伤，缓解病人的疼痛。分类编码：6826。

（四）测瓣器：由测瓣器头部和手柄组成，测瓣器头部由聚砜材料制成，手柄由不锈钢材料制成，可重复使用。在心脏瓣膜置换手术中，用于测量需置换的人体生理瓣膜尺寸，以帮助外科手术医生选择合适尺寸的人工心脏瓣膜。分类编码：6807。

四、不作为医疗器械管理的产品（13个）

（一）采血针固定器：分为常规式和安全式两种型式。常规式由带螺口的外套构成；安全式由带螺口的外套、激发装置和回收管构成。适用于临床采血时固定采血针，以辅助完成采血操作。

（二）鼻腔过滤器：由医用硅胶鼻塞和覆盖在鼻塞管路上的凝胶（由聚乙烯醇、交联葡聚糖、氢化蓖麻油、蜂胶、香精、水组成）构成。用于过滤空气中的颗粒、灰尘和过敏原。

（三）体内染色用碘酊棉签：由1%碘酊和棉签组成。用于临床病理学检查前对宫颈、阴道、外阴等处的上皮组织染色。

（四）体内染色用醋酸棉签：由3%醋酸和棉签组成。用于临床病理学检查前对宫颈、阴道、外阴等处的上皮组织染色。

（五）减压鼻垫：由热塑性弹性体制成。配合呼吸机用鼻罩和全脸面罩使用，可以减少鼻罩和全脸面罩对鼻部皮肤的压力，增加佩戴鼻罩和全脸面罩时的舒适性。

（六）壳聚糖前列腺栓：由壳聚糖、聚乙二醇6000、聚乙二醇400组成。利用壳聚糖抑菌消炎作用，治疗前列腺炎。

（七）壳聚糖抗菌材料：由壳聚糖液体与医用塑料喷液瓶组成。主要利用壳聚糖抑菌消炎作用，治疗及预防皮肤、粘膜及各种伤口创面的感染。

（八）灼晒伤喷雾：由纯净水、右泛醇、卵磷脂、无水乙醇、油酸钠、苯氧乙醇、二水合磷酸二氢钠、乙二胺四乙酸二钠、磷酸氢二钠二水合物、辛酰/癸酰胺丙基甜菜碱组成。储存于高压容器中，使用时，喷涂于轻度灼和轻微晒伤的皮肤，通过冷却、保湿、防护屏障作用，减缓皮肤刺激并起到舒缓作用。

（九）清创水凝胶：由卡波姆、肌肽、水、柠檬酸银、硬脂醇庚酸酯、鲸蜡硬脂醇乙基己酸酯组成。用于浅表性烧伤、皮肤擦伤、外科伤口、压疮（褥疮）伤口，通过调节伤口 pH 环境间接促进伤口愈合。

（十）胸膜滑石粉：由胸膜滑石粉、球囊、插管和小瓶组成。胸膜滑石粉为片状水和硅酸镁粉末，粒度在 10μm-50μm 之间，可用针直接吹至胸膜或者将其与等渗无菌生理盐水混合，然后通过引流管或针注入胸膜腔，使滑石粉均匀地分布于胸膜（壁层和脏层），引起机械磨擦，导致两表面发生炎性反应而粘连在一起，实现胸膜粘连。用于治疗自发性气胸和通常为恶性起源的慢性胸膜炎。

（十一）欧卡夫牙凝胶：由卡拉胶、次氯酸钠、纯化水组成。主要利用亚氯酸钠的抗菌特性，用于预防口臭、牙龈炎、口腔溃疡、牙龈出血等疾病，缓解因口腔溃疡、口腔炎症、牙科手术、牙箍或假牙造成的微小创口所带来的疼痛，消除牙龈水肿及炎症，促进伤口愈合。

（十二）蛋白质补充液：由人血清蛋白、人 α 和 β 球蛋白、人 γ 球蛋白、辛酸钠、乙酰氨酸和水组成。用于对辅助生殖技术中使用的培养基和其他溶液进行蛋白质补充。

（十三）鱼胶蛋白贴敷料：由鱼胶原蛋白、角鲨烷、表面活性剂和非织造布组成。用于美容目的，如缓解痤疮、痤疮愈后的早期色素沉着、去除早期表浅性疤痕。

五、需视情况确定类别的产品（2 个）

（一）口腔溃疡含漱液（凝胶、膜）：用于缓解因口腔溃疡、口腔炎症、牙箍或假牙造成的微小创口所带来的疼痛。如果仅通过在溃疡表面形成保护膜，物理遮蔽创口，达到预期用途，按照Ⅱ类医疗器械管理。分类编码：6863。

（二）体表导管固定装置：用于在体表固定医用导管。如导管固定装置不与创口接触，不作为医疗器械管理。如导管固定装置接触创口，且为一次性使用无菌产品，按Ⅱ类医疗器械管理，分类编码：6866。如导管固定装置接触创口，但不是一次性使用无菌产品，按Ⅰ类医疗器械管理。分类编码：6866。

国家食品药品监督管理总局办公厅
2014 年 9 月 22 日

食品药品监管总局办公厅关于腹腔镜手术用内窥镜自动调控定位装置等61个产品分类界定的通知

食药监办械管〔2014〕198号

各省、自治区、直辖市食品药品监督管理局：

为适应医疗器械监督管理工作的需要，总局组织有关单位和专家对腹腔镜手术用内窥镜自动调控定位装置等61个产品的管理类别进行了界定。现通知如下：

一、作为Ⅲ类医疗器械管理的产品（5个）

（一）腹腔镜手术用内窥镜自动调控定位装置：主要由主机、聚焦模块、头盖（信号发射用）、脚踏板、显示器组成。通过信号发射头盖和显示器来决定硬镜的活动方向和位置，然后踩脚踏板可将硬镜活动到所需位置和方向，与患者接触。用于在腹腔镜术中协助医生操作硬镜的位置和方向。分类编码：6822。

（二）髓内钉延长系统：由磁手柄、控制面板及电源适配器组成。与特定的可延长髓内钉配合使用，用于控制髓内钉在髓腔里的缩回或伸长。分类编码：6821。

（三）电子交叉配血系统：通过采集献血者血袋及患者的血型和抗体筛查检测结果，对采集数据进行确认，在抗体筛查结果均为阴性的条件下，匹配相同血型的献血者与患者血液。可以独立使用，也可与血液配型设备配合使用。用于指导医疗机构输血前配血工作。分类编码：6870。

（四）数字化X射线透视摄影系统：由高压发生器、X射线管组件、限束器、诊断床、图像处理装置、平板探测器组成。用于对患者的头部、躯干、四肢进行数字X射线摄影、透视和胃肠诊断、数字减影血管造影、体层摄影、泌尿摄影。分类编码：6830。

（五）电子宫腔观察镜：由镜芯（包含CMOS摄像头和LED冷光源）、操作手柄、数据传输线等组成。与一次性镜鞘配套使用，通过阴道进入子宫宫腔进行观察。用于辅助医生观察宫腔内情况。分类编码：6822。

二、作为Ⅱ类医疗器械管理的产品（30个）

（一）癫痫发作报警器：由床垫传感器和电路盒组成。床垫传感器可以检测人体的动作信息，从而转化为电信号。用于癫痫患者或小儿惊厥患者睡眠状态下，癫痫发作时即时报警。分类编码：6821。

（二）睑板腺热脉动治疗仪：由主机以及一次性使用无菌眼睑治疗头（包含

眼杯和眼睑加热器等）组成。通过为眼睑内表面的睑板腺附近提供受控的热量，促进囊性睑板腺排出脂质，形成泪液的表层，防止泪液过度蒸发。用于对慢性眼皮囊性症状的成人患者眼部加热和加压治疗。分类编码：6826。

（三）曲臂照明灯：主要由灯头（包含 LED 光源）、导光光纤、折射镜、手柄、电池组成。用于口腔和咽喉部的检查照明。分类编码：6822。

（四）皮肤病变组织放大观察镜：主要由灯头（包含 LED 光源）、放大镜、物镜、手柄、电池组成。用于对患者皮肤的病变组织进行放大观察。分类编码：6822。

（五）照明式鼻镜：主要由灯头（包含 LED 光源）、放大镜、手柄、电池组成。用于鼻腔检查。分类编码：6822。

（六）照明式压舌板夹持器：主要由灯头（包含 LED 光源）、手柄、电池组成。通过夹持压舌板，用于口腔和咽部的检查。分类编码：6822。

（七）电激光生发仪：由头盔（包含二极管激光器和发光二极管）、控制器、电源和连线组成。通过发出波长约 655nm 的激光照射头皮，为弱激光治疗设备。用于促进男性雄激素源性脱发患者头发生长。分类编码：6824。

（八）眼科冷冻治疗仪：主要由主机、探针、电源线、气体软管及脚踏开关组成。采用冷冻探针暂时接触患者的病变部位，通过操作脚踏开关控制冻融循环。用于眼科手术中对患者眼部疾病的冷冻治疗。分类编码：6858。

（九）医用臭氧灭菌器：主要由柜体（包括灭菌室）、真空系统、臭氧发生注入系统、活化（加湿）系统、臭氧分解系统和控制系统组成。通过臭氧发生器产生臭氧。用于对医疗器械进行灭菌。分类编码：6857。

（十）视功能检查仪：主要由液晶显示屏、遥控器、电源适配器、电源线、壁挂套件（用于挂壁式安装时支撑机器）、3D 偏振眼镜组成。被检查者通过观察显示屏上的不同视标并通过遥控器进行应答来确定其视力情况。用于自主视力测试、色盲色弱检查、散光测试、双眼平衡检查和立体视觉检查。分类编码 6820。

（十一）皮肤毛发观察仪：由摄像头、LED 光源、电脑、打印机及软件组成。利用高像素摄像头对皮肤表面和毛发进行拍摄，将图像保存，并可回放。用于对人皮肤、毛发的病变组织进行拍照和观察。分类编码：6822。

（十二）便携式电子皮肤镜：主要由镜头模块、光电转换模块、主控模块组成。用于观察病变皮肤的表皮和真皮及病变毛囊，并可采集影像图片用于诊断。分类编码：6822。

（十三）乳腺触诊诊断仪：主要由主机、探头、适配器组成。使用由压力传感元件组成的手持式探头接触人体，产生压力图像，对组织弹性参数或硬度进行成像或量化。分类编码：6821。

（十四）饲管定位系统：由带导丝发射头的导丝、监视器、接收器、电缆和支架组成。在饲管置入过程中显示并追踪饲管的路径，协助操作者将特定的饲管置入需要肠道营养患者的胃部或小肠，用于在开始进行肠内营养前确认饲管置管位置。分类编码：6821。

（十五）喷粉器：由喷粉器主体、可拆卸式喷头、可更换式喷粉瓶和电池组成，用于将口腔成像用喷粉喷覆至牙齿、牙龈及相邻组织等需要成像扫描区域。分类编码：6855。

（十六）激光显微切割系统：主要由显微镜、荧光光源、控制装置和软件组成。用于在显微镜下通过激光对非均一性样品进行特定分选、收集，所得样品不用于辅助生育等高风险领域。分类编码：6841。

（十七）空气微尘粒子阻隔器：由主机（含高效微粒空气过滤器）和一次性空气过滤喷嘴（含软管）组成。通过对手术部位产生经过滤的非湍流空气，减少手术过程中手术现场的直径大于特定尺寸的所有微粒，降低手术过程中患者感染风险。分类编码：6854。

（十八）医用胶片数字化扫描仪：通过读取X射线胶片上的图像信息，获取X射线数字图像，将X射线胶片上的信息保存到电脑，用于医生阅片及诊断。分类编码：6831。

（十九）接触式等离子体灭菌笔：主要由陶瓷等离子体发生笔头、笔身外壳（内含电源）和电源适配器组成。在陶瓷等离子体发生笔头与皮肤表面接触时，在皮肤表面便形成微等离子体。用于皮肤表面感染部位的杀菌消毒。分类编码：6821。

（二十）种植体定位器：由传感器、保护盖、LED指示灯、手柄（含电池盖）及标记探针（含探针头和探针柄）组成。通过感应到金属种植体，由指示灯提示，确定种植体的位置。用于探测并定位包埋在牙龈下方的种植体位置。分类编码：6855。

（二十一）生物反馈胃肠动力仪：主要由主机、电极片、主板、电源和打印机组成。通过粘附在人体胃肠起搏点的电极片实时采集人体的胃肠电信号，作为胃肠功能的指标。用于辅助临床诊断和疗效评价。分类编码：6826。

（二十二）麻醉咽喉镜：主要由窥视片、手柄及电池组成。将窥视片插入喉部使用。用于在麻醉条件下进行喉部检查。分类编码：6822。

（二十三）低周波治疗仪：由外部刺激装置、吸附装置和电极组成。通过吸附装置吸附于体表，对体表至患部肌肉及神经进行电刺激。用于经皮镇痛或改善肌肉萎缩。分类编码：6826。

（二十四）支撑喉镜成套手术器械：主要由喉镜持针器、喉钳、喉剪、喉钩、喉刀及吸引管组成。用作对病人声带息肉、声带小结摘除手术中的辅助器械。分类编码：6805。

（二十五）口腔胶片读取器：以特殊波长光源照射胶片，转化为数字信号后传输给工作站。用于读取胶片中的病人牙齿 X 射线拍摄图像，输出到工作站中还原为数字图像后供医生诊断用。分类编码：6831。

（二十六）热塑笔：主要由热塑笔杆、切割头、熨烫头组成。在手术过程中进行骨组织加工，通过切割头和熨烫头加热材料来切割和塑形骨板的残端和边缘。用于进行颅骨切开术骨瓣回复固定和颅颌面创伤手术的骨骼重建手术。包含一次性无菌组件。分类编码：6810。

（二十七）医学影像图文存储介质：用于医疗机构内医学影像、胃镜检查图文报告等的分发、保存、备份和使用，同时内置 DICOM 浏览器，可在普通电脑上浏览患者 DICOM 检查图像。用于医学影像、报告的存储和医生阅片、诊断。分类编码：6821。

（二十八）新生儿蓝光治疗仪：由蓝光灯箱和支架等组成，用于新生儿高胆红素血症的治疗。分类编码：6826。

（二十九）体外用电动骨组织加工装置：由骨研磨机、一次性无菌粉碎组件和控制台等组成，其中粉碎组件包含切割圆盘、活塞和收骨屉。在骨科植入手术过程中进行骨组织加工，于无菌区内将移植用骨材料加工成尺寸适宜的骨颗粒。包含一次性无菌组件。分类编码：6810。

（三十）基质金属蛋白酶 3（NMP-3）测定试剂盒（免疫比浊法）：由特异性检测试剂及其辅助试剂组成，检测人体样本中的基质金属蛋白酶 3。用于风湿性关节炎的辅助诊断。分类编码：6840。

三、不作为医疗器械管理的产品（25 个）

（一）外部数据导入部件：由用于数据输入的模块、打开和关闭数据输入的控制盒、摄像头控制单元和电缆连接组成。用于辅助将数据从外部设备导入并显示在眼科手术显微镜的目镜视野下。

（二）CO_2 测定用管路：由气道转接头，采样管和接口组成。与特定监护类设备联合使用，将气体从呼吸管道传输至监护设备，对微流 CO_2 进行测定。

（三）左/右角度控制旋钮：内部轮廓与左/右弯角手轮相嵌合，安装在内窥镜左/右弯角手轮上，通过对其操作可带动左/右弯角手轮，控制弯曲部的方向。

（四）一次性使用玻切头连管：用于在眼科玻璃体切割手术中连接特定的玻切头与玻璃体切割器，建立一个玻切头与玻璃体切割器之间的密闭通道，玻璃体切割器产生的气体和负压通过该连管传输到玻切头。

（五）管道系统：由管道、接头、分离柱、容积袋等组成，作为细胞分选系统的组成部件。

（六）血液辐照指示标签：包含辐照感光胶片，通过铯或钴放射源的辐照机或X射线辐照机的辐照，感光胶片在高能量放射线曝光下改变颜色。用于显示在输血前是否对血液成分进行辐照。

（七）剂量测量暗盒：仅用于将辐射感光胶片安装在其中。辐射感光胶片被血液辐照及照射后，再使用软件进行分析可以检测血液辐照机的辐照性能（剂量分布）。

（八）艾灸床：主要由床面（有开洞）、箱体、控制器和脚轮组成，不含艾条。由人躺在床面上使用，配合艾条使用，用于人体穴位艾灸。

（九）高频皮肤美容仪：主要由主机、高频发射头、电源线、触笔组成。采用射频技术作用于人体，达到胶原纤维的收缩和新生胶原纤维沉积，并增加胶原纤维弹性的目的。用于紧致松弛皮肤，减少皮肤皱纹和褶皱，改善皮肤外观。

（十）软式内镜一次性使用按钮：由一次性无菌的吸引按钮，送水、送气按钮，活检管道开口阀及活检阀管道开口阀冲洗器组成。与内镜配合使用。

（十一）放射剂量数据存储软件：通过网络与医学影像存储和传输系统（PACS/RIS）连接，收集PACS/RIS扫描系统的检查设定参数和X射线放射剂量以及其他信息，存储并显示基于设备和基于患者的累积剂量记录，对所收集的放射量数据进行分析，对方案进行管理，同时管理设备使用情况并显示结果。所收集的数据和分析结果不用于患者诊断或治疗目的。

（十二）射线束剂量测量系统：该系统是三维圆柱形探测器阵列，用于测量辐射剂量分布，以便在同一模体几何条件下，比较模拟剂量分布与治疗计划系统（TPS）所计算出来的剂量分布。治疗计划不使用该射线束剂量测量系统比较结果进行修改。

（十三）自动拔盖机：由试管架和拔盖机主机组成。用于医院检验科或医学实验室，用于代替由人工完成的真空采血管试管盖子拔除。不含生物安全柜模块。

（十四）溶血、脂血、黄疸样本检查液：主要成分为0.9%氯化钠溶液，在专用分析仪上在不同波长下半定量测定样本中的溶血、脂血、黄疸。用于检测前样本状态的评估。

（十五）脉搏血样饱和度探头延长线：由仪器端连接器、电缆、探头连接插头组成。与血样探头配套使用，用于采集和传递人体血氧、脉搏等生理信号。

（十六）闭孔器：与双极电手术系统配套使用，作为旋转外鞘的内芯，可闭塞旋转外鞘喙部的窗口，辅助旋转外鞘进入宫腔。

（十七）无线数据传输终端：与特定的植入式心脏起搏器/除颤器配合使用，用于建立植入式心脏起搏器/除颤器与程控仪的数据交换，以遥感方式从植入式心脏起搏器/除颤器中读取或输入数据（读取或输入的数据发送到或来源于配套用程控仪）。不干扰或处理从植入式心脏起搏器/除颤器中接受的数据，仅用于数据传输。

（十八）柔性气管切开转接头：由阳连接器接口、管路、阴连接器接口组成。与呼吸机配合使用，连接呼吸管路和气切套管。

（十九）滚动台车：主要由扳手、标准设备支架、关节臂、通道盖、延长设备支架和遥控器座组成，不含电源。用于支撑和移动特定的设备。

（二十）吸引调节器及配件：由压力表、调节钮、接头、安全瓶、硅胶连接管、污秽瓶组成。借助医疗中央气体吸引系统的负压源，协助调整吸引系统的终端达到所需的负压值，并提供适当及持续性的抽吸压力。用于医疗中作为负压吸引的负压调节装置。

（二十一）标本摄影系统：主要由推车、箱式 X 射线系统（含高压发生器、X 射线管、非晶硒数字探测器、曝光计时器）、采集工作站、标本托架组成。用于各解剖部位手术和组织芯活检标本的数字 X 射线成像，不作为诊断依据。

（二十二）医用流量计及配件：由医用流量计本体、接口、流量管、湿润杯、透明鼻管（或流量计塑料接头）组成。可设置于医院病房中每张病床边的墙上，也可以被安装在氧气压力调节器上。用于为患者提供气体时的流量控制。

（二十三）送水管：作为内镜送水泵的附件，一头连接水瓶，一头连接副送水管，与带有副送水口的内镜配合，用于送水过程使用。

（二十四）纳米晶片微粒按摩头：由纳米晶片和塑料按摩手柄组成。与按摩仪配合使用。

（二十五）透析器预冲装置：由控制系统、蠕动泵、预冲水路和透析器固定支架等组成。利用透析用反渗水来填充透析器、排除透析器中的空气，是供透析前对透析器进行预冲以排除透析器中的消毒液或空气的设备，以达到节约生理盐水的目的。用于血液透析前对透析器进行预冲处理，以排除透析器中的消毒液或空气。

四、需视情况确定类别的产品（1 个）

医用胶片数字化扫描仪：通过读取 X 射线胶片上的图像信息，获取 X 射线数字图像，将 X 射线胶片上的信息转换为常用的 DICOM、JPEG、BMP 的文件形式保存到电脑里。若扫描所得影像用于诊断，作为 II 类医疗器械管理，分类编码：6821；否则不作为医疗器械管理。

自本文件发布之日起，管理类别调整为高类的，对已经获准注册的医疗器械产品，应向相应食品药品监管部门申报注册，在此注册审批决定作出之前，原医疗器械注册证书在有效期内可以继续使用；已受理但尚未作出审批决定的医疗器械产品，原受理部门可按照原管理类别及相应法规要求开展技术审评、行政审批，予以批准注册的，按照原管理类别发放医疗器械注册证书，产品获得注册证书后应向相应食品药品监管部门申报注册。

对于不作为医疗器械管理的，如已受理尚未完成注册审批的，食品药品监管部门应按规定不予注册，相关注册申请资料予以存档。尚在有效期内的医疗器械注册证书不得继续使用。

国家食品药品监督管理总局办公厅

2014 年 11 月 24 日

关于贯彻实施《医疗器械监督管理条例》有关事项的公告

2014 年　第 23 号

《医疗器械监督管理条例》已经 2014 年 2 月 12 日国务院第 39 次常务会议修订通过，自 2014 年 6 月 1 日起施行。国家食品药品监督管理总局正在抓紧制修订《医疗器械监督管理条例》配套规章和规范性文件并将陆续发布。现就贯彻实施《医疗器械监督管理条例》有关事项公告如下：

一、关于产品注册管理

在国家食品药品监督管理总局有关新规章和规范性文件出台前，产品注册管理按照现有规定执行。

2014 年 6 月 1 日以后作出予以注册决定的，产品注册证有效期为 5 年。

二、关于生产经营管理

在国家食品药品监督管理总局新规章和规范性文件出台前，医疗器械生产企业和从事第二类、第三类医疗器械经营的企业，其管理按照现有规章和规范性文件执行。

三、关于违法行为查处

医疗器械违法行为发生在 2014 年 6 月 1 日以前的，适用修订前的《医疗器械监督管理条例》，但新修订的《医疗器械监督管理条例》不认为违法或者处罚较轻的，适用新修订的《医疗器械监督管理条例》。违法行为发生在 2014 年 6 月

1 日以后的，适用新修订的《医疗器械监督管理条例》。

特此公告。

国家食品药品监督管理总局
2014 年 5 月 23 日

关于医疗器械生产经营备案有关事宜的公告

2014 年　第 25 号

新修订的《医疗器械监督管理条例》（国务院令第 650 号）自 2014 年 6 月 1 日起施行。现将第一类医疗器械生产和第二类医疗器械经营备案有关事宜公告如下：

一、第一类医疗器械生产备案

（一）自 2014 年 6 月 1 日起，从事第一类医疗器械生产的，生产企业应填写第一类医疗器械生产备案表（见附件 1），向所在地设区的市级食品药品监督管理部门备案，并提交符合第一类医疗器械生产备案材料要求（见附件 2）的备案材料。

接收第一类医疗器械生产备案材料的设区的市级食品药品监督管理部门应当场对备案材料完整性进行核对，符合规定条件的予以备案，发给第一类医疗器械生产备案凭证（见附件 3）。

第一类医疗器械生产备案凭证的备案号编号规则为：XX 食药监械生产备 XXXXXXXX 号。其中：第一位 X 代表备案部门所在地省、自治区、直辖市的中文简称，第二位 X 代表所在地设区的市级行政区域的中文简称，第三到六位 X 代表 4 位数备案年份，第七到十位 X 代表 4 位数备案流水号。

（二）2014 年 6 月 1 日前，生产企业已向省、自治区、直辖市食品药品监督管理部门办理第一类医疗器械生产企业登记的，登记信息继续有效，无需重新办理备案。

二、第二类医疗器械经营备案

（一）自 2014 年 6 月 1 日起，从事第二类医疗器械经营的，经营企业应填写第二类医疗器械经营备案表（见附件 4），向所在地设区的市级食品药品监督管理部门备案，并提交符合第二类医疗器械经营备案材料要求（见附件 5）的备案材料。

接收医疗器械经营备案材料的设区的市级食品药品监督管理部门应当场对备案材料完整性进行核对，符合规定条件的予以备案，发给第二类医疗器械经营备案凭证（见附件 6）。

第二类医疗器械经营备案凭证的备案号编号规则为：XX 食药监械经营备XXXXXXXX 号。其中：第一位 X 代表备案部门所在地省、自治区、直辖市的中文简称，第二位 X 代表所在地设区的市级行政区域的中文简称，第三到六位 X 代表 4 位数备案年份，第七到十位 X 代表 4 位数备案流水号。

（二）2014 年 6 月 1 日前已取得第二类医疗器械经营许可的，不需重新办理备案。经营许可证到期需继续从事经营的，应办理备案。

2014 年 6 月 1 日前已受理第二类医疗器械经营许可申请的，受理的食品药品监督管理部门通知企业按照新规定办理备案。

（三）经营《关于公布第一批不需申请〈医疗器械经营企业许可证〉的第二类医疗器械产品名录的通知》（国食药监市〔2005〕239 号）和《关于公布第二批不需申请〈医疗器械经营企业许可证〉的第二类医疗器械产品名录的通知》（国食药监械〔2011〕462 号）目录中医疗器械的经营企业应办理备案。

特此公告。

附件：1. 第一类医疗器械生产备案表（略）
2. 第一类医疗器械生产备案材料要求（略）
3. 第一类医疗器械生产备案凭证（略）
4. 第二类医疗器械经营备案表（略）
5. 第二类医疗器械经营备案材料要求（略）
6. 第二类医疗器械经营备案凭证（略）

国家食品药品监督管理总局
2014 年 5 月 30 日

关于第一类医疗器械备案有关事项的公告

2014 年　第 26 号

《医疗器械监督管理条例》（国务院令第 650 号）自 2014 年 6 月 1 日起施行。根据条例，第一类医疗器械实行产品备案管理。现就第一类医疗器械（含第一类体外诊断试剂）备案有关事项公告如下：

一、第一类医疗器械备案

（一）医疗器械备案是指食品药品监督管理部门对医疗器械备案人（以下简称备案人）提交的第一类医疗器械备案资料存档备查。

（二）实行备案的医疗器械为第一类医疗器械产品目录和相应体外诊断试剂

分类子目录中的第一类医疗器械。

境内第一类医疗器械备案，备案人向设区的市级食品药品监督管理部门提交备案资料。进口第一类医疗器械备案，备案人向国家食品药品监督管理总局提交备案资料。香港、澳门、台湾地区医疗器械的备案，参照进口医疗器械办理。

（三）办理备案的进口医疗器械，应当在备案人注册地或者生产地址所在国家（地区）获得医疗器械上市许可。

备案人注册地或者生产地址所在国家（地区）未将该产品作为医疗器械管理的，备案人需提供相关证明文件，包括备案人注册地或者生产地址所在国家（地区）准许该产品合法上市销售的证明文件。

（四）境外备案人办理进口医疗器械备案，应当通过其在中国境内设立的代表机构或者指定中国境内的企业法人作为代理人办理。

（五）备案人应当编制拟备案医疗器械的产品技术要求。产品技术要求主要包括医疗器械成品的性能指标和检验方法。

（六）办理医疗器械备案，备案人应当按照相关要求（见附件 1）提交备案资料，并对备案资料的真实性、完整性、合规性负责。

（七）备案资料符合要求的，食品药品监督管理部门应当当场予以备案。备案资料不齐全或者不符合规定形式的，应当一次告知需要补正的全部内容。对不予备案的，应当告知备案人并说明理由。

（八）对予以备案的医疗器械，食品药品监督管理部门应当按照相关要求的格式制作备案凭证（见附件 2），并将备案信息表（见附件 3）中登载的信息在其网站上予以公布。食品药品监督管理部门按照第一类医疗器械备案操作规范（见附件 4）开展备案工作。备案人应当将备案号标注在医疗器械说明书和标签中。

（九）已备案的医疗器械，备案信息表中登载内容及备案的产品技术要求发生变化，备案人应当提交变化情况的说明及相关证明文件，向原备案部门提出变更备案信息。食品药品监督管理部门对备案资料符合形式要求的，应在变更情况栏中载明变化情况，将备案资料存档。

（十）第一类医疗器械备案号的编排方式为：

×1 械备××××2××××3 号。

其中：

×1 为备案部门所在地的简称：

进口第一类医疗器械为“国”字；

境内第一类医疗器械为备案部门所在的省、自治区、直辖市简称加所在设区的市级行政区域的简称（无相应设区的市级行政区域时，仅为省、自治区、直辖市的简称）；

××××2 为备案年份；

××××3 为备案流水号。

二、已获准注册和已受理注册项目的处理

（一）已获准注册项目的处理

2014 年 6 月 1 日前已获准第一类医疗器械注册且在第一类医疗器械产品目录和相应体外诊断试剂分类子目录中的，企业应当在注册证有效期届满前，按照相关规定办理备案。注册证有效期届满前，企业可继续使用经注册审查的医疗器械说明书以及原标签、包装标识。在注册证有效期内，原注册证载明内容发生变化的，企业应当按照相关规定办理备案。

2014 年 6 月 1 日前已获准第一类医疗器械注册，重新分类后属于第二类或者第三类医疗器械的，企业应当按照相关规定申请注册。

（二）已受理注册申请项目的处理

2014 年 6 月 1 日前已受理第一类医疗器械注册申请的，食品药品监督管理部门不再进行注册审查。企业自行提出撤回注册申请，食品药品监督管理部门将所有申报资料退回申报单位。

产品在第一类医疗器械产品目录和相应体外诊断试剂分类子目录中的，企业按备案要求向相应的食品药品监督管理部门提出备案；不在第一类医疗器械产品目录和相应体外诊断试剂分类子目录中，重新分类后属于第二类或者第三类医疗器械的，企业应当按照相关规定申请注册。

特此公告。

附件：1. 第一类医疗器械备案资料要求及说明（略）
2. 第一类医疗器械备案凭证（略）
3. 第一类医疗器械备案信息表和第一类体外诊断试剂备案信息表（略）
4. 第一类医疗器械备案操作规范（略）
5. 第一类医疗器械备案表（参考格式）（略）

国家食品药品监督管理总局

2014 年 5 月 30 日

关于批准发布 YY/T 0090-2014《子宫刮匙》等 120 项推荐性医疗器械行业标准的公告

2014 年　第 30 号

YY/T 0090-2014《子宫刮匙》等 120 项推荐性医疗器械行业标准已经审定通过，现予以公布，自 2015 年 7 月 1 日起实施。其标准编号、名称及适用范围见附件。

特此公告。

附件：YY/T 0090-2014《子宫刮匙》等 120 项推荐性医疗器械行业标准编号、名称及适用范围（略）

国家食品药品监督管理总局
2014 年 6 月 17 日

关于公布医疗器械注册申报资料要求和批准证明文件格式的公告

2014 年　第 43 号

为规范医疗器械注册管理，指导企业做好注册申报工作，根据《医疗器械监督管理条例》（国务院令第 650 号）和《医疗器械注册管理办法》（国家食品药品监督管理总局令第 4 号），总局组织制定了医疗器械注册申报资料要求和批准证明文件格式（见附件 1-8），现予公布，自 2014 年 10 月 1 日起施行。

特此公告。

附件：1. 中华人民共和国医疗器械注册证（格式）
2. 中华人民共和国医疗器械注册变更文件（格式）
3. 国家食品药品监督管理总局医疗器械临床试验批件（格式）
4. 医疗器械注册申报资料要求及说明
5. 医疗器械延续注册申报资料要求及说明
6. 医疗器械注册变更申报资料要求及说明
7. 医疗器械临床试验审批申报资料要求及说明

8. 医疗器械安全有效基本要求清单

国家食品药品监督管理总局
2014 年 9 月 5 日

附件 1

中华人民共和国医疗器械注册证
(格式)

注册证编号:

注册人名称	
注册人住所	
生产地址	
代理人名称	(进口医疗器械适用)
代理人住所	(进口医疗器械适用)
产品名称	
型号、规格	
结构及组成	
适用范围	
附　件	产品技术要求
其他内容	
备　注	

审批部门:　　　　批准日期:年　月　日
有效期至:年　月　日
(审批部门盖章)

附件 2

中华人民共和国
医疗器械注册变更文件
(格式)

注册证编号：

产品名称	
变更内容	“＊＊＊（原注册内容或项目）”变更为“＊＊＊（变更后的内容）”。
备　注	本文件与“　　　”注册证共同使用。

审批部门：　　　　　　　　　　　　　　批准日期：年　月　日

（审批部门盖章）

附件 3

国家食品药品监督管理总局
医疗器械临床试验批件
(格式)

批件号：

申请人	
申请人住所	
试验用医疗器械名称	

试验用医疗器械型号、规格	
试验用医疗器械结构及组成	
审批意见	
主送	
抄送	
备注	

审批部门：　　　　　　　　　　　　批准日期：年　月　日

（审批部门盖章）

附件 4

医疗器械注册申报资料要求及说明

申报资料一级标题	申报资料二级标题
1. 申请表	
2. 证明性文件	
3. 医疗器械安全有效基本要求清单	

续表

申报资料一级标题	申报资料二级标题
4. 综述资料	4.1 概述 4.2 产品描述 4.3 型号规格 4.4 包装说明 4.5 适用范围和禁忌症 4.6 参考的同类产品或前代产品的情况（如有） 4.7 其他需说明的内容
5. 研究资料	5.1 产品性能研究 5.2 生物相容性评价研究 5.3 生物安全性研究 5.4 灭菌和消毒工艺研究 5.5 有效期和包装研究 5.6 动物研究 5.7 软件研究 5.8 其他
6. 生产制造信息	6.1 无源产品/有源产品生产过程信息描述 6.2 生产场地
7. 临床评价资料	
8. 产品风险分析资料	
9. 产品技术要求	
10. 产品注册检验报告	10.1 注册检验报告 10.2 预评价意见
11. 说明书和标签样稿	11.1 说明书 11.2 最小销售单元的标签样稿
12. 符合性声明	

注册申报资料应有所提交资料目录，包括申报资料的一级和二级标题。每项二级标题对应的资料应单独编制页码。

一、申请表

二、证明性文件

（一）境内申请人应当提交：

1. 企业营业执照副本复印件和组织机构代码证复印件。

2. 按照《创新医疗器械特别审批程序审批》的境内医疗器械申请注册时，应当提交创新医疗器械特别审批申请审查通知单，样品委托其他企业生产的，应当提供受托企业生产许可证和委托协议。生产许可证生产范围应涵盖申报产品类别。

（二）境外申请人应当提交：

1. 境外申请人注册地或生产地址所在国家（地区）医疗器械主管部门出具的允许产品上市销售的证明文件、企业资格证明文件。

2. 境外申请人注册地或者生产地址所在国家（地区）未将该产品作为医疗器械管理的，申请人需要提供相关证明文件，包括注册地或者生产地址所在国家（地区）准许该产品上市销售的证明文件。

3. 境外申请人在中国境内指定代理人的委托书、代理人承诺书及营业执照副本复印件或者机构登记证明复印件。

三、医疗器械安全有效基本要求清单

说明产品符合《医疗器械安全有效基本要求清单》（见附件8）各项适用要求所采用的方法，以及证明其符合性的文件。对于《医疗器械安全有效基本要求清单》中不适用的各项要求，应当说明其理由。

对于包含在产品注册申报资料中的文件，应当说明其在申报资料中的具体位置；对于未包含在产品注册申报资料中的文件，应当注明该证据文件名称及其在质量管理体系文件中的编号备查。

四、综述资料

（一）概述

描述申报产品的管理类别、分类编码及名称的确定依据。

（二）产品描述

1. 无源医疗器械

描述产品工作原理、作用机理（如适用）、结构组成（含配合使用的附件）、主要原材料，以及区别于其他同类产品的特征等内容；必要时提供图示说明。

2. 有源医疗器械

描述产品工作原理、作用机理（如适用）、结构组成（含配合使用的附件）、主要功能及其组成部件（关键组件和软件）的功能，以及区别于其他同类产品的特征等内容；必要时提供图示说明。

（三）型号规格

对于存在多种型号规格的产品，应当明确各型号规格的区别。应当采用对比表及带有说明性文字的图片、图表，对于各种型号规格的结构组成（或配置）、功能、产品特征和运行模式、性能指标等方面加以描述。

（四）包装说明

有关产品包装的信息，以及与该产品一起销售的配件包装情况；对于无菌医疗器械，应当说明与灭菌方法相适应的最初包装的信息。

（五）适用范围和禁忌症

1. 适用范围：应当明确产品所提供的治疗、诊断等符合《医疗器械监督管理条例》第七十六条定义的目的，并可描述其适用的医疗阶段（如治疗后的监测、康复等）；明确目标用户及其操作该产品应当具备的技能/知识/培训；说明产品是一次性使用还是重复使用；说明预期与其组合使用的器械。

2. 预期使用环境：该产品预期使用的地点如医疗机构、实验室、救护车、家庭等，以及可能会影响其安全性和有效性的环境条件（如，温度、湿度、功率、压力、移动等）。

3. 适用人群：目标患者人群的信息（如成人、儿童或新生儿），患者选择标准的信息，以及使用过程中需要监测的参数、考虑的因素。

4. 禁忌症：如适用，应当明确说明该器械不适宜应用的某些疾病、情况或特定的人群（如儿童、老年人、孕妇及哺乳期妇女、肝肾功能不全者）。

（六）参考的同类产品或前代产品应当提供同类产品（国内外已上市）或前代产品（如有）的信息，阐述申请注册产品的研发背景和目的。对于同类产品，应当说明选择其作为研发参考的原因。

同时列表比较说明产品与参考产品（同类产品或前代产品）在工作原理、结构组成、制造材料、性能指标、作用方式（如植入、介入），以及适用范围等方面的异同。

（七）其他需说明的内容。对于已获得批准的部件或配合使用的附件，应当提供批准文号和批准文件复印件；预期与其他医疗器械或通用产品组合使用的应当提供说明；应当说明系统各组合医疗器械间存在的物理、电气等连接方式。

五、研究资料

根据所申报的产品，提供适用的研究资料。

（一）产品性能研究

应当提供产品性能研究资料以及产品技术要求的研究和编制说明，包括功能性、安全性指标（如电气安全与电磁兼容、辐射安全）以及与质量控制相关的其他指标的确定依据，所采用的标准或方法、采用的原因及理论基础。

（二）生物相容性评价研究

应对成品中与患者和使用者直接或间接接触的材料的生物相容性进行评价。

生物相容性评价研究资料应当包括：

1. 生物相容性评价的依据和方法。

2. 产品所用材料的描述及与人体接触的性质。

3. 实施或豁免生物学试验的理由和论证。

4. 对于现有数据或试验结果的评价。

（三）生物安全性研究

对于含有同种异体材料、动物源性材料或生物活性物质等具有生物安全风险类产品，应当提供相关材料及生物活性物质的生物安全性研究资料。包括说明组织、细胞和材料的获取、加工、保存、测试和处理过程；阐述来源（包括捐献者筛选细节），并描述生产过程中对病毒、其他病原体及免疫源性物质去除或灭活方法的验证试验；工艺验证的简要总结。

（四）灭菌/消毒工艺研究

1. 生产企业灭菌：应明确灭菌工艺（方法和参数）和无菌保证水平（SAL），并提供灭菌确认报告。

2. 终端用户灭菌：应当明确推荐的灭菌工艺（方法和参数）及所推荐的灭菌方法确定的依据；对可耐受两次或多次灭菌的产品，应当提供产品相关推荐的灭菌方法耐受性的研究资料。

3. 残留毒性：如灭菌使用的方法容易出现残留，应当明确残留物信息及采取的处理方法，并提供研究资料。

4. 终端用户消毒：应当明确推荐的消毒工艺（方法和参数）以及所推荐消毒方法确定的依据。

（五）产品有效期和包装研究

1. 有效期的确定：如适用，应当提供产品有效期的验证报告。

2. 对于有限次重复使用的医疗器械，应当提供使用次数验证资料。

3. 包装及包装完整性：在宣称的有效期内以及运输储存条件下，保持包装完整性的依据。

（六）临床前动物试验

如适用，应当包括动物试验研究的目的、结果及记录。

（七）软件研究

含有软件的产品，应当提供一份单独的医疗器械软件描述文档，内容包括基本信息、实现过程和核心算法，详尽程度取决于软件的安全性级别和复杂程度。

同时，应当出具关于软件版本命名规则的声明，明确软件版本的全部字段及字段含义，确定软件的完整版本和发行所用的标识版本。

（八）其他资料

证明产品安全性、有效性的其他研究资料。

六、生产制造信息

（一）无源医疗器械

应当明确产品生产加工工艺，注明关键工艺和特殊工艺，并说明其过程控制点。明确生产过程中各种加工助剂的使用情况及对杂质（如残留单体、小分子残留物等）的控制情况。

（二）有源医疗器械

应当明确产品生产工艺过程，可采用流程图的形式，并说明其过程控制点。

注：部分有源医疗器械（例如：心脏起搏器及导线）应当注意考虑采用“六、生产制造信息”（一）中关于生产过程信息的描述。

（三）生产场地

有多个研制、生产场地，应当概述每个研制、生产场地的实际情况。

七、临床评价资料

按照相应规定提交临床评价资料。进口医疗器械应提供境外政府医疗器械主管部门批准该产品上市时的临床评价资料。

八、产品风险分析资料

产品风险分析资料是对产品的风险管理过程及其评审的结果予以记录所形成的资料。应当提供对于每项已判定危害的下列各个过程的可追溯性：

（一）风险分析：包括医疗器械适用范围和与安全性有关特征的判定、危害的判定、估计每个危害处境的风险。

（二）风险评价：对于每个已判定的危害处境，评价和决定是否需要降低风险。

（三）风险控制措施的实施和验证结果，必要时应当引用检测和评价性报告，如医用电气安全、生物学评价等。

（四）任何一个或多个剩余风险的可接受性评定。

九、产品技术要求

医疗器械产品技术要求应当按照《医疗器械产品技术要求编写指导原则》的规定编制。产品技术要求一式两份，并提交两份产品技术要求文本完全一致的声明。

十、产品注册检验报告

提供具有医疗器械检验资质的医疗器械检验机构出具的注册检验报告和预评价意见。

十一、产品说明书和最小销售单元的标签样稿

应当符合相关法规要求。

十二、符合性声明

（一）申请人声明本产品符合《医疗器械注册管理办法》和相关法规的要求；声明本产品符合《医疗器械分类规则》有关分类的要求；声明本产品符合现行国家标准、行业标准，并提供符合标准的清单。

（二）所提交资料真实性的自我保证声明（境内产品由申请人出具，进口产品由申请人和代理人分别出具）。

附件5

医疗器械延续注册申报资料要求及说明

一、申请表

二、证明性文件

境内注册人应当提交企业营业执照的副本复印件和组织机构代码证复印件；境外注册人应当提交其在中国指定代理人的委托书、代理人承诺书及营业执照副本复印件或者机构登记证明复印件。

注：进口医疗器械延续注册时，不需要提供注册人注册地或者生产地址所在国家（地区）批准产品上市销售的证明文件。

三、关于产品没有变化的声明

注册人提供产品没有变化的声明。

四、原医疗器械注册证及其附件的复印件、历次医疗器械注册变更文件复印件

五、注册证有效期内产品分析报告

（一）产品临床应用情况，用户投诉情况及采取的措施。

（二）医疗器械不良事件汇总分析评价报告，报告应对本产品上市后发生的可疑不良事件列表、说明在每一种情况下生产企业采取的处理和解决方案。对上述不良事件进行分析评价，阐明不良事件发生的原因并对其安全性、有效性的影响予以说明。

（三）在所有国家和地区的产品市场情况说明。

（四）产品监督抽验情况（如有）。

（五）如上市后发生了召回，应当说明召回原因、过程和处理结果。

（六）原医疗器械注册证中载明要求继续完成工作的，应当提供相关总结报

告，并附相应资料。

六、产品检验报告

如医疗器械强制性标准已经修订，应提供产品能够达到新要求的产品检验报告。产品检验报告可以是自检报告、委托检验报告或符合强制性标准实施通知规定的检验报告。其中，委托检验报告应由具有医疗器械检验资质的医疗器械检验机构出具。

七、符合性声明

（一）注册人声明本产品符合《医疗器械注册管理办法》和相关法规的要求；声明本产品符合现行国家标准、行业标准，并提供符合标准的清单。

（二）所提交资料真实性的自我保证声明（境内产品由注册人出具，进口产品由注册人和代理人分别出具）。

八、其他

如在原医疗器械注册证有效期内发生了涉及产品技术要求变更的，应当提交依据注册变更文件修改的产品技术要求一式两份。

附件6

医疗器械注册变更申报资料要求及说明

登记事项变更申报资料要求及说明

一、申请表

二、证明性文件

（一）境内注册人提交：

1. 企业营业执照副本复印件。

2. 组织机构代码证复印件。

（二）境外注册人提交：

1. 如变更事项在境外注册人注册地或生产地址所在国家（地区），需要获得新的医疗器械主管部门出具的允许产品上市销售证明文件或新的企业资格证明文件的，应当提交相应文件；如变更事项不需要获得注册人注册地或生产地址所在国家（地区）医疗器械主管部门批准的，应当予以说明。

2. 境外注册人在中国境内指定代理人的委托书、代理人承诺书及营业执照副本复印件或者机构登记证明复印件。

三、注册人关于变更情况的声明

四、原医疗器械注册证及其附件复印件、历次医疗器械注册变更文件复印件

五、关于变更情况相关的申报资料要求

（一）注册人名称变更：

企业名称变更核准通知书（境内注册人）和/或相应详细变更情况说明及相应证明文件。

（二）注册人住所变更：

相应详细变更情况说明及相应证明文件。

（三）境内医疗器械生产地址变更：

应当提供相应变更后的生产许可证。

（四）代理人变更：

1. 注册人出具变更代理人的声明。

2. 注册人出具新代理人委托书、新代理人出具的承诺书。

3. 变更后代理人的营业执照副本复印件或机构登记证明复印件。

（五）代理人住所变更：

变更前后营业执照副本复印件或机构登记证明复印件。

六、符合性声明

（一）注册人声明本产品符合《医疗器械注册管理办法》和相关法规的要求；声明本产品符合现行国家标准、行业标准，并提供符合标准的清单。

（二）所提交资料真实性的自我保证声明（境内产品由注册人出具，进口产品由注册人和代理人分别出具）。

许可事项变更申报资料要求及说明

一、申请表

二、证明性文件

（一）境内注册人应当提交：

1. 企业营业执照副本复印件。

2. 组织机构代码证复印件。

（二）境外注册人应当提交：

1. 如变更事项在境外注册人注册地或生产地址所在国家（地区），需要获得新的医疗器械主管部门出具的允许产品上市销售证明文件和新的企业资格证明文件的，应当提交相应文件；如变更事项不需要获得注册人注册地或生产地址所在国家（地区）医疗器械主管部门批准的，应当予以说明。

2. 境外注册人在中国境内指定代理人的委托书、代理人承诺书及营业执照副本复印件或者机构登记证明复印件。

三、注册人关于变更情况的声明

四、原医疗器械注册证及其附件复印件、历次医疗器械注册变更文件复印件

五、变更申请项目申报资料要求

根据具体变更情况选择提交以下文件：

（一）产品名称变化的对比表及说明。

（二）产品技术要求变化的对比表及说明。

（三）型号、规格变化的对比表及说明。

（四）结构及组成变化的对比表及说明。

（五）产品适用范围变化的对比表及说明。

（六）进口医疗器械生产地址变化的对比表及说明。

（七）注册证中“其他内容”变化的对比表及说明。

（八）其他变化的说明。

六、与产品变化相关的安全风险管理报告

七、变化部分对产品安全性、有效性影响的资料

分析并说明变化部分对产品安全性、有效性的影响，并提供相关的研究资料。适用范围变化的必须提供临床评价资料。

八、针对产品技术要求变化部分的注册检验报告

九、符合性声明

（一）注册人声明本产品符合《医疗器械注册管理办法》和相关法规的要求；声明本产品符合现行国家标准、行业标准，并提供符合标准的清单。

（二）所提交资料真实性的自我保证声明（境内产品由注册人出具，进口产品由注册人和代理人分别出具）。

附件 7

医疗器械临床试验审批申报资料要求及说明

一、申请表

二、证明性文件

（一）境内申请人应当提交：

1. 企业营业执照副本复印件。

2. 组织机构代码证复印件。

（二）境外申请人应当提交：

1. 境外申请人注册地或生产地址所在国家（地区）医疗器械主管部门出具

的允许产品上市销售的证明文件和合法资格证明文件。

2. 境外申请人在中国境内指定代理人的委托书、代理人承诺书及营业执照副本复印件或者机构登记证明复印件。

三、试验产品描述

应当包括试验用医疗器械的设计原理、工作原理、产品特征、结构组成及图示、制造材料、包装材料、型号规格及其划分依据、主要生产工艺、交付状态、作用机理、适用范围等内容。

四、临床前研究资料

一般应当包括：

（一）申请人对试验用医疗器械进行的临床前研究资料。例如，实验室研究、动物试验等。

（二）与评价试验用医疗器械安全性和有效性相关的已发表文献及评论性综述。

（三）国内外同类产品研发、上市及临床应用情况及试验用医疗器械与国内外已上市同类产品在工作原理、结构组成、制造材料、技术参数及适用范围等方面的异同比较资料。

（四）与试验用医疗器械相关的不良事件信息。

（五）临床试验受益与风险对比分析报告。

（六）其他要求提交的研究资料。

五、产品技术要求

六、医疗器械检验机构出具的注册检验报告和预评价意见

七、说明书及标签样稿

八、临床试验方案

临床试验方案应当符合国家食品药品监督管理总局发布的《医疗器械临床试验质量管理规范》相关要求，并提交证明临床试验方案科学合理性的分析资料。

九、伦理委员会同意临床试验开展的书面意见

应当提交全部临床试验机构的伦理委员会同意临床试验开展的书面意见。

十、符合性声明

（一）申请人声明本产品符合《医疗器械注册管理办法》和相关法规的要求。

（二）申请人声明所提交资料的真实性。

附件 8

医疗器械安全有效基本要求清单

条款号	要求	适用	证明符合性采用的方法	为符合性提供客观证据的文件
A	通用原则			
A1	医疗器械的设计和生产应确保其在预期条件和用途下，由具有相应技术知识、经验、教育背景、培训经历、医疗和硬件条件的预期使用者（若适用），按照预期使用方式使用，不会损害医疗环境、患者安全、使用者及他人的安全和健康；使用时潜在风险与患者受益相比较可以接受，并具有高水平的健康和安全保护方法。			
A2	医疗器械的设计和生产应遵循安全原则并兼顾现有技术能力，应当采用以下原则，确保每一危害的剩余风险是可接受的： (1) 识别已知或可预期的危害并且评估预期使用和可预期的不当使用下的风险。 (2) 设计和生产中尽可能地消除风险。 (3) 采用充分防护如报警等措施尽可能地减少剩余风险。 (4) 告知剩余风险。			
A3	医疗器械在规定使用条件下应当达到其预期性能，满足适用范围要求。			
A4	在生命周期内，正常使用和维护情况下，医疗器械的特性和性能的退化程度不会影响其安全性。			
A5	医疗器械的设计、生产和包装应当能够保证其说明书规定的运输、贮存条件（如温度和湿度变化），不对产品特性及性能造成不利影响。			
A6	所有风险以及非预期影响应最小化并可接受，保证在正常使用中受益大于风险。			
B	医疗器械安全性能基本原则			
B1	化学、物理和生物学性质			

续表

条款号	要求	适用	证明符合性采用的方法	为符合性提供客观证据的文件
B1. 1	材料应当能够保证医疗器械符合 A 节提出的要求，特别注意： （1）材料的选择应特别考虑毒性、易燃性（若适用）。 （2）依据适用范围，考虑材料与生物组织、细胞、体液的相容性。 （3）材料的选择应考虑硬度，耐磨性和疲劳强度等属性（若适用）。			
B1. 2	医疗器械的设计、生产和包装应尽可能减少污染物和残留物对从事运输、贮存、使用的人员和患者造成的风险，特别要注意与人体暴露组织接触的时间和频次。			
B1. 3	医疗器械的设计和生产，应当能够保证产品在正常使用中接触到其他的材料、物质和气体时，仍然能够安全使用。如果医疗器械用于给药，则该产品的设计和生产需要符合药品管理的有关规定，且正常使用不改变其产品性能。			
B1. 4	医疗器械的设计和生产应当尽可能减少滤出物或泄漏物造成的风险，特别注意其致癌、致畸和生殖毒性。			
B1. 5	医疗器械的设计和生产应当考虑在预期使用条件下，产品及其使用环境的特性，尽可能减少物质意外从该产品进出所造成的风险。			
B2	感染和微生物污染			
B2. 1	医疗器械的设计和生产应当减少患者、使用者及他人感染的风险。设计应当： （1）易于操作。 （2）尽可能减少来自产品的微生物泄漏和/或使用中微生物暴露。 （3）防止人对医疗器械和样品的微生物污染。			
B2. 2	标有微生物要求的医疗器械，应当确保在使用前符合微生物要求。			
B2. 3	无菌医疗器械应当确保在使用前符合无菌要求。			

续表

条款号	要求	适用	证明符合性采用的方法	为符合性提供客观证据的文件
B2. 4	无菌或标有微生物要求的医疗器械应当采用已验证的方法对其进行加工、制造或灭菌。			
B2. 5	无菌医疗器械应当在相应控制状态下（如相应净化级别的环境）生产。			
B2. 6	非无菌医疗器械的包装应当保持产品的完整性和洁净度。使用前需要灭菌的产品，其包装应当尽可能减少产品受到微生物污染的风险，且应当适合相应的灭菌方法。			
B2. 7	若医疗器械可以以无菌与非无菌两种状态上市，则产品的包装或标签应当加以区别。			
B3	药械组合产品			
B3. 1	应对该药品和药械组合产品安全、质量和性能予以验证。			
B4	生物源性医疗器械			
B4. 1	含有动物源性的组织、细胞和其他物质的医疗器械，该动物源性组织、细胞和物质应当符合相关法规规定，且符合其适用范围要求。动物的来源资料应当妥善保存备查。动物的组织、细胞和其他物质的加工、保存、检测和处理等过程应当提供患者、使用者和他人（如适用）最佳的安全保护。特别是病毒和其他传染原，应当采用经验证的清除或灭活方法处理。			
B4. 2	含有人体组织、细胞和其他物质的医疗器械，应当选择适当的来源、捐赠者，以减少感染的风险。人体组织、细胞和其他物质的加工、保存、检测和处理等过程应当提供患者、使用者和他人（如适用）最佳的安全保护。特别是病毒和其他传染原，应当采用经验证的清除或灭活方法处理。			
B4. 3	含有微生物的细胞和其他物质的医疗器械，细胞及其他物质的加工、保存、检测和处理等过程应当提供患者、使用者和他人（如适用）最佳的安全保护。特别是病毒和其他传染原，应当采用经验证的清除或灭活方法处理。			

续表

条款号	要求	适用	证明符合性采用的方法	为符合性提供客观证据的文件
B5	环境特性			
B5.1	如医疗器械预期与其他医疗器械或设备联合使用，应当保证联合使用后的系统整体的安全性，并且不削弱各器械或设备的性能。任何联合使用上的限制应在标签和（或）说明书中载明。液体、气体传输或机械耦合等连接系统，如，应从设计和结构上尽可能减少错误连接造成对使用者的安全风险。			
B5.2 B5.2.1	医疗器械的设计和生产应尽可能的消除和减少下列风险： 因物理或者人机功效原因，对患者、使用者或他人造成伤害的风险。			
B5.2.2	由人机功效、人为因素和使用环境所引起的错误操作的风险。			
B5.2.3	与合理可预见的外部因素或环境条件有关的风险，比如磁场、外部电磁效应、静电放电、诊断和治疗带来的辐射、压力、湿度、温度以及压力和加速度的变化。			
B5.2.4	正常使用时可能与材料、液体和气体接触而产生的风险。			
B5.2.5	软件及其运行环境的兼容性造成的风险。			
B5.2.6	物质意外进入的风险。			
B5.2.7	临床使用中与其他医疗器械共同使用的产品，其相互干扰的风险。			
B5.2.8	不能维护或校准（如植入产品）的医疗器械因材料老化、测量或控制精度减少引起的风险。			
B5.3	医疗器械的设计和生产应尽可能地减少在正常使用及单一故障状态下燃烧和爆炸的风险。尤其是在预期使用时，暴露于可燃物、致燃物或与可燃物、致燃物联合使用的医疗器械。			
B5.4	须进行调整、校准和维护的医疗器械的设计和生产应保证其相应过程安全进行。			
B5.5	医疗器械的设计和生产应有利于废物的安全处置。			
B6	有诊断或测量功能的医疗器械产品			

续表

条款号	要求	适用	证明符合性采用的方法	为符合性提供客观证据的文件
B6. 1	有诊断或测量功能的医疗器械，其设计和生产应充分考虑其准确度、精密度和稳定性。准确度应规定其限值。			
B6. 2	任何测量、监视或显示的数值范围的设计，均应当符合人机工效原则。			
B6. 3	所表达的计量值应是中国通用的标准化单位，并能被使用者理解。			
B7	辐射防护			
B7. 1	一般要求：医疗器械的设计、生产和包装应当考虑尽量减少患者、使用者和他人在辐射中的暴露，同时不影响其功能。			
B7. 2	预期的辐射：应用放射辐射进行治疗和诊断的医疗器械，放射剂量应可控。其设计和生产应当保证相关的可调参数的重复性及误差在允许范围内。若医疗器械预期辐射可能有危害，应当具有相应的声光报警功能。			
B7. 3	非预期的辐射：医疗器械的设计和生产应当尽可能减少患者、使用者和他人暴露于非预期、杂散或散射辐射的风险。			
B7. 4	电离辐射：预期放射电离辐射的医疗器械，其设计和生产应当保证辐射放射的剂量、几何分布和能量分布（或质量）可控。 放射电离辐射的医疗器械（预期用于放射学诊断），其设计和生产应当确保产品在实现其临床需要的影像品质的同时，使患者和使用者受到的辐射吸收剂量降至最低。应当能够对射线束的剂量、线束类型、能量和能量分布（适用时）进行可靠的监视和控制。			
B8	含软件的医疗器械和独立医疗器械软件			
B8. 1	含软件的医疗器械或独立医疗器械软件，其设计应当保证重复性、可靠性和性能。当发生单一故障时，应当采取适当的措施，尽可能地消除和减少风险。			
B8. 2	对于含软件的医疗器械或独立医疗器械软件，其软件必须根据最新的技术水平进行确认（需要考虑研发周期、风险管理要求、验证和确认要求）。			
B9	有源医疗器械和与其连接的器械			

续表

条款号	要求	适用	证明符合性采用的方法	为符合性提供客观证据的文件
B9.1	对于有源医疗器械，当发生单一故障时，应当采取适当的措施，尽可能的消除和减少因此而产生的风险。			
B9.2	患者安全需要通过内部电源供电的医疗器械保证的，医疗器械应当具有检测供电状态的功能。			
B9.3	患者安全需要通过外部电源供电的医疗器械保证的，医疗器械应当包括显示电源故障的报警系统。			
B9.4	预期用于监视患者一个或多个临床参数的医疗器械，应当配备适当的报警系统，在患者生命健康严重恶化或生命危急时，进行警告。			
B9.5	医疗器械的设计和生产，应当具有减少产生电磁干扰的方法。			
B9.6	医疗器械的设计和生产，应当确保产品具备足够的抗电磁骚扰能力，以保证产品能按照预期运行。			
B9.7	医疗器械的设计和生产，应当保证产品在按要求进行安装和维护后，在正常使用和单一故障时，患者、使用者和他人免于遭受意外电击。			
B10	机械风险的防护			
B10.1	医疗器械的设计和生产，应当保护患者和使用者免于承受因移动时遇到阻力、不稳定部件和运动部件等产生的机械风险。			
B10.2	除非振动是医疗器械的特定性能要求，否则医疗器械的设计和生产应将产品振动导致的风险降到最低。若可行，应当采用限制振动（特别是针对振动源）的方法。			
B10.3	除非噪声是医疗器械的特定性能要求，否则医疗器械设计和生产应将产品噪声导致的风险降到最低。若可行，应当采用限制噪声（特别是针对噪声源）的方法。			
B10.4	需要用户操作的连接电、气体或提供液压和气压的端子和连接器，其设计和构造应当尽可能降低操作风险。			
B10.5	如果医疗器械的某些部分在使用前或使用中需要进行连接或重新连接，则其设计和生产应将连接错误的风险降到最低。			

续表

条款号	要求	适用	证明符合性采用的方法	为符合性提供客观证据的文件
B10.6	可触及的医疗器械部件（不包括预期提供热量或达到给定温度的部件和区域）及其周围，在正常使用时，不应达到造成危险的温度。			
B11	提供患者能量或物质而产生风险的防护			
B11.1	用于给患者提供能量或物质的医疗器械，其设计和结构应能精确地设定和维持输出量，以保证患者和使用者的安全。			
B11.2	若输出量不足可能导致危险，医疗器械应当具有防止和/或指示“输出量不足”的功能。应有适当的预防方式，以防止意外输出达危险等级的能量或物质。			
B11.3	医疗器械应清楚地标识控制器和指示器的功能。若器械的操作用显示系统指示使用说明、运行状态或调整参数，此类信息应当易于理解。			
B12	对非专业用户使用风险的防护			
B12.1	医疗器械的设计和生产应当考虑非专业用户所掌握的知识、技术和使用的环境，应当提供足够的说明，便于理解和使用。			
B12.2	医疗器械的设计和生产应当尽可能减少非专业用户操作错误和理解错误所致的风险。			
B12.3	医疗器械应当尽可能设置可供非专业用户在使用过程中检查产品是否正常运行的程序。			
B13	标签和说明书			
B13.1	考虑到使用者所受的培训和所具备的知识，标签和说明书应能让使用者获得充分的信息，以辨别生产企业，安全使用产品实现其预期功能。信息应当易于理解。			
B14	临床评价			
B14.1	应当依照现行法规的规定提供医疗器械临床评价资料。			
B14.2	临床试验应当符合《赫尔辛基宣言》。临床试验审批应当依照现行法规的规定。			

续表

条款号	要求	适用	证明符合性采用的方法	为符合性提供客观证据的文件
说明	1. 第3列若适用，应注明“是”。不适用应注明“否”，并说明不适用的理由。 2. 第4列应当填写证明该医疗器械符合安全有效基本要求的方法，通常可采取下列方法证明符合基本要求： （1）符合已发布的医疗器械部门规章、规范性文件。 （2）符合医疗器械相关国家标准、行业标准、国际标准。 （3）符合普遍接受的测试方法。 （4）符合企业自定的方法。 （5）与已批准上市的同类产品的比较。 （6）临床评价。 3. 为符合性提供的证据应标明在注册申报资料中的位置和编号。对于包含在产品注册申报资料中的文件，应当说明其在申报资料中的具体位置。例如：八、注册检验报告（医用电气安全：机械风险的防护部分）；说明书第4.2章。对于未包含在产品注册申报资料中的文件，应当注明该证据文件名称及其在质量管理体系文件中的编号备查。			

关于公布体外诊断试剂注册申报资料要求和批准证明文件格式的公告

2014年　第44号

为规范体外诊断试剂注册管理，指导企业做好注册申报工作，根据《医疗器械监督管理条例》（国务院令第650号）和《体外诊断试剂注册管理办法》（国家食品药品监督管理总局令第5号），总局组织制定了体外诊断试剂注册申报资料要求和批准证明文件格式（见附件1-5），现予公布，自2014年10月1日起施行。

特此公告。

附件：1. 中华人民共和国医疗器械注册证（体外诊断试剂）（格式）

2. 中华人民共和国医疗器械注册变更文件（体外诊断试剂）（格式）

3. 体外诊断试剂注册申报资料要求及说明

4. 体外诊断试剂延续注册申报资料要求及说明

5. 体外诊断试剂注册变更申报资料要求及说明

国家食品药品监督管理总局

2014年9月5日

附件 1

中华人民共和国
医疗器械注册证（体外诊断试剂）
（格式）

注册证编号：

注册人名称	
注册人住所	
生产地址	
代理人名称	（进口体外诊断试剂适用）
代理人住所	（进口体外诊断试剂适用）
产品名称	
包装规格	
主要组成成分	
预期用途	
附　件	产品技术要求、说明书
产品储存条件及有效期	
其他内容	
备　注	

审批部门：　　　　　　　　　　批准日期：　年　月　日

有效期至：　年　月　日

（审批部门盖章）

附件2

中华人民共和国
医疗器械注册变更文件（体外诊断试剂）
（格式）

注册证编号：

产品名称	
变更内容	“＊＊＊（原注册内容或项目）”变更为“＊＊＊（变更后的内容）”。
备　注	本文件与“　　”注册证共同使用。

审批部门：　　　　　　　　　　　　　　　　批准日期：　年　月　日

（审批部门盖章）

附件 3

体外诊断试剂注册申报资料要求及说明

	第三类产品	第二类产品
1. 申请表	√	√
2. 证明性文件	√	√
3. 综述资料	√	√
4. 主要原材料的研究资料	√	△
5. 主要生产工艺及反应体系的研究资料	√	△
6. 分析性能评估资料	√	√
7. 阳性判断值或参考区间确定资料	√	√
8. 稳定性研究资料	√	√
9. 生产及自检记录	√	√
10. 临床评价资料	√	√
11. 产品风险分析资料	√	√
12. 产品技术要求	√	√
13. 产品注册检验报告	√	√
14. 产品说明书	√	√
15. 标签样稿	√	√
16. 符合性声明	√	√

注：申请人应当根据产品类别按照上表要求提交申报资料。

√：必须提供的资料。

△：注册申请时不需要提供，由申报单位保存，如技术审评需要时提供。

一、申请表

二、证明性文件

（一）境内申请人应当提交：企业营业执照副本复印件和组织机构代码证复印件。

（二）境外申请人应提交：

1. 申请人注册地或者生产地址所在国家（地区）医疗器械主管部门出具的允许产品上市销售的证明文件和可以合法生产申报产品的资格证明文件，如该证明文件中有产品类别描述，其类别应当覆盖申报产品。

2. 申请人注册地或者生产地址所在国家（地区）未将该产品作为医疗器械管理的，申请人需要提供相关证明文件，包括注册地或者生产地址所在国家（地区）准许该产品上市销售的证明文件。

3. 申请人符合注册地或者生产地址所在国家（地区）医疗器械质量管理体系要求或者通过其他质量管理体系认证的证明文件。

4. 申请人在中国境内指定代理人的委托书、代理人承诺书及营业执照副本复印件或者机构登记证明副本复印件。

三、综述资料

（一）产品预期用途。描述产品的预期用途，与预期用途相关的临床适应症背景情况，如临床适应症的发生率、易感人群等，相关的临床或实验室诊断方法等。

（二）产品描述。描述产品所采用的技术原理，主要原材料的来源及制备方法，主要生产工艺过程，质控品、校准品的制备方法及溯源（定值）情况。

（三）有关生物安全性方面说明。由于体外诊断试剂中的主要原材料可能是由各种动物、病原体、人源的组织和体液等生物材料经处理或者添加某些物质制备而成，人源性材料须对有关传染病（HIV、HBV、HCV 等）病原体检测予以说明，并提供相关的证明文件。其他动物源及微生物来源的材料，应当提供相应的说明文件，证明其在产品运输、使用过程中对使用者和环境是安全的，并对上述原材料所采用的灭活等试验方法予以说明。

（四）有关产品主要研究结果的总结和评价。

（五）其他。包括同类产品在国内外批准上市的情况。相关产品所采用的技术方法及临床应用情况，申请注册产品与国内外同类产品的异同等。对于新研制的体外诊断试剂产品，需要提供被测物与预期适用的临床适应症之间关系的文献资料。

四、主要原材料的研究资料

主要原材料研究资料包括主要反应成分、质控品、校准品等的选择、制备及其质量标准的研究资料，质控品、校准品的定值试验资料，校准品的溯源性文件等。

五、主要生产工艺及反应体系的研究资料

主要生产工艺包括：工作液的配制、分装和冻干，固相载体的包被和组装，显色/发光系统等的描述及确定依据等，反应体系包括样本采集及处理、样本要求、样本用量、试剂用量、反应条件、校准方法（如有）、质控方法等。

六、分析性能评估资料

（一）体外诊断试剂的分析性能评估主要包括精密度、准确度、灵敏度、特异性、线性范围或测定范围等项目。应当对多批产品进行性能评估，对结果进行统计分析，以有效地控制产品生产工艺及产品质量的稳定。

如注册申请中包括不同适用机型，需要提交在不同机型上进行上述项目评估的试验资料及总结。

如注册申请中包含不同的包装规格，需要对不同包装规格之间的差异进行分析或验证。如不同的包装规格产品间存在性能差异，需要提交采用每个包装规格产品进行的上述项目评估的试验资料及总结。如不同包装规格之间不存在性能差异，需要提交包装规格之间不存在性能差异的详细说明，具体说明不同包装规格之间的差别及可能产生的影响。

（二）校准品应当提交完整的溯源性文件。

（三）质控品应当提交在所有适用机型上进行的定值资料。

七、阳性判断值或参考区间确定资料

应当详细说明阳性判断值或参考区间确定的方法或依据，说明确定阳性判断值或者参考区间所采用的样本来源，并提供阳性判断值或参考区间确定的详细试验资料及总结。

校准品和质控品不需要提交阳性判断值或参考区间确定资料。

八、稳定性研究资料

包括至少三批样品在实际储存条件下保存至成品有效期后的实时稳定性研究资料，并应当充分考虑产品在储存、运输和使用过程中的不利条件，进行相应的稳定性研究。应当详细说明稳定性研究方法的确定依据及具体试验方法、过程。

九、生产及自检记录

提供连续三批产品生产及自检记录的复印件。

十、临床评价资料

（一）临床试验。需要进行临床试验的体外诊断试剂，申请人应当参考有关技术指导原则开展临床试验，并提供以下临床试验资料：

1. 伦理委员会同意临床试验开展的书面意见。

2. 临床试验方案：由各承担临床试验的主要研究者签名、临床试验机构盖章、统计学负责人签名及单位盖章、申请人盖章。

3. 各临床试验机构的临床试验报告：各临床试验机构的试验报告应由临床试验机构签章；报告封面包括试验用体外诊断试剂的通用名称、试验开始日期、试验完成日期、主要研究者（签名）、试验机构（盖章）、统计学负责人签名及单位（盖章）、申请人（盖章）、申请人的联系人及联系方式、报告日期、原始资料保存地点。

4. 对所有临床试验结果的总结报告：总结报告由临床试验机构的牵头单位或者申请人完成，封面内容与各临床试验机构的临床试验报告的封面内容相同。

5. 临床试验报告附件：临床试验的详细资料，包括临床试验中所采用的其他试验方法或者其他诊断试剂产品的基本信息，如试验方法、诊断试剂产品来源、产品说明书及注册批准情况，临床试验中所有试验数据（需由临床试验操作者、复核者签字，临床试验机构盖章），主要参考文献，主要研究者简历，以及申请人需要说明的其他情况等。

（二）国家食品药品监督管理总局发布的免于进行临床试验的体外诊断试剂目录中的产品，应当提交相应的临床评价资料。依据相应指导原则（如有），通过对涵盖预期用途及干扰因素的临床样本的评估、综合文献资料、临床经验数据等产品安全性和有效性数据，对体外诊断试剂的临床性能进行的评价资料，以及所使用临床样本的来源信息。

（三）进口产品还应当提交在境外完成的临床试验资料或境外临床使用情况的总结报告。

（四）校准品、质控品不需要提供临床试验资料。

（五）本部分所称临床试验机构盖章是指临床试验机构公章。

十一、产品风险分析资料

对体外诊断试剂产品寿命周期的各个环节，从预期用途、可能的使用错误、与安全性有关的特征、已知和可预见的危害等方面的判定以及对患者风险的估计进行风险分析、风险评价和相应的风险控制基础上，形成风险管理报告。应当符合相关行业标准的要求。

十二、产品技术要求

申请人应当在原材料质量和生产工艺稳定的前提下，根据申请人产品研制、前期临床评价等结果，依据国家标准、行业标准及有关文献，按照《医疗器械产品技术要求编写指导原则》的有关要求，编写产品技术要求，内容主要包含产品性能指标和检验方法。第三类产品技术要求中还应当以附录形式明确主要原材料、生产工艺及半成品要求。

进口产品的产品技术要求应当包括英文版和中文版，英文版应当由申请人签章，中文版由申请人或其代理人签章。中文版产品技术要求一式两份，并提交两份产品技术要求文本完全一致的声明。

十三、产品注册检验报告

具有相应医疗器械检验资质的医疗器械检验机构出具的注册检验报告和产品技术要求预评价意见。有国家标准品、参考品的产品，应当使用国家标准品、参考品进行注册检验，并符合相关要求。

十四、产品说明书

对于境内产品，申请人应当按照《体外诊断试剂说明书编写指导原则》的有关要求，并参考有关技术指导原则编写产品说明书。

对于进口产品，申请人应当提交境外政府主管部门批准或者认可的说明书原文及其中文译本，由代理人按照《体外诊断试剂说明书编写指导原则》的要求，并参考有关技术指导原则编写在中国境内使用的产品说明书。

按照指导原则编写的产品说明书应当提交一式两份，并提交两份产品说明书文本完全一致的声明。

十五、标签样稿

应当符合《医疗器械说明书和标签管理规定》的要求。

产品外包装上的标签必须包括产品通用名称、申请人名称、生产地址、产品批号、注意事项、储存条件及有效期等。

对于体外诊断试剂产品中的各种组分如校准品、质控品、清洗液等，其标签上必须标注该组分的中文名称和批号。如同批号产品、不同批号的各种组分不能替换，则既要注明产品批号，也要注明各种组分的批号。

进口产品应当提交境外政府主管部门批准或者认可的标签及其中文译本，并依据上述要求提交中文标签样稿。

十六、符合性声明

（一）申请人声明本产品符合《体外诊断试剂注册管理办法》和相关法规的要求；声明本产品的类别符合《体外诊断试剂注册管理办法》和《体外诊断试剂分类子目录》的要求；声明本产品符合现行国家标准、行业标准，并提供符合标准的清单。

（二）所提交资料真实性的自我保证声明（境内产品由申请人出具，进口产品由申请人和代理人分别出具）。

十七、其他

进口产品注册申报资料项目中的第三、四、五、六、七、八、九、十一项资料为申请人出具的资料。

附件4

体外诊断试剂延续注册申报资料要求及说明

一、申请表

二、证明性文件

境内注册人企业营业执照的副本和组织机构代码证复印件；境外注册人在中国指定代理人的委托书、代理人承诺书及营业执照副本复印件或者机构登记证明复印件。

注：进口医疗器械延续注册时，不需要提供注册人注册地或者生产地址所在

国家（地区）批准产品上市销售的证明文件。

三、关于产品没有变化的声明

注册人提供产品没有变化的声明。

四、原医疗器械注册证及其附件的复印件、历次医疗器械注册变更文件复印件

五、注册证有效期内产品分析报告

（一）产品临床应用情况，用户投诉情况及采取的措施。

（二）医疗器械不良事件汇总分析评价报告，报告应对医疗器械上市后发生的可疑不良事件列表、说明在每一种情况下生产企业采取的处理和解决方案。对上述不良事件进行分析评价，阐明不良事件发生的原因并对其安全性、有效性的影响予以说明。

（三）在所有上市国家和地区的产品市场情况说明。

（四）产品监督抽验情况（如有）。

（五）如上市后发生了召回，应当说明召回原因、过程和处理结果。

（六）原医疗器械注册证中载明要求继续完成工作的，应当提供相关总结报告，并附相应资料。

六、产品检验报告

如医疗器械强制性标准已经修订，应提供产品能够达到新要求的产品检验报告。产品检验报告可以是自检报告、委托检验报告或符合强制性标准实施通知规定的检验报告。其中，委托检验报告应由具有医疗器械检验资质的医疗器械检验机构出具。

如有国家标准品、参考品发布或者更新的，应提供产品能够符合国家标准品、参考品要求的产品检验报告。产品检验报告可以是自检报告、委托检验报告或符合相应通知规定的检验报告。

七、符合性声明

（一）注册人声明本产品符合《体外诊断试剂注册管理办法》和相关法规的要求；声明本产品符合现行国家标准、行业标准，并提供符合标准的清单。

（二）所提交资料真实性的自我保证声明（境内产品由注册人出具，进口产品由注册人和代理人分别出具）。

八、其他

如在原注册证有效期内发生了涉及产品说明书和/或产品技术要求变更的，应当提交依据注册变更文件修改的产品说明书和/或产品技术要求各一式两份。

附件 5

体外诊断试剂注册变更申报资料要求及说明

登记事项变更申报资料要求及说明

一、申请表

二、证明性文件

（一）境内注册人提供：

1. 企业营业执照副本复印件。

2. 组织机构代码证复印件。

（二）境外注册人提供：

1. 如变更事项在注册人注册地或者生产地址所在国家（地区），需要获得新的医疗器械主管部门出具的允许产品上市销售证明文件和新的企业资格证明文件的，应当提交相应文件；如变更事项不需要获得注册人注册地或者生产地址所在国家（地区）医疗器械主管部门批准的，应当予以说明。

2. 注册人在中国境内指定代理人的委托书、代理人承诺书及营业执照副本复印件或者机构登记证明复印件。

三、注册人关于变更情况的声明

四、原医疗器械注册证及其附件复印件、历次医疗器械注册变更文件复印件

五、关于变更情况相关的申报资料要求

（一）注册人名称变更：

企业名称变更核准通知书（境内注册人）和/或相应详细变更情况说明及相应证明文件。

（二）注册人住所变更：

相应详细变更情况说明及相应证明文件。

（三）境内体外诊断试剂生产地址变更：

应当提供相应变更后的生产许可证。

（四）代理人变更：

1. 注册人出具变更代理人的声明。

2. 注册人出具新代理人的委托书、新代理人出具的承诺书。

3. 变更后代理人的营业执照副本复印件或者机构登记证明复印件。

（五）代理人住所变更：

变更前后营业执照副本复印件或者机构登记证明复印件。

六、符合性声明

（一）注册人声明本产品符合《体外诊断试剂注册管理办法》和相关法规的要求；声明本产品符合现行国家标准、行业标准，并提供符合标准的清单。

（二）所提交资料真实性的自我保证声明（境内产品由注册人出具，进口产品由注册人和代理人分别出具）。

许可事项变更申报资料要求及说明

一、申请表

二、证明性文件

（一）境内注册人提供：

1. 企业营业执照副本复印件。

2. 组织机构代码证复印件。

（二）境外注册人提供：

1. 如变更事项在境外注册人注册地或生产地址所在国家（地区），需要获得新的医疗器械主管部门出具的允许产品上市销售证明文件和新的企业资格证明文件的，应当提交相应文件；如变更事项不需要获得注册人注册地或生产地址所在国家（地区）医疗器械主管部门批准的，应当予以说明。

2. 境外注册人在中国境内指定代理人的委托书、代理人承诺书及营业执照副本复印件或者机构登记证明复印件。

三、注册人关于变更情况的声明

（一）变更的原因及目的说明。

（二）变更可能对产品性能产生影响的技术分析。

（三）与产品变化相关的产品风险分析资料。

四、原医疗器械注册证及其附件复印件、历次医疗器械注册变更文件复印件

五、具体变更情况的其他技术资料要求

（一）变更抗原、抗体等主要材料的供应商，应当提交下列资料：

1. 变更后抗原、抗体等主要材料的研究资料。

2. 分析性能评估资料。

3. 临床试验资料。

4. 变更前、后的产品技术要求、产品说明书。

（二）变更检测条件、阳性判断值或参考区间，应当提交下列资料：

1. 变更后的检测条件、阳性判断值或参考区间确定的详细试验资料。

2. 临床试验资料。

3. 变更前、后的产品技术要求、产品说明书。

（三）变更产品储存条件和/或有效期，应当提交下列资料：

1. 有关产品稳定性研究的试验资料。

2. 变更前、后的产品技术要求、产品说明书及标签样稿。

（四）修改产品技术要求，但不降低产品有效性的变更，应当提交下列资料：

1. 有关分析性能评估的试验资料。

2. 变更前、后的产品技术要求、产品说明书。

（五）进口体外诊断试剂生产地址的变更，应当提交下列资料：

1. 进口体外诊断试剂生产地址变化的质量体系考核报告（如有）。

2. 新的生产场地符合生产地址所在国家（地区）质量管理体系要求或者通过其他质量管理体系认证的证明文件。

3. 采用新的生产场地生产的产品进行分析性能评估的试验资料。

4. 变更后的产品说明书及标签样稿。

（六）对产品说明书和/或产品技术要求中文字的修改，但不涉及技术内容的变更，应当提交下列资料：

1. 产品说明书和/或产品技术要求的更改情况说明，说明中应当包含变更情况对比表。

2. 变更前、后的产品说明书和/或产品技术要求。

（七）变更包装规格，应当提交下列资料：

1. 变更前、后的产品技术要求、产品说明书和标签样稿（如涉及）。

2. 判断变更的包装规格与已上市包装规格间是否存在性能差异，如存在产品性能差异，需要提交采用变更的包装规格产品进行分析性能评估的试验资料；如产品性能无差异，需要提交变更的包装规格与已上市包装规格之间不存在性能差异的详细说明，具体说明不同包装规格之间的差别及可能产生的影响。

（八）变更适用机型，应当提交下列资料：

1. 采用新的适用机型进行分析性能评估的试验资料。

2. 提供变更前、后的产品技术要求、产品说明书和标签样稿（如涉及）。

（九）增加临床适应症的变更，应当提交下列资料：

1. 针对增加的临床适应症所进行的分析性能评估资料（如涉及）。

2. 针对增加的临床适应症所进行的临床试验资料。

3. 变更前、后的产品技术要求、产品说明书。

（十）增加临床测定用样本类型的变更，应当提交下列资料：

1. 采用增加的临床测定样本类型与已批准的样本类型进行比对的临床试验资料，如增加的样本类型与原批准的样本类型无直接可比性，可以选择与样本类型具可比性的已上市同类产品进行比对的临床试验。

2. 变更前、后的产品技术要求、产品说明书。

（十一）其他可能影响产品有效性的变更，根据变更情况提供有关变更的试验资料。

（十二）应当根据产品具体变更情况，提交该变更对产品性能可能产生的影响进行验证的试验资料（如涉及）。

六、符合性声明

（一）注册人声明本产品符合《体外诊断试剂注册管理办法》和相关法规的要求；声明本产品符合现行国家标准、行业标准，并提供符合标准的清单。

（二）所提交资料真实性的自我保证声明（境内产品由注册人出具，进口产品由注册人和代理人分别出具）。

关于施行医疗器械经营质量管理规范的公告

2014 年　第 58 号

为加强医疗器械经营质量管理，规范医疗器械经营管理行为，保证公众用械安全，国家食品药品监督管理总局根据相关法规规章规定，制定了《医疗器械经营质量管理规范》，现予公布，自公布之日起施行。

特此公告。

附件：医疗器械经营质量管理规范

国家食品药品监督管理总局
2014 年 12 月 12 日

附件

医疗器械经营质量管理规范

第一章　总　则

第一条　为加强医疗器械经营质量管理，规范医疗器械经营管理行为，保证医疗器械安全、有效，根据《医疗器械监督管理条例》和《医疗器械经营监督管理办法》等法规规章规定，制定本规范。

第二条　本规范是医疗器械经营质量管理的基本要求，适用于所有从事医疗器械经营活动的经营者。

医疗器械经营企业（以下简称企业）应当在医疗器械采购、验收、贮存、销售、运输、售后服务等环节采取有效的质量控制措施，保障经营过程中产品的质量安全。

第三条　企业应当按照所经营医疗器械的风险类别实行风险管理，并采取相应的质量管理措施。

第四条　企业应当诚实守信，依法经营。禁止任何虚假、欺骗行为。

第二章　职责与制度

第五条　企业法定代表人或者负责人是医疗器械经营质量的主要责任人，全面负责企业日常管理，应当提供必要的条件，保证质量管理机构或者质量管理人员有效履行职责，确保企业按照本规范要求经营医疗器械。

第六条　企业质量负责人负责医疗器械质量管理工作，应当独立履行职责，在企业内部对医疗器械质量管理具有裁决权，承担相应的质量管理责任。

第七条　企业质量管理机构或者质量管理人员应当履行以下职责：

（一）组织制订质量管理制度，指导、监督制度的执行，并对质量管理制度的执行情况进行检查、纠正和持续改进；

（二）负责收集与医疗器械经营相关的法律、法规等有关规定，实施动态管理；

（三）督促相关部门和岗位人员执行医疗器械的法规规章及本规范；

（四）负责对医疗器械供货者、产品、购货者资质的审核；

（五）负责不合格医疗器械的确认，对不合格医疗器械的处理过程实施监督；

（六）负责医疗器械质量投诉和质量事故的调查、处理及报告；

（七）组织验证、校准相关设施设备；

（八）组织医疗器械不良事件的收集与报告；

（九）负责医疗器械召回的管理；

（十）组织对受托运输的承运方运输条件和质量保障能力的审核；

（十一）组织或者协助开展质量管理培训；

（十二）其他应当由质量管理机构或者质量管理人员履行的职责。

第八条　企业应当依据本规范建立覆盖医疗器械经营全过程的质量管理制度，并保存相关记录或者档案，包括以下内容：

（一）质量管理机构或者质量管理人员的职责；

（二）质量管理的规定；

（三）采购、收货、验收的规定（包括采购记录、验收记录、随货同行单等）；

（四）供货者资格审核的规定（包括供货者及产品合法性审核的相关证明文件等）；

（五）库房贮存、出入库管理的规定（包括温度记录、入库记录、定期检查记录、出库记录等）；

（六）销售和售后服务的规定（包括销售人员授权书、购货者档案、销售记录等）；

（七）不合格医疗器械管理的规定（包括销毁记录等）；

（八）医疗器械退、换货的规定；

（九）医疗器械不良事件监测和报告规定（包括停止经营和通知记录等）；

（十）医疗器械召回规定（包括医疗器械召回记录等）；

（十一）设施设备维护及验证和校准的规定（包括设施设备相关记录和档案等）；

（十二）卫生和人员健康状况的规定（包括员工健康档案等）；

（十三）质量管理培训及考核的规定（包括培训记录等）；

（十四）医疗器械质量投诉、事故调查和处理报告的规定（包括质量投诉、事故调查和处理报告相应的记录及档案等）；

从事第二类、第三类医疗器械批发业务和第三类医疗器械零售业务的企业还应当制定购货者资格审核、医疗器械追踪溯源、质量管理制度执行情况考核的规定。

第三类医疗器械经营企业应当建立质量管理自查制度，于每年年底前向所在地设区的市级食品药品监督管理部门提交年度自查报告。

第九条　企业应当根据经营范围和经营规模建立相应的质量管理记录制度。

企业应当建立并执行进货查验记录制度。从事第二类、第三类医疗器械批发业务以及第三类医疗器械零售业务的经营企业应当建立销售记录制度。进货查验记录（包括采购记录、验收记录）和销售记录信息应当真实、准确、完整。从事医疗器械批发业务的企业，其购进、贮存、销售等记录应当符合可追溯要求。鼓励企业采用信息化等先进技术手段进行记录。

进货查验记录和销售记录应当保存至医疗器械有效期后 2 年；无有效期的，不得少于 5 年。植入类医疗器械进货查验记录和销售记录应当永久保存。

鼓励其他医疗器械经营企业建立销售记录制度。

第三章　人员与培训

第十条　企业法定代表人、负责人、质量管理人员应当熟悉医疗器械监督管理的法律法规、规章规范和所经营医疗器械的相关知识，并符合有关法律法规及本规范规定的资格要求，不得有相关法律法规禁止从业的情形。

第十一条　企业应当具有与经营范围和经营规模相适应的质量管理机构或者质量管理人员，质量管理人员应当具有国家认可的相关专业学历或者职称。

第三类医疗器械经营企业质量负责人应当具备医疗器械相关专业（相关专业指医疗器械、生物医学工程、机械、电子、医学、生物工程、化学、药学、护理学、康复、检验学、管理等专业，下同）大专以上学历或者中级以上专业技术职称，同时应当具有3年以上医疗器械经营质量管理工作经历。

第十二条　企业应当设置或者配备与经营范围和经营规模相适应的，并符合相关资格要求的质量管理、经营等关键岗位人员。第三类医疗器械经营企业从事质量管理工作的人员应当在职在岗。

（一）从事体外诊断试剂的质量管理人员中，应当有1人为主管检验师，或具有检验学相关专业大学以上学历并从事检验相关工作3年以上工作经历。从事体外诊断试剂验收和售后服务工作的人员，应当具有检验学相关专业中专以上学历或者具有检验师初级以上专业技术职称。

（二）从事植入和介入类医疗器械经营人员中，应当配备医学相关专业大专以上学历，并经过生产企业或者供应商培训的人员。

（三）从事角膜接触镜、助听器等其他有特殊要求的医疗器械经营人员中，应当配备具有相关专业或者职业资格的人员。

第十三条　企业应当配备与经营范围和经营规模相适应的售后服务人员和售后服务条件，也可以约定由生产企业或者第三方提供售后服务支持。售后服务人员应当经过生产企业或者其他第三方的技术培训并取得企业售后服务上岗证。

第十四条　企业应当对质量负责人及各岗位人员进行与其职责和工作内容相关的岗前培训和继续培训，建立培训记录，并经考核合格后方可上岗。培训内容应当包括相关法律法规、医疗器械专业知识及技能、质量管理制度、职责及岗位操作规程等。

第十五条　企业应当建立员工健康档案，质量管理、验收、库房管理等直接接触医疗器械岗位的人员，应当至少每年进行一次健康检查。身体条件不符合相应岗位特定要求的，不得从事相关工作。

第四章　设施与设备

第十六条　企业应当具有与经营范围和经营规模相适应的经营场所和库房，经营场所和库房的面积应当满足经营要求。经营场所和库房不得设在居民住宅内、军事管理区（不含可租赁区）以及其他不适合经营的场所。经营场所应当整洁、卫生。

第十七条 库房的选址、设计、布局、建造、改造和维护应当符合医疗器械贮存的要求，防止医疗器械的混淆、差错或者被污损，并具有符合医疗器械产品特性要求的贮存设施、设备。

第十八条 有下列经营行为之一的，企业可以不单独设立医疗器械库房：

（一）单一门店零售企业的经营场所陈列条件能符合其所经营医疗器械产品性能要求、经营场所能满足其经营规模及品种陈列需要的；

（二）连锁零售经营医疗器械的；

（三）全部委托为其他医疗器械生产经营企业提供贮存、配送服务的医疗器械经营企业进行存储的；

（四）专营医疗器械软件或者医用磁共振、医用X射线、医用高能射线、医用核素设备等大型医用设备的；

（五）省级食品药品监督管理部门规定的其他可以不单独设立医疗器械库房的情形。

第十九条 在库房贮存医疗器械，应当按质量状态采取控制措施，实行分区管理，包括待验区、合格品区、不合格品区、发货区等，并有明显区分（如可采用色标管理，设置待验区为黄色、合格品区和发货区为绿色、不合格品区为红色），退货产品应当单独存放。

医疗器械贮存作业区、辅助作业区应当与办公区和生活区分开一定距离或者有隔离措施。

第二十条 库房的条件应当符合以下要求：

（一）库房内外环境整洁，无污染源；

（二）库房内墙光洁，地面平整，房屋结构严密；

（三）有防止室外装卸、搬运、接收、发运等作业受异常天气影响的措施；

（四）库房有可靠的安全防护措施，能够对无关人员进入实行可控管理。

第二十一条 库房应当配备与经营范围和经营规模相适应的设施设备，包括：

（一）医疗器械与地面之间有效隔离的设备，包括货架、托盘等；

（二）避光、通风、防潮、防虫、防鼠等设施；

（三）符合安全用电要求的照明设备；

（四）包装物料的存放场所；

（五）有特殊要求的医疗器械应配备的相应设施设备。

第二十二条 库房温度、湿度应当符合所经营医疗器械说明书或者标签标示的要求。对有特殊温湿度贮存要求的医疗器械，应当配备有效调控及监测温湿度的设备或者仪器。

第二十三条　批发需要冷藏、冷冻贮存运输的医疗器械，应当配备以下设施设备：

（一）与其经营规模和经营品种相适应的冷库；

（二）用于冷库温度监测、显示、记录、调控、报警的设备；

（三）能确保制冷设备正常运转的设施（如备用发电机组或者双回路供电系统）；

（四）企业应当根据相应的运输规模和运输环境要求配备冷藏车、保温车，或者冷藏箱、保温箱等设备；

（五）对有特殊温度要求的医疗器械，应当配备符合其贮存要求的设施设备。

第二十四条　医疗器械零售的经营场所应当与其经营范围和经营规模相适应，并符合以下要求：

（一）配备陈列货架和柜台；

（二）相关证照悬挂在醒目位置；

（三）经营需要冷藏、冷冻的医疗器械，应当配备具有温度监测、显示的冷柜；

（四）经营可拆零医疗器械，应当配备医疗器械拆零销售所需的工具、包装用品，拆零的医疗器械标签和说明书应当符合有关规定。

第二十五条　零售的医疗器械陈列应当符合以下要求：

（一）按分类以及贮存要求分区陈列，并设置醒目标志，类别标签字迹清晰、放置准确；

（二）医疗器械的摆放应当整齐有序，避免阳光直射；

（三）需要冷藏、冷冻的医疗器械放置在冷藏、冷冻设备中，应当对温度进行监测和记录；

（四）医疗器械与非医疗器械应当分开陈列，有明显隔离，并有醒目标示。

第二十六条　零售企业应当定期对零售陈列、存放的医疗器械进行检查，重点检查拆零医疗器械和近效期医疗器械。发现有质量疑问的医疗器械应当及时撤柜、停止销售，由质量管理人员确认和处理，并保留相关记录。

第二十七条　企业应当对基础设施及相关设备进行定期检查、清洁和维护，并建立记录和档案。

第二十八条　企业应当按照国家有关规定，对温湿度监测设备等计量器具定期进行校准或者检定，并保存校准或者检定记录。

第二十九条　企业应当对冷库以及冷藏、保温等运输设施设备进行使用前验证、定期验证，并形成验证控制文件，包括验证方案、报告、评价和预防措施等，相关设施设备停用重新使用时应当进行验证。

第三十条 经营第三类医疗器械的企业，应当具有符合医疗器械经营质量管理要求的计算机信息管理系统，保证经营的产品可追溯。计算机信息管理系统应当具有以下功能：

（一）具有实现部门之间、岗位之间信息传输和数据共享的功能；

（二）具有医疗器械经营业务票据生成、打印和管理功能；

（三）具有记录医疗器械产品信息（名称、注册证号或者备案凭证编号、规格型号、生产批号或者序列号、生产日期或者失效日期）和生产企业信息以及实现质量追溯跟踪的功能；

（四）具有包括采购、收货、验收、贮存、检查、销售、出库、复核等各经营环节的质量控制功能，能对各经营环节进行判断、控制，确保各项质量控制功能的实时和有效；

（五）具有供货者、购货者以及购销医疗器械的合法性、有效性审核控制功能；

（六）具有对库存医疗器械的有效期进行自动跟踪和控制功能，有近效期预警及超过有效期自动锁定等功能，防止过期医疗器械销售。

鼓励经营第一类、第二类医疗器械的企业建立符合医疗器械经营质量管理要求的计算机信息管理系统。

第三十一条 企业为其他医疗器械生产经营企业提供贮存、配送服务，还应当符合以下要求：

（一）具备从事现代物流储运业务的条件；

（二）具有与委托方实施实时电子数据交换和实现产品经营全过程可追溯、可追踪管理的计算机信息平台和技术手段；

（三）具有接受食品药品监督管理部门电子监管的数据接口；

（四）食品药品监督管理部门的其他有关要求。

第五章 采购、收货与验收

第三十二条 企业在采购前应当审核供货者的合法资格、所购入医疗器械的合法性并获取加盖供货者公章的相关证明文件或者复印件，包括：

（一）营业执照；

（二）医疗器械生产或者经营的许可证或者备案凭证；

（三）医疗器械注册证或者备案凭证；

（四）销售人员身份证复印件，加盖本企业公章的授权书原件。授权书应当载明授权销售的品种、地域、期限，注明销售人员的身份证号码。

必要时，企业可以派员对供货者进行现场核查，对供货者质量管理情况进行评价。

企业发现供货方存在违法违规经营行为时，应当及时向企业所在地食品药品监督管理部门报告。

第三十三条　企业应当与供货者签署采购合同或者协议，明确医疗器械的名称、规格（型号）、注册证号或者备案凭证编号、生产企业、供货者、数量、单价、金额等。

第三十四条　企业应当在采购合同或者协议中，与供货者约定质量责任和售后服务责任，以保证医疗器械售后的安全使用。

第三十五条　企业在采购医疗器械时，应当建立采购记录。记录应当列明医疗器械的名称、规格（型号）、注册证号或者备案凭证编号、单位、数量、单价、金额、供货者、购货日期等。

第三十六条　企业收货人员在接收医疗器械时，应当核实运输方式及产品是否符合要求，并对照相关采购记录和随货同行单与到货的医疗器械进行核对。交货和收货双方应当对交运情况当场签字确认。对不符合要求的货品应当立即报告质量负责人并拒收。

随货同行单应当包括供货者、生产企业及生产企业许可证号（或者备案凭证编号）、医疗器械的名称、规格（型号）、注册证号或者备案凭证编号、生产批号或者序列号、数量、储运条件、收货单位、收货地址、发货日期等内容，并加盖供货者出库印章。

第三十七条　收货人员对符合收货要求的医疗器械，应当按品种特性要求放于相应待验区域，或者设置状态标示，并通知验收人员进行验收。需要冷藏、冷冻的医疗器械应当在冷库内待验。

第三十八条　验收人员应当对医疗器械的外观、包装、标签以及合格证明文件等进行检查、核对，并做好验收记录，包括医疗器械的名称、规格（型号）、注册证号或者备案凭证编号、生产批号或者序列号、生产日期和有效期（或者失效期）、生产企业、供货者、到货数量、到货日期、验收合格数量、验收结果等内容。

验收记录上应当标记验收人员姓名和验收日期。验收不合格的还应当注明不合格事项及处置措施。

第三十九条　对需要冷藏、冷冻的医疗器械进行验收时，应当对其运输方式及运输过程的温度记录、运输时间、到货温度等质量控制状况进行重点检查并记录，不符合温度要求的应当拒收。

第四十条 企业委托为其他医疗器械生产经营企业提供贮存、配送服务的医疗器械经营企业进行收货和验收时，委托方应当承担质量管理责任。委托方应当与受托方签订具有法律效力的书面协议，明确双方的法律责任和义务，并按照协议承担和履行相应的质量责任和义务。

第六章 入库、贮存与检查

第四十一条 企业应当建立入库记录，验收合格的医疗器械应当及时入库登记；验收不合格的，应当注明不合格事项，并放置在不合格品区，按照有关规定采取退货、销毁等处置措施。

第四十二条 企业应当根据医疗器械的质量特性进行合理贮存，并符合以下要求：

（一）按说明书或者包装标示的贮存要求贮存医疗器械；

（二）贮存医疗器械应当按照要求采取避光、通风、防潮、防虫、防鼠、防火等措施；

（三）搬运和堆垛医疗器械应当按照包装标示要求规范操作，堆垛高度符合包装图示要求，避免损坏医疗器械包装；

（四）按照医疗器械的贮存要求分库（区）、分类存放，医疗器械与非医疗器械应当分开存放；

（五）医疗器械应当按规格、批号分开存放，医疗器械与库房地面、内墙、顶、灯、温度调控设备及管道等设施间保留有足够空隙；

（六）贮存医疗器械的货架、托盘等设施设备应当保持清洁，无破损；

（七）非作业区工作人员未经批准不得进入贮存作业区，贮存作业区内的工作人员不得有影响医疗器械质量的行为；

（八）医疗器械贮存作业区内不得存放与贮存管理无关的物品。

第四十三条 从事为其他医疗器械生产经营企业提供贮存、配送服务的医疗器械经营企业，其自营医疗器械应当与受托的医疗器械分开存放。

第四十四条 企业应当根据库房条件、外部环境、医疗器械有效期要求等对医疗器械进行定期检查，建立检查记录。内容包括：

（一）检查并改善贮存与作业流程；

（二）检查并改善贮存条件、防护措施、卫生环境；

（三）每天上、下午不少于 2 次对库房温湿度进行监测记录；

（四）对库存医疗器械的外观、包装、有效期等质量状况进行检查；

（五）对冷库温度自动报警装置进行检查、保养。

第四十五条 企业应当对库存医疗器械有效期进行跟踪和控制，采取近效期预警，超过有效期的医疗器械，应当禁止销售，放置在不合格品区，然后按规定进行销毁，并保存相关记录。

第四十六条 企业应当对库存医疗器械定期进行盘点，做到账、货相符。

第七章 销售、出库与运输

第四十七条 企业对其办事机构或者销售人员以本企业名义从事的医疗器械购销行为承担法律责任。企业销售人员销售医疗器械，应当提供加盖本企业公章的授权书。授权书应当载明授权销售的品种、地域、期限，注明销售人员的身份证号码。

从事医疗器械批发业务的企业，应当将医疗器械批发销售给合法的购货者，销售前应当对购货者的证明文件、经营范围进行核实，建立购货者档案，保证医疗器械销售流向真实、合法。

第四十八条 从事第二、第三类医疗器械批发以及第三类医疗器械零售业务的企业应当建立销售记录，销售记录应当至少包括：

（一）医疗器械的名称、规格（型号）、注册证号或者备案凭证编号、数量、单价、金额；

（二）医疗器械的生产批号或者序列号、有效期、销售日期；

（三）生产企业和生产企业许可证号（或者备案凭证编号）。

对于从事医疗器械批发业务的企业，销售记录还应当包括购货者的名称、经营许可证号（或者备案凭证编号）、经营地址、联系方式。

第四十九条 从事医疗器械零售业务的企业，应当给消费者开具销售凭据，记录医疗器械的名称、规格（型号）、生产企业名称、数量、单价、金额、零售单位、经营地址、电话、销售日期等，以方便进行质量追溯。

第五十条 医疗器械出库时，库房保管人员应当对照出库的医疗器械进行核对，发现以下情况不得出库，并报告质量管理机构或者质量管理人员处理：

（一）医疗器械包装出现破损、污染、封口不牢、封条损坏等问题；

（二）标签脱落、字迹模糊不清或者标示内容与实物不符；

（三）医疗器械超过有效期；

（四）存在其他异常情况的医疗器械。

第五十一条 医疗器械出库应当复核并建立记录，复核内容包括购货者、医疗器械的名称、规格（型号）、注册证号或者备案凭证编号、生产批号或者序列号、生产日期和有效期（或者失效期）、生产企业、数量、出库日期等内容。

第五十二条 医疗器械拼箱发货的代用包装箱应当有醒目的发货内容标示。

第五十三条 需要冷藏、冷冻运输的医疗器械装箱、装车作业时，应当由专人负责，并符合以下要求：

（一）车载冷藏箱或者保温箱在使用前应当达到相应的温度要求；

（二）应当在冷藏环境下完成装箱、封箱工作；

（三）装车前应当检查冷藏车辆的启动、运行状态，达到规定温度后方可装车。

第五十四条 企业委托其他机构运输医疗器械，应当对承运方运输医疗器械的质量保障能力进行考核评估，明确运输过程中的质量责任，确保运输过程中的质量安全。

第五十五条 运输需要冷藏、冷冻医疗器械的冷藏车、车载冷藏箱、保温箱应当符合医疗器械运输过程中对温度控制的要求。冷藏车具有显示温度、自动调控温度、报警、存储和读取温度监测数据的功能。

第八章 售后服务

第五十六条 企业应当具备与经营的医疗器械相适应的专业指导、技术培训和售后服务的能力，或者约定由相关机构提供技术支持。

企业应当按照采购合同与供货者约定质量责任和售后服务责任，保证医疗器械售后的安全使用。

企业与供货者约定，由供货者负责产品安装、维修、技术培训服务或者由约定的相关机构提供技术支持的，可以不设从事专业指导、技术培训和售后服务的部门或者人员，但应当有相应的管理人员。

企业自行为客户提供安装、维修、技术培训的，应当配备具有专业资格或者经过厂家培训的人员。

第五十七条 企业应当加强对退货的管理，保证退货环节医疗器械的质量和安全，防止混入假劣医疗器械。

第五十八条 企业应当按照质量管理制度的要求，制定售后服务管理操作规程，内容包括投诉渠道及方式、档案记录、调查与评估、处理措施、反馈和事后跟踪等。

第五十九条 企业应当配备专职或者兼职人员负责售后管理，对客户投诉的质量安全问题应当查明原因，采取有效措施及时处理和反馈，并做好记录，必要时应当通知供货者及医疗器械生产企业。

第六十条　企业应当及时将售后服务处理结果等信息记入档案，以便查询和跟踪。

第六十一条　从事医疗器械零售业务的企业应当在营业场所公布食品药品监督管理部门的监督电话，设置顾客意见簿，及时处理顾客对医疗器械质量安全的投诉。

第六十二条　企业应当配备专职或者兼职人员，按照国家有关规定承担医疗器械不良事件监测和报告工作，应当对医疗器械不良事件监测机构、食品药品监督管理部门开展的不良事件调查予以配合。

第六十三条　企业发现其经营的医疗器械有严重质量安全问题，或者不符合强制性标准、经注册或者备案的医疗器械产品技术要求，应当立即停止经营，通知相关生产经营企业、使用单位、购货者，并记录停止经营和通知情况。同时，立即向企业所在地食品药品监督管理部门报告。

第六十四条　企业应当协助医疗器械生产企业履行召回义务，按照召回计划的要求及时传达、反馈医疗器械召回信息，控制和收回存在质量安全隐患的医疗器械，并建立医疗器械召回记录。

第九章　附　则

第六十五条　互联网经营医疗器械应当遵守国家食品药品监督管理总局制定的相关监督管理办法。

第六十六条　本规范自发布之日起施行。

关于发布医疗器械生产质量管理规范的公告

2014 年　第 64 号

为加强医疗器械生产监督管理，规范医疗器械生产质量管理，根据《医疗器械监督管理条例》（国务院令第 650 号）、《医疗器械生产监督管理办法》（国家食品药品监督管理总局令第 7 号），国家食品药品监督管理总局组织修订了《医疗器械生产质量管理规范》，现予以发布。

特此公告。

附件：医疗器械生产质量管理规范

国家食品药品监督管理总局

2014 年 12 月 29 日

附件

医疗器械生产质量管理规范

第一章 总 则

第一条 为保障医疗器械安全、有效，规范医疗器械生产质量管理，根据《医疗器械监督管理条例》(国务院令第650号)、《医疗器械生产监督管理办法》(国家食品药品监督管理总局令第7号)，制定本规范。

第二条 医疗器械生产企业（以下简称企业）在医疗器械设计开发、生产、销售和售后服务等过程中应当遵守本规范的要求。

第三条 企业应当按照本规范的要求，结合产品特点，建立健全与所生产医疗器械相适应的质量管理体系，并保证其有效运行。

第四条 企业应当将风险管理贯穿于设计开发、生产、销售和售后服务等全过程，所采取的措施应当与产品存在的风险相适应。

第二章 机构与人员

第五条 企业应当建立与医疗器械生产相适应的管理机构，并有组织机构图，明确各部门的职责和权限，明确质量管理职能。生产管理部门和质量管理部门负责人不得互相兼任。

第六条 企业负责人是医疗器械产品质量的主要责任人，应当履行以下职责：

（一）组织制定企业的质量方针和质量目标；

（二）确保质量管理体系有效运行所需的人力资源、基础设施和工作环境等；

（三）组织实施管理评审，定期对质量管理体系运行情况进行评估，并持续改进；

（四）按照法律、法规和规章的要求组织生产。

第七条 企业负责人应当确定一名管理者代表。管理者代表负责建立、实施并保持质量管理体系，报告质量管理体系的运行情况和改进需求，提高员工满足法规、规章和顾客要求的意识。

第八条 技术、生产和质量管理部门的负责人应当熟悉医疗器械相关法律法规，具有质量管理的实践经验，有能力对生产管理和质量管理中的实际问题作出正确的判断和处理。

第九条 企业应当配备与生产产品相适应的专业技术人员、管理人员和操作人员，具有相应的质量检验机构或者专职检验人员。

第十条　从事影响产品质量工作的人员，应当经过与其岗位要求相适应的培训，具有相关理论知识和实际操作技能。

第十一条　从事影响产品质量工作的人员，企业应当对其健康进行管理，并建立健康档案。

第三章　厂房与设施

第十二条　厂房与设施应当符合生产要求，生产、行政和辅助区的总体布局应当合理，不得互相妨碍。

第十三条　厂房与设施应当根据所生产产品的特性、工艺流程及相应的洁净级别要求合理设计、布局和使用。生产环境应当整洁、符合产品质量需要及相关技术标准的要求。产品有特殊要求的，应当确保厂房的外部环境不能对产品质量产生影响，必要时应当进行验证。

第十四条　厂房应当确保生产和贮存产品质量以及相关设备性能不会直接或者间接受到影响，厂房应当有适当的照明、温度、湿度和通风控制条件。

第十五条　厂房与设施的设计和安装应当根据产品特性采取必要的措施，有效防止昆虫或者其他动物进入。对厂房与设施的维护和维修不得影响产品质量。

第十六条　生产区应当有足够的空间，并与其产品生产规模、品种相适应。

第十七条　仓储区应当能够满足原材料、包装材料、中间品、产品等的贮存条件和要求，按照待验、合格、不合格、退货或者召回等情形进行分区存放，便于检查和监控。

第十八条　企业应当配备与产品生产规模、品种、检验要求相适应的检验场所和设施。

第四章　设　备

第十九条　企业应当配备与所生产产品和规模相匹配的生产设备、工艺装备等，并确保有效运行。

第二十条　生产设备的设计、选型、安装、维修和维护必须符合预定用途，便于操作、清洁和维护。生产设备应当有明显的状态标识，防止非预期使用。

企业应当建立生产设备使用、清洁、维护和维修的操作规程，并保存相应的操作记录。

第二十一条　企业应当配备与产品检验要求相适应的检验仪器和设备，主要检验仪器和设备应当具有明确的操作规程。

第二十二条　企业应当建立检验仪器和设备的使用记录，记录内容包括使用、校准、维护和维修等情况。

第二十三条 企业应当配备适当的计量器具。计量器具的量程和精度应当满足使用要求，标明其校准有效期，并保存相应记录。

第五章 文件管理

第二十四条 企业应当建立健全质量管理体系文件，包括质量方针和质量目标、质量手册、程序文件、技术文件和记录，以及法规要求的其他文件。

质量手册应当对质量管理体系作出规定。

程序文件应当根据产品生产和质量管理过程中需要建立的各种工作程序而制定，包含本规范所规定的各项程序。

技术文件应当包括产品技术要求及相关标准、生产工艺规程、作业指导书、检验和试验操作规程、安装和服务操作规程等相关文件。

第二十五条 企业应当建立文件控制程序，系统地设计、制定、审核、批准和发放质量管理体系文件，至少应当符合以下要求：

（一）文件的起草、修订、审核、批准、替换或者撤销、复制、保管和销毁等应当按照控制程序管理，并有相应的文件分发、替换或者撤销、复制和销毁记录；

（二）文件更新或者修订时，应当按规定评审和批准，能够识别文件的更改和修订状态；

（三）分发和使用的文件应当为适宜的文本，已撤销或者作废的文件应当进行标识，防止误用。

第二十六条 企业应当确定作废的技术文件等必要的质量管理体系文件的保存期限，以满足产品维修和产品质量责任追溯等需要。

第二十七条 企业应当建立记录控制程序，包括记录的标识、保管、检索、保存期限和处置要求等，并满足以下要求：

（一）记录应当保证产品生产、质量控制等活动的可追溯性；

（二）记录应当清晰、完整，易于识别和检索，防止破损和丢失；

（三）记录不得随意涂改或者销毁，更改记录应当签注姓名和日期，并使原有信息仍清晰可辨，必要时，应当说明更改的理由；

（四）记录的保存期限应当至少相当于企业所规定的医疗器械的寿命期，但从放行产品的日期起不少于2年，或者符合相关法规要求，并可追溯。

第六章 设计开发

第二十八条 企业应当建立设计控制程序并形成文件，对医疗器械的设计和开发过程实施策划和控制。

第二十九条　在进行设计和开发策划时，应当确定设计和开发的阶段及对各阶段的评审、验证、确认和设计转换等活动，应当识别和确定各个部门设计和开发的活动和接口，明确职责和分工。

第三十条　设计和开发输入应当包括预期用途规定的功能、性能和安全要求、法规要求、风险管理控制措施和其他要求。对设计和开发输入应当进行评审并得到批准，保持相关记录。

第三十一条　设计和开发输出应当满足输入要求，包括采购、生产和服务所需的相关信息、产品技术要求等。设计和开发输出应当得到批准，保持相关记录。

第三十二条　企业应当在设计和开发过程中开展设计和开发到生产的转换活动，以使设计和开发的输出在成为最终产品规范前得以验证，确保设计和开发输出适用于生产。

第三十三条　企业应当在设计和开发的适宜阶段安排评审，保持评审结果及任何必要措施的记录。

第三十四条　企业应当对设计和开发进行验证，以确保设计和开发输出满足输入的要求，并保持验证结果和任何必要措施的记录。

第三十五条　企业应当对设计和开发进行确认，以确保产品满足规定的使用要求或者预期用途的要求，并保持确认结果和任何必要措施的记录。

第三十六条　确认可采用临床评价或者性能评价。进行临床试验时应当符合医疗器械临床试验法规的要求。

第三十七条　企业应当对设计和开发的更改进行识别并保持记录。必要时，应当对设计和开发更改进行评审、验证和确认，并在实施前得到批准。

当选用的材料、零件或者产品功能的改变可能影响到医疗器械产品安全性、有效性时，应当评价因改动可能带来的风险，必要时采取措施将风险降低到可接受水平，同时应当符合相关法规的要求。

第三十八条　企业应当在包括设计和开发在内的产品实现全过程中，制定风险管理的要求并形成文件，保持相关记录。

第七章　采　购

第三十九条　企业应当建立采购控制程序，确保采购物品符合规定的要求，且不低于法律法规的相关规定和国家强制性标准的相关要求。

第四十条　企业应当根据采购物品对产品的影响，确定对采购物品实行控制的方式和程度。

第四十一条 企业应当建立供应商审核制度，并应当对供应商进行审核评价。必要时，应当进行现场审核。

第四十二条 企业应当与主要原材料供应商签订质量协议，明确双方所承担的质量责任。

第四十三条 采购时应当明确采购信息，清晰表述采购要求，包括采购物品类别、验收准则、规格型号、规程、图样等内容。应当建立采购记录，包括采购合同、原材料清单、供应商资质证明文件、质量标准、检验报告及验收标准等。采购记录应当满足可追溯要求。

第四十四条 企业应当对采购物品进行检验或者验证，确保满足生产要求。

第八章 生产管理

第四十五条 企业应当按照建立的质量管理体系进行生产，以保证产品符合强制性标准和经注册或者备案的产品技术要求。

第四十六条 企业应当编制生产工艺规程、作业指导书等，明确关键工序和特殊过程。

第四十七条 在生产过程中需要对原材料、中间品等进行清洁处理的，应当明确清洁方法和要求，并对清洁效果进行验证。

第四十八条 企业应当根据生产工艺特点对环境进行监测，并保存记录。

第四十九条 企业应当对生产的特殊过程进行确认，并保存记录，包括确认方案、确认方法、操作人员、结果评价、再确认等内容。

生产过程中采用的计算机软件对产品质量有影响的，应当进行验证或者确认。

第五十条 每批（台）产品均应当有生产记录，并满足可追溯的要求。

生产记录包括产品名称、规格型号、原材料批号、生产批号或者产品编号、生产日期、数量、主要设备、工艺参数、操作人员等内容。

第五十一条 企业应当建立产品标识控制程序，用适宜的方法对产品进行标识，以便识别，防止混用和错用。

第五十二条 企业应当在生产过程中标识产品的检验状态，防止不合格中间产品流向下道工序。

第五十三条 企业应当建立产品的可追溯性程序，规定产品追溯范围、程度、标识和必要的记录。

第五十四条 产品的说明书、标签应当符合相关法律法规及标准要求。

第五十五条 企业应当建立产品防护程序，规定产品及其组成部分的防护要求，包括污染防护、静电防护、粉尘防护、腐蚀防护、运输防护等要求。防护应当包括标识、搬运、包装、贮存和保护等。

第九章　质量控制

第五十六条　企业应当建立质量控制程序，规定产品检验部门、人员、操作等要求，并规定检验仪器和设备的使用、校准等要求，以及产品放行的程序。

第五十七条　检验仪器和设备的管理使用应当符合以下要求：

（一）定期对检验仪器和设备进行校准或者检定，并予以标识；

（二）规定检验仪器和设备在搬运、维护、贮存期间的防护要求，防止检验结果失准；

（三）发现检验仪器和设备不符合要求时，应当对以往检验结果进行评价，并保存验证记录；

（四）对用于检验的计算机软件，应当确认。

第五十八条　企业应当根据强制性标准以及经注册或者备案的产品技术要求制定产品的检验规程，并出具相应的检验报告或者证书。

需要常规控制的进货检验、过程检验和成品检验项目原则上不得进行委托检验。对于检验条件和设备要求较高，确需委托检验的项目，可委托具有资质的机构进行检验，以证明产品符合强制性标准和经注册或者备案的产品技术要求。

第五十九条　每批（台）产品均应当有检验记录，并满足可追溯的要求。检验记录应当包括进货检验、过程检验和成品检验的检验记录、检验报告或者证书等。

第六十条　企业应当规定产品放行程序、条件和放行批准要求。放行的产品应当附有合格证明。

第六十一条　企业应当根据产品和工艺特点制定留样管理规定，按规定进行留样，并保持留样观察记录。

第十章　销售和售后服务

第六十二条　企业应当建立产品销售记录，并满足可追溯的要求。销售记录至少包括医疗器械的名称、规格、型号、数量；生产批号、有效期、销售日期、购货单位名称、地址、联系方式等内容。

第六十三条　直接销售自产产品或者选择医疗器械经营企业，应当符合医疗器械相关法规和规范要求。发现医疗器械经营企业存在违法违规经营行为时，应当及时向当地食品药品监督管理部门报告。

第六十四条　企业应当具备与所生产产品相适应的售后服务能力，建立健全售后服务制度。应当规定售后服务的要求并建立售后服务记录，并满足可追溯的要求。

第六十五条 需要由企业安装的医疗器械，应当确定安装要求和安装验证的接收标准，建立安装和验收记录。

由使用单位或者其他企业进行安装、维修的，应当提供安装要求、标准和维修零部件、资料、密码等，并进行指导。

第六十六条 企业应当建立顾客反馈处理程序，对顾客反馈信息进行跟踪分析。

第十一章 不合格品控制

第六十七条 企业应当建立不合格品控制程序，规定不合格品控制的部门和人员的职责与权限。

第六十八条 企业应当对不合格品进行标识、记录、隔离、评审，根据评审结果，对不合格品采取相应的处置措施。

第六十九条 在产品销售后发现产品不合格时，企业应当及时采取相应措施，如召回、销毁等。

第七十条 不合格品可以返工的，企业应当编制返工控制文件。返工控制文件包括作业指导书、重新检验和重新验证等内容。不能返工的，应当建立相关处置制度。

第十二章 不良事件监测、分析和改进

第七十一条 企业应当指定相关部门负责接收、调查、评价和处理顾客投诉，并保持相关记录。

第七十二条 企业应当按照有关法规的要求建立医疗器械不良事件监测制度，开展不良事件监测和再评价工作，并保持相关记录。

第七十三条 企业应当建立数据分析程序，收集分析与产品质量、不良事件、顾客反馈和质量管理体系运行有关的数据，验证产品安全性和有效性，并保持相关记录。

第七十四条 企业应当建立纠正措施程序，确定产生问题的原因，采取有效措施，防止相关问题再次发生。

应当建立预防措施程序，确定潜在问题的原因，采取有效措施，防止问题发生。

第七十五条 对于存在安全隐患的医疗器械，企业应当按照有关法规要求采取召回等措施，并按规定向有关部门报告。

第七十六条 企业应当建立产品信息告知程序，及时将产品变动、使用等补

充信息通知使用单位、相关企业或者消费者。

第七十七条　企业应当建立质量管理体系内部审核程序，规定审核的准则、范围、频次、参加人员、方法、记录要求、纠正预防措施有效性的评定等内容，以确保质量管理体系符合本规范的要求。

第七十八条　企业应当定期开展管理评审，对质量管理体系进行评价和审核，以确保其持续的适宜性、充分性和有效性。

第十三章　附　则

第七十九条　医疗器械注册申请人或备案人在进行产品研制时，也应当遵守本规范的相关要求。

第八十条　国家食品药品监督管理总局针对不同类别医疗器械生产的特殊要求，制定细化的具体规定。

第八十一条　企业可根据所生产医疗器械的特点，确定不适用本规范的条款，并说明不适用的合理性。

第八十二条　本规范下列用语的含义是：

验证：通过提供客观证据对规定要求已得到满足的认定。

确认：通过提供客观证据对特定的预期用途或者应用要求已得到满足的认定。

关键工序：指对产品质量起决定性作用的工序。

特殊过程：指通过检验和试验难以准确评定其质量的过程。

第八十三条　本规范由国家食品药品监督管理总局负责解释。

第八十四条　本规范自2015年3月1日起施行。原国家食品药品监督管理局于2009年12月16日发布的《医疗器械生产质量管理规范（试行）》（国食药监械〔2009〕833号）同时废止。

关于发布医用磁共振成像系统等4个医疗器械产品注册技术审查指导原则的通告

2014年　第2号

为加强医疗器械产品注册工作的监督和指导，进一步提高注册审查质量，国家食品药品监督管理总局组织制定了医用磁共振成像系统等4个医疗器械产品注册技术审查指导原则（见附件），现予发布。

特此通告。

附件：1. 医用磁共振成像系统注册技术审查指导原则（略）
2. 弓形虫、风疹病毒、巨细胞病毒、单纯疱疹病毒抗体及G型免疫球蛋白抗体亲合力检测试剂技术审查指导原则（略）
3. 肿瘤个体化治疗相关基因突变检测试剂技术审查指导原则（略）
4. 药物滥用检测试剂技术审查指导原则（略）

国家食品药品监督管理总局
2014年3月13日

关于发布软性亲水接触镜等两个说明书编写指导原则的通告

2014年　第3号

为加强医疗器械产品注册工作的监督和指导，进一步提高注册审查质量，国家食品药品监督管理总局组织制定了软性亲水接触镜等两个说明书编写指导原则（见附件），现予发布。

特此通告。

附件：1. 软性亲水接触镜说明书编写指导原则（略）
2. 硬性角膜接触镜说明书编写指导原则（略）

国家食品药品监督管理总局
2014年4月17日

关于发布心脏射频消融导管产品注册技术审查指导原则的通告

2014年　第5号

为加强医疗器械产品注册工作的监督和指导，进一步提高注册审查质量，国家食品药品监督管理总局组织制定了心脏射频消融导管产品注册技术审查指导原则（见附件），现予发布。

特此通告。

附件：心脏射频消融导管产品注册技术审查指导原则（略）

国家食品药品监督管理总局
2014 年 5 月 14 日

关于发布牙科树脂类充填材料等 5 个医疗器械产品注册技术审查指导原则的通告

2014 年　第 6 号

为加强医疗器械产品注册工作的监督和指导，进一步提高注册审查质量，国家食品药品监督管理总局组织制定了牙科树脂类充填材料等 5 个医疗器械产品注册技术审查指导原则（见附件），现予发布。

特此通告。

附件：1. 牙科树脂类充填材料产品注册技术审查指导原则（略）
　　　2. 一次性使用避光输液器产品注册技术审查指导原则（略）
　　　3. 一次性使用血液分离器具产品注册技术审查指导原则（略）
　　　4. 血液透析浓缩物产品注册技术审查指导原则（略）
　　　5. 金属接骨板内固定系统产品注册技术审查指导原则（略）

国家食品药品监督管理总局
2014 年 5 月 14 日

关于发布医用控温毯等 14 个医疗器械产品注册技术审查指导原则的通告

2014 年　第 7 号

为加强医疗器械产品注册工作的监督和指导，进一步提高注册审查质量，国家食品药品监督管理总局组织制定了医用控温毯等 14 个医疗器械产品注册技术审查指导原则（见附件），现予发布。

特此通告。

附件：1. 医用控温毯产品注册技术审查指导原则（略）
　　　2. 电动洗胃机产品注册技术审查指导原则（略）

3. 医用电子体温计产品注册技术审查指导原则（略）
4. 脉搏血氧仪产品注册技术审查指导原则（略）
5. 牙科手机产品注册技术审查指导原则（略）
6. C反应蛋白定量检测试剂盒产品注册技术审查指导原则（略）
7. 缺血修饰白蛋白测定试剂产品注册技术审查指导原则（略）
8. 肌酸激酶测定试剂盒产品注册技术审查指导原则（略）
9. 碱性磷酸酶检测试剂盒产品注册技术审查指导原则（略）
10. 医用口罩产品注册技术审查指导原则（略）
11. 一次性使用引流管产品注册技术审查指导原则（略）
12. 护脐带产品注册技术审查指导原则（略）
13. 一次性医用喉罩产品注册技术审查指导原则（略）
14. 一次性使用皮肤缝合器产品注册技术审查指导原则（略）

国家食品药品监督管理总局
2014年5月20日

关于发布第一类医疗器械产品目录的通告

2014年　第8号

为做好第一类医疗器械备案管理，依据《医疗器械监督管理条例》（国务院令第650号）、《医疗器械分类规则》的有关规定，国家食品药品监督管理总局组织制定了《第一类医疗器械产品目录》，现予发布，并将有关事项通告如下：

一、本目录是对2002版《医疗器械分类目录》和相关分类界定文件中第一类医疗器械的归纳和整理，以目录的形式细化和补充了有关内容。

二、本目录在2002版《医疗器械分类目录》的基础上，扩展了产品类别，在相应产品类别下增加了“产品描述”和“预期用途”，并扩充了“品名举例”中产品名称。其中，“产品描述”和“预期用途”中的内容，是对每个产品类别下相关产品具有的共性内容的基本描述，用于指导具体产品所属类别的判定；“品名举例”所列举的产品名称为该类产品中常见的和具有代表性的名称。

三、无菌形式提供的器械、含消毒剂的卫生材料、与内窥镜配套使用的手术器械、使用过程中与椎间隙直接接触的矫形外科（骨科）手术器械，均不属于第一类医疗器械。

四、本目录所列产品不包括组合包类产品和体外诊断试剂。

组合包类产品的分类按照医疗器械分类的有关规定执行，第一类体外诊断试剂按照《体外诊断试剂分类子目录》的规定执行。

五、已发布的分类目录及分类文件中的第一类产品与本目录不同的，按本目录执行。对于本目录中未包含的产品，可按照2014年6月1日实施的《医疗器械监督管理条例》（国务院令第650号）第十六条的规定执行。

六、按照本目录判定产品所属类别，应根据产品的实际情况，通过目录中“产品描述”、“预期用途”和“品名举例”所描述或列举的情形综合判定。实施备案的医疗器械，其“产品描述”、“预期用途”的基本内容和产品名称应符合本目录中相关内容的范围。

特此通告。

附件：第一类医疗器械产品目录（略）

国家食品药品监督管理总局
2014年5月30日

关于发布医疗器械产品技术要求编写指导原则的通告

2014年　第9号

为规范医疗器械注册管理工作，根据《医疗器械监督管理条例》（国务院令第650号），国家食品药品监督管理总局组织制定了《医疗器械产品技术要求编写指导原则》，现予发布。

特此通告。

国家食品药品监督管理总局
2014年5月30日

医疗器械产品技术要求编写指导原则

根据《医疗器械监督管理条例》等相关规定，制定本指导原则。

一、基本要求

（一）医疗器械产品技术要求的编制应符合国家相关法律法规。

（二）医疗器械产品技术要求中应采用规范、通用的术语。如涉及特殊的术语，需提供明确定义，并写到“4. 术语”部分。

（三）医疗器械产品技术要求中的检验方法各项内容的编号原则上应和性能指标各项内容的编号相对应。

（四）医疗器械产品技术要求中的文字、数字、公式、单位、符号、图表等应符合标准化要求。

（五）如医疗器械产品技术要求中的内容引用国家标准、行业标准或中国药典，应保证其有效性，并注明相应标准的编号和年号以及中国药典的版本号。

二、内容要求

医疗器械产品技术要求的内容应符合以下要求：

（一）产品名称。产品技术要求中的产品名称应使用中文，并与申请注册（备案）的中文产品名称相一致。

（二）产品型号/规格及其划分说明。产品技术要求中应明确产品型号和/或规格，以及其划分的说明。

对同一注册单元中存在多种型号和/或规格的产品，应明确各型号及各规格之间的所有区别（必要时可附相应图示进行说明）。

对于型号/规格的表述文本较大的可以附录形式提供。

（三）性能指标。

1. 产品技术要求中的性能指标是指可进行客观判定的成品的功能性、安全性指标以及质量控制相关的其他指标。产品设计开发中的评价性内容（例如生物相容性评价）原则上不在产品技术要求中制定。

2. 产品技术要求中性能指标的制定应参考相关国家标准/行业标准并结合具体产品的设计特性、预期用途和质量控制水平且不应低于产品适用的强制性国家标准/行业标准。

3. 产品技术要求中的性能指标应明确具体要求，不应以“见随附资料”、“按供货合同”等形式提供。

（四）检验方法。检验方法的制定应与相应的性能指标相适应。应优先考虑采用公认的或已颁布的标准检验方法。检验方法的制定需保证具有可重现性和可操作性，需要时明确样品的制备方法，必要时可附相应图示进行说明，文本较大的可以附录形式提供。

对于体外诊断试剂类产品，检验方法中还应明确说明采用的参考品/标准品、样本制备方法、使用的试剂批次和数量、试验次数、计算方法。

（五）对于第三类体外诊断试剂类产品，产品技术要求中应以附录形式明确主要原材料、生产工艺及半成品要求。

（六）医疗器械产品技术要求编号为相应的注册证号（备案号）。拟注册（备案）的产品技术要求编号可留空。

三、格式要求

医疗器械产品技术要求格式见附件。

附件：医疗器械产品技术要求格式（略）

关于发布植入式心脏电极导线产品注册技术审查指导原则的通告

2014年　第10号

为加强医疗器械产品注册工作的监督和指导，进一步提高注册审查质量，国家食品药品监督管理总局组织制定了植入式心脏电极导线产品注册技术审查指导原则（见附件），现予发布。

特此通告。

附件：植入式心脏电极导线产品注册技术审查指导原则（略）

国家食品药品监督管理总局

2014年6月4日

关于发布免于进行临床试验的第二类医疗器械目录的通告

2014年　第12号

为做好医疗器械注册管理工作，根据《医疗器械监督管理条例》（国务院令第650号）和《医疗器械注册管理办法》（国家食品药品监督管理总局令第4号），国家食品药品监督管理总局组织制定了《免于进行临床试验的第二类医疗器械目录》，现予发布，自2014年10月1日起施行。

特此通告。

附件：免于进行临床试验的第二类医疗器械目录（略）

国家食品药品监督管理总局

2014年8月21日

关于发布免于进行临床试验的第三类医疗器械目录的通告

2014 年　第 13 号

为了做好医疗器械注册管理工作，根据《医疗器械监督管理条例》（国务院令第 650 号）和《医疗器械注册管理办法》（国家食品药品监督管理总局令第 4 号），国家食品药品监督管理总局组织制定了《免于进行临床试验的第三类医疗器械目录》，现予发布，自 2014 年 10 月 1 日起施行。

特此通告。

附件：免于进行临床试验的第三类医疗器械目录（略）

国家食品药品监督管理总局
2014 年 8 月 21 日

关于发布需进行临床试验审批的第三类医疗器械目录的通告

2014 年　第 14 号

为保护医疗器械临床试验受试者安全，规范临床试验审批工作，根据《医疗器械监督管理条例》（国务院令第 650 号）和《医疗器械注册管理办法》（国家食品药品监督管理总局令第 4 号），国家食品药品监督管理总局组织制定了《需进行临床试验审批的第三类医疗器械目录》，现予发布，自 2014 年 10 月 1 日起施行。

特此通告。

附件：需进行临床试验审批的第三类医疗器械目录

国家食品药品监督管理总局
2014 年 8 月 25 日

附件

需进行临床试验审批的第三类医疗器械目录

<table>
<tr><th>序号</th><th colspan="2">产品名称</th><th>分类编码</th><th>产品描述</th></tr>
<tr><td>1</td><td rowspan="3">采用全新设计/用于全新适用范围</td><td>植入式心脏起搏器、植入式心脏除颤器、植入式心脏再同步复律除颤器</td><td>6821</td><td>植入于体内的电子治疗仪器，由脉冲发生器和电极导线组成。植入式心脏起搏器产品具有起搏、感知、程控等功能，通过脉冲发生器发放由电池提供能量的电脉冲，通过电极导线的传导，刺激电极所接触的心肌，使心脏激动和收缩，从而达到治疗由于某些心律失常所致的心脏功能障碍的目的。
植入式心脏除颤器可提供室性抗心动过速起搏功能和对心室除颤功能，用于对危及生命的室性心律失常的自动治疗。
植入式心脏再同步复律除颤器还适用于患有充血性心力衰竭的病人，使其右心室和左心室再同步。</td></tr>
<tr><td>2</td><td>植入式血泵</td><td>6845</td><td>由血泵和能量转换装置组合而成，依靠微型电-机（或电-液）能量转换装置来驱动，维持正常的人体血液循环，起到部分或完全代替自然心脏的功能。</td></tr>
<tr><td>3</td><td>植入式药物灌注泵</td><td>6854</td><td>其药物灌注泵植入人体，与鞘内导管、导管入口组件、再灌注组件、袋囊组件、穿刺组件和程控器等配合使用，用于需长期输入药物或液体的患者。</td></tr>
<tr><td>4</td><td colspan="2">境内市场上尚未出现的血管内支架系统</td><td>6846</td><td>与境内市场上已有的医疗器械产品相比，主要组成材料改变、重大工艺改变、主要作用机理改变或者适用范围发生重大改变的通过输送系统以经皮方式植入预期血管部位的支架。</td></tr>
<tr><td>5</td><td colspan="2">境内市场上尚未出现的植入性人工器官、接触式人工器官、骨科内固定产品及骨科填充材料</td><td>6846</td><td>与境内市场上已有的医疗器械产品相比，主要组成材料改变、重大工艺改变、主要作用机理改变或者适用范围发生重大改变的植入性人工器官、接触式人工器官、骨科内固定产品及骨科填充材料。</td></tr>
<tr><td>6</td><td colspan="2">可吸收四肢长骨内固定产品</td><td>6846</td><td>由可吸收高分子材料或可吸收金属材料制成的四肢长骨内固定产品，通过对骨折断端的连接、固定，实现骨折部位的复位及早期负重，适用于四肢长骨骨折内固定。</td></tr>
</table>

续表

序号	产品名称	分类编码	产品描述
7	纳米骨科植入物	6846	含有纳米级材料或由纳米技术制成的骨科植入物，通过纳米级材料及纳米工艺的特性和效应，实现骨科植入物的临床要求，适用于骨及附属组织的支持、固定、替代。
8	定制增材制造（3D 打印）骨科植入物	6846	利用增材制造（3D 打印）工艺生产的骨科植入物，根据产品的三维数字模型，主要通过连续的物理叠加，逐层增加材料生成三维实体，可实现骨科植入物的个性化生产及精细加工，适用于骨及附属组织的支持、固定、替代。

关于医疗器械生产质量管理规范执行有关事宜的通告

2014 年　第 15 号

为推进医疗器械生产质量管理规范的实施工作，根据《医疗器械监督管理条例》（国务院令第 650 号）和《医疗器械生产监督管理办法》（国家食品药品监督管理总局令第 7 号）规定，现将有关事宜通告如下：

一、无菌和植入性医疗器械生产企业应当继续按照医疗器械生产质量管理规范的要求，建立健全与所生产医疗器械相适应的质量管理体系并保证其有效运行。

二、自 2014 年 10 月 1 日起，凡新开办医疗器械生产企业、现有医疗器械生产企业增加生产第三类医疗器械、迁移或者增加生产场地的，应当符合医疗器械生产质量管理规范的要求。

三、自 2016 年 1 月 1 日起，所有第三类医疗器械生产企业应当符合医疗器械生产质量管理规范的要求。

四、自 2018 年 1 月 1 日起，所有医疗器械生产企业应当符合医疗器械生产质量管理规范的要求。

五、医疗器械生产企业应当积极按照医疗器械生产质量管理规范及相关要求进行对照整改，不断完善质量管理体系，全面提升质量管理保障能力，在规定时限内达到医疗器械生产质量管理规范的要求。在规定时限前仍按现有规定执行。

六、各级食品药品监督管理部门应当切实加强对实施医疗器械生产质量管理规范的宣贯和指导，对在规定时限内未达到医疗器械生产质量管理规范要求的生产企业，应当按照《医疗器械监督管理条例》有关规定处理。

特此通告。

国家食品药品监督管理总局
2014 年 9 月 5 日

关于发布体外诊断试剂临床试验技术指导原则的通告

2014 年　第 16 号

为指导体外诊断试剂的临床试验工作，根据《体外诊断试剂注册管理办法》（国家食品药品监督管理总局令第 5 号），国家食品药品监督管理总局组织制定了《体外诊断试剂临床试验技术指导原则》，现予发布。自 2014 年 10 月 1 日起，原国家食品药品监督管理局发布的《体外诊断试剂临床研究技术指导原则》（国食药监械〔2007〕240 号）废止。

特此通告。

附件：体外诊断试剂临床试验技术指导原则

国家食品药品监督管理总局
2014 年 9 月 11 日

附件

体外诊断试剂临床试验技术指导原则

一、概述

体外诊断试剂的临床试验（包括与已上市产品进行的比较研究试验）是指在相应的临床环境中，对体外诊断试剂的临床性能进行的系统性研究。

申请人应在符合要求的临床单位，在满足临床试验最低样本量要求的前提下，根据产品临床预期用途、相关疾病的流行率和统计学要求，制定能够证明其临床性能的临床试验方案，同时最大限度地控制试验误差、提高试验质量并对试验结果进行科学合理的分析。临床试验报告是对临床试验过程、结果的总结，是评价拟上市产品有效性和安全性的重要依据，是产品注册所需的重要文件之一。

本指导原则仅对体外诊断试剂临床试验提出了一般性的要求。由于体外诊断试剂产品具有发展快、专业跨度大、临床预期用途各异的特点，不同临床预期用途产品的临床试验方法及内容不尽相同。申请人应根据产品特点及临床预期用途，制定合理的临床试验方案。国家食品药品监督管理总局也将根据体外诊断试剂发展的需要，适时修订本指导原则。

二、临床试验的基本原则

（一）基本要求

1. 临床试验必须符合赫尔辛基宣言的伦理学准则，必须获得临床试验机构伦理委员会的同意。研究者应考虑临床试验用样本，如血液、羊水、胸水、腹水、组织液、胸积液、组织切片、骨髓等的获得或试验结果对受试者的风险性，应提交伦理委员会的审查意见及受试者的知情同意书。对于例外情况，如客观上不可能获得受试者的知情同意或该临床试验对受试者几乎没有风险，可经伦理委员会审查和批准后免于受试者的知情同意。

2. 受试者的权益、安全和健康必须高于科学和社会利益。

3. 为受试者保密，尊重个人隐私。防止受试者因检测结果而受到歧视或伤害。

4. 临床前研究结果支持进行临床试验。

（二）临床试验机构及人员的要求

1. 第三类体外诊断试剂申请人应当选定不少于3家（含3家）、第二类体外诊断试剂申请人应当选定不少于2家（含2家）临床试验机构，按照有关规定开展临床试验。

2. 体外诊断试剂的临床试验机构应获得国家食品药品监督管理总局资质认可。

3. 申请人应根据产品特点及其预期用途，综合不同地区人种、流行病学背景、病原微生物的特性等因素选择临床试验机构。临床试验机构必须具有与试验用体外诊断试剂相适应的专业技术人员及仪器设备，并能够确保该项试验的实施。

4. 申请人应当在临床试验前制定文件明确各方的职责分工，与各临床试验机构协商制定统一的临床试验方案，按照临床试验方案组织制定标准操作规程，并组织对参加试验的所有研究者进行临床试验方案和试验用体外诊断试剂使用的培训，以确保临床试验方案和试验用体外诊断试剂操作的一致性，并在临床试验过程中促进各研究者之间的沟通。

5. 在临床试验开始前，申请人应与临床试验工作人员进行临床试验的预试验，使其熟悉并掌握该产品所适用的仪器、操作方法、技术性能等，以最大限度地控制试验误差。

6. 在临床试验过程中，申请人应考虑吸收流行病学、统计学、临床医学、检验医学等方面专业人员（或知识），以保证临床试验科学、合理地开展。

三、临床试验设计原则

（一）临床试验方案

开展体外诊断试剂临床试验，申请人应当按照试验用体外诊断试剂的类别、风险、预期用途等特性，组织制定科学、合理的临床试验方案。一般应当包括以下内容：

1. 一般信息（包括产品信息、临床试验开展的时间和人员等相关信息、申请人相关信息等）；

2. 临床试验的背景资料；

3. 试验目的；

4. 试验设计；

5. 评价方法；

6. 统计方法；

7. 对临床试验方案修正的规定；

8. 临床试验涉及的伦理问题和说明、《知情同意书》文本（如有）；

9. 数据处理与记录保存；

10. 其他需要说明的内容。

（二）试验方法

1. 新研制体外诊断试剂的临床试验

1.1 对于新研制体外诊断试剂而言，选择适当的受试者，采用试验用体外诊断试剂与诊断该疾病的“金标准”进行盲法同步比较。

对用于早期诊断、疗效监测、预后判断等用途的体外诊断试剂，在进行与“金标准”的比较研究的同时，还必须对受试者进行跟踪研究。研究者应明确受试者的入选标准、随访标准和随访时间。

1.2“金标准”的确定。

“金标准”是指在现有条件下，公认的、可靠的、权威的诊断方法。临床上常用的“金标准”有组织病理学检查、影像学检查、病原体分离培养鉴定、长期随访所得的结论及临床常用的其他确认方法等。

1.3 受试者的选择。

受试者应包括两组：一组是用“金标准”确定为有某病的病例组，另一组是经“金标准”确定或有临床证据证实无该病的患者或正常人群，作为对照组。病例组应包括该病种的不同病例，如症状典型和非典型的，病程早、中、晚期的，病情轻、中、重型的，不同性别、不同年龄层次的等，以便能反映该病的全部特征。对照组应包括确定无该病的患者，及易与本病相混淆疾病的病例。

1.4 同步盲法测试。

经“金标准”确定的病例组与对照组中的受试者样本同步接受试验用体外诊断试剂的检测，将检测结果与“金标准”判定的结果进行比较，计算试验用体外诊断试剂检测结果与“金标准”判断结果符合或差异程度的统计学指标，再根据这些指标对试验用体外诊断试剂进行评价。在试验操作的全过程和判定试验结果时，采用盲法（尽可能用双盲法）是保证临床试验结果真实可靠的关键。

2. “已有同品种批准上市”产品的临床试验

选择已上市产品，采用试验用体外诊断试剂与已上市产品针对临床样本进行比较研究试验，证明试验用体外诊断试剂与已上市产品等效。

2.1 对比试剂的选择。

在采用已上市产品作为对比试剂的前提下，选择目前临床普遍认为质量较好的产品。同时应充分了解所选择产品的技术信息，包括方法学、临床预期用途、主要性能指标、校准品的溯源情况、推荐的阳性判断值或参考区间等，以便对试验结果进行科学的分析。

2.2 受试者的选择原则同 1.3。

2.3 对于比较研究试验中测定结果不符的样本，应采用“金标准”或其他合理的方法进行复核，以便对临床试验结果进行分析。如无需复核，应详细说明理由。

3. 关于变更申请中涉及的产品临床试验方法

根据变更情况可能对产品性能带来的影响，采用变更后产品与变更前产品或者已上市同类产品进行对比试验，证明变更后产品与对比试验产品等效。

4. 关于进口注册产品临床试验方法

对于进口注册产品，由于目标人群种属和地域的改变，可能影响产品的某些主要技术指标和有效性。申请人或临床研究者应考虑不同国家或者地区的流行病学背景、不同病种的特性、不同种属人群所适用的阳性判断值或者参考区间等诸多因素，在中国境内进行具有针对性的临床试验。

（三）临床试验样本量

申请人或临床研究者应根据产品临床预期用途以及与该产品相关疾病的临床发生率确定临床试验的样本量和样本分布，在符合指导原则有关最低样本量要求的前提下，还应符合统计学要求。各临床试验机构样本量和样本分布应相对均衡。

罕见病及用于突发公共卫生事件的体外诊断试剂可酌减样本量，但应说明理由，并满足评价的需要。

1. 一般要求

1.1 第三类产品：临床试验的总样本数至少为1000例。

1.2 第二类产品：临床试验的总样本数至少为200例。

2. 特殊要求

2.1 采用核酸扩增方法用于病原体检测的体外诊断试剂：临床试验总样本数至少为500例。

2.2 与麻醉药品、精神药品、医疗用毒性药品检测相关的体外诊断试剂：临床试验总样本数至少为500例。

2.3 流式细胞仪配套用体外诊断试剂：临床试验总样本数至少为500例。

2.4 免疫组织化学抗体试剂及检测试剂盒：与临床治疗、用药密切相关的标志物及其他具有新的临床意义的全新标记物，临床试验总样本数至少为1000例；临床使用多个指标综合诊治的标志物之一，与辅助诊断、鉴别诊断、病情监测、预后相关的标志物，临床试验总样本数至少为500例。

2.5 用于血型检测相关的体外诊断试剂：临床试验总样本数至少为3000例。

2.6 新研制体外诊断试剂产品的临床试验样本量要求同第三类产品。

2.7 变更事项相关的临床试验：涉及产品检测条件优化、增加与原样本类型具有可比性的其他样本类型等变更事项，第三类产品临床试验总样本数至少为200例，第二类产品临床试验总样本数至少为100例，并在至少2家（含2家）临床试验机构开展临床试验；变更抗原、抗体等主要原材料的供应商、阳性判断值或参考区间的变化及增加临床适应症等变更事项，应根据产品具体变更情况，酌情增加临床试验总样本数。

2.8 国家食品药品监督管理总局制定发布的体外诊断试剂指导原则对临床试验例数有规定的，应参照相应指导原则确定样本数。

（四）临床试验方案签章要求

由各承担临床试验的主要研究者（签名）、临床试验机构（签章）、统计学负责人签名及单位盖章、申请人盖章。

四、关于临床试验报告的撰写

临床试验报告应该对试验的整体设计及其关键点给予清晰、完整的阐述，应该对试验实施过程进行条理分明的描述，应该包括必要的基础数据和统计分析方法。

申请人或临床试验牵头单位应对各临床试验机构的报告进行汇总，并完成临床试验总结报告。临床试验报告的格式及内容如下：

（一）首篇

首篇是每份临床试验报告的第一部分，所有临床试验报告均应包含该部分内容。

1. 封面标题

包括试验用体外诊断试剂的通用名称、试验开始日期、试验完成日期、主要研究者（签名）、临床试验机构（盖章）、统计学负责人签名及单位盖章、申请人（盖章）、申请人的联系人及联系方式、报告日期、原始资料保存地点。

2. 目录

列出整个临床试验报告的内容目录和对应页码。

3. 研究摘要

对临床试验情况进行简单的介绍。

4. 试验研究人员

列出临床试验主要研究人员的姓名、单位、在研究中的职责及其简历（列于附件中），主要研究人员包括主要研究者及各单位的主要参加人员、统计学负责人、临床试验报告的撰写人。

5. 缩略语

临床试验报告中所用的缩略语的全称。

（二）正文内容和报告格式

1. 基本内容

1.1 引言。

介绍与临床试验产品有关的背景情况：包括（1）被测物的来源、生物及理化性质；（2）临床预期使用目的，所针对的目标适应症人群，目前针对该适应症所采用的临床或实验室诊断方法等；（3）所采用的方法、原理、技术要求等；（4）国内外已批准上市产品的应用现状等。说明申请人和临床试验机构间的合作关系。

1.2 研究目的。

说明本临床试验所要达到的目的。

1.3 试验管理。

对试验管理结构的描述。

管理结构包括主要研究者、主要参加人员、实验室质量控制情况、统计/数据管理情况以及试验中发生的问题及其处理措施等。

1.4 试验设计。

1.4.1 试验总体设计及方案的描述。

试验的总体设计和方案的描述应清晰、简洁，必要时采用图表等直观的方式。试验进行时方案修改的情况和任何方案以外的信息来源也应详细叙述。

1.4.2 试验设计及试验方法选择。

试验设计中应包括以下内容：

（1）样本量及样本量确定的依据。

（2）样本选择依据、入选标准、排除标准和剔除标准。

（3）样本采集、保存、运输方法等。

（4）“金标准”或对比试剂的确立。

（5）临床试验用所有产品的名称、规格、来源、批号、效期及保存条件，对比试剂的注册情况。

（6）质量控制方法。对质量控制方法进行简要的阐述。

（7）临床试验数据的统计分析方法。

（8）试验过程中方案的修改。

一般情况下，临床试验方案不宜更改。试验过程中对方案的任何修改均应说明，对更改的时间、理由、更改过程及有无备案进行详细阐述并论证其对整个研究结果评价的影响。

1.5 临床试验结果及分析。

1.6 讨论和结论。

2. 有关临床试验中特别情况的说明

3. 附件

3.1 临床试验中所采用的其他试验方法或其他诊断试剂产品的基本信息，如试验方法、诊断试剂产品来源、产品说明书及注册批准情况。

3.2 临床试验中的所有试验数据，需由临床试验操作者、复核者签字，临床试验机构盖章（封面盖章和骑缝章）。

3.3 主要参考文献。

3.4 主要研究者简历。

3.5 申请人需要说明的其他情况等。

五、名词解释

试验用体外诊断试剂，是指临床试验中对其安全性、有效性进行确认或者验证的拟申请注册的体外诊断试剂。

临床试验方案，是指有关临床试验的题目、目的、设计、方法学、统计学考虑和组织等文件，通常也包括试验的背景、理论基础。

研究者，是指负责在一个临床试验机构中实施临床试验的人，如果在一个临床试验机构中是由一组人员实施试验的，则研究者指的是这个组的负责人，也称主要研究者。

受试者，是指被招募参加临床试验的个人，既可以是临床试验中接受试验用体外诊断试剂检测的人员，也可以是对照人员。

知情同意，是指向受试者告知一项试验的各方面情况后，受试者确认自愿参加该项临床试验的过程，必须以签名和注明日期的知情同意书作为证明文件。

知情同意书，是指每位受试者表示自愿参加某一试验的证明性文件。研究者需向受试者说明试验性质、试验目的、可能的受益和风险、可供选用的其他诊疗方法以及符合《赫尔辛基宣言》规定的受试者的权利和义务等，使受试者充分了解后自愿表达其同意参加某项临床试验。

伦理委员会，是指在临床试验机构内由医学专业人员、非医学专业人员组成的独立机构，其职责是对临床试验的科学性和伦理进行审议，具体来说就是对临床试验方案进行审批，对研究人员资格、设施设备以及知情同意的方法等进行审议并提出相关意见，以保证受试者安全、健康和权益得到充分保护。

标准操作规程，是指为有效地实施和完成某一临床试验中每项工作所拟定的标准和详细的书面规程。

关于发布体外诊断试剂说明书编写指导原则的通告

2014 年　第 17 号

为指导体外诊断试剂说明书编写工作，根据《医疗器械说明书和标签管理规定》（国家食品药品监督管理总局令第 6 号），国家食品药品监督管理总局组织制定了《体外诊断试剂说明书编写指导原则》，现予发布。2014 年 10 月 1 日起，原国家食品药品监督管理局发布的《体外诊断试剂说明书编写指导原则》（国食药监械〔2007〕240 号）废止。

特此通告。

附件：体外诊断试剂说明书编写指导原则

国家食品药品监督管理总局
2014 年 9 月 11 日

附件

体外诊断试剂说明书编写指导原则

体外诊断试剂说明书承载了产品预期用途、检验方法、对检验结果的解释、注意事项等重要信息，是指导使用者正确操作、临床医生准确理解和合理应用试验结果的重要技术性文件。

本指导原则基于国家食品药品监督管理总局《医疗器械说明书和标签管理规定》（国家食品药品监督管理总局令第6号）的有关要求，对体外诊断试剂产品说明书编写的格式及各项内容的撰写进行了详细的说明。其目的是为编写体外诊断试剂说明书提供原则性的指导，同时，也为注册管理部门审核说明书提供技术参考。

由于体外诊断试剂产品专业跨度大、方法学多样、临床预期用途各异，产品的说明书内容不尽相同。申请人应根据产品特点及临床预期用途编写说明书，以便关注者获取准确信息。

一、体外诊断试剂说明书格式

××××（产品通用名称）说明书

【产品名称】

【包装规格】

【预期用途】

【检验原理】

【主要组成成分】

【储存条件及有效期】

【适用仪器】

【样本要求】

【检验方法】

【阳性判断值或者参考区间】

【检验结果的解释】

【检验方法的局限性】

【产品性能指标】

【注意事项】

【标识的解释】

【参考文献】

【基本信息】

【医疗器械注册证编号/产品技术要求编号】（或者【医疗器械备案凭证编号/产品技术要求编号】）

【说明书核准及修改日期】

以上项目如对于某些产品不适用，说明书中可以缺省。

二、各项内容撰写的说明

产品说明书内容原则上应全部使用中文进行表述；如含有国际通用或行业内

普遍认可的英文缩写，可用括号在中文后标明；对于确实无适当中文表述的词语，可使用相应英文或其缩写表示。

【产品名称】

1. 通用名称：

通用名称应当按照《体外诊断试剂注册管理办法》（国家食品药品监督管理总局令第5号）规定的命名原则进行命名，可适当参考相关“分类目录”和/或国家标准及行业标准。

除特殊用途产品可在通用名称中注明样本类型外，其余产品的通用名称中均不应当出现样本类型、定性/定量等内容。

2. 英文名称。

【包装规格】

注明可测试的样本数或装量，如××测试/盒、××人份/盒、××mL，除国际通用计量单位外，其余内容均应采用中文进行表述。如产品有不同组分，可以写明组分名称。如有货号，可增加货号信息。

【预期用途】

第一段内容详细说明产品的预期用途，如定性或定量检测、自测、确认等，样本类型和被测物等，具体表述形式根据产品特点做适当调整。若样本来源于特殊受试人群，如孕妇、新生儿等，应当予以注明。

第二段内容说明与预期用途相关的临床适应症及背景情况，说明相关的临床或实验室诊断方法等。

【检验原理】

详细说明检验原理、方法，必要时可采用图示方法描述。

【主要组成成分】

1. 对于产品中包含的试剂组分：

（1）说明名称、数量及在反应体系中的比例或浓度，如果对于正确的操作很重要，应提供其生物学来源、活性及其他特性。

（2）对于多组分试剂盒，明确说明不同批号试剂盒中各组分是否可以互换。

（3）如盒中包含耗材，应列明耗材名称、数量等信息。如塑料滴管、封板膜、自封袋等。

2. 对于产品中不包含，但对该试验必需的试剂组分，说明书中应列出此类试剂的名称、纯度，提供稀释或混合方法及其他相关信息。

3. 对于校准品和质控品：

（1）说明主要组成成分及其生物学来源。

（2）注明校准品的定值及其溯源性。

（3）注明质控品的靶值范围。如靶值范围为批特异，可注明批特异，并附单独的靶值单。

【储存条件及有效期】

1. 说明产品的储存条件如：2～8℃、-18℃以下、避免/禁止冷冻等。其他影响稳定性的条件如：光线、湿度等也必须说明。如果打开包装后产品或组分的稳定性不同于原包装产品，则打开包装后产品或组分的储存条件也必须注明。

2. 有效期：说明在储存条件下的有效期。如果打开包装后产品或组分的稳定性不同于原包装产品，打开包装后产品或组分的有效期也必须注明。

3. 如试剂盒各组分的稳定性不一致，则应对各组分的储存条件和有效期分别进行描述。

【适用仪器】

说明可适用的仪器及型号，并提供与仪器有关的信息以便用户能够正确选择使用。

【样本要求】

应在以下几方面进行说明：

1. 适用的样本类型。
2. 在样本收集过程中的特别注意事项。
3. 为保证样本各组分稳定所必需的抗凝剂或保护剂等。
4. 已知的干扰物。
5. 能够保证样本稳定的储存、处理和运输方法。

【检验方法】

为保证试验的正确进行，应在以下几方面对试验的每一步进行详细说明：

1. 试剂配制：各试剂组分的稀释、混合及其他必要的程序。

2. 必须满足的试验条件：如 pH 值、温度、每一步试验所需的时间、波长、最终反应产物的稳定性等。试验过程中必须注意的事项。

3. 校准程序（如果需要）：校准品的准备和使用，校准曲线的绘制方法。

4. 质量控制程序：质控品的使用、质量控制方法。

5. 试验结果的计算或读取，包括对每个系数及对每个计算步骤的解释。如果可能，应举例说明。

【阳性判断值或者参考区间】

说明阳性判断值或者参考区间，并简要说明阳性判断值或者参考区间的确定方法。

【检验结果的解释】

说明可能对试验结果产生影响的因素；说明在何种情况下需要进行确认

试验。

【检验方法的局限性】

说明该检验方法的局限性。

【产品性能指标】

说明该产品的主要性能指标。

【注意事项】

注明必要的注意事项，如本品仅用于体外诊断等。

如该产品含有人源或动物源性物质，应给出具有潜在感染性的警告。

【标识的解释】如有图形或符号，请解释其代表的意义。

【参考文献】

注明引用的参考文献。

【基本信息】

1. 境内体外诊断试剂

（1）注册人（或者备案人）与生产企业为同一企业的，按以下格式标注基本信息：

注册人（或者备案人）/生产企业名称

住所

联系方式

售后服务单位名称

联系方式

生产地址

生产许可证编号或者生产备案凭证编号

（2）委托生产的按照以下格式标注基本信息：

注册人（或者备案人）名称

住所

联系方式

售后服务单位名称

联系方式

受托企业的名称

住所

生产地址

生产许可证编号或者生产备案凭证编号

2. 进口体外诊断试剂

按照以下格式标注基本信息：

注册人（或者备案人）/生产企业名称

住所

生产地址

联系方式

售后服务单位名称

联系方式

代理人的名称

住所

联系方式

【医疗器械注册证编号/产品技术要求编号】（或者【医疗器械备案凭证编号/产品技术要求编号】）

注明该产品的注册证编号或者备案凭证编号。

【说明书核准日期及修改日期】

注明该产品说明书的核准日期。如曾进行过说明书的变更申请，还应该同时注明说明书的修改日期。

关于发布禁止委托生产医疗器械目录的通告

2014 年　第 18 号

为加强医疗器械生产监管，保障上市医疗器械安全有效，根据《医疗器械监督管理条例》（国务院令第 650 号），按照生产工艺和生产过程控制较为复杂、用于支持维持生命、应用于人体重要部位、使用中发现较多可疑不良事件的筛选原则，国家食品药品监督管理总局选取部分植入性医疗器械，组织制定了《禁止委托生产医疗器械目录》，现予发布。原国家食品药品监督管理局《关于发布第一批禁止委托生产的医疗器械目录的通知》（国食药监械〔2005〕166 号）即行废止。

特此通告。

附件：禁止委托生产医疗器械目录

国家食品药品监督管理总局

2014 年 9 月 26 日

附件

禁止委托生产医疗器械目录

一、部分植入材料和人工器官类医疗器械

1. 血管支架、血管支架系统（外周血管支架除外）；

2. 心脏封堵器、心脏封堵器系统；

3. 人工心脏瓣膜；

4. 整形植入物（剂）。

二、同种异体医疗器械

三、部分动物源医疗器械

1. 心脏、神经、硬脑脊膜修补材料；

2. 人工皮肤；

3. 体内用止血、防粘连材料；

4. 骨修复材料；

5. 其他直接取材于动物组织的植入性医疗器械。

四、其他

1. 心脏起搏器；

2. 植入式血泵；

3. 植入式胰岛素泵。

第五篇　化 妆 品 篇

关于批准翅果油作为化妆品原料使用的公告

2014年　第51号

经国家食品药品监督管理总局化妆品技术审评专家委员会审核，现批准翅果油作为化妆品原料使用。使用该原料生产化妆品，应当符合有关法律、法规、标准规定。

特此公告。

附件：翅果油技术要求

国家食品药品监督管理总局
2014年10月30日

附件

翅果油技术要求

【基本信息】

中文名称	翅果（Elaeagnusmollisdiel）油				
INCI名称	/	ID号	/	CAS号	/
商品名	琪尔康翅果油				
工艺流程	原料翅果仁 —粉碎处理→ 萃取釜 —CO_2超临界萃取→ 分离釜 —过滤→ 油脂 —检验合格/封装→ 成品				
主要成分	脂肪酸、维生素E				
原料来源	翅果油树的果实：翅果仁				

【主要组成成分及指标】

主要成分	化学结构式	分子量	含量	检测方法
脂肪			≥990mg/g	GB/T 5009.6 食品中脂肪的测定
油酸	$CH_3(CH_2)_7CH=CH(CH_2)_7COOH$	282.47	280～420mg/g	GB/T 17377 动植物油脂脂肪酸甲酯的气相色谱分析
亚油酸	$C_{18}H_{32}O_2$	280.44	420～540mg/g	
亚麻酸	$C_{18}H_{30}O_2$	280.45	50～150mg/g	
维生素 E	$C_{20}H_{50}O_2$	430.71	≥500mg/100g	GB/T 5009.82 食品中维生素 A 和维生素 E 测定

【理化指标】

项目	指标	检测方法
性状	淡黄色澄清液体	GB/T 5525 植物油脂透明度、气味、滋味鉴定法
色泽（罗维朋比色槽 25.4mm）	黄 35，红 2.3	
气味	淡淡的香味，无异味	
相对密度/（20℃）	0.9140～0.9250	GB/T 5526 植物油脂检验比重法测定
折光指数/（n^{40}）	1.4640～1.4800	GB/T 5527 植物油脂检验折光指数测定法
凝固点/（℃）	-10～-28	SN/T 0801.17 进出口动物油脂脂肪酸凝固测定方法
碘值（I）/（g/100g）	110～150	GB/T 5532 动植物油脂碘值的测定
皂化值（KOH）/（mg/g）	179～195	GB/T 5534 动植物油脂皂化值得测定
不皂化物/（g/100g）	<3.6	GB/T 5535.1 动植物油脂皂化值的测定第一部分：乙醚提取法检验

【卫生指标】

项目	指标	检测方法
水分及挥发物/（g/100g）	<0.5	GB/T 5528 动植物油脂水分及挥发物含量测定法
酸值（以 KOH 计）/（mg/g）	≤5.0	GB/T 5530 动植物油脂酸值和酸度的测定
过氧化值/（mmol/kg）	≤6.0	GB/T 5538 动植物油脂过氧化值的测定

【杂质检查】

项目	指标	检测方法
杂质/（g/100g）	<0.2	GB/T 15688 动植物油脂不溶性杂质含量测定
铅（以 Pb 计）/（mg/kg）	≤ 40	《化妆品卫生规范》2007 年版铅第一法
汞（以 Hg 计）/（mg/kg）	≤ 1	《化妆品卫生规范》2007 年版汞第二法
砷（以 As 计）/（mg/kg）	≤ 10	《化妆品卫生规范》2007 年版砷第一法

【微生物指标】

项目	指标	检验方法
菌落总数	< 500 CFU/g	《化妆品卫生规范》2007年版微生物检验方法
霉菌和酵母菌总数	< 100 CFU/g	《化妆品卫生规范》2007年版微生物检验方法
粪大肠菌群	1g中不得检出	《化妆品卫生规范》2007年版微生物检验方法
铜绿假单胞菌	1g中不得检出	《化妆品卫生规范》2007年版微生物检验方法
金黄色葡萄球菌	1g中不得检出	《化妆品卫生规范》2007年版微生物检验方法

【使用目的】

护肤化妆品基质原料，赋脂剂、保湿剂、抗氧化剂、抗衰老。

【使用范围】

护肤、保湿、抗衰防晒化妆品中赋形剂可用于按摩油和复方精油中。

【其他限制和要求】

根据目前科学认识，尚无其他限制和要求。

【注意事项】

避免误入眼内、误吸，发生上述情况时需要采取相应措施。

【贮存条件】

贮存于密封容器中，阴凉、干燥、通风处，温度不高于40℃。

【保质期】

12个月。

关于发布已使用化妆品原料名称目录的通告

2014年　第11号

为进一步加强化妆品原料管理，依据《化妆品卫生监督条例》等有关规定，国家食品药品监督管理总局对我国上市化妆品已使用原料开展了收集和梳理，编制了《已使用化妆品原料名称目录》，现予发布。

特此通告。

附件：已使用化妆品原料名称目录（略）

国家食品药品监督管理总局

2014年6月30日

第六篇　综　合　篇

食品药品监管总局关于印发食品药品行政处罚文书规范的通知

食药监稽〔2014〕64号

各省、自治区、直辖市食品药品监督管理局，新疆生产建设兵团食品药品监督管理局：

为落实《食品药品行政处罚程序规定》（国家食品药品监督管理总局令第3号），规范食品药品行政处罚行为，国家食品药品监督管理总局制定了《食品药品行政处罚文书规范》，现予印发，请各地参照执行。

国家食品药品监督管理总局
2014年6月3日

食品药品行政处罚文书规范

第一章 总 则

第一条 为了规范食品药品行政处罚行为，根据《食品药品行政处罚程序规定》（国家食品药品监督管理总局令第3号），制定本规范。

第二条 食品药品行政处罚文书（以下简称文书）适用于食品、保健食品、药品、化妆品、医疗器械监督检查和行政处罚等执法活动。

第三条 本规范确定的各类文书格式由国家食品药品监督管理总局统一制定。各省、自治区、直辖市食品药品监督管理部门可以参照文书格式范本，制定本行政区域行政处罚所适用的文书格式。

第二章 文书类型

第四条 《案件来源登记表》，是食品药品监督管理部门对监督检查及抽验中发现的，公民、法人或者其他组织投诉举报的，上级机关交办或者下级机关报请查处的，有关部门移送或者经由其他方式、途径披露的案件，按照规定的权限和程序办理登记手续的文书。

处理意见，应当写明具体建议，如是否需要进一步核实等情况。

第五条 《立案审批表》，是指经食品药品监督管理部门初步核实，符合《食品药品行政处罚程序规定》第十八条规定的，报请分管负责人决定是否立案的文书。

第六条 《案件移送书》，是食品药品监督管理部门发现案件不属于本部门管辖，移送有管辖权的食品药品监督管理部门或者相关行政管理部门处理的文书。

填写主要案情及移送原因时，应当将拟移送的相关证据材料、有关物品等表述清楚。

第七条 《涉嫌犯罪案件移送审批表》，是食品药品监督管理部门发现案件涉嫌犯罪，需要移送司法机关追究刑事责任，报请本机关正职负责人或者主持工作的负责人审批的文书。

第八条 《涉嫌犯罪案件移送书》，是食品药品监督管理部门将涉嫌犯罪的案件，移送同级公安部门，并抄送同级人民检察院时使用的文书。

第九条 《查封（扣押）物品移交通知书》，是食品药品监督管理部门对公安机关决定立案的案件，自接到公安机关立案通知书之日起 3 日内将查封、扣押涉案物品以及与案件有关的其他材料移交公安机关，并书面告知当事人时使用的文书。

第十条 《询问调查笔录》，是在进行案件调查时依法向案件当事人、直接责任人或者其他被询问人询问的记录文书。

《询问调查笔录》，应当注明执法人员身份、证件名称、证件编号及调查目的。首次向案件当事人收集、调取证据的，应当告知其有申请办案人员回避的权利。

监督检查类别，应当准确注明食品、保健食品、药品、化妆品、医疗器械的品种类别和生产、经营、使用等环节类别。

调查记录，应当记录与案件有关的全部情况，包括时间、地点、主体、事件、过程、情节等。

第十一条 《现场检查笔录》，是食品药品监督管理部门在日常监督检查或者案件调查过程中，对现场进行实地检查、勘验情况记录的文书。

《现场检查笔录》，应当注明执法人员身份、证件名称、证件编号及检查目的。首次向案件当事人收集、调取证据的，应当告知其有申请办案人员回避的权利。

检查地点，应当写清勘验、检查地点的具体方位和具体地点。

检查时间，应当写明实施现场检查的起止时间。

第十二条 《案件调查终结报告》，是案件承办人在调查终结后撰写的调查报告，其内容一般包括当事人基本情况、案由、违法事实及证据、调查经过等，拟给予行政处罚的，还应当包括所适用的法律法规依据及处罚建议。

案情及违法事实，应简明扼要写清案件的调查经过和结果。违法事实包括当事人违法行为的时间、地点、情节、违法所得、货值金额、危害后果等。

处罚建议，应写明行政处罚种类、幅度、依据和理由。

第十三条 《先行登记保存物品通知书》，是食品药品监督管理部门通知当事人对涉案物品需要先行登记保存的文书。

《先行登记保存物品通知书》，应当写明保存条件、保存期限、保存地点以及保存证据等有关内容。

《先行登记保存物品通知书》与《（）物品清单》、《封条》配套使用。

第十四条 《先行登记保存物品处理决定书》，是食品药品监督管理部门对先行登记保存的证据，依据《食品药品行政处罚程序规定》第二十六条规定，在7日内作出处理决定所使用的文书。

填写《先行登记保存物品处理决定书》的同时应当填写《（）物品清单》。

第十五条 《查封（扣押）决定书》，是食品药品监督管理部门通知当事人对其生产经营的涉嫌违法的产品、原料、工具设备、场所等采取强制性查封或者扣押的文书。

《查封（扣押）决定书》，应写明查封扣押物品或场所的地点，查封扣押物品保存条件。

《查封（扣押）决定书》与《（）物品清单》、《封条》配套使用。

第十六条 《封条》，是食品药品监督管理部门在实施先行登记保存、查封（扣押）时，对涉案场所、证物等采取保全措施或者行政强制措施时使用的文书。

《封条》上应当注明日期，加盖公章。

第十七条 《检验（检测、检疫、鉴定）告知书》，是食品药品监督管理部门对先行登记保存或查封（扣押）物品需进行检验（检测、检疫、鉴定）而告知当事人检验（检测、检疫、鉴定）时限的文书。

第十八条 《查封（扣押）延期通知书》，是食品药品监督管理部门在案件查办过程中，决定对已查封（扣押）物品或查封场所延长查封、扣押期限所使用的文书。

第十九条 《先行处理物品通知书》，是食品药品监督管理部门采取查封（扣押）行政强制措施后，对符合《食品药品行政处罚程序规定》第二十九条第二款规定的物品，经食品药品监督管理部门分管负责人批准，在采取相关措施留存证据后进行先行处理，通知当事人的文书。

第二十条 《解除查封（扣押）决定书》，是对已查封（扣押）物品或查封场所，符合《中华人民共和国行政强制法》第二十八条规定情形的，向当事人出具解除物品或场所控制的文书。同时，应附《（解除查封（扣押））物品清单》。

第二十一条 《案件合议记录》，是在案件调查终结后，由承办部门负责人组织案件承办人及有关人员对案件进行综合分析、审议时，记录案件讨论情况的文书。

讨论记录，要记载参加合议人员发表的意见，对不同意见和保留意见应当如实记录。

合议意见，是在合议人发表意见后形成的综合处理意见，参加合议人员有不同意见的应当予以注明。

合议结束后，记录人将合议记录交主持人和参加合议人员核对后签字。

第二十二条 《案件集体讨论记录》，是对情节复杂或者重大违法行为拟给予较重行政处罚时，记录食品药品监督管理部门负责人进行集体讨论时有关内容所填写的文书。该文书要求写明讨论过程中的重要意见及决定意见，并有主持人、记录人和参加人员签名。

第二十三条 《责令改正通知书》，是食品药品监督管理部门对已有证据证明有违法行为的，责令当事人改正或者限期改正违法行为时填写的文书。责令改正通知书应当写明当事人的违法事实、具体的责令改正意见、改正期限和法律依据。

第二十四条 《撤案审批表》，是案件立案后，经调查确认违法事实不成立或者属于不予行政处罚的情形，案件承办人报请分管负责人批准撤案的内部文书。

第二十五条 《听证告知书》，是对符合听证条件的案件，在作出行政处罚决定之前，告知当事人有权要求听证的文书。

《听证告知书》，应当告知当事人已经查明的违法事实、处罚依据、拟处罚种类和幅度。

第二十六条 《听证通知书》，是根据有权要求举行听证的当事人要求，食品药品监督管理部门决定举行听证时向当事人发出书面通知的文书。

《听证通知书》，应当写明举行听证的时间、地点、听证方式、申请回避的权利等内容。

第二十七条 《听证笔录》，是食品药品监督管理部门记录听证过程和内容的文书。

当事人委托代理人的，应当写明代理人的姓名、性别、职务、年龄、联系方式、工作单位等。

《听证笔录》，应当写明案件承办人、听证主持人、记录人、听证方式、听证地点、听证时间、案由以及案件承办人提出的事实、证据和行政处罚建议、当事人陈述申辩等内容。

第二十八条 《听证意见书》，是听证结束后，听证主持人就听证情况及听证人员对该案件的意见，以书面形式向本部门负责人正式报告的文书。

听证意见，是指听证主持人综合案件承办人员、当事人发表的意见以及证据，确认案件事实是否清楚、证据是否确凿、程序是否合法、适用法律是否准确，并明确提出对本案的处理意见。

第二十九条 《行政处罚事先告知书》，是作出行政处罚决定之前，告知当事人违法事实、相关证据、违反法律法规的条款、处罚理由和依据，以及当事人依法享有陈述申辩权的文书。

第三十条 《行政处罚决定审批表》，是作出行政处罚决定之前，由食品药品监督管理部门负责人对案件的调查结果及拟作出行政处罚意见进行审查的文书。

《行政处罚决定审批表》，包括案由、主要违法事实、证据、处罚依据和建议，承办处室负责人复核意见，食品药品监督管理部门负责人审批意见。

食品药品监督管理部门负责人审批日期，即为作出行政处罚决定的日期。

第三十一条 《行政处罚决定书》，是食品药品监督管理部门对事实清楚、证据确凿的违法案件，依法作出行政处罚决定的文书。

被处罚人是单位的填写单位全称，是个人的填写姓名。同时，还应写明被处罚人的地址。

《行政处罚决定书》，应当写明查实的违法事实、相关证据、违反的法律条款、行政处罚依据、行政处罚决定的内容，还应当将罚款缴往单位、地址和缴纳期限，复议和诉讼途径、方法和期限等事项进行告知。

第三十二条 《当场行政处罚决定书》，是执法人员对案情简单、违法事实清楚、证据确凿，适用简易程序的违法行为，当场作出行政处罚决定的文书。

第三十三条 《没收物品凭证》，是在行政处罚决定中适用没收物品处罚时填写的文书。

《没收物品凭证》应当与《行政处罚决定书》日期一致。

第三十四条 《没收物品处理清单》，是记录没收物品具体处理情况的文书。

处理方式，应当注明销毁（焚烧、深埋、粉碎、毁型、无害化处理）、移交、上交、拍卖等。地点，指物品销毁地点。经办人，是具体实施处理物品的人。

《没收物品处理清单》，应当有2名以上承办人签字。承办人是指该案的承办人。特邀参加人是指第三方人员。

《没收物品处理清单》，应当一案一单。

第三十五条 《履行行政处罚决定催告书》，是食品药品监督管理部门告知未及时或全部缴纳罚没款的当事人履行义务的期限、方式、金额，依法享有的陈述和申辩权的文书。

第三十六条 《行政处罚强制执行申请书》，是食品药品监督管理部门对当事人逾期不履行行政处罚决定书作出的处罚决定时，申请人民法院依法强制执行时使用的文书。

申请执行内容应当写明申请执行的事项，包括罚没款数额、没收物品名称及数量等。

附件，应当分项列明作为执行依据的《行政处罚决定书》、《没收物品凭证》、《没收物品处理清单》、《送达回执》等，以及法院认为需要提供的其他相关材料。

第三十七条 《陈述申辩笔录》，是食品药品监督管理部门记录当事人及陈述申辩人所做出的陈述和申辩事实、要求和理由的文书。

《陈述申辩笔录》，应当完整记录当事人提出的事实、理由。尽可能记录陈述申辩人原话，不能记清原话的，应当真实表达陈述申辩人原意。

当事人委托代理人的，应当写明受委托代理人的姓名、职务、身份证号等，受委托的代理人应当出具当事人的委托书。当事人提供书面陈述申辩材料的，可以代替陈述申辩笔录随卷保存。

第三十八条 《陈述申辩复核意见书》，是向当事人送达《行政处罚事先告知书》、《履行行政处罚决定催告书》以及采取强制措施后，根据当事人提出的陈述申辩理由，对案件进一步审核并提出意见的书面文书，应与《陈述申辩笔录》配套使用。

第三十九条 《（）副页》，用于《现场检查笔录》、《询问调查笔录》、《案件合议记录》、《陈述申辩笔录》、《案件集体讨论记录》、《听证笔录》、《听证意见书》等文书的续页，（）中应当填写相应文书名称，如《（现场检查笔录）副页》。

第四十条 《（）物品清单》，用于《先行登记保存物品通知书》、《先行登记保存物品处理通知书》、《查封（扣押）决定书》、《解除查封（扣押）决定书》、《没收物品凭证》、《先行处理物品通知书》等文书的附件，（）中应当填写相应文书名称，如《（先行登记保存）物品清单》。

文书编号，应当填写与《（）物品清单》配套使用的相应文书的编号。如：《（查封（扣押））物品清单》的文书文号为：（××）食药监×查扣〔年份〕×号。

第四十一条 《送达回执》，是食品药品监督管理部门将有关文书送达当事人或者相关部门的凭证。凡需送达当事人的告知类、通知类文书以及需要有关部门签收的申请书、移送书等文书，均应使用《送达回执》。

送达方式，应当注明直接送达、邮寄送达、留置送达、委托送达、公告送达。

备注，用于说明有关事项，如采取邮寄送达的，应当将挂号回执和邮寄凭证粘贴在备注上，并用文字注明；当事人拒绝签收的，应在备注栏注明拒收事由，由见证人签字或盖章并标注日期。

第四十二条 《（）审批表》，是涉及行政处罚需要审批有关事项所使用的内部文书。

《（）审批表》适用于以下事项：办案人员回避审批；先行登记保存物品审批；实施查封（扣押）、延期查封（扣押）行政强制措施审批；先行处理物品审批；没收物品处理审批；延长办案期限审批；案件终止调查审批；延（分）期缴纳罚款审批；案件移送审批；申请强制执行审批等。

《（）审批表》不适用于立案审批；撤案审批；涉嫌犯罪案件移送审批；行政处罚决定审批。

（）中应当填写有关审批事项名称，如《（先行登记保存物品）审批表》。

附件中应当填写所附文字材料名称。

第四十三条 《行政处罚结案报告》，是食品药品监督管理部门对立案调查的案件在行政处罚决定履行或执行后，或者对不作行政处罚的案件，报请分管负责人批准结案填写的文书。

《行政处罚结案报告》，应当填写案由、案件来源、被处罚单位（人）、法定代表人（负责人）、立案日期、处罚日期、处罚文书号、结案日期、处罚种类和幅度、执行结果等内容。不作行政处罚的，应当写明理由。

第三章 制作要求

第四十四条 文书制作应当完整、准确、规范，符合相关要求。

除有特别要求的文书外，文书尺寸统一使用 A4（210mm * 297mm）纸张印制。

文书使用 3 号黑体；文书名称使用 2 号宋体；表格内文字使用 5 号仿宋。需加盖公章的制作式文书，正文内容使用 3 号仿宋字，公章与正文尽可能同处一页。文书页数在 2 页或 2 页以上的，需标注页码。同一文书正文尽量保持字体、字号一致，表格及填写式文书尽量一页排完。

文书排版可参照《党政机关公文格式》国家标准（GB/T 9704-2012）有关

规定执行。

第四十五条　填写式文书应当按照规定的格式，用蓝黑色或者黑色的墨水笔或者签字笔填写，保证字迹清楚、文字规范、页面清洁。文书栏目应当逐项填写（空项应当用杠线表示），有选择项的应当根据需要勾选。摘要填写，应当简明、完整、准确。签名和标注日期，必须清楚无误。有条件的，可以按照规定的格式打印。两联以上的文书应当使用无碳复写纸印制，并标注联号。第一联留存归档。

当事人认为现场填写的笔录文书有误，要求修改的，应当在修改处由当事人签字或者按指纹。

第四十六条　文书编号的形式为：（地区简称）+食药监+执法类别+执法性质+〔年份〕+顺序号。

如：（京朝）食药监药查扣〔2013〕5号。京朝→代表北京市食品药品监督管理局朝阳分局，食药监→代表行政机关代字，药→代表执法类别为药品类案件（如：食→代表食品类案件，健→代表保健食品类案件，妆→代表化妆品类案件，械→代表医疗器械类案件），查扣→代表查封（扣押）决定书，2013→代表年份，5号→代表查封（扣押）决定书排序第5号。

第四十七条　文书本身设有当事人项目的，应当按以下要求填写：当事人为公民的，应与居民身份证的情况相一致；当事人为法人或者依法设立的其他组织的，应与营业执照或者登记文件上的名称一致；当事人为没有领取营业执照的法人分支机构的，以设立该分支机构的法人为当事人；个体工商户以营业执照上登记的业主为当事人；法人或者其他组织应登记而未登记即以法人或者其他组织名义进行生产经营活动，或者他人冒用法人、其他组织名义进行生产经营活动，或者法人或者其他组织依法终止后仍以其名义进行生产经营活动的，以直接责任人为当事人。

第四章　文书管理

第四十八条　各省、自治区、直辖市食品药品监督管理部门应当制定行政处罚文书管理制度，加强对文书的印制、使用、保存的管理。凡预盖印章的文书，应由专人负责编号、登记发放，严防丢失。

第四十九条　食品药品监督管理部门查处案件实行一案一卷。不能随文书装订立卷的录音、录像、摄影、拍照等实物证据，应当放入证据袋中，随卷归档，并在卷内列表注明录制内容、数量、时间、地点、制作人等。

第五十条　本规范中所列《现场检查笔录》、《询问调查笔录》、《先行登记保存物品通知书》、《查封（扣押）决定书》、《封条》、《责令改正通知书》等文书也可供日常检查使用。

第五章　附　　则

第五十一条　本规范自发布之日起施行。2003 年 7 月 29 日原国家药品监督管理局《关于印发药品监督行政执法文书规范的通知》（国食药监市〔2003〕184 号）同时废止。

附件：食品药品行政处罚文书范本

附件

食品药品行政处罚文书范本

目　录

21. 撤案审批表
22. 听证告知书
23. 听证通知书
24. 听证笔录
25. 听证意见书
26. 行政处罚事先告知书
27. 行政处罚决定审批表
28. 行政处罚决定书
29. 当场行政处罚决定书
30. 没收物品凭证
31. 没收物品处理清单
32. 履行行政处罚决定催告书
33. 行政处罚强制执行申请书
34. 陈述申辩笔录
35. 陈述申辩复核意见书
36. （ ）副页
37. （ ）物品清单
38. 送达回执
39. （ ）审批表
40. 行政处罚结案报告

表1

食品药品行政处罚文书案件来源登记表

（××）食药监×案源〔年份〕×号

案件来源：□监督检查　□投诉/举报　□上级交办　□下级报请
□监督抽验　□移送　□其他

当事人：________________

地址：________________ 邮编：________________

法定代表人（负责人）/自然人：________________ 联系电话：________________

法定代表人（负责人）/自然人身份证号码：________________

登记时间：______年______月______日______时______分______

基本情况介绍：（负责人，案发时间、地点，重要证据，危害后果及其影响等）

附件：（现场检查笔录、投诉举报材料、检测（检验）报告、相关部门移送材料等）

记录人：×××（签字）
×年×月×日

处理意见：

负责人：×××（签字）
×年×月×日

表 2

食品药品行政处罚文书
立案审批表

案　由：×××

当事人：×××　　法定代表人（负责人）：×××

地　址：×××　　联系方式：×××

案件来源：×××

案情摘要：（简要介绍案情，指明当事人涉嫌违反法律法规具体条款）

经初步审查，当事人的行为涉嫌违反了×××（法律法规名称及其条、款、项）的规定，申请予以立案。

经办人：×××（签字）
×年×月×日

建议本案由××× 、××× 承办。

承办部门负责人：×××（签字）
×年 ×月×日

审批意见：

分管负责人：×××（签字）
×年×月×日

表3

食品药品行政处罚文书
案件移送书

（××）食药监×案移〔年份〕×号

×××：

×××（当事人姓名或名称+涉嫌构成的违法行为的概述）一案，经调查，×××（案件发生的时间、主要违法事实及移送原因），根据《中华人民共和国行政处罚法》第×条的规定，现移送你单位处理。案件处理结果请函告我局。

附件：案情简介及有关材料×件。

（公　　章）
×年×月×日

注：正文3号仿宋体字，存档（1）。

表 4

食品药品行政处罚文书
涉嫌犯罪案件移送审批表

案　由：×××

案件来源：×××

受移送机关：×××

主要案情及移送原因：

附件：涉嫌犯罪案件情况调查报告。

经办人：×××（签字）

×年×月×日

承办部门意见：

负责人：×××（签字）

×年×月×日

审批意见：

负责人：×××（签字）

×年×月×日

表 5

食品药品行政处罚文书
涉嫌犯罪案件移送书

（××）食药监×罪移〔年份〕×号

×××公安局：

×××（当事人）涉嫌×××（犯罪行为）一案，经初步调查，当事人涉嫌构成犯罪，根据《中华人民共和国行政处罚法》第二十二条、《行政执法机关移送涉嫌犯罪案件的规定》第三条的规定，现移送你单位依法查处。

根据《行政执法机关移送涉嫌犯罪案件的规定》第十二条的规定，我局将在接到你局立案通知书之日起 3 日内将涉案物品及与案件有关的其他材料移交你局。

根据《行政执法机关移送涉嫌犯罪案件的规定》第八条的规定，你单位如认为当事人没有犯罪事实，或者犯罪事实显著轻微，不需要追究刑事责任，依法不予立案的，请说明理由，并书面通知我局，退回有关案卷材料。

附件：

（公　　章）

×年×月×日

注：正文 3 号仿宋体字。抄送×××人民检察院，存档（1）。

表6

食品药品行政处罚文书
查封（扣押）物品移交通知书

（××）食药监×查扣移〔年份〕×号

×××公安局：

因×××的违法行为涉嫌犯罪，根据《中华人民共和国行政强制法》第二十一条的规定，我局决定对查封（扣押）的×××的有关物品［见（××）食药监×查扣〔年份〕×号《查封（扣押）决定书》所附《查封（扣押）物品清单》］移交给你单位。

（公　　章）
×年×月×日

注：正文3号仿宋体字，抄送（当事人）×××，存档（1）。

表 7

食品药品行政处罚文书
询问调查笔录

第　　页，共　　页

案　　由：______________________________
调查地点：______________________________
被调查人：__________职务：________民族：____身份证号：______________
工作单位：______________联系方式：__________地址：______________
调查人：__________、__________记录人：__________监督检查类别：______________
调查时间：______年______月______日______时______分至______时______分

我们是______________________的执法人员__________、__________，执法证件名称、编号是：______________________，请你过目。

问：你是否看清楚？

答：

我们依法就______________________有关问题进行调查，请予配合。依照法律规定，对于调查人员，有下列情形之一的，必须回避，你也有权申请调查人员回避：（1）系当事人或当事人的近亲属；（2）与本案有直接利害关系；（3）与当事人有其他关系，可能影响案件公正处理的。

问：你是否申请调查人员回避？

答：

问：你有如实接受调查的法律义务，如有意隐匿违法行为或故意作伪证将承担法律责任，你是否明白？

答：

调查记录：

被调查人签字：______________　执法人员签字：______________

年　　月　　日　　　　　　　　年　　月　　日

注：调查笔录经核对无误后，被调查人在笔录上逐页签字或者按指纹，并注明对笔录真实性的意见。笔录修改处，应由被调查人签字或者按指纹。调查人应在笔录上签字。

表 8

食品药品行政处罚文书
现场检查笔录

第　　页，共　　页

检查事由：____

被检查单位（人）：____

检查地点：____

法定代表人（负责人）：____________________联系方式：________________

检查人：________________记录人：____________监督检查类别：____________

检查时间：________年________月________日________时________分至________时________分

我们是________________________的执法人员________、________，执法证件名称、编号是：____。

我们在你单位________（职务）________（姓名）陪同下进行现场检查。依照法律规定，对于检查人员，有下列情形之一的，应当自行回避，你也有权申请检查人员回避：(1) 系当事人或当事人的近亲属；(2) 与本案有直接利害关系；(3) 与当事人有其他关系，可能影响案件公正处理的。

是否申请调查人员回避，是□，否□；签字：________

现场检查记录：

被检查人：________________ 职务：________________ ________________年____月____日

见证人：____________身份证号码：________________ ________________年____月____日

执法人员：____ ____________年____月____日

注：存档（1）。被检查人在检查笔录上逐页签字或者按指纹，并注明对笔录真实性的意见。笔录修改处，应由被检查人签字或者按指纹。被检查人拒绝签字的，应邀请见证人到场，并由见证人签字或盖章；同时由两名以上行政执法人员在笔录中注明拒绝签字的理由。执法人员应在笔录上签字。

表 9

食品药品行政处罚文书
案件调查终结报告

案由：×××

当事人基本情况：（当事人是自然人的，应写明当事人姓名、性别、年龄、身份证号码、工作单位、住所等；当事人是法人或者非法人企业及其分支机构的，写明该法人或者非法人企业及其分支机构的名称、地址、法定代表人或负责人姓名、职务等）

违法事实：×××

证据材料：×××

处罚依据：×××

处罚建议：×××

案件承办人：×××、×××（签字）

×年×月×日

表 10

食品药品行政处罚文书
先行登记保存物品通知书

（××）食药监×登保〔年份〕×号

________________________:

根据《中华人民共和国行政处罚法》第三十七条第二款规定，我局决定对你（单位）的有关物品［见（××）食药监×登保〔年份〕×号《先行登记保存物品清单》］予以登记保存。在此期间，不得损毁、销毁或者转移。

第

保存地点：

保存条件：

保存期限：七日

联

附件：（××）食药监×登保〔年份〕×号《先行登记保存物品清单》

（公 章）

× 年×月×日

注：正文 3 号仿宋体字，存档（1）。

表 11

食品药品行政处罚文书
先行登记保存物品处理决定书

（××）食药监×登保处〔年份〕×号

×××：

依据《中华人民共和国行政处罚法》第三十七条第二款的规定，本机关对×年×月×日（××）食药监×登保〔年份〕×号《先行登记保存物品通知书》中《先行登记保存物品清单》载明的物品，作出以下处理决定：

附件：（××）食药监×登保处〔年份〕×号《先行登记保存物品处理清单》

（公　　章）

×年×月×日

注：正文 3 号仿宋体字，存档（1）。

表 12

食品药品行政处罚文书
查封（扣押）决定书

（××）食药监 ×查扣〔年份〕×号

当事人：______________________法定代表人（负责人）：______________

地　址：______________________联系方式：______________________

根据《______________》第__条第__款第__项、《食品药品行政处罚程序规定》第二十七条的规定，你单位（人）______________________________________

涉嫌（存在）________________问题，现决定对你单位（人）的有关物品/场所予以查封（扣押）。在查封（扣押）期间，对查封扣押的场所、设施和财物，应当妥善保存，不得使用、销毁或者擅自转移。当事人不得擅自启封。

查封（扣押）物品保存地点/场所地点：

查封（扣押）物品期限：自_____年___月___日至_____年___月_____日。

查封扣押物品保存条件：____

本决定书附（××）食药监×查扣〔年份〕×号《查封（扣押）物品清单》

你单位可以对本决定进行陈述和申辩。

如不服本决定，可在接到本决定书起60日内依法向______________食品药品监督管理局或者__________人民政府申请行政复议，也可以于3个月内依法向__________人民法院起诉。

（公　　章）

×年×月×日

注：正文3号仿宋体字，存档（1）。

表 13

×××食品药品监督管理局封条 （印章） 年 月 日

注：各省、自治区、直辖市食品药品监督管理局可根据实际情况自定封条尺寸。

表 14

食品药品行政处罚文书
检验（检测、检疫、鉴定）告知书

（××）食药监×检告〔年份〕×号

×××：

我局决定对（××）食药监×××〔年份〕×号《×××文书》所记载的物品进行检验（检测、检疫、鉴定），检验（检测、检疫、鉴定）期限自×年×月×日至×年×月×日。对查封（扣押）的情形，根据《中华人民共和国行政强制法》第二十五条第三款规定，该期限不计入查封（扣押）期间。

特此告知。

（公　章）
×年×月×日

注：正文 3 号仿宋体字，存档（1）。

表 15

食品药品行政处罚文书
查封（扣押）延期通知书

（××）食药监×查扣延〔年份〕×号

当事人：××× 法定代表人（负责人）：×××

地 址：××× 联系方式：×××

根据《中华人民共和国行政强制法》第二十五条第一款的规定，因×××（原因），我局决定对（××）食药监×查扣〔年份〕×号《查封（扣押）决定书》中所查封（扣押）的物品延长查封（扣押）期限，自×年×月×日起延长至×年×月×日。对查封扣押的场所、设施和财物，应当妥善保存，不得使用、销毁或者擅自转移。当事人不得擅自启封。

你单位可以对本决定进行陈述和申辩。

如不服本决定，可在接到本决定书之日起60日内依法向×××（上一级）食品药品监督管理局或者×××人民政府申请行政复议，也可以于3个月内依法向×××人民法院起诉。

（公 章）

×年×月×日

注：正文3号仿宋体字，存档（1）。

表 16

食品药品行政处罚文书
先行处理物品通知书

（××）食药监×先处〔年份〕×号

×××：

我局于×年×月×日以（××）食药监×查扣〔年份〕×号《查封（扣押）决定书》查封（扣押）了你（单位）的物品。为防止造成不必要的损失，根据《食品药品行政处罚程序规定》第二十九条第二款的规定，本局决定对×××物品予以先行处理。

处理方式：×××

附件：（××）食药监× 先处〔年份〕×号《先行处理物品清单》

（公　　章）

×年×月×日

注：正文 3 号仿宋体字，存档（1）。

表 17

食品药品行政处罚文书
解除查封（扣押）决定书

（××）食药监×解查扣〔年份〕×号

×××：

我局于×年×月×日，以（××）食药监×查扣〔年份〕×号《查封（扣押）决定书》对（××）食药监×查扣〔年份〕×号《查封（扣押）物品清单》所列物品予以查封（扣押），现根据《中华人民共和国行政强制法》第二十八条第一款第×项的规定，予以全部（或部分）解除查封（扣押）。

附件：（××）食药监×解查扣〔年份〕×号《解除查封（扣押）物品清单》

（公　　章）
×年×月×日

注：正文3号仿宋体字，存档（1）。

表 18

食品药品行政处罚文书
案件合议记录

第　　页，共　　页

案　由：×××

当事人：×××

合议时间：×年×月×日　　主持人：×××　　地点：×××

合议人员：×××、×××、×××　　记录人：×××

案情介绍：×××

讨论记录：×××

合议意见：×××

主持人：×××（签字）　　记录人：×××（签字）

合议人员：×××、×××、×××（签字）

表19

食品药品行政处罚文书
案件集体讨论记录

第　　页，共　　页

案　由：×××

当事人：×××

讨论时间：×年×月×日　　　　地　点：×××

主持人：×××　　　　汇报人：×××　　　　记录人：×××

参加人：×××

主要违法事实：×××

讨论记录：×××

决定意见：×××

主持人：×××（签字）　　　　记录人：×××（签字）

参加人员：×××、×××、×××、×××、×××（签字）

表 20

食品药品行政处罚文书
责令改正通知书

（××）食药监 ×责改〔年份〕×号

______________________________：

经查，你（单位）____的行为，违反了______________________的规定。

根据《______________________________》第____条第____款第____项规定，责令你（单位）立即改正。改正内容及要求如下：

第

联

（公　　章）
× 年×月×日

注：正文 3 号仿宋体字，存档（1）。

表21

食品药品行政处罚文书
撤案审批表

案　由：×××

当事人：×××　　法定代表人（负责人）：×××

地　址：×××　　联系方式：×××

案件来源：×××　　立案时间：×年×月×日

案情调查摘要：

撤案理由：

承办人：×××、×××（签字）
×年×月×日

承办部门负责人：×××（签字）
×年×月×日

审核部门意见：

负责人：×××（签字）
×年×月×日

审批意见：

分管负责人：×××（签字）
×年×月×日

表 22

食品药品行政处罚文书
听证告知书

（××）食药监×听告〔年份〕×号

×××：

你（单位）×××（违法行为描述）的行为，违反了×××（法律法规名称及条、款、项）的规定。

依据×××（法律法规名称及条、款、项）的规定，拟对你（单位）进行以下行政处罚：1. ×××；2. ×××；3. ×××。

根据《中华人民共和国行政处罚法》第四十二条第一款的规定，你（单位）有权要求举行听证。

如你（单位）要求听证，应当在收到本告知书后 3 日内告之我局。逾期视为放弃听证权利。

地　　址：×××

邮政编码：×××

联系电话：×××

联 系 人：×××

（公　　章）

×年×月×日

注：正文 3 号仿宋体字，存档（1）。

表 23

食品药品行政处罚文书
听证通知书

（××）食药监×听通〔年份〕×号

×××：

你（单位）于×年×月×日向本局提出听证申请，根据《中华人民共和国行政处罚法》第四十二条规定，本局决定于×年×月×日×时×分，在×××（地点）公开（不公开）举行听证会。请你（单位）法定代表人或委托代理人准时出席。不按时出席听证，且事先未说明理由，又无特殊原因的，视为放弃听证权利。

委托代理听证的，应当在听证举行前向本局提交听证代理委托书。

本案听证主持人：××× 记录员：×××

根据《中华人民共和国行政处罚法》第四十二条的规定，你如申请主持人回避，可在听证举行前向本局提出回避申请并说明理由。

地　　址：×××

邮政编码：×××

联系电话：×××

联 系 人：×××

（公　　章）

×年×月×日

注：正文 3 号仿宋体字，存档（1）。

表 24

食品药品行政处罚文书
听证笔录

第 页，共 页

案 由：________________

当事人：________________

法定代表人（负责人）：________性别：____年龄：_____联系方式：________________

地 址：________________

委托代理人：____________ 性别：___年龄：___职务：_______ 联系方式：____________

工作单位：________________地 址：________________

案件承办人：________________ 部 门：________职务：________________

案件承办人：________________部 门：________职 务：________________

听证主持人：________________记录人：________________

听证时间：_____年___月___日___时___分至_____时___分

听证方式：________________

记录：

当事人或委托代理人：×××（签字） ×年×月×日

案件承办人：×××、×××（签字） ×年×月×日

听证主持人：×××（签字） ×年×月×日

注：听证笔录经当事人审核无误后逐页签字，修改处签字或按指纹，并在笔录上注明对笔录真实性的意见。案件承办人和听证主持人在笔录上签字。

表 25

食品药品行政处罚文书
听证意见书

案　由：×××

当事人：×××　　法定代表人（负责人）：×××

听证时间：×年×月×日×时×分至×时×分

听证主持人：×××　　听证方式：×××

案件基本情况：

申请人主要理由：

听证意见：

听证主持人签字：×××（签字）

×年×月×日

表 26

食品药品行政处罚文书
行政处罚事先告知书

（××）食药监×罚告〔年份〕×号

×××：

经查，你（单位）×××的违法行为，违反了×××的规定，依据×××的规定，我局拟对你（单位）进行以下行政处罚：1. ×××；2. ×××；3. ×××。

依据《中华人民共和国行政处罚法》第六条第一款、第三十一条规定，你（单位）可在收到本告知书之日起3 日内到×××（地点）进行陈述、申辩。逾期视为放弃陈述、申辩。

特此告知。

（公　　章）
×年×月×日

注：正文3 号仿宋体字，存档（1）。

表 27

食品药品行政处罚文书
行政处罚决定审批表

案　由：×××

当事人：×××

主要违法事实：×××

根据上述情况，拟对该单位（人）给予×××的行政处罚决定。

附件：×××

承办人：×××、×××（签字）
×年×月×日

承办部门负责人：×××（签字）
×年×月×日

审核部门意见：

负责人：×××（签字）
×年×月×日

审批意见：

负责人：×××（签字）
×年×月×日

表 28

食品药品行政处罚文书
行政处罚决定书

（××）食药监×罚〔年份〕×号

当事人：×××

地址（住址）：××× 邮编：×××

营业执照或其他资质证明：××× 编号：×××

组织机构代码（身份证）号：×××

法定代表人（负责人）：××× 性别：× 职务：×××

违法事实：×××

相关证据：×××

你（单位）的上述行为已违反了×××（法律法规名称及条、款、项）的规定：×××（法律法规具体条、款、项内容）。

行政处罚依据和种类：

依据×××（法律法规名称及条、款、项）的规定：×××（法律法规具体条、款、项内容）。

本局决定对你（单位）给予以下行政处罚：1. ×××；2. ×××；3. ×××。

请在接到本处罚决定书之日起15日内将罚没款缴到×××银行。逾期不缴纳罚没款的，根据《中华人民共和国行政处罚法》第五十一条第一项的规定，每日按罚款数额的3%加处罚款，并将依法申请人民法院强制执行。

如不服本处罚决定，可在接到本处罚决定书之日起60日内向×××（上一级）食品药品监督管理局或者×××人民政府申请行政复议，也可以于3个月内依法向×××人民法院提起行政诉讼。

（公 章）
×年×月×日

注：正文3号仿宋体字，存档（1），必要时交×××人民法院强制执行（1）。

表 29

食品药品行政处罚文书
当场行政处罚决定书

（××）食药监×当罚〔年份〕×号

当事人：×××

营业执照或其他资质证明：××× 编号：×××

组织机构代码（身份证）号：×××

法定代表人（负责人）：××× 性别：× 职务：×××

地址（住址）：××× 邮编：××× 电话：×××

你（单位）×××（违法行为）违反了×××（法律法规名称及条、款、项）的规定。依据×××（法律法规名称及条、款、项）的规定，决定对你（单位）给予以下行政处罚：1. ×××；2. ×××；3. ×××。

罚款按以下方式缴纳：

1. 符合《中华人民共和国行政处罚法》第四十七条规定情形的，可以当场缴纳。

2. 自即日起 15 日内将罚款交到×××银行，逾期不缴纳罚款的，根据《中华人民共和国行政处罚法》第五十一条第（一）项的规定，每日按罚款数额的 3% 加处罚款，并依法申请人民法院强制执行。

如不服本处罚决定，可在接到本处罚决定书之日起 60 日内向×××（上一级）食品药品监督管理局或者×××人民政府申请行政复议，也可以于 3 个月内依法向×××人民法院提起行政诉讼。

处罚地点：×××

当事人：×××（签字） 执法人员：×××、×××（签字）

×年×月×日

（公　　章）

×年×月×日

注：正文 3 号仿宋体字，存档（1），必要时交×××人民法院强制执行（1）。

表 30

食品药品行政处罚文书
没收物品凭证

（××）食药监×物凭〔年份〕×号

案　由：×××

当事人：××× 　　　　　　　　地 址：×××

执行机关：×××

根据（××）食药监×罚〔年份〕×号《行政处罚决定书》的决定，对你（单位）的涉案物品进行没收。

附件：（××）食药监×物凭〔年份〕×号《没收物品清单》

（公　　章）
×年×月×日

注：正文 3 号仿宋体字，存档（1），必要时交×××人民法院强制执行（1）。

表 31

食品药品行政处罚文书
没收物品处理清单

（××）食药监×物处〔年份〕×号

根据（××）食药监 ×罚〔年份〕×号《行政处罚决定书》

当事人：××× 地 址：××× 电话：×××

执行处置单位：××× 地 址：××× 电话：×××

没收物品处理情况明细表

物品名称	规格	单位	数量	处理方式	地点	经办人	备注

特邀参加人：×××（签字） 承办人：×××、×××（签字）

×年×月×日 ×年×月×日

表 32

食品药品行政处罚文书
履行行政处罚决定催告书

（××）食药监 ×罚催〔年份〕×号

×××：

我局于×年×月×日向你（单位）送达了（××）食药监 ×罚〔年份〕×号《行政处罚决定书》，决定对你（单位）进行如下行政处罚：1. ×××；2. ×××；3. ×××。并要求你（单位）×年×月×日前到×××银行缴纳罚没款。由于你（单位）至今未（全部）履行处罚决定，根据《中华人民共和国行政处罚法》第五十一条第一项的规定，我局决定自×年×月×日起每日按罚款额 3% 加处罚款。请接到本催告书后 10 个工作日内到×××银行缴清应缴罚没款及加处罚款×××。逾期我局将根据《中华人民共和国行政强制法》第五十三条、五十四条的规定，依法向人民法院申请强制执行。

如你（单位）对我局作出的履行行政处罚决定催告不服，可于×年×月×日前进行陈述和申辩。

（公　　章）
×年×月×日

注：正文 3 号仿宋体字，存档（1），必要时交×××人民法院强制执行（1）。

表 33

食品药品行政处罚文书
行政处罚强制执行申请书

（××）食药监×罚强申〔年份〕×号

申请人：×××

地址：××× 联系人：××× 联系方式：×××

法定代表人：××× 职务：×××

委托代理人：××× 职务：×××

被申请人：×××

法定代表人（负责人）：××× 职务：××× 联系电话：×××

×××人民法院：

申请人×××于×年×月×日对被申请人×××作出（××）食药监×罚〔年份〕×号行政处罚决定，并已于×年×月×日依法送达被申请人。

被申请人在法定期限内未履行该决定。申请人依据《中华人民共和国行政强制法》规定，于×年×月×日催告当事人履行行政处罚决定，被申请人逾期仍未履行。

根据《中华人民共和国行政处罚法》第五十一条第三项的规定，特申请贵院对下列行政处罚决定予以强制执行：

1. ×××

2. ×××

行政机关负责人：×××（签字）

（公　　章）

×年×月×日

注：正文 3 号仿宋体字，存档（1）。

表 34

食品药品行政处罚文书
陈述申辩笔录

第 页，共 页

案由：×××

当事人：×××

陈述申辩人：××× 联系方式：×××

委托代理人：××× 职务：××× 身份证号：×××

承办人：×××、××× 记录人：×××

陈述申辩地点：××× 时间：×年×月×日×时×分至×时×分

陈述申辩内容：

陈述申辩人：×××（签字） 承办人：×××、×××（签字） 记录人：×××（签字）

×年×月×日 ×年×月×日 ×年×月×日

表 35

食品药品行政处罚文书
陈述申辩复核意见书

案　由：×××
当事人：×××　　　　法定代表人（负责人）：×××
拟处罚意见：×××

陈述申辩基本情况：

附件：陈述申辩笔录

复核部门意见：

负责人：×××（签字）
×年×月×日

表 36

食品药品行政处罚文书
（　　　　　）副页

第　页，共　页

表 37

食品药品行政处罚文书
（　　）物品清单

文书文号：　　　　　　　　　　　　　　　　　　　　　第　　页，共　　页

当事人：________________　地 址：________________

品名	标示生产企业或经营单位	规格	生产批号或生产日期	数量	单价	包装	备注
其他物品							

上述物品品种、数量经核对无误。

当事人签字：____________　　执法人员签字：____________、____________

年　　月　　日　　　　　　　　　　年　　月　　日

注：存档（1）。此清单用于先行登记保存、先行登记保存物品处理、查封（扣押）、解除查封（扣押）、没收物品时使用，在（　　）中注明具体使用项目。

表38

食品药品行政处罚文书
送达回执

受送达单位（人）：×××

送达文书名称及文书编号：×××（可为多个文书）

送达方式：×××	送达地点：×××
送达人：×××（签字）	送达日期：×年×月×日×时×分
受送达单位（人）：×××（签字）	送达日期：×年×月×日×时×分

备注：

表 39

食品药品行政处罚文书
（　　　　）审批表

案件名称：×××（当事人姓名或名称+涉嫌构成的违法行为的概述+案）

审批事项：×××

报请审批的理由及依据：×××

附件：×××

案件承办人：×××、×××（签字）
×年×月×日

承办部门意见：

部门负责人：×××（签字）
×年×月×日

审批意见：

分管负责人：×××（签字）
×年×月×日

表 40

食品药品行政处罚文书
行政处罚结案报告

案　由：×××	
案件来源：×××	
被处罚单位（人）：×××	法定代表人（负责人）：×××
立案日期：×年×月×日	处罚日期：×年×月×日
处罚文书号：（××）食药监×罚〔年份〕×号	结案日期：×年×月×日
承办人：×××	填写人：×××

处罚种类和幅度：

执行结果：

结案方式：1. 自动履行　2. 复议结案　3. 诉讼结案　4. 强制执行　5. 其他

归档日期：×年×月×日　档案归类：　保存期限：

审批意见：

分管负责人：×××（签字）
×年×月×日

食品药品监管总局关于印发重大食品药品安全违法案件督办办法的通知

食药监稽〔2014〕96号

各省、自治区、直辖市食品药品监督管理局，新疆生产建设兵团食品药品监督管理局：

为保证重大食品药品安全违法案件依法办理，规范督办工作，提高案件查处工作效率和质量，依据《中华人民共和国行政处罚法》等法律法规，国家食品药品监督管理总局制定了《重大食品药品安全违法案件督办办法》。现予印发，请各地遵照执行。

国家食品药品监督管理总局
2014年7月10日

重大食品药品安全违法案件督办办法

第一条 为保证重大食品药品安全违法案件依法办理，规范督办工作，建立职责明确、协调统一、运转有序的工作机制，提高案件查处工作效率和质量，依据《中华人民共和国行政处罚法》、《中华人民共和国食品安全法》、《中华人民共和国药品管理法》、《中华人民共和国食品安全法实施条例》、《中华人民共和国药品管理法实施条例》、《医疗器械监督管理条例》、《化妆品卫生监督条例》等法律法规有关规定，制定本办法。

第二条 重大食品药品安全违法案件（以下简称重大案件）是指违反食品（含食品添加剂）、保健食品、药品、化妆品和医疗器械法律法规行为情节严重，所研制、生产、经营或使用的产品足以或者已经造成严重危害的、或者造成重大影响的案件。

重大案件督办是指上级食品药品监督管理部门对下级食品药品监督管理部门查办重大案件的调查、违法行为的认定、法律法规的适用、办案程序、处罚及移送等环节实施协调、指导和监督。

第三条 重大案件督办工作应当遵循突出督办重点、依法高效、分级负责的原则。

第四条 国家食品药品监督管理总局稽查局负责对全国范围内的重大案件进行督办，地方各级食品药品监督管理局稽查部门负责对行政区域内的重大案件进行督办。

第五条　国家食品药品监督管理总局督办的重大案件主要包括：

（一）造成人员死亡或者对人体健康造成严重危害的食品药品质量安全案件；

（二）违法违规情形严重，足以吊销或者撤销相关批准证明文件的案件；

（三）生产销售假冒伪劣产品金额1000万元以上（含1000万元）的案件；

（四）其他造成重大影响的案件。

各省（区、市）食品药品监督管理部门督办重大案件的范围和标准，根据本地实际情况确定。

第六条　重大案件督办的主要内容包括：

（一）案件办理情况，包括案件进度、时限要求；

（二）相关食品药品监督管理部门的配合协作情况；

（三）与其他相关行政执法部门和司法机关的配合协作情况；

（四）对违法行为认定、违法产品性质认定、法律法规适用、处罚及移送等情况；

（五）案件查办的程序合法性；

（六）其他需要督查督办的事项。

第七条　各省（区、市）食品药品监督管理部门对行政区域内符合本办法第五条第一款的重大案件，及时报国家食品药品监督管理总局稽查局。

省以下各级重大案件的报告，由各省（区、市）食品药品监督管理部门根据本地实际情况分别确定。

第八条　上级食品药品监督管理局稽查部门（以下简称督办单位）根据案情复杂程度和查处工作需要确定督办案件。

对跨越多个区域且案情复杂的食品药品安全违法案件，本级食品药品监督管理部门查处确有困难的，可以报请上一级食品药品监督管理部门督办。

第九条　对需要督办的重大案件，督办单位经办人提出拟督办意见，经督办单位负责人审批后，向承办案件的食品药品监督管理部门（以下简称承办单位）发出重大案件督办函。

第十条　督办单位应当指导、协调、督查重大案件查处，督办可采用文函督办、现场督办、会议督办、电话督办等方式实施，案件涉及其他部门的，可联系协调实施联合督办。

国家食品药品监督管理总局稽查局根据工作需要，可以抽调人员前往案发地区督促检查或者指导办案。

第十一条　承办单位应当每30个工作日向督办单位报告一次案件查处进展情况；重大案件督办函有确定报告时限的，按照确定时限报告；案件查处有重大进展或者遇到紧急情形的，应当及时报告；案件查处没有进展或者进展缓慢的，应当说明原因，并明确提出下一步查处工作安排。

对涉嫌犯罪依法移送司法机关的案件，承办单位应当关注案件的进展情况，并及时报告督办单位。

第十二条 督办的重大案件违法事实已经查证清楚，并依法作出行政处罚决定的；涉及其他职能部门或者涉嫌刑事犯罪的案件，依法移送相关部门或者司法机关并被立案的；完成督办单位其他督办事项要求的，可以认定为案件督办的办结。

承办单位应当在办结之日起 10 个工作日内，向督办单位报告结果。报告内容应当包括案件来源、案件查处情况、行政处罚及案件依法移送等，情况复杂的督办事项应当附送调查报告。

第十三条 督办单位经办人对承办单位上报的办结报告进行审查，对符合办结标准的，报督办单位负责人审批；对不符合办结标准的，退回承办单位并提出进一步处理要求。

第十四条 已批准办结的督办案件，应当按照档案管理规定，将督办案件的有关材料及时整理后归档保存。

第十五条 各级食品药品监督管理部门在不影响案件查办的情况下，适时对具有典型意义的重大案件通过媒体予以曝光和宣传。

在曝光宣传国家食品药品监督管理总局督办的重大案件前，各省（区、市）食品药品监督管理部门需向国家食品药品监督管理总局报告并征得同意。

第十六条 重大案件督办实行工作责任追究制。承办单位主要领导和分管领导承担领导责任，承办单位稽查部门负责人、分管负责人以及案件承办人员按照各自职责承担直接责任。

在督办过程中，如发现承办单位存在行政不作为或者拖延、推诿、未在规定时限内办结承办事项等问题的，承办人员有通风报信等违法违纪行为的，督办单位应当及时向有关部门通报相关情况。

第十七条 上级食品药品监督管理部门定期对重大案件的查办情况予以通报，对承办单位及承办人员在查处督办案件中成绩突出的，可以给予通报表扬；对案件隐瞒不报、承办及协查协办不力的，给予通报批评。

第十八条 本办法由国家食品药品监督管理总局稽查局会同相关司局解释。

第十九条 本办法自发布之日起施行。2010 年 12 月 27 日发布的《重点案件督查督办办法（试行）》（食药监办稽〔2010〕146 号）同时废止。

食品药品监管总局关于印发食品药品行政处罚案件信息公开实施细则（试行）的通知

食药监稽〔2014〕166号

各省、自治区、直辖市食品药品监督管理局：

根据《国务院批转全国打击侵犯知识产权和制售假冒伪劣商品工作领导小组关于依法公开制售假冒伪劣商品和侵犯知识产权行政处罚案件信息的意见（试行）》（国发〔2014〕6号）要求，总局制定了《食品药品行政处罚案件信息公开实施细则（试行）》（附件1），现印发执行，并就有关事项通知如下：

一、各省（区、市）食品药品监管局要高度重视食品药品行政处罚案件信息公开工作，加强组织协调，做好本行政区域内的食品药品行政处罚案件信息公开工作。

二、食品药品监管体制改革尚未完全到位的地区，由本地区的食品药品监管部门负责协调相关部门确定食品药品行政处罚案件信息公开的部门和载体，并报上级主管部门备案。

三、食品药品行政处罚案件信息公开发布形式按《行政处罚信息公开表》（附件2）的格式进行发布，具体填写内容参照《行政处罚信息公开表（例表）》（附件3）的内容填写。

四、从2014年9月开始，各省（区、市）食品药品监管局应将制售假冒伪劣商品和侵犯知识产权案件信息公开数量统计汇总后，在总局稽查局《案件统计表》中一并上报。

附件：1. 食品药品行政处罚案件信息公开实施细则（试行）

2. 行政处罚信息公开表

3. 行政处罚信息公开表（例表）

国家食品药品监督管理总局

2014年8月11日

附件1：

食品药品行政处罚案件信息公开实施细则（试行）

第一条　为促进食品药品行政处罚案件信息公开、规范运行，保障公众的知情权、参与权和监督权，根据国务院《关于依法公开制售假冒伪劣商品和侵犯知识产权行政处罚案件信息的意见（试行）》（国发〔2014〕6号），制定本细则。

第二条 本细则所称行政处罚案件信息，是指食品药品监督管理部门适用一般程序，依法查办的食品药品行政处罚案件的相关信息。

第三条 国家食品药品监督管理总局负责指导、协调、监督全国食品药品行政处罚案件信息公开工作。

县级以上食品药品监督管理部门负责公开本行政机关查办的行政处罚案件信息。

第四条 行政处罚案件信息公开应当遵循公平、公正、便民的原则，及时、准确地公开行政处罚案件信息。

第五条 县级以上食品药品监督管理部门，应当建立完善行政处罚案件信息公开制度，指定专门机构负责本部门行政处罚案件信息公开日常工作。该机构具体职责如下：

（一）监督、指导和考核下级食品药品监督管理部门行政处罚案件信息公开工作；

（二）组织制定本部门行政处罚案件信息公开的管理制度和工作程序；

（三）负责行政处罚案件公开信息的内部审核和信息发布；

（四）及时维护和更新本部门公开的行政处罚案件信息；

（五）本部门有关行政处罚案件信息公开的其他工作。

第六条 食品药品监督管理部门应当在职责权限范围内向社会主动公开以下行政处罚案件信息：

（一）行政处罚决定书文号、案件名称；

（二）被处罚的自然人姓名，被处罚的企业或其他组织的名称、组织机构代码、法定代表人姓名；

（三）违反法律、法规或规章的主要事实；

（四）行政处罚的种类、依据；

（五）行政处罚的履行方式和期限；

（六）作出处罚决定的行政执法机关名称和日期。

行政处罚案件的违法主体涉及未成年人的，应当对未成年人的姓名等可能推断出该未成年人的信息采取符号替代或删除方式进行处理。

第七条 适用一般程序，依法查办的食品药品行政处罚案件信息原则上都应当公开，下列情形除外：

（一）涉及国家秘密，或者可能危及国家安全、公共安全、经济安全和社会稳定的信息；

（二）涉及商业秘密以及自然人身份证号码、住所、肖像、电话号码、财产状况等个人隐私的信息；

（三）行政机关内部管理信息以及处于讨论、研究或者审查中的过程性信息；

（四）法律、法规规定的其他不宜公开的信息。

第八条　食品药品监督管理部门应对不予公开的行政处罚案件信息进行审查。按照本细则第七条第（一）项的规定决定不予公开相关信息的，应当写明理由并报上一级机关批准；本细则第七条其他不予公开的行政处罚案件信息，报请本部门主要负责人批准。

对本细则第七条第（二）项规定的信息，经权利人同意公开或者食品药品监督管理部门认为不公开可能对公共利益造成重大影响的，经本部门主要负责人批准，可以予以公开，并将决定公开的内容和理由书面通知权利人。

第九条　行政处罚案件信息主要通过政务网站公开，也可同时以公告栏、新闻发布会、报刊、广播和电视等便于公众知晓、查询的方式公开。

第十条　属于主动公开范围的行政处罚案件信息，自行政执法机关作出处罚决定或处罚决定变更之日起 20 个工作日内予以公开，公开期间不少于 2 年。

第十一条　各级食品药品监督管理部门应当建立健全行政处罚案件信息公开协调机制。涉及其他行政机关的，应当在信息公开前进行沟通、确认，保证所公开的信息准确一致。

第十二条　各级食品药品监督管理部门应当建立健全行政处罚案件信息公开工作考核制度、社会评议制度和责任追究制度，定期对行政处罚案件信息公开工作进行考核、评议。

第十三条　行政处罚案件信息公开机构违反本细则规定，有下列情形之一的，上级食品药品监督管理部门应当责令改正；情节严重的，应建议地方政府对负有直接责任的主管人员和其他直接责任人员依法给予行政处分：

（一）不依法履行行政处罚案件信息公开义务的；

（二）不及时更新行政处罚案件信息内容的；

（三）在公开行程处罚案件信息过程中违反规定收取费用的；

（四）公开不应当公开的行政处罚案件信息的；

（五）违反本细则规定的其他行为。

第十四条　本细则由国家食品药品监督管理总局负责解释。

第十五条　本细则自印发之日起施行。

附件2：

行政处罚信息公开表

序号	行政处罚决定书文号	案件名称	违法企业名称或违法自然人姓名	违法企业组织机构代码	法定代表人姓名	主要违法事实

附件3：

行政处罚信息公开表（例表）

序号	行政处罚决定书文号	案件名称	违法企业名称或违法自然人姓名	违法企业组织机构代码	法定代表人姓名	主要违法事实
1	台械［2013］1号	台州医院涉嫌使用无注册证医疗器械案	台州医院	999999999	王甲	当事人使用的口腔义齿产品和对应注册证书登记的产品材料不相符。

食品药品监管总局关于印发全国食品药品监督管理机构执法基本装备配备指导标准的通知

食药监财〔2014〕204号

各省、自治区、直辖市食品药品监督管理局，新疆生产建设兵团食品药品监督管理局：

为进一步指导和加强全系统执法装备建设，适应食品药品监管体制改革和职能调整，保证食品药品监管基本需要，总局制定了《全国食品药品监督管理机构执法基本装备配备指导标准》（以下简称《标准》），现印发给你们遵照执行，并就有关事项通知如下：

一、装备配备的主要原则

（一）满足基本监管需要。根据《国家食品安全监管体系“十二五”规划》、《国家药品安全“十二五”规划》关于实施装备配备标准化建设的要求，按照满足食品（生产、流通、消费环节）、药品日常监管以及应急处置基本需要的原则确定装备配备种类和数量。

（二）分级分类配置。按省、地（市）、县、乡镇（街道）四级机构分别进行配置，计划单列市和副省级省会城市可参照省级进行配备。根据装备用途，分为基本装备、取证工具、快速检测和应急处置等 4 类装备。根据装备特点和使用频率，按每个机构、每个小组或每个人为单位进行配置。

（三）注重向基层倾斜。考虑乡镇（街道）设立派出机构的实际情况，《标准》突出了乡镇（街道）机构的执法装备，重点配备执法交通、取证、快检等装备，提高基层一线执法和应急处置能力。

（四）突出共享使用。对食品、药品监督执法能够共享的装备以及日常执法和应急处置能够共享的装备不分别列出，提高装备使用效率。如执法车辆、照相机、摄像机等。

二、装备配备的主要内容

《标准》所列装备分为基本装备、取证工具、快速检测和应急处置等 4 类装备，共 77 种。

（一）基本装备类。主要用于开展监管执法、应急处置工作的基本工具，包括执法专用车辆、药品快速检验车、食品快速检测车等执法交通工具，计算机、打印机、复印机等业务工作所需设备，以及对讲机、食品药品稽查移动执法工具、执法箱包等便携式装备等。

（二）取证工具类。主要用于执法取证工作，包括抽样工具包、便携式冷藏箱、现场执法音像记录仪、暗访取证设备、电视（广播）广告自动监测及回放系统等。

（三）快速检测类。主要用于食品、药品快速检测和筛查，包括超声波清洗机、样品粉碎机、微型离心机、便携式水浴锅等前处置设备，药品快速检验箱、食品安全快速检验箱、农药残留快速检测仪、肉类水分快速测定仪、余氯测量仪、吊白块检测仪等快检筛查设备，以及现场快速检测盒、试剂、试纸等试剂耗材类装备。

（四）部分特殊应急类。除日常执法与应急工作共用装备外，对部分特殊应急装备进行了单列，如个人携行装备等。

三、有关要求

（一）标准所列装备是满足监管需要的基本和通用装备。各地食品药品监管机构应当根据轻重缓急集中招标采购执法装备，优先配备基层和一线执法机构，提升监管能力。

（二）鼓励充分利用信息化手段搭建共享平台，获取执法、快检等数据，统一开发使用具有集成功能的执法装备和快检产品，创新监管方式，提高监管效率。

（三）考虑科技进步和产品发展，鼓励使用具备本标准所列相应功能的新技术、新产品，切实满足监管工作需要。

（四）各地食品药品监管机构要按照总局《关于统一规范食品药品监管系统

标识工作的通知》(食药监〔2014〕78号)要求，统一执法装备标识。同时，要加强装备管理，规范使用，达到报废年限的装备要及时进行更新。

附件：全国食品药品监督管理机构执法基本装备配备指导标准

国家食品药品监督管理总局
2014年8月21日

附件

全国食品药品监督管理机构执法基本装备配备指导标准

类别	序号	名称	计量单位	省级	地市级	县级	乡镇(街道)派出机构
基本装备类	1	执法专用车辆	辆	每个小组1辆			
	2	药品快速检验车(含车载装备)	辆	1	1	1	
	3	食品快速检测车(含车载装备)	辆	1	1	1	
	4	抽样专用车	辆	1	1	1	
	5	计算机	台	每人1台			
	6	打印机	台	每人1台			
	7	传真机	台	每个小组1台			
	8	复印机	台	4	3	2	1
	9	投影仪	台	2	2	1	1
	10	电视机	台	3	2	1	1
	11	扫描仪	台	4	2	1	1
	12	冰箱(冰柜)	个	2	1	1	1
	13	笔记本电脑	台	每人1台			
	14	便携式打印机	台	每个小组1台			
	15	便携式小型复印机	台	每个小组1台			
	16	便携式快速扫描仪	台	每个小组1台			
	17	对讲机	台	每人1台			
	18	食品药品稽查移动执法工具(手机、PAD等)	个	每人1个			
	19	条码识别仪器(电子监管码识别终端)	台	每人1个			
	20	执法箱	个	每个小组1个			

续表

类别	序号	名称	计量单位	省级	地市级	县级	乡镇(街道)派出机构
基本装备类	21	执法包	个	每人1个			
	22	12331投诉举报电话接听专用设备	套	1			
取证工具类	23	抽样工具包（手电筒、剪刀、镊子、放大镜等）	套	每个小组1套			
	24	便携式冷藏箱	个	每个小组1台			
	25	无菌采样袋、采样袋、一次性医用橡胶手套、一次性工作服	个	根据实际需要配备并及时补充			
	26	电视（广播）广告自动监测系统	套	1	1	1	
	27	暗访取证设备（无线手机取证仪或其他）	套	每个小组1套			
	28	照相机	台	每个小组1台			
	29	摄像机	台	每个小组1台			
	30	录音笔	个	每人1个			
	31	现场执法音像记录仪	套	每人1套			
	32	中心温度计	支	每个小组1支			
	33	（连续）环境温湿度测量仪（温控记录仪）	台	每个小组1台			
	34	红外测温仪	台	每个小组1台			
	35	温湿度计	个	每个小组1台			
	36	紫外照度仪	台	每个小组1台			
	37	紫外线辐射照度计	台	每个小组1台			
	38	照度计	台	每个小组1台			
	39	（红外线）测距仪	台	每个小组1台			
快检装备类	40	超声波清洗机	台	每个小组1台			
	41	样品粉碎机（便携式）	台	每个小组1台			
	42	微型离心机（手掌型）	台	每个小组1台			

续表

类别	序号	名称	计量单位	省级	地市级	县级	乡镇(街道)派出机构
快检装备类	43	电子天平	台	每个小组1台			
	44	便携式水浴锅	台	每个小组1台			
	45	加热板	台	每个小组1台			
	46	移液器	支	根据实际需要配备			
	47	激光尘埃计数器	台	每个小组1台			
	48	微差压计	台	每个小组1台			
	49	双通道计时定时器	台	每个小组1台			
	50	电导率仪	台	每个小组1台			
	51	酸度仪	支	每个小组1支			
	52	药品快速检验箱	套	每个小组1套			
	53	食品安全快速检验箱	套	每个小组1套			
	54	食品微生物采样检测箱	套	每个小组1套			
	55	微生物-致病菌检测箱	套	每个小组1套			
	56	农药残留快速检测仪	台	每个小组1台			
	57	畜肉或水产品变质检测设备	台	每个小组1台			
	58	肉类水分快速测定仪	台	每个小组1台			
	59	甲醛快速测定仪	台	每个小组1台			
	60	水质净度检测设备	台	每个小组1台			
	61	水质速测箱	台	每个小组1台			
	62	ATP 测量仪	台	每个小组1台			
	63	食用油品质检测仪	台	每个小组1台			
	64	余氯测量仪	台	每个小组1台			
快检装备类	65	亚硝酸盐检测仪	台	每个小组1台			
	66	亚硫酸盐检测仪	台	每个小组1台			
	67	吊白块检测仪	台	每个小组1台			
	68	甲醇检测仪	台	每个小组1台			
	69	抗生素残留检测仪	台	每个小组1台			

续表

类别	序号	名称	计量单位	省级	地市级	县级	乡镇(街道)派出机构
快检装备类	70	现场快速检测盒、检测卡、试剂、试纸类（酸价、过氧化值、碘含量、有效氯和余氯、有机磷农药、亚硝酸盐、亚硫酸盐、甲醛、过氧化氢、吊白块、苏丹红、瘦肉精、砷、汞、大肠菌群、加拉非类、那非类、西布曲明、酚酞、双胍类、噻唑烷酮类等）	套	根据实际工作需要配备并及时补充			
应急专用类	71	便携式卫星电话	台	1	1	1	
	72	移动存储器	个	每人1个			
	73	无线上网卡	个	每台笔记本1个			
	74	车载电源转换器	台	每辆执法专用车或快速检测车1个			
	75	手持扩音器	台	2	2	2	2
	76	个人携行装备（救生用品、专业防护用品、户外用品等）	套	每人1套			
	77	应急保障装备（应急帐篷、冷暖风机、防水配电盘、防水接线板、电灯、汽油桶、净水装置、便携炊具、电热水壶、警示标志等）	套	每个小组1套			

备注：1. 以上装备均适用于食品药品执法及应急处置工作；
2. 每个小组按2~3人计算；
3. 高原、山区、沙漠等特殊地区可根据实际情况配备越野执法车。

食品药品监管总局关于印发食品药品监管乡镇（街道）派出机构办公业务用房建设指导意见的通知

食药监财〔2014〕218号

各省、自治区、直辖市食品药品监督管理局，新疆生产建设兵团食品药品监督管理局：

为适应食品药品监管机构改革和职能调整的需要，指导地方加强基层监管机构建设，结合食品药品监管系统实际情况，总局组织制定了《食品药品监管乡镇（街道）派出机构办公业务用房建设指导意见》，现印发你们，请遵照执行。

国家食品药品监督管理总局
2014 年 9 月 11 日

食品药品监管乡镇（街道）派出机构办公业务用房建设指导意见

为适应食品药品监管机构改革和职能调整的需要，指导地方加强基层监管机构建设，满足执法基本需要，特制定本指导意见。

一、建设内容

乡镇（街道）派出机构办公业务用房分为办公用房、业务用房和辅助用房三部分。各类用房的内容及用途如下：

（一）办公用房

主要指办公室用房，用于工作人员日常办公等。乡镇（街道）派出机构的办公用房面积，按照党政机关办公用房建设相关标准确定。

（二）业务用房

1. 执法装备库：用于保管、存放执法基本装备、执法取证装备、应急装备等。

2. 罚没物品库：用于保管没收、查扣的违法物品，包括假劣、不合格或过期失效食品、保健食品、化妆品、药品及医疗器械等。

3. 执法处理室：用于对违法违规案件当事人的问询调查等。

4. 执法档案室：用于存放单位日常监督检查档案、行政执法档案等，同时兼具查阅功能。

5. 快检室：用于快速筛查检验质量可疑的食品药品等。按需配备操作台、留样柜、显微镜、紫外照度仪、农药残留快速检测仪、冰箱等仪器设备。

6. 办事窗口：用于办理登记、消费维权、投诉举报、政策咨询等业务工作。

7. 培训室：用于培训执法人员、食品药品生产、经营等从业人员，同时用于工作部署、案件讨论、业务学习等。

8. 信息化室：用于安装服务器、光纤、交换机、防火墙等信息化设备。

9. 值班室：用于职工节假日及日常夜间值班，负责处理消费者申诉、投诉电话，处理突发、紧急事件，接待、疏导来访人员，受理电话咨询等，同时用于放置复印机、传真机、宣传资料等物品。

（三）辅助用房

1. 职工食堂与宿舍：用于解决乡镇（街道）监管所居住较远职工在单位的住宿、用餐需要。

2. 更衣室：用于职工更换制服、住宿职工洗浴等。

3. 其他需要配备用房：如卫生间、储藏室、配电室、锅炉房、车库等。

二、业务及辅助用房建设标准及规模

（一）建设标准。乡镇（街道）派出机构业务及辅助用房建设标准根据编制定员人数分为三类：10 人以下为第一类，11～20 人为第二类，21 人以上为第三类。

（二）建设规模。乡镇（街道）派出机构的业务用房、辅助用房使用面积宜按以下标准确定：第一类不少于 320 平方米，第二类 335～465 平方米，第三类 480 平方米以上。业务及辅助用房使用面积指标见附件。

三、有关要求

（一）积极协调，狠抓落实。各级食品药品监督管理部门要依据本指导意见，积极争取地方政府支持，采取调剂、置换等方式，统筹妥善解决乡镇（街道）派出机构办公业务用房问题。其中对于办公用房，要严格执行《党政机关厉行节约反对浪费条例》、《中共中央办公厅国务院办公厅关于党政机关停止新建楼堂馆所和清理办公用房的通知》（中办发〔2013〕17 号）等文件要求。地方政府设立的乡镇（街道）食品药品监管机构以及基层综合执法机构中的食品药品监管部分，可参考本指导意见执行。

（二）因地制宜，规范配置。乡镇（街道）派出机构办公业务用房建设要结合本地区实际，综合考虑建设规模、基本需求和解决条件等因素。既要满足执法基本需要，又要厉行节约，避免奢侈浪费。同时，各地要按照《食品药品监管总局关于统一规范食品药品监管系统标识工作的通知》（食药监〔2014〕78 号）要求，统一规范基层监管机构办公业务用房标识。

（三）立足当前，着眼长远。根据人员编制、行业现状、监管业务量等实际情况，结合区域经济发展水平和总体规划，在满足执法基本需要的同时，考虑未来的发展，不同类别的业务用房建设规模可作适当调整。

附件：食品药品监管乡镇（街道）派出机构业务及辅助用房使用面积指标（略）

食品药品监管总局办公厅关于规范统一各地广告审查专用章的通知

食药监办稽〔2014〕206号

各省、自治区、直辖市食品药品监督管理局：

随着食品药品监管部门职能的调整变化，药品、医疗器械和保健食品广告审查工作已全部纳入食品药品监管部门职责范围，各地原有的广告审查专用章已不适合现有工作需要，而且部分地区使用的广告审查专用章存在名称、规格和形状不规范等问题。

为进一步规范广告审查管理工作，总局决定从2015年1月1日起，各省（区、市）食品药品监管部门统一使用新的广告审查专用章，原广告审查专用章同时废止。新的广告审查专用章由各省（区、市）食品药品监管部门自行到当地公安机关指定的单位刻制。

新的广告审查专用章直径为4.2厘米，中央刊五角星，五角星外刊机关名称，前段自左而右环行为省（区、市）食品药品监管部门名称，后段自左而右横排为广告审查专用章字样（式样见附件）。

各省（区、市）食品药品监管部门要切实加强对广告审查专用章的管理，认真履行广告审查职责，依法严格审查药品、医疗器械和保健食品广告。

自2015年1月1日起，各地使用原广告审查专用章签发的证明文件视为无效文件。

附件：广告审查专用章式样图案

食品药品监管总局办公厅
2014年12月17日

附件

广告审查专用章式样图案

关于公布实行生产许可制度管理的食品化妆品目录的公告

2014 年 第 14 号

根据第十二届全国人民代表大会第一次会议批准的《国务院机构改革和职能转变方案》和《国务院办公厅关于印发国家食品药品监督管理总局主要职责内设机构和人员编制规定的通知》（国办发〔2013〕24 号），食品、化妆品生产行政许可职责，已由国家质检部门划入国家食品药品监督管理部门。依据《中华人民共和国食品安全法》、《中华人民共和国工业产品生产许可证管理条例》和《化妆品卫生监督条例》，现将实行生产许可制度管理的食品化妆品目录予以公布。

特此公告。

附件：实行生产许可制度管理的食品化妆品目录

国家食品药品监督管理总局
2014年4月11日

附件

实行生产许可制度管理的食品化妆品目录

序号	产品名称	实施机关
1	食品	省级食品药品监督管理局
2	食品添加剂	省级食品药品监督管理局
3	化妆品	省级食品药品监督管理局